STRATEGIC MANAGEMENT

Digitalization and Globalization

U0681261

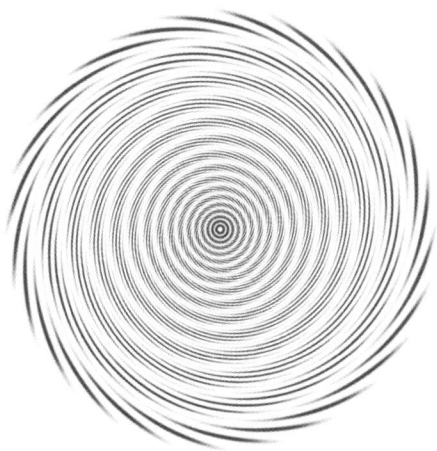

战略管理

数字化与全球化

王核成　等◎主编

ZHEJIANG UNIVERSITY PRESS
浙江大学出版社
·杭州·

图书在版编目(CIP)数据

战略管理:数字化与全球化 / 王核成 等主编. ——
杭州:浙江大学出版社,2023.8
ISBN 978-7-308-22837-4

Ⅰ.①战… Ⅱ.①王… Ⅲ.①企业管理－战略管理－
高等学校－教材 Ⅳ.①F272.1

中国版本图书馆 CIP 数据核字(2022)第 124326 号

战略管理:数字化与全球化

ZHANLÜE GUANLI:SHUZIHUA YU QUANQIUHUA

王核成 等 主编

责任编辑	朱 玲
责任校对	傅宏梁
封面设计	春天书装
出版发行	浙江大学出版社
	(杭州市天目山路 148 号 邮政编码 310007)
	(网址:http://www.zjupress.com)
排 版	杭州朝曦图文设计有限公司
印 刷	杭州宏雅印刷有限公司
开 本	787mm×1092mm 1/16
印 张	18.5
字 数	465 千
版 印 次	2023 年 8 月第 1 版 2023 年 8 月第 1 次印刷
书 号	ISBN 978-7-308-22837-4
定 价	59.00 元

前　言

　　当今世界正面临百年未有之大变局,新一轮科技革命、严峻的国际局势以及新冠疫情等因素,正在重塑世界经济格局,并从不同方向影响着全球产业链、供应链和竞争生态。面对复杂、不确定的动态环境,对企业来说是机遇与挑战并存。在此环境下,企业如何掌握主动、把握机会、扬长避短,通过制定和实施战略来培育竞争优势和保持可持续成长,是关系到企业生存和发展的重大课题。

　　数字经济是人类社会继农业经济、工业经济之后的一种新的经济形态,是科技进步、社会文明发展的产物。近年来,我国在全球数字经济发展中处于领先地位,并发挥着重要作用,在数字化的生态系统里,数字化转型和创新已经成了企业发展过程中的必选项。企业如何在动态环境下抓住战略机遇,通过数字化和创新驱动,实现持续创业和高质量发展,是当前战略管理关注的重要问题。

　　党的二十大报告提出了中国式现代化的本质要求。中国式现代化既有各国现代化的共同特征,更有基于自己国情的中国特色。因此,战略管理要充分体现中国企业实践与基于中国情景的理论发展。

　　本书聚焦数字化和全球化的新时代背景,重新审视传统战略管理理论在新环境下的解释力,并从理论发展角度,对传统理论进行了讨论和内容补充;同时,紧密结合我国企业发展实践,融入了战略管理研究的最新成果。因此,本书的特色和创新点主要反映在以下几个方面。

　　第一,时代性。本书以数字化和全球化为背景,以融入和补充为主要方式,探讨了新时代企业面临的动态环境特征和趋势,以及在此情景下战略管理基本问题与内容的新变化和新思考。

　　第二,实践性。战略管理理论来源于企业管理实践,同时要为企业战略实践服务。本书立足中国企业实践,在比较国内外先进经验的基础上,运用大量国内企业的案例进行分析和讨论,使内容体系更贴近我国企业实际。因此,本书的理论观点对中国企业的实践更具指导作用。

　　第三,前瞻性。本书探讨了新时代企业战略管理理论与实践发展的新趋势,尤其是在全球化、数字化商业生态中,企业的经营场景和竞争优势来源等都发生了重大变化,企业战略应关注全球商业生态、数字化转型和创新。为此,本书增加了企业网络化发展、生态战略、数字化转型战略等具有前沿性的新内容。

　　第四,易学性。本书写作风格简洁,适应网络时代的研读方式,除了开篇案例和章末案例外,文中还配有专栏与案例,这些都是企业的最新实践和全球化数字时代的新知识，让读者通过对专栏中的扩充知识和案例中的企业经验的了解，更好地掌握战略管理的理论知识和重要观点，以提高分析问题和解决问题的能力。

本书由长期从事战略管理研究和教学的团队编写，团队主要成员从1996年开始至今，为本科生、研究生和MBA学生均开设了"战略管理"课程，并一直从事战略管理理论研究和企业战略咨询工作，在此过程中积累了丰富的教学、研究和实践经验，为本书写作打下了扎实的基础。本书除了追踪战略管理前沿理论外，也融入了作者团队最近几年在数字化等领域的创新成果，例如企业数字化成熟度模型和数字化成熟度评价标准等国内领先的研究成果。与此同时，书中贯穿着大量的中国企业在全球化经营和数字化转型方面的最新案例，为新时代基于中国情景的战略管理分析提供了素材和支撑。

本书编写分工如下：王核成负责全书基本写作思路和内容体系、主要特色和创新点以及总体写作计划；第一章、第十章由王核成编写，第二章、第五章由冯军政编写，第三章、第四章由徐建新编写，第六章、第七章由周泯非编写，第八章、第九章由孙宇编写。在本书编写过程中，研究生钟炜、杨琳苑、李奇铭、余悦、谢正益、郎思淮等参加了资料收集与整理工作，徐恬在书稿写作与讨论过程中提供了后勤服务，浙江大学出版社朱玲编辑等为本书的出版提供了大力的支持和帮助。在此对所有参与人员表示感谢！同时，本书写作得到了国家自然科学基金项目（72072048）资助和杭州电子科技大学教材立项出版资助，在此也一并表示感谢！

目　录

1 导 论

数字化与全球化是时代发展的大趋势。战略管理理论应顺应环境的动态变化而不断创新,并为企业实践以及可持续发展提供指导。本章将分析动态环境的特点与趋势,探讨企业战略内涵、特征、要素与层次,以及企业战略管理过程;阐述作为战略管理主体的战略管理者和战略领导者的职能与作用;介绍战略管理的内容体系和基本问题。通过导论的阅读,读者能全面了解本书的结构、基本概念、主要内容和重要命题。

■■■【开篇案例】

TikTok 跳动全球

为什么字节跳动创始人兼 CEO 张一鸣如此执着于国际化?

拼多多创始人黄峥的一番言论提供了一个创业者的理解视角:"如果我是张一鸣的话,我会更激进地做全球化。因为我们这一代的互联网创业者相对于上一代来说,有更大的全球化视野,更早地接受国际资讯,做全球化的机会也会变得更大。"

2020 年,字节跳动在国际化方面确实更加激进了。

3 月,字节跳动在成立八周年之际,宣布调整组织结构,把国内业务全权交给张利东和张楠,而张一鸣则腾出精力聚焦于公司的全球化战略和完善管理团队。

5 月中旬,字节跳动宣布,任命梅耶尔(Mayer)为字节跳动首席运营官(COO)兼 TikTok 全球首席执行官。这位前迪士尼消费者与国际业务负责人,有着电影《玩具总动员》中的角色"巴斯光年"的外形和冒险精神,不仅操盘了皮克斯、漫威、21 世纪福克斯等收购案,也参与搭建了流媒体平台 Disney+。上任后,梅耶尔的工作职责之一是推动字节跳动最具代表性的短视频产品 TikTok 的发展,直接向张一鸣汇报。

而在 5 月的最后一个工作日,字节跳动方面确认,柳甄因个人原因离职。四年前,柳甄从优步中国转身,入职字节跳动,被外界解读为张一鸣欲加速融资与国际业务的信号。确实,柳甄加入后,字节跳动于 2017 年初收购了短视频平台 Flipagram,并更名为 Vigo,同年11 月,又以 10 亿美元的价格收购音乐短视频平台 Musical. ly。2018 年 8 月,Musical. ly 并入 TikTok,也成就了如今 TikTok 的市场地位。

本土高管的离去与外籍高管的相继到任,调兵遣将的背后,是字节跳动急于解决出海过程中碰到的持续增长、商业变现、监管合规等难题。张一鸣排兵布阵,奋力出击,能否奏效?

打造本土生态

在字节跳动的国际业务中,TikTok 的发展最具代表性。

综观 2019 年,除了第二季度 TikTok 以一名之差跌出前三外,其余三个季度都稳居"全球下载量最多的 App 榜单"前三名。

受新冠疫情的影响,2020 年一季度 TikTok 下载量猛增。根据 Sensor Tower 在 5 月发布的数据,TikTok 与抖音的累计全球下载量达到 20 亿次。除去中国用户安装了 1.966 亿次抖音应用，TikTok 的下载次数约为 18 亿次。

　　其中，印度一直是 TikTok 的第一大市场，下载量超过 6.11 亿次；美国紧随其后，为 1.65 亿次；巴西、土耳其和俄罗斯占据下载量的第 3～5 名。而在付费用户量上，美国占半数以上，其后是德国、英国、波兰和加拿大。

　　数据显示，2017—2019 年，TikTok 在北美地区的市场占有率从 5% 提升至 15%，在欧美地区的市场占有率提升到 20%～30%，但受人口结构、市场容量等因素的影响，增速随后放缓。根据 eMarketer 的测算，截至 2019 年末，TikTok 美国地区用户约 3720 万人，而大量新增用户来自印度、巴西、俄罗斯等新兴市场。

　　为什么 TikTok 在美国和印度等市场发展神速？

　　中信证券的一份研究报告指出，字节跳动的打法，是本土运营储备 IP 资源，提升黏性与用户时长。字节跳动在海外拥有庞大的本土化团队（240 个全球办公室、15 个研发中心），TikTok 通过与媒体等的合作，在内容方面持续加强本地化运营，形成营销矩阵，融入当地内容生态。

　　TikTok 的成功，也离不开对 Musical. ly 的收购。彼时，Musical. ly 在全球的日活跃用户超过 2000 万人，在 2018 年 8 月被关停后，Musical. ly 用户就转到了 TikTok 平台上。

合规监管之困

　　如果说用户运营与内容生态是 TikTok 的强项，那么全球各个市场的监管则一直困扰着字节跳动团队。TikTok 又是面对年轻群体的产品，监管更为严苛。

　　据字节跳动公开的数据，2019 年上半年，该公司接受的海外调查次数超过 250 次，其中在印度、美国和日本分别被调查 99 次、68 次和 28 次。

　　2020 年 3 月，美国国会举行了关于 TikTok 数据安全问题的听证会，参议员霍利（Hawley）表示，将推动立法，禁止所有联邦政府雇员在所有联邦政府设备上使用 TikTok。此外，5 月，荷兰隐私监管机构也对外表示，将对 TikTok 如何处理数百万年轻用户的数据展开调查。

　　为了应对禁用风险，字节跳动通过建立本地数据中心以及允许当地政府查阅数据、当地人员审阅内容等方式来应对政策风险，并且聘任美国国防部前任官员克劳蒂埃（Cloutier）、微软前首席知识产权顾问安德森（Andersen）担任公司高管，力图打造一个本地化的法务团队。

　　字节跳动的业务机构已涉足 30 个国家和 180 多个城市。"多元兼容"（diversity & inclusion）已被列入字节跳动的企业文化。"

加速商业化

　　对于字节跳动来说，引入外籍高管的另外一个目的是加快商业变现的速度。

　　张一鸣直言，梅耶尔的加入，"将给我们带来他在全球业务方面的成功经验，帮助我们继续打造世界级的管理团队"。

　　TikTok 在广告产品方面的布局逐步明晰，已在 8 个国家和地区提供信息流、开屏、挑战赛、超级首页四大类别，以及新闻、短视频、社交媒体等平台矩阵。

　　与抖音一样，广告是 TikTok 的主要收入来源。2019 年 1 月，TikTok 在美国、英国开始了广告测试。在 2019 年 5 月至 11 月的半年间，TikTok 广告收入增长了 75 倍。随着广告业务的逐渐成熟，广告客户也从品牌客户拓展到了中小企业。

在国内市场,除广告、直播打赏之外,抖音正在大力推进直播电商业务。由于海外市场的电商环境不同,这一业务很难快速复制到 TikTok 上,不过,字节跳动也在海外试水电商业务。2019 年 11 月,TikTok 在美国市场进行测试,允许一些视频创作者将链接添加到 TikTok 视频中,而在创作者个人主页上,也尝试添加网页链接,这被认为是为带货做准备。

国际化商业变现是字节跳动的战略发展重点。字节跳动已在美国、日本、印度、欧洲、东南亚和中东等国家和地区开展业务,商业变现团队规模已达上百人,横跨 17 个国家、22 个城市。

张一鸣曾在 2018 年定下一个小目标,希望三年内实现全球化,即超过一半的用户来自海外。接下去,字节跳动将面临新的课题:如何管理好一个超大型的全球化企业。

资料来源:谭璐,杨松.TikTok 跳动全球.21 世纪商业评论,2020(6):32-34,引用时有删减。

■■■ 【案例思考与讨论】

1.字节跳动全球化发展的背景(内外部环境)是什么?

2.作为字节跳动的主要国际业务,TikTok 的竞争优势是什么?

3.TikTok 全球化进程中采用了什么样的战略行动?

4.根据你的了解,字节跳动的业务是如何布局的?

1.1　动态环境

企业是在特定的环境中成长起来的,企业的发展历史就是不断地适应和影响外部环境的过程。战略管理首先要关注外部环境对企业的动态影响,把外部环境研究作为战略分析和战略设计的起点。

当今,人类历史正处于百年未有之大变局时期。在科技革命、消费升级,以及动荡的国际局势和突发的新冠疫情等多重因素交叉交替与重叠影响下,外部环境更趋复杂和不确定。从战略视角看,全球竞争格局正在并且将持续发生剧烈的变化,企业战略行为与其所处的环境和竞争格局密不可分,从某种意义上说企业战略是环境变化的因变量。这种不断变化着的全球经营环境和竞争格局,本书统称为动态环境。因此,研究企业战略管理首先要从动态环境入手,深入分析"哪些环境因素影响着企业的战略行为,可能产生什么样的结果,企业如何应对环境的变化"等问题,从而使企业正确地选择战略以获取竞争优势。

科技进步、市场需求升级等因素是推动当今经济社会发展的重要力量,将对企业的经营活动产生重大影响。进入 21 世纪以来,科学与技术加速发展,新的科技革命正在改变人类文明的进程,同时也引发了产业变革。科技创新与产业升级是国家富强、人民幸福的强大引擎,已经成为中国经济高质量发展的第一动力。有数据显示,2021 年我国全社会研发投入是 2012 年的 2.7 倍,基础研究经费是 2012 年的 3.4 倍。中国全球创新指数排名 10 年上升了 22 位,是世界各国中唯一持续快速上升的国家,已经跨入创新型国家的行列。[①] 科技革命

---

① 我国全球创新指数排名十年上升 22 位 是唯一持续快速上升的国家[EB/OL].(2022-05-12)[2022-05-25].https://m.gmw.cn/2022-05/12/content_1302943810.htm.

给企业带来了新技术、新工艺、新材料、智能设备和先进的生产方式,极大地提升了生产效率。例如,信息通信与交通领域的技术进步赋能企业经营活动,为企业有效地突破地域限制、获取关键性资源或者将产品与服务销售到其他区域提供了更为便利的条件,为企业有效地延伸管理跨度、实现跨区域与行业等跨界经营提供了重要的技术保障。又如,能源技术革命带动了汽车产业的升级,引发了百年不遇的汽车革命,推动了电动车产业化的快速发展和汽车概念的创新,使未来的汽车走向电动化、绿色化,从而在较大程度上改变了世界、造福了社会。

现代科技的发展对企业来讲是机遇与挑战并存,一方面给企业带来了创业发展的新机会和市场需求的新空间,另一方面也加剧了科技和市场的竞争。从战略管理视角看,产品是科技进步与市场需求临时结合的产物。近年来,两者的发展步伐同时加快,使得产品生命周期缩短的趋势越来越明显。因此,企业应充分发挥创新主体作用,站在科技革命的风口主动迎接新技术带来的巨大商业机会,促进产业的转型升级。

伴随着全球科技革命的深入发展和供需结构的调整,中国经济从高速增长迈向高质量发展,推动了市场结构变化和消费升级,同时也带来了新的市场空间。数字经济下的新型基础设施建设加速了数字技术的发展和融合应用,不仅促进了传统产业的转型升级和新产业、新模式、新业态的发展壮大,而且有效地激发出了消费市场的潜力、创造出了新的消费需求。例如,人工智能、5G 和新能源基础设施等建设,促进了新能源汽车消费和无人驾驶新领域的加速发展,从而推动经济增长由投资驱动型向消费驱动型转变。同时,消费者对产品和服务质量的追求越来越强烈,个性化、多元化、绿色化、体验化消费正在成为市场结构的变化趋势。

此外,在数字经济背景下消费方式已经并且正在发生重大改变。从相关统计资料中可以明显地看出,中国居民网络购物和消费的增长速度十分惊人。从 2010 年到 2021 年,网购总额大幅攀升,从 5000 亿元增长到了 13.1 万亿元,网络购物占社会消费品零售总额的比例从 3.3% 提升到了 24.5%;用户规模也在持续扩大,截至 2021 年 12 月,我国网络购物用户规模达 8.42 亿人,占网民整体的 81.6%。[①] 数据充分说明,大众的消费模式正发生着深刻变化,这促使企业变革经营模式和运行体系,更好地来满足消费的多元化、便利化和高品质等方面的需求。

专栏 1-1:中国的新基建

2020 年 4 月 20 日,国家发展和改革委员会在新闻发布会中提出:新型基础设施是以新发展理念为引领,以技术创新为驱动,以信息网络为基础,面向高质量发展需要,提供数字转型、智能升级、融合创新等服务的基础设施体系。

传统基础设施可以认为是基于上一轮工业革命的机械技术、电气技术、通信技术等应用的结果,而新型基础设施建设以高科技为主要发力点。国家发展和改革委员会明

---

① 2021 年中国网络购物行业市场回顾及 2022 年发展前景预测分析[EB/OL]. (2022-04-02)[2022-05-10]. https://baijiahao.baidu.com/s? id=1728926670627300263&wfr=spider&for=pc.

确将新型基础设施的范围界定为信息基础设施、融合基础设施、创新基础设施三个方面。

一是信息基础设施：包括以5G、物联网、工业互联网、卫星互联网为代表的通信网络基础设施，以人工智能、云计算、区块链等为代表的新技术基础设施，以数据中心、智能计算中心为代表的算力基础设施等。

二是融合基础设施：主要是指深度应用互联网、大数据、人工智能等技术，支撑传统基础设施转型升级，进而形成的融合基础设施。例如，智能交通基础设施、智慧能源基础设施等。

三是创新基础设施：主要是指支撑科学研究、技术开发、产品研制等具有公益属性的基础设施，如重大科技基础设施、科教基础设施、产业技术创新基础设施等。

除了科技和市场因素外，文化与制度、国际关系、经济社会等因素都对企业战略产生了不同程度的影响。在众多环境因素中，我们不妨聚焦从根本上改变企业竞争格局和对企业经营带来革命性影响的主要因素，即全球化和数字化及其所带来的竞争格局。

（1）全球化

全球化是一个很广泛的概念，涉及政治、经济、科技、军事、文化等多个领域。本书主要从经济全球化视角来分析和探讨全球化对企业经营和战略的影响。经济合作与发展组织（OECD）认为，全球化可以看作一种过程，在这个过程中，经济、市场、技术与通信形式都越来越具有全球特征，民族性和地方性在减少。国际货币基金组织（IMF）认为，经济全球化是指跨国商品与服务贸易及资本流动规模和形式的增加，以及技术的广泛迅速传播使世界各国经济的相互依赖性增强。

经济全球化明显地消除了产品与服务以及各种要素市场的地理边界，各种生产要素跨国界流动成本下降，国际分工协作的方式得以在更为细致的层面上进行，全球价值链整合的趋势越来越明显，不同地区的各类企业都可以选择参与价值创造的某些环节活动而融入全球价值链，嵌入全球分工的协作体系。

20世纪60年代以来，各国从地理因素、人为因素等的限制中解放出来，国际贸易规模大幅增长，商品和要素的流动在一定程度上促进了全球经济的融合与发展。特别是进入20世纪90年代，跨国投资、商品与服务贸易的壁垒不断降低，资本、技术和人才等要素的跨国流动也越来越频繁，这些都促进了经济全球化的不断深入发展。进入21世纪之后，全球经济格局发生了剧烈变化。首先，随着中国加入WTO，中国经济快速发展，经济体量不断增大，连续超过了几个欧洲大国，于2010年超过日本，成为世界第二大经济体；其次，发达国家出现了经济增长缓慢的情况，众所周知，从第二次世界大战结束到20世纪70年代中期以前是主要发达国家发展的黄金时期，但是21世纪以来主要发达国家的经济增长出现了"滞涨"，这本质上是经济发展到成熟阶段的正常表现，它们依然保持着较强的科技创新能力；再次，新兴工业化国家的崛起和调整也是一股不可忽视的力量，主要集中在东南亚、中美洲等地区。虽然世界经济受到众多不利因素的影响，但毕竟经过几十年的全球化，各国之间已经形成了"你中有我，我中有你"的格局。绝大多数国家在全球化当中是获利的，不仅包括占据高端的发达国家在世界各地进行投资并从中获得好处，也包括不发达的国家通过国际分工获得了收益。[①] 总体而言，全球化能够促进更多的国家一起发展，对全世界都是有益的。尤其是对于发展中国家而言，全球化已经成为发展中国家经济发展的重要机制，带来的机遇与发展不可忽视。

但近几年来，国际政治格局错综复杂、矛盾加剧，双边、多边与区域经贸规则被不断重塑，破坏了正常的国际经济关系和秩序，致使国际贸易和全球供应链等经济活动受到严重的负面影响，经济全球化面临多重挑战。

经济全球化是科技进步与生产力发展的必然结果。在这历史转折点上，中国与世界的互动关系也在发生变化。2020年上半年以来，习近平总书记多次强调，要"加快构建以国内大循环为主体、国内国际双循环相互促进的新发展格局"[②]。双循环战略的提出是国际环境变迁与国内环境变革共同作用的结果。在"双循环"和"一带一路"倡议背景下，中国从过去被动融入美国主导的全球化体系，转变为通过改变自己主动塑造新一轮全球化。其中，双循环是一种内需驱动型的全球化，即先通过内循环推动国内供应和需求的同时升级，再通过外循环打通全球生产要素流动，从而促进世界经济共同发展，在全球化进程中发挥中国智慧和做出中国贡献。

（2）数字化

新科技革命的核心是数字技术的快速发展及其广泛应用。以数字化、网络化、智能化为重点发展方向，与之密切相关的5G通信、云计算、人工智能、物联网、区块链等数字技术纷纷成为热点，数字化变革也成为产业界和理论界的共识。

数字技术和数字化的发展，将人类社会带入了数字经济时代。数字经济是继农业经济和工业经济之后的主要社会经济形态。近年来，全球数字经济发展加快，数字经济规模持续扩大，占GDP的比重逐年增长，已成为各国国民经济的重要组成部分。数字经济作为全球经济发展的新动能，对全球经济的贡献持续增强。

数字经济的发展主要反映在产业数字化和数字产业化两个重点方向上。

一是产业数字化。产业数字化是通过数字技术与传统产业的深度融合，例如数字技术在研发、制造和营销等各环节的应用，对传统产业进行全方位、全链条的改造，实现企业和产业层面的数字化、网络化发展，最终达到智能化目标。可以说，产业数字化是传统产业实现创新发展、模式变革、效率提升的重要途径，对推动我国传统产业转型升级和经济高质量发展具有重要意义。

专栏1-2：浙江产业数字化："产业大脑＋未来工厂"

浙江产业数字化以"产业大脑＋未来工厂"为发展模式。在此推动下，数据生产要素的放大、叠加、倍增作用被充分激发，引领更多有条件的制造企业和产业集群主动智变升级。

"产业大脑"以工业互联网为基础，以数据为资源要素，集成产业链供应链、资金链、

---

① 关权. 当前世界经济格局演变新动向及中国应对[J]. 国家治理，2022(5)：38-42.

② 准确把握构建新发展格局的核心要义与丰富内涵[EB/OL]. (2021-03-28)[2022-10-11]. http://www.ce.cn/xwzx/gnsz/gdxw/202103/28/t20210328_36416787.shtm.

创新链,融合政府侧和市场侧,贯通生产端与消费端,为企业生产经营提供数字化赋能,为产业生态建设提供数字化服务,为经济治理提供数字化手段。

"未来工厂"是指广泛应用数字孪生、人工智能、大数据等新一代信息技术革新生产方式,以数据驱动生产流程再造,以数字化设计、智能化生产、数字化管理、绿色化制造、安全化管控为基础,以网络化协同、个性化定制、服务化延伸等新模式为特征,以企业价值链和核心竞争力提升为目标,引领新智造发展的现代化工厂。

资料来源:"产业大脑＋未来工厂"引领浙江新"智造",https://m.gmw.cn/baijia/2021-12/23/35400933.html.

二是数字产业化。数字产业化是指通过数字技术的市场化应用,推动数字产业的形成和发展。按照 2021 年 5 月 14 日国家统计局第 10 次常务会议通过的《数字经济及其核心产业统计分类(2021)》,数字经济核心产业是指为产业数字化发展提供数字技术、产品、服务、基础设施和解决方案,以及完全依赖于数字技术、数据要素的各类经济活动。数字经济核心产业对应的 01—04 大类,即数字产业化部分,主要包括计算机通信和其他电子设备制造业、电信广播电视和卫星传输服务、互联网和相关服务、软件和信息技术服务业等,是数字经济发展的基础。相比于以企业价值创造为中心的传统商业模式,数字技术催生出以客户价值创造为中心、基于互联网创新的商业模式,缓解了信息不对称所带来的资源配置效率低下等问题,激发了商业活力,进而发展成为一种新的产业形态。

专栏 1-3:加快推动数字产业化

(一)增强关键技术创新能力

瞄准传感器、量子信息、网络通信、集成电路、关键软件、大数据、人工智能、区块链、新材料等战略性前瞻性领域,发挥我国社会主义制度优势、新型举国体制优势、超大规模市场优势,提高数字技术基础研发能力。以数字技术与各领域融合应用为导向,推动行业企业、平台企业和数字技术服务企业跨界创新,优化创新成果快速转化机制,加快创新技术的工程化、产业化。鼓励发展新型研发机构、企业创新联合体等新型创新主体,打造多元化参与、网络化协同、市场化运作的创新生态体系。支持具有自主核心技术的开源社区、开源平台、开源项目发展,推动创新资源共建共享,促进创新模式开放化演进。

(二)提升核心产业竞争力

着力提升基础软硬件、核心电子元器件、关键基础材料和生产装备的供给水平,强化关键产品自给保障能力。实施产业链强链补链行动,加强面向多元化应用场景的技术融合和产品创新,提升产业链关键环节竞争力,完善 5G、集成电路、新能源汽车、人工智能、工业互联网等重点产业供应链体系。深化新一代信息技术集成创新和融合应用,加快平台化、定制化、轻量化服务模式创新,打造新兴数字产业新优势。协同推进信息技术软硬件产品产业化、规模化应用,加快集成适配和迭代优化,推动软件产业做大做强,提升关键软硬件技术创新和供给能力。

（三）加快培育新业态新模式

推动平台经济健康发展,引导支持平台企业加强数据、产品、内容等资源整合共享,扩大协同办公、互联网医疗等在线服务覆盖面。深化共享经济在生活服务领域的应用,拓展创新、生产、供应链等资源共享新空间。发展基于数字技术的智能经济,加快优化智能化产品和服务运营,培育智慧销售、无人配送、智能制造、反向定制等新增长点。完善多元价值传递和贡献分配体系,有序引导多样化社交、短视频、知识分享等新型就业创业平台发展。数字化对企业发展的影响是巨大的。

资料来源:国务院关于"十四五"数字经济发展规划的通知,http://www.gov.cn/zhengce/zhengceku/2022-01/12/content_5667817.htm.

数字化不仅颠覆了传统经营思维、改变了商业生态和商业规则,而且重构了企业价值系统和业务模式,带来了新的工作思维、方法和方式。此外,在数字化商业生态下,企业成了生态网络中的"节点",处于纵横交错的网络关系中。面对互联互通的网络结构,价值创造模式由传统线性向链条式、网络化转变,组织方式也趋于平台化、生态化。因此,企业必须通过创新驱动进行数字化转型,形成新的竞争优势。

（3）新的竞争格局

经济全球化不会逆转,未来发展也势不可当。数字时代的全球化使竞争环境呈现出易变性、不确定性、复杂性和模糊性(VUCA)的特征。数字化与科技创新正在改造传统产业,催生出新业态、新模式,对全球产业链供应链、创新链产生了前所未有的深刻影响。可以说,全球化与数字化改变了全球经济结构和运行方式,为世界各国创造了更多的发展机会,同时将重塑各国经济竞争力和全球竞争格局。

数字化使企业价值创造过程发生了重大改变,数字服务和大数据分析重塑了大多数产品的价值创造和价值主张,这对企业组织、企业管理等产生了很大挑战,必然会引发以技术经济范式为基础的企业竞争范式的全面转变。[①] 在全球化的超级竞争环境中,竞争理念变为基于价值共创的竞争与合作,单一的竞争或合作行为无法使企业有效应对外部激烈变化的竞争环境。企业与外部环境是协同进化的关系,新的优势来自创新和所处的商业生态系统。

因此,当今格局下的企业竞争已经从产品竞争、供应链竞争发展到商业生态圈间的竞争。竞争重点由成本竞争、质量竞争向时间竞争、服务竞争转变。无论是传统企业还是现代科技型企业,均在不断探索企业新的竞争发力点。企业不断开展价值网络重构和创新,并逐步由个体间竞争转向以合作共生为主导的网络化竞争,形成以"平台化"和"生态化"为主导的数字化商业生态体系,不断向"智慧企业"进行转型。在数字化商业生态系统中,对于任何企业,数字化与网络化发展成为必然趋势。企业适时嵌入特定的商业生态系统正成为创新组织在新经济形态下的重要战略选择,并不断影响着产业的垂直分工格局,对企业竞争优势的重构产生了深刻的影响。

战略管理的核心问题是追寻并保持企业的竞争优势,但由于数字化情景下竞争范式发

[①] Hinings B, Gegenhuber T, Greenwood R. Digital innovation and transformation: An institutional perspective[J]. Information and Organization, 2018, 28(1): 52-61.

生了巨大变化,企业不仅受到来自传统意义上竞争者或替代者的威胁,而且还可能会被一个业务几乎不相关的、既不是竞争者也不是替代者的跨界颠覆者所消灭。企业面对数字化的环境,战略行为不再仅仅是内部优化公司运营或对一个或两个主要竞争对手做出反应的问题,而且还源于对数字业务竞争环境的意识和响应能力。[①] 因此,传统竞争理论分析框架下寻求竞争优势的源泉受到了局限,传统竞争优势理论受到了质疑和挑战,必须重新思考新竞争格局背景下企业的战略选择,即重新思考"为什么竞争""用什么竞争""如何竞争""什么竞争领域"等关于竞争的基本命题,从而超越以往传统的竞争理念、竞争方式、竞争焦点等,以适应数字化变革和全球化发展的要求。

面对新竞争格局的机遇与挑战,中国企业需要从战略层面做好顶层设计,重构竞争优势,实现转型升级。一波又一波的科技革命在不断淘汰落后者的同时,又为新技术的开拓者提供了广阔的发展空间。数字技术具有基础性、先导性和渗透性的特点,对经济形态和商业生态产生深刻的影响,甚至可以解构和重构企业赖以生存的全球经济系统。所以,企业必须时刻关注全球化和数字化发展的最新动态,跟上时代的步伐,以创新驱动实施企业数字化转型升级,获取新的优势,才能在全球竞争中立于不败之地。同时,也有利于助推中国经济高质量发展。

1.2　战略与企业战略

1.2.1　什么是战略

战略,源于军事术语,意指作战的谋略。中国战略思想史源远流长,《孙子兵法》就系统地论述了战略思想,其中在《孙子·计篇》里写道:"故经之以五事,校之以计而索其情:一曰道,二曰天,三曰地,四曰将,五曰法。""五事"是指战略指导思想、天时、地利、人和、组织与法制,说明战略对战争的重要作用。《辞海》(第七版)中指出:"战略是军事名词,是对战争全局的筹划和指挥。"英语中,"战略"(strategy)一词源于希腊语 strategos,本意是指古希腊将军们指挥作战的艺术,包括应有的心理素质和行为技能。军事家们对"战略"一词有着精辟的见解,德国著名军事战略家克劳塞维茨(Clausewitz)说:"战略是为了达到战争目的而对战斗的运用。战略必须为整个军事行动规定一个适应战争目的的目标。"毛泽东在《中国革命战争的战略问题》中指出:"战略问题是研究战争全局的规律性的东西。"他还说:"要求战役指挥员和战术指挥员了解某种程度的战略上的规律,何以成为必要呢? 因为懂得了全局性的东西,就更会使用局部性的东西,因为局部性的东西是隶属于全局性的东西的。"[②]在战争中作战如此,在其他工作中也是如此。

随着人类社会实践的发展,"战略"一词后来被人们广泛应用于军事以外包括政治、商业等诸多具有竞争性的领域。《辞海》(第七版)中又说:"战略泛指重大的、带有全局性或决定

---

①　Mithas S,Tafti A,Mitchell W. How a firm's competitive environment and digital strategic posture influence digital business strategy[J]. MIS Quarterly,2013,37(2):511-536.

②　毛泽东.毛泽东选集(第一卷)[M].北京:人民出版社,1991:175.

全局的谋划。"由此可见,战略是关乎主体生存和发展的全局性计划,是一个组织的生存发展之道。1938年,巴纳德(Barnard)在《经理人员的职能》一书中首次将战略理念引入管理理论。他提出,经理人的作用是作为信息相互联系的枢纽,对组织中各个成员的活动进行协调,使组织正常运转,实现组织的目标。经理人员的重要职能是制定组织系统的共同战略目标。1958年,赫希曼(Hirschman)出版了《经济发展战略》一书,提到经济发展领域中的"战略"所具有的战争层面的"战略"含义已经失去,变成了主体为自己的未来行动进行某种全局规划的含义,它涉及目标的选定以及为实现目标而进行的途径选择等问题。20世纪60年代,战略思想开始越来越多地被运用于商业领域,并与达尔文"物竞天择"的生物进化思想共同成为战略管理学科的两大思想源流。

1.2.2　什么是企业战略

企业战略理论来源于企业管理实践。随着时代的发展和管理实践的深入,对企业战略内涵的理解也在发展中。由于"战略"一词本身所具有的多维性和权变性,对于企业战略的定义,不同学者与经理人都存在不同的见解。即便如此,他们对于战略的基本特征还是达成了某些共识。本书为帮助读者更好地思考企业战略的真实含义,特向读者介绍一些著名学者提出的具有代表性的观点。

(1)钱德勒(Chandler)的观点

美国经济学家钱德勒在1962年出版的著作《战略与结构》一书中认为企业战略是对已有资源进行最优化配置,其包含三层意思:一是战略是企业的长期目标;二是战略实施需要选择合适的途径;三是需要为战略实施进行资源配置。他指出,战略是组织与环境之间的纽带,战略通过对组织环境的分析来确定组织的发展方向,使组织与环境要求一致,组织对战略的跟随才能保证组织与环境的匹配。

(2)安德鲁斯(Andrews)的观点

哈佛商学院教授安德鲁斯在1965年出版的具有广泛影响力的《经营策略:内容与案例》一书中认为,战略的定义从本质上讲,是要通过一种决策模式,把企业的目的、方针、政策和经营活动有机地结合起来,使企业形成自己的特殊战略属性和竞争优势,将不确定的环境具体化,以便较容易地着手解决这些问题。

(3)安索夫(Ansoff)的观点

美国战略管理学家安索夫与安德鲁斯一样,是战略管理研究第一次浪潮的代表人物。他在1965年出版的《企业战略论》一书中提出:企业战略是贯穿于企业经营和产品及市场之间的一条"共同经营主线",决定着企业目前所从事的,或者计划要从事的经营业务的基本性质。安索夫认为,企业战略的核心应该是弄清你所处的位置、界定你的目标、明确为实现这些目标而必须采取的行动;经营战略的内容由四个要素构成:产品市场范围、增长向量、竞争优势和协同作用。他还指出,企业生存由环境、战略和组织三者构成,只有当这三者协调一致、相互适应时,才能有效地提高企业的效益。

(4)波特(Porter)的观点

波特认为,企业战略的核心是获得竞争优势,而竞争优势取决于企业所处行业的吸引力和企业在行业中的相对竞争地位。因此,波特从竞争的角度提出战略的定义。他认为:战略是指采取主动行为或防御行为在行业中创造行业地位,成功处理五大竞争力量,并给企业带来成功的投资回报。战略管理的首要任务就是选择最有盈利潜力的行业,并明确在选定行业中企业的位置。在波特把产业组织经济学理论应用于分析战略之后,"竞争"和"价值"成为战略管理认知的焦点。战略管理教材和课程内容也基本上是围绕着竞争优势与竞争战略展开论述的。本书后续内容会具体谈到波特提出的战略管理理论与方法。

(5)明茨伯格(Mintzberg)的观点

加拿大麦吉尔大学管理学教授明茨伯格对于企业战略的定义有他自己的独特之处,他从不同的层次对战略进行了复合定义。在生产经营活动中,人们在不同的场合以不同的方式赋予企业战略不同的内涵,说明人们可以根据情境需要接受各种不同的战略定义。在这一观点基础上,明茨伯格认为,企业战略是由五种规范的定义来阐述的,即计划(plan)、计策(ploy)、模式(pattern)、定位(position)和观念(perspective),它们构成了企业战略的"5P",分别从不同角度对企业战略这一概念加以阐述。

①战略是一种计划。从本质上讲,战略具有"行动之前"的含义。战略是一个宏大的计划和蓝图,体现在为了实现某种目标和结果而制定的一系列有意识的有预计的方针、政策和准则,这种计划有综合性和理性的特点,试图涵盖企业的所有重要方面。

②战略是一种计策。这是指在特定的环境下,可以将战略理解为一个策划或战胜竞争对手的手段。企业要根据环境的动态发展和竞争对手的反应及时设计战略,并针对性地提出实施方案,从而保证获取竞争优势,领先于竞争对手。

③战略是一种模式。这是指战略反映了企业的一系列行动。无论企业是否事先对战略有所考虑,只要有具体的经营行为,就有战略存在。战略作为计划或模式的两种定义是相互独立的,在企业实践中,模式可能是在无事先计划的情况下形成的,战略作为一种模式是行为的结果,而不是设计的结果。因此,战略是一种模式,可以被理解为事后总结成固有模式的存在。

④战略是一种定位。战略主要反映在企业的定位上,不仅决定了一个组织在经营环境中所处的位置,也反映了相对于竞争对手的不同定位。其揭示了企业所选定的经营范围、产品市场组合和资源配置方式等,使企业的内部条件与外部环境更加匹配,以形成独特的竞争优势。

⑤战略是一种观念。战略在表达方式上,更多地表现出的是一种思路、观点和理念,体现了企业的基本经营哲学、战略思维以及价值观和企业文化。在这种观念指导下形成了不同的战略决策方案,最终决定了企业的发展方向和战略绩效。

(6)本书的观点

综合以上学者的观点以及相关文献的定义,本书认为对战略的定义应该包括以下几个方面。

①着眼于未来

战略通常具有强烈的目标导向性,以未来为出发点,把握企业的总体发展方向,聚焦于企业的愿景,并给出实现愿景的行动纲领和基本措施。

②与动态环境匹配

战略建立在对外部环境和自身资源能力识别的基础之上,在不确定性和复杂性日益增强的全球化和数字化环境中,企业需要进一步提高对外部环境及其发展趋势的洞察和判断能力,基于自身能力,科学地设计与环境相匹配的战略方案。

③获取持续的竞争优势

竞争优势是企业战略管理追求的结果,如果比竞争对手创造更多的经济价值,该组织就获得了竞争优势,反之则不具备竞争优势。一个好的战略必定是能够通过不断培养新的竞争优势,促进组织持续成长。

④总体性规划

战略的本质是对企业如何发展,即发展方向、路径和策略等做出的系统性选择。从公司层面的战略决策到具体业务选择,战略规划强调系统性和整体性设计,既要对企业全局进行整体规划,又要关注那些关乎全局的重要环节。

综上所述,本书把企业战略定义为:在动态竞争环境里,企业为了获取持续竞争优势,根据外部环境、可获得的资源和自身能力,对长远目标和实现方式、路径所进行的总体性规划。

1.2.3　企业战略的特征

尽管战略学者和企业管理者对企业战略的定义各有不同的认识,但是对于企业战略的特征,人们的认识却没有很大的分歧。概括起来,企业战略具有如下特征。

(1)全局性。企业战略是从全局出发,根据其长远和总体发展的需要而制定的行动纲领。形象地说,企业战略就是企业发展的蓝图,指导着其经营管理的一切活动。当然,这些总体行动是由各种局部活动组成的,即每一种局部活动都是总体行动的有机组成部分,从而表明企业战略具有综合性和系统性。但战略管理不是不强调企业某一事业部或某一局部活动的重要性,而是通过制定整体的使命和战略目标来协调企业各部门的活动。在战略评价和控制过程中也更重视评价各部门对实现企业战略目标的贡献。

(2)长远性。企业战略考虑的是未来如何发展的问题。一般来说,企业战略应着眼于未来5年乃至更长远的目标。因此,战略必须具有预见性,能够对企业未来较长时期(起码是5年,有的甚至考虑20年、30年或50年等的远景目标)的生存和发展起指导作用。凡是战略都具有长远性,那些针对企业当前形势而制定的解决局部问题的方案都只属于战术的范畴。

(3)竞争性。企业战略也像军事战略一样,是关于企业在竞争中如何与竞争者抗衡、如何应对环境挑战的行动方案。企业之所以制定战略,其根本目的就是在激烈的竞争环境中取得优势地位,战胜对手,赢得市场竞争的胜利。在全球化的动态环境中,企业要应对国内外市场和竞争对手的挑战,必须制定正确的战略和采取有效的措施,保证自己的生存和更好的发展。

(4)指导性。企业战略规定了企业总体目标、发展方向和重点任务,以及战略行动的方针、重大措施和基本步骤,这些都是概括性、纲领性的规定,具有指导行动的作用。企业在实施战略的过程中,要把它变成具体的行动计划,还必须深入展开和分解。

(5)风险性。任何企业战略的形成都不可能是在信息绝对充分的条件下做出的,都是对未来的预计性决策。战略决策一旦做出和实施,便牵一发而动全局,又由于环境变幻莫测,因此任何企业战略都潜伏着巨大的风险。一般认为企业中最大的失误是战略决策的失误,企业战略的实施必须承担一定的风险,但通常可以通过科学决策来降低风险。

1.2.4 企业战略要素

认识企业战略首先要了解其由哪些要素构成。本书参考了安索夫提出的关于战略要素的主要观点,并结合时代发展的新情景,从业务领域、资源配置、竞争优势、协同作用等几个方面分析企业战略的构成要素。

(1)业务领域

业务领域是指企业从事经营活动的领域,也被称为经营范围,是要回答企业现在和未来"做什么"的问题,它反映了企业与外部环境相互作用的程度。在全球化、数字化商业生态下,企业基于网络化成长为业务领域的选择带来了更多的发展空间。企业确定业务领域要从三个维度去考虑,如图 1-1 所示。

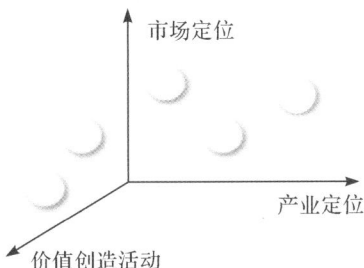

图 1-1 业务领域三维度

一是产业定位维度。产业定位是指企业根据自身的资源能力和独特优势,合理地考虑企业未来的产业发展:要进入什么产业? 如何应对产业升级? 未来是继续深耕目前产业还是选择跨产业发展? 最先进的产业并不等价于最合适的产业,只有选择了最合适的产业,企业才能结合自身的优势迅速发展起来。同时,企业还应实时关注动态环境,把握相关产业演化趋势,适时、适度进入自身擅长的新领域,进行多元化发展。每一产业领域可以细分为多个行业,企业应仔细分析行业特点,谨慎选择发展领域。多元化战略就是企业为了选择适合的产业和经营范围所制定的战略,在后续的内容中会详细介绍。

二是价值创造活动维度。企业生产经营过程可以细分为许多环节和相应的活动,在这些活动中进行价值创造,把这些创造价值的活动联系起来,就构成了价值链和价值网络。企业在制定战略时,要对价值创造活动范围进行选择。例如,如何构建企业价值链和嵌入全球价值链? 在数字化商业生态中价值共创方式是什么? 从价值链和一体化角度,企业选择哪些战略控制点? 也就是说,企业要对自己价值创造活动的边界进行定位。

三是市场定位维度。市场定位是指企业根据自身的能力和不同地区消费者的需求差异,合理地考虑企业未来进入哪类市场:未来主攻国内市场还是进军国际市场? 选择某几类细分市场还是面向全市场? 选择不同市场,意味着面向不同的客户群体和面对不同的竞争对手。每类市场竞争状态是有差异的,一个企业选择了多个市场就要应对多面竞争。

(2)资源配置

企业投入经营过程中的各种资源,通常有人力资源、财务资源、实物资源、技术资源、数据资源、组织资源和声誉资源等,企业资源是企业生产经营活动的基础和起点。企业确定经营范围后,就要按照战略布局进行资源的配置,通过资源获取、整合和分配,使企业各项业务和活动都能得到有效的开展，并形成竞争优势。

值得注意的是，在数字经济背景下，数据已经成为企业的关键资源之一，企业战略行为往往是数据驱动决策的结果，即以大数据为核心要素，贯穿研发、营销、生产、运营等环节，打破线上线下边界，强调全流程、全周期的数据采集、分析与应用，实现业务的数字化和智能化。

（3）竞争优势

在企业战略设计时，不仅要分析过去、现在的竞争优势，而且还要研究面向未来应该培育的竞争优势。企业竞争优势是企业的立足和发展之本，要随着外部环境的变化和企业的发展而不断演化，如图1-2和图1-3所示。过去曾经拥有的优势，很可能成为"明日黄花"，企业要根据战略目标定位，开发出新的竞争优势以顺应未来竞争的需要，但开发过程是竞争优势积累和形成的过程，需要培育时间和"提前量"。竞争优势分析除了考虑时间维度外，还要考虑空间维度，即在什么范围内进行优势比较，如产品竞争优势、生态竞争优势、国内竞争优势、全球竞争优势等。本书接下来几章将讨论竞争优势的来源和培育等问题。

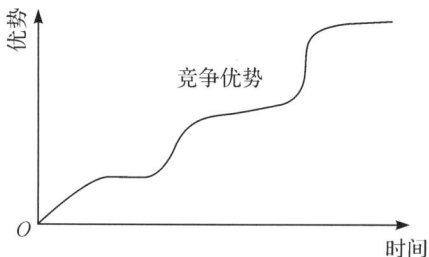

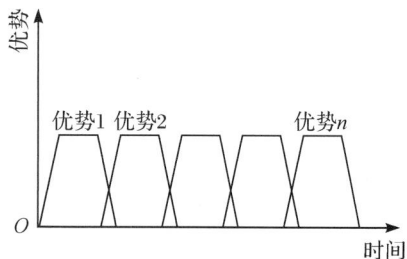

图1-2　某种具体优势的延续而建立持续竞争优势　　图1-3　通过获取连续的短暂优势而建立持续竞争力

（4）协同作用

协同作用是指企业从经营决策和资源配置中所能寻求到的各种共同努力的效果，也就是说，企业总体资源的收益要大于各部分资源收益之和。安索夫将协同作用划分为销售协同作用、运作协同作用和管理协同作用。例如，销售协同作用产生于企业不同产品使用共同的销售渠道、销售手段和销售团队等；运作协同作用产生于充分地利用已有的人员和设备，共享由经验曲线形成的优势等；管理协同作用是指不同的经营单位分享以往的管理经验等。

协同作用期望的是正向效应，如产生"1+1>2"的作用；但协同作用有时也会出现负向效应，例如，企业实施多元化战略时，没有进行科学评估进入了非相关领域，由于新领域对企业资源和能力要求与原来明显不同，在这种情况下，管理协同作用就难以发挥。

关于管理学中的协同（collaborate）研究，目前更倾向于在协同效应、网络协同（networking synergy）和协同机制等方面开展研究。例如，数字经济时代，企业适时嵌入或构建数字化商业生态已成为大势所趋。企业以用户为中心，部署网络化的价值体系和进行价值链的整合；基于网络协同，与供应商、经销商、顾客等网络成员围绕产品生命周期过程进行设计、采购、制造和营销等价值共创活动。

1.2.5　企业战略层次

企业战略是指导企业整体发展的行动纲领，涉及方方面面的规划设计，其不仅要提出企业的整体目标以及实现这些目标的途径与方法，而且要说明企业内每一类业务、每个部门的目标及其实现途径。为了便于开展战略研究,按照战略主体的不同,企业战略可以划分为三个层次:即公司层战略、业务层战略、职能层战略,分别对应的战略主体是公司总部、各事业部和各职能部门。需要注意的是,这里所述的三个层次战略主要是依据大型公司的战略类型而加以划分的。有些中小型企业由于业务单一,其内部没有分若干个相对独立的经营单位,这样战略层次就划分为公司层面和职能层面两类。具体如图 1-4 所示。

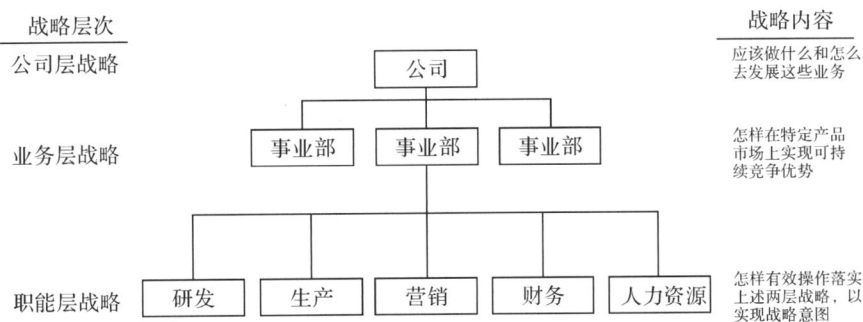

图 1-4　企业战略层次

（1）公司层战略

公司层战略,也称为企业总体战略,是企业发展的总纲,主要涉及整个企业未来发展的目标定位、业务布局、资源配置,以及与之相匹配的组织体系和企业文化建设等一系列公司顶层设计的问题。公司层战略重点要回答的是:公司应该从事什么业务和怎样去发展这些业务。

在数字化商业生态下,由于新业态、新模式的出现,企业将面临更多的机遇和挑战,公司发展空间与发展模式、业务选择与运行方式等都发生了很大的变化。在总体战略设计时,企业需要不断地创新商业模式,构建基于技术进步的产品生态和以用户为核心的价值网络体系,以获取生态竞争优势。

（2）业务层战略

业务层战略是从战略经营单位(strategic business unit,SBU)视角进行划分的,除了称为业务层战略外,也有文献把此层面的战略称为事业部战略或竞争战略。战略经营单位一般是指大型企业内基于同类业务组合的经营单元,是从事经营活动的基本单位,其目的是为同一市场或不同的市场提供某一类产品或服务。

由此可见,业务层战略是聚焦于特定的"产品—市场"所制定的战略,目的是希望在此产品市场里形成可持续的竞争优势。业务层战略是在公司层战略的制约下,指导具体经营单位的计划和行动,以实现公司整体战略目标。

（3）职能层战略

职能层战略主要涉及企业内各职能,如研发、采购、生产、营销、人力资源、财务等的资源和能力如何配置和利用,以便更好地实现公司战略目标的问题。职能层战略比公司层战略更为具体,公司层战略为企业指出总体的发展目标与方向,而职能层战略是要围绕公司总体目标,从自身职责出发,具体落实相应的目标和任务而制订的长远规划和年度计划。不同类型的企业,其职能部门的设置是有区别的,以一般制造服务型企业为例,职能层战略包括营销战略、制造战略、研发战略、人力资源战略和财务战略等。

企业战略的三个层次虽然对应于企业不同管理层面和部门，但其从制定到实施的整个过程都要经过各级战略领导者的协同和落实。在企业内部，企业战略的各层次之间是相互联系、相互影响的。公司层战略是业务层战略的依据，而职能层战略又要围绕和落实公司战略的目标任务。只有当三个层次的战略协调一致时才能最大限度地发挥企业战略的作用。

1.2.6　企业战略有效性的衡量

所有企业都希望通过战略设计来达到获取竞争优势和促进可持续发展的目的。因此，一项好的企业战略至关重要，那如何衡量企业战略优劣呢？

汤普森(Thompson)提出了运用三项测试来检验一个战略是不是成功有效的战略，即是不是制胜战略(winning strategy)。[①]

(1)匹配性测试(fit test)：战略是否与公司所处的环境相匹配？

一个战略若想取得成功，必须和行业环境、竞争环境、公司的最佳市场机会以及公司运营环境的其他相关方面相匹配。只有与当前的市场状况具有良好的外部匹配性，公司战略才能很好地发挥作用。同时，制胜战略必须根据公司的资源和竞争能力量身定制，并得到公司一系列互补的职能活动(如供应链管理活动、运营、销售和营销等活动)的支持。也就是说，它还必须表现出内部匹配性，与公司战略实施能力相一致。战略如果不能很好地与公司内外部的整体环境相匹配，将导致该战略的实施结果不佳或难以成功。制胜战略也体现了动态的匹配性，它随着时间的推移不断演变，即使外部和内部环境发生变化，也能与公司环境密切一致。

(2)竞争优势测试(competitive advantage test)：战略是否有助于公司获得可持续的竞争优势？

若一项战略未能使公司取得相对于竞争对手的持久性竞争优势，那么它也不太可能在较长时间内使公司产生卓越的业绩。制胜战略能够使公司获得相对于主要竞争对手的可持续竞争优势。竞争优势越强、越持久，它所发挥的作用就越大。

(3)绩效测试(performance test)：战略是否能够带来卓越的公司绩效？

制胜战略代表着良好的公司绩效，有两种绩效指标能说明公司战略的水平：①竞争优势和市场地位；②盈利能力和财务实力。高于平均水平的绩效是制胜战略的特征，制胜战略通常意味着高于平均水平的财务业绩、市场份额、竞争地位或盈利能力。

通过以上三项战略表现测试的企业，会比那些只通过一项或两项战略表现测试的企业更加出色。那些不能与公司内外部环境相匹配的新战略，应该在实施前就被舍弃。公司应该定期对现有战略进行审查，以确保它具有良好的匹配性，能够为公司带来竞争优势及高于平均水平的绩效。另外，如果公司战略未能通过以上三项测试中的任意一项，管理层就应考虑对现有战略进行调整或变革。

---

① 汤普森,彼得拉夫,甘布尔,等.战略管理：概念与案例：第19版[M].蓝海林,黄嫚丽,李卫宁,等译.北京：机械工业出版社,2016：135-137.

1.3　战略管理及其体系

1.3.1　企业战略管理的概念与特点

由于战略的长远性和环境的不可控性等原因,在战略实施过程中,企业可能面临各种外部环境突发因素,如 2008 年的全球金融危机、2020 年的全球新冠疫情等世界性的重大事件,也可能是发生在内部的人事和财务等的意外变动,或者认为现行的战略有比较大的缺陷。这些情况下都需要企业及时地对原定的战略进行重新评估并做出相应的调整,以适应环境变化和应对各种机遇与挑战。这个过程往往被称为战略管理过程。所谓战略管理(strategic management),就是企业高层管理者为了企业长期的生存和发展,在充分分析企业外部环境和内部条件的基础上,选择和确定战略目标及有效的战略方案,将其付诸实施,并对战略实施过程进行评价与控制的一个动态管理过程。

从战略到战略管理,并不是战略在内容数量上的增减与变化,而是战略思想的重大变化和对战略行为进行有效的管理。其本质是通过对企业战略进行动态管理以不断适应环境变化。

斯坦纳(Steiner)在 1982 年出版的《企业政策与战略》一书中认为:企业战略管理是确定企业使命、根据企业外部环境和内部经营要素确定企业目标、保证目标的正确落实并使企业使命最终得以实现的一个动态过程。在国家自然科学基金委员会组织编写的《管理科学学科发展战略调研报告》中,我国著名的管理专家成思危指出:从管理科学产生和发展的过程来看,现代管理科学的学科结构可以概括为三个基础、三个层次和三个领域。其中,“三个层次”是按照管理理论所涉及的范围和影响程度划分的,战略管理是最高层次,是兼具顶尖性和整合性的管理理论,融合了政治学、法学、社会学、经济学等方面的知识。

具体来说,企业战略管理具有如下特点。

(1)战略管理是企业高层管理者最重要的活动。战略管理的主体是企业高层管理人员。由于企业战略涉及企业运作的各个方面,虽然战略落地需要企业各级管理者和全体员工的参与和支持,但对战略决策与实施起到决定性作用的是企业高层管理人员。这不仅是由于他们能够把握企业全局,而且他们具有对战略资源进行分配的权力。

(2)战略管理具有系统性和统筹性。企业战略是从全局和长远的角度来研究企业生存和发展等重大问题。战略管理涉及企业所有的业务和职能的统筹安排,因此,要按照“整体大于部分之和”来通盘考虑企业已有的和可获得的资源、能力的配置,系统地协调好近期和长远发展的关系、局部与整体的关系、内部要素与外部要素的关系。企业只有全面统筹地把握战略方向和战略行动,才能对企业发展提供指导、赢得竞争优势和保证战略目标的实现。

(3)战略管理贯穿着一系列的战略决策。战略管理要在不断变化的环境中做出有效决策。企业的内外部条件总是不断变化的,战略管理者必须及时了解、分析和应对动态变化的环境,根据环境影响的性质、程度对现行战略进行必要的调整或制定新的战略,确保战略目标的实现。因此,战略管理实际上是贯穿着一系列战略决策的动态性管理,目的是提高企业对环境的适应性。

1.3.2　企业战略管理的内容体系

根据以上对战略管理内涵的分析,企业战略管理过程主要包括以下三个阶段:战略分析阶段、战略选择阶段、战略实施与控制阶段。可以用图1-5来表示。

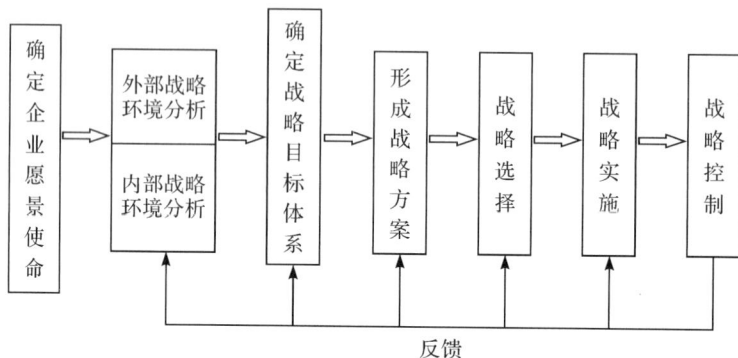

图 1-5　企业战略管理过程

（1）战略分析阶段

战略分析阶段的主要任务是分析与把握动态环境,在与环境匹配前提下进行战略定位。战略分析阶段的主要内容包括:①结合创业意图确定企业的愿景、使命和企业价值观;②从全球化视角分析政治、经济、社会、技术等宏观环境以及产业与竞争环境的特征和变化趋势,发现外部环境为企业生存和发展提供的有利机会以及可能造成的威胁;③评估企业资源能力,明确战略性资源和核心能力,以及相对的竞争优势和劣势;④根据以上的战略环境分析,进行企业战略定位,确定企业在商业生态中的"位置"和战略目标体系。

（2）战略选择阶段

战略选择是指在战略分析的基础上,科学拟定和选择可行战略方案的过程。战略选择阶段的主要内容包括:①结合战略目标定位,开展战略方案研究,确定总体战略和业务层战略的基本方向和实现路径;②科学地确定分析模型和评价标准,对相关战略方案进行分析评价,并做出选择;③围绕总体战略目标和战略方案,确定各方面的执行方案与计划,如组织资源、技术资源和财务资源等计划;④对战略目标进行层层分解,并制定相应职能战略和实现方法。

（3）战略实施与控制阶段

企业将制定好的战略方案付诸实施,同时对实施过程加以控制。战略实施与控制阶段的主要内容包括:①确保战略领导者具备与之相匹配的领导力;②根据战略的要求调整组织结构和相应的业务流程,使组织能有效地支撑战略实施;③为战略实施配置必要的资源能力;④推进企业数字化转型和配置数字业务发展所需的相应数据资源等;⑤推动与战略实施相匹配的创新文化建设;⑥全面监控战略实施过程,并根据评估结果及时做出调整,对战略管理的全过程进行有效控制。

本书的内容编排基本上按照上述战略管理过程展开。在本章导入战略管理的基本概念、第2章介绍战略管理理论体系演变与发展的基础上,第3章、第4章分别介绍战略分析阶段的外部环境、内部环境;第5章主要介绍企业愿景、使命与战略目标制定;第6

章、第 7 章主要探讨战略选择阶段不同层次战略的选择,包括公司层战略和业务层战略;第 8 章主要介绍合作与生态战略;第 9 章涉及战略实施与控制,将分析与战略实施和控制相关的要素和过程;第 10 章探讨数字经济时代下战略管理的新内容,即企业数字化转型战略,包括数字化转型愿景与目标、数字化成熟度、数字化转型战略规划和实施等内容。

1.3.3 战略管理的基本问题

自从战略管理理论提出以来,学者和企业家们一直在探究战略管理的本质。一些著名学者和企业家提出了各自的观点。

安德鲁斯和安索夫认为,企业的外部环境和内部能力是制定战略的出发点,战略形成过程是把企业内部条件因素与外部环境因素进行匹配的过程。

波特在其名篇《战略是什么?》中强调战略不是经营效率。经营效率是一个企业在从事相同的经营活动时比竞争对手干得更好,而战略是建立在独特的经营活动上的,战略就是要做到与众不同。

普拉哈拉德(Prahalad)和哈默尔(Hamel)在《公司核心能力》中的核心思想就是"重构竞争的基础"与"创造未来"。未来的竞争就是不断创造与把握出现的商机的竞争,也即重新划分新的竞争空间的竞争。企业要通过培育核心能力创造出持续竞争优势。

德鲁克(Drucker)认为,战略管理所要回答的核心问题是:企业存在的理由是什么。

波士顿咨询公司创始人亨德森(Henderson)认为:"任何想长期生存的企业,都必须通过差异化而形成压倒所有其他竞争者的独特优势。勉力维持这种差异化,正是企业长期战略的精髓所在。"按照亨德森的说法,战略的本质就是维持企业的独特竞争优势。

美国战略管理协会(Strategic Management Society,SMS)于 1994 年召开会议,研讨战略管理的发展前景,提出了战略管理学科面临的四个基本问题:①企业如何行为? ②为什么企业存在差异? ③公司总部的作用是什么? ④什么决定了跨国竞争的成败?

从实践的角度来看,根据美国管理科学院工商政策与战略分部(Business Policy and Strategy Division of the Academy of Management)的说法,战略管理学科主要关心的是总经理的角色及其遇到的管理问题,主要包括以下八个方面的内容:①战略制定与实施;②战略计划与决策过程;③战略控制与激励;④资源分配;⑤多角化与业务组合战略;⑥竞争战略;⑦总经理的遴选及其行为;⑧高级管理层的组成过程及状况。因此,战略管理的研究重点是企业成功(或失败)的原因和过程。

从战略管理的学科来源和理论范畴来看,随着时代的变迁,战略管理的基本问题不断在发展。近年来,学者们对以下四个基本问题初步达成共识:①企业存在的问题;②企业竞争优势的问题;③企业的边界问题;④企业的内部组织问题。

数字化与全球化深刻影响了战略管理的理论和实践,本书将在总结传统战略管理理论的基础上,结合新的情景,继续探讨战略管理的基本问题和延展出的新的研究课题。

1.4 战略管理者

从企业战略制定到具体的战略行动，企业战略管理过程的每一个环节都是由各类人员去决策、计划和执行的，各种战略活动的参与者不尽相同。例如，在战略制定阶段，主要由企业高层管理者参与；在战略实施阶段的各个业务或项目中，分别需要相应的管理人员、技术人员和操作人员等参与。这些影响企业战略形成和实施的相关人员包括战略管理者、战略领导者、公司的各类员工和其他利益相关者等。为了让读者了解企业管理实践中谁在具体落实战略管理的各项工作，下面就对其进行具体分类和介绍。

1.4.1 战略管理者及其分类

企业战略管理者是由对战略制定、实施、评价和控制产生影响的管理者构成，对企业战略管理的执行与绩效起着十分重要的作用。

一般来说，企业战略管理者包括企业的董事会、高层管理者、关键的中层管理者、非正式组织领导者以及企业聘请的专业顾问等。这些成员有着各自不同的职责和利益诉求，他们以不同的方式在企业战略管理中发挥各自的作用。

战略从制定到实施需要企业高层管理者、中层管理者和基层管理者等共同完成，董事会和高层管理者主要负责提出战略意图和宗旨，并对战略实施过程和结果进行评价与控制，以促进组织上下就战略方向及其实施计划达成共识；中层管理者把整体战略目标与职能部门、个人目标有机地统一起来，推动战略目标的实现；基层管理者负责把目标任务直接分配到每一个成员的工作中，并协调下属的活动、控制工作进度、解决碰到的难题，以保证具体目标任务的完成。

表 1-1 列出了战略制定者、战略执行者、战略评价者和战略控制者四个角色的定位，可以看出，每一种角色都要求企业不同层次和类型的管理者参与。企业不同层次和类型的管理者都应在战略管理过程和活动中找到自身的位置，明确自己的责任，落实自己的行为。在战略制定和实施过程中，需要上下结合、多轮循环完善，把企业战略制定和实施看成所有管理者的共同责任。

表 1-1 战略管理者分类及其职责①

角色	角色承担者
战略制定者	董事会与高管团队（包括首席执行官、高层管理者等），战略顾问，其他管理者
战略执行者	高管执行团队为主，充分发挥中层管理者和基层管理者的作用
战略评价者	以董事会和高管团队为核心，中层管理者为分权参与者，共同对战略执行效果进行评价
战略控制者	以绩效管理部门为执行机构，形成全体员工参与的战略控制者体系

① 宝贡敏.战略管理：新视野、新思维、新进展[M].北京：中国经济出版社，2013：63.

1.4.2　战略管理者职责

在数字化和全球化时代,企业经营环境的动态性、复杂性进一步增强,对战略决策的速度和创新性的要求越来越高。因此,企业战略管理者的构成、工作机制等都会影响企业战略管理的成败,这种影响正受到越来越多的企业和学者的重视。这里主要介绍公司董事会、高层管理者以及相关职能部门的职责,探讨他们在企业战略管理中发挥的作用。

(1)董事会的职责

董事会在战略管理方面的主要职责是:确定公司使命、战略总体方向和战略管理方案,并在战略实施中发挥监督作用。董事会有任免首席执行官和其他高层管理者的权力,决定公司内部管理机构的设置,监督和指导高层管理者,保护股东利益等。除了上述职责外,董事会还必须确保管理者依法进行公司治理,确保各利益相关者的权益。具体来说,董事会在战略管理中的主要作用是:①发起与决定。董事会成员需要去描述和解释公司愿景与使命,对管理层提出的可选战略方案进行审定。②评估与指导。董事会通过评估管理层的战略调整方案,给出建议和意见,或提供一些方案框架。③监督。监督是董事会承担的根本任务,通过与董事会相关委员会、公司高层等的沟通和各种调研,了解公司战略管理进展,及时进行监控。

(2)高层管理者的职责

高层管理者通常由公司首席执行官(CEO)、首席运营官(COO)、首席财务官(CFO)、首席技术官(CTO)、首席数字官(CDO)或信息官(CIO)等组成。高层管理者的具体任务因公司而异,会根据公司使命、目标、战略方案和关键行动等来确定。总体来说,为了有效实施战略管理,公司高层管理者必须履行以下两个方面的职责:一是提出和实现公司愿景与战略目标,即要为公司发展描述未来的蓝图和目标,为公司内部的活动提供方向性指导。在全球著名企业家,通用电气前董事会主席兼首席执行官韦尔奇(Welch)身上充分体现了高层管理者的重要性,他认为:"优秀的企业领袖应创立愿景、传达愿景、热情拥抱愿景,并不懈地推动直至实现愿景。"二是影响战略管理过程。高层管理者主导企业战略的研究和设计,并指导战略的实施和提供保障条件,在战略实施过程中需要及时感知和预测战略环境的变化,对战略做出动态调整。

(3)战略规划部的职责

由于竞争格局的变化,越来越多的企业尤其是大型企业开始重视战略管理,于是纷纷设立战略规划部或称企业发展部等这样的战略管理部门,在战略管理过程中为公司高层管理者和各事业部提供支持。战略规划部的主要职责是:①对外部环境动态和行业发展进行深入研究,向公司高层管理者提供研究报告;②识别与分析公司战略问题,并向高层管理者建议公司战略方案;③在公司战略规划过程中指导并促进事业部的战略规划;④追踪战略实施,协助公司高层管理者进行战略评估和控制。

此外,不少企业会聘请外部顾问或者专业咨询公司帮助企业制订公司战略规划。这些咨询人士凭借自己的专业知识、管理经验和对行业发展的研究,为公司提供专业化的战略建议和咨询方案。当然,在咨询过程中,专业人士应对企业进行全面和深入的调研,了解企业的发展历史和所拥有的资源能力,与企业战略管理者进行充分的沟通,最终通过反复论证形成一致性的战略方案,方可成为可行的战略规划。

1.4.3　战略领导者

在战略管理者队伍中,有部分人在战略管理过程中起到了主导作用并能积极带领其他战略管理者和全体员工为实现公司战略目标而努力奋斗,这些人往往被称为战略领导者。也就是说,所谓战略领导者(strategic leaders),是指那些处于企业不同位置,利用战略管理过程帮助企业达成愿景和使命的人。不同位置可以指高层、中层,甚至是基层,无论处于什么位置,一个成功的战略领导者必须有决断力,并且能够帮助周围人成长,帮助企业为利益相关者创造价值。[①] 战略领导者首先是战略管理者,并且是战略管理者中"最接近战略"的人,通常认为公司董事长、公司总裁、事业部总经理等都是战略领导者,他们不但是战略的构思者、决策者,同时也是公司文化和战略落地的推动者。他们的价值观、素质和能力很大程度上决定了企业战略是否科学有效,并且直接影响了企业的持续发展。在新的环境下,战略领导者需要掌握新的知识、具备国际视野、敢于创新和承担风险并有很强的领导力。具体来说,企业战略领导者应具备以下几个主要方面的能力和素养。

(1)全球视野

拥有全球视野,是全球化时代对管理者提出的要求。数字化与全球化使产业链供应链和创新链在全球范围内部署和运行,给企业带来了机遇与挑战。任何企业都不能独善其身,必须融入全球化、数字化的商业生态中,因此,作为企业的战略领导者,必须站在全球化高度看待企业战略问题,为企业发展指明正确的方向。

(2)战略决策能力

著名管理学家西蒙(Simon)的名言是"管理就是决策"。战略管理过程是由一系列决策过程组成的。本章的企业战略管理特点中已经提到:战略管理贯穿着一系列战略决策,目的是提高企业对环境的适应性。战略领导者必须对各类战略问题做出科学的决策,不仅要在动态的环境中正确选择战略方案,而且要在战略实施过程中对各类战略问题做出准确判断、快速反应、正确决策和有效行动。

(3)统筹全局能力

企业战略的全局性和长远性的特征,决定了战略领导者必须具备系统观和统筹规划全局的能力。战略领导者应有广阔的胸怀和长远的眼光,系统地思考企业发展大局,并围绕企业战略愿景和目标,有效地整合企业内外部资源和协调各方面力量,推动实现网络协同和形成生态竞争优势,这样才能使企业在数字化、全球化时代中取得成功。

(4)推动变革能力

管理学大师德鲁克曾说:"无人能够左右变化,唯有走在变化之前。在动荡不定的时期,变化就是准则,但是只有将领导变革视为己任的组织,才能够存活下来。"面对数字化生存的环境,创新驱动是企业发展之道。企业实施新的战略意味着要对业务、组织和制度等进行系统的变革。因此,为了能有效地落实企业战略,战略领导者必须具备推动变革能力。

---

① 此定义引用希特,爱尔兰,霍斯基森.战略管理:竞争与全球化(概念):第12版[M].焦豪,等译.北京:机械工业出版社,2018:20.

（5）数字化素养

数字化时代已来临,大数据、云计算、物联网和人工智能等新一代信息技术正在以前所未有的速度改变所有的行业与企业。企业为了应对数字经济新常态的挑战,必须积极地推进战略变革和数字化转型。因此,作为战略领导者,具备数字化素养和能力是必不可少的。数字技术及其相关知识储备是数字化时代制定长远战略的前提条件,没有数字化素养的领导者难以理解数字化商业生态的发展趋势和企业数字化转型的必然性、方法论以及数字化所带来的影响、风险和机遇。因此,战略领导者必须具备数字化素养,才能从公司层面建立数字化战略,推动企业的数字化转型和创新,以获得新环境下的竞争优势。

（6）强烈的事业心

德鲁克认为管理者需要有强烈的事业心。事业心是战略领导者努力成就一番事业的奋斗精神和热爱工作、希望取得良好成绩的积极心理状态。虽然事业心并不一定能够保证取得事业的成功,但没有事业心的人是不可能取得大成就的。有事业心的战略领导者应该具备积极向上的心态、开拓创新的精神、克服艰险的勇气、专注执着的态度和强烈的社会责任感。

【篇末案例】
海尔集团的战略演变

海尔自1984年成立以来,从最开始的一家资不抵债、濒临倒闭的集体小厂,经过多年的创新创业,已成为全球白色家电第一制造商、中国最具价值品牌的大型跨国企业集团。在全球建立了24个工业园、十大研发中心、108个制造中心、66个营销中心,全球员工已经超过6万人。

海尔集团的业务也不断拓展,从最开始的家电领域到现在的通信、IT数码产品、家居、物流、金融、房地产、生物制药等领域,并与联想、阿里巴巴、中国国际航空等各行业领军品牌共同入选海外市场最成功的中国品牌。

海尔集团能获得如此辉煌的成绩与它在不同阶段采取的发展战略密不可分。尤其是在经济全球化和数字化的今天,战略决策者必须清楚地了解自己如今所处的内外环境与竞争格局,才能对企业做出正确的战略决策。

（1）名牌战略阶段——"砸"出产品质量

1984年海尔刚刚起步,恰逢中国社会对冰箱的需求旺盛,大量的冰箱项目上马,但是只注重产量而忽视质量的错误观念导致产品质量存在很大缺陷。面对如此环境,张瑞敏集中力量解决强烈的社会需求同产品质量这一主要矛盾,将此时的战略重点聚焦于内部秩序与产品质量,实施名牌战略。

海尔一方面引进德国先进制造技术,另一方面进行全面质量管理,著名的"砸冰箱"事件将质量第一的观念深入人心,之后开展了群众性的质量小组活动,建立"三检制"(自检、互检和专检),仿效通用电气公司实行"六西格玛"管理,实行严格的质量否决制度,对生产过程进行全面质量管理;在人才培养方面,通过委派技术人员学习、自我探索等不同方式,消化吸收了高达2000多项关于国外先进冰箱生产的技术知识,为海尔过硬的产品质量提供技术支持。名牌战略的核心是高质量,"高质量"的内涵不仅是符合工厂或国家规定的标准,更是要适应市场需求,占领市场,并进一步创造高效的企业经营管理制度。

(2)多元化战略阶段——"吃"出多元化

20世纪90年代中国内部的市场结构发生了变化,此时主要矛盾转变为人民群众物质文化需求的不断增长同单一产品无法满足消费者需求的矛盾。对海尔来讲,冰箱行业竞争激烈,单一的业务单元风险较大,需要通过发展新的业务来平衡单一业务给企业带来的风险。针对这一矛盾,海尔及时调整了战略,聚焦多品种、大规模、低成本,进入多元化战略阶段。

"休克鱼",指的是"暂时休克的鱼",但这种鱼仍然具有一定的生命力,只要注入活力,很快就能从休克状态中恢复过来。海尔的多元化发展战略,就是以"吃休克鱼"的方式进行资本运营,以无形资产盘活有形资产,在最短的时间内以最低的成本把规模做大,把企业做强。短短几年内,海尔通过资产重组、控股联营,兼并盘活亏损总额5.6亿元的18家企业,以无形资产盘活有形资产18.2亿元,使得海尔在多元化经营和规模扩张方面进入了一个更广阔的发展空间。

(3)国际化战略阶段——"改"出创新效率

为了顺应全球化潮流,推动贸易发展,中国加入了WTO。这使海尔在外部市场环境方面面临国际国内双重压力:国内企业低水平的重复、低价格的恶性竞争;国外众多家电巨头大举进入中国市场,国内从过去的卖方市场转变为买方市场,用户对产品创新的愿望更加迫切。产品更新换代的周期不断缩减,但海尔旧有的组织结构阻碍了其创新效率的提高,因此张瑞敏审时度势,瞄准内外环境和主要矛盾的变化及时调整海尔的战略发展,开始了聚焦于速度和创新的国际化战略阶段。

海尔采取"先难后易"的做法,先进入发达国家市场,同时用"三个1/3"划定的经营形式划定经营格局,并采取"三步走"的战略弥补与外国大型公司的差距,进行以实现"三个零"为目标的流程再造,确保国际化战略的实施。在人力资源方面,海尔进行"人的再造",提出"人人都是SBU",提高了创新效率,形成了企业的核心竞争力。

(4)全球化品牌战略阶段——世界就是我的研发部

随着科技的进步,家电行业的竞争日趋激烈,产品供大于求的矛盾日益突出,企业面临着上游成本增加和下游企业流通的双重压力,行业利润率极速下降。在海尔内部,"大企业病"表现则越加明显,不良现象滋生,张瑞敏对于该阶段进行了市场分析,认为信息主动权已由企业转向用户,用户需要满足自己个性化需求的产品和服务,为此海尔开启了聚焦于资源、品牌和创新的全球化阶段。

全球化并不仅是国际化的重复和简单延伸,全球化战略是一次大升级,它是指将全球的资源为海尔所用,在当地国家创造本土化主流品牌。该阶段最具代表性的战略就是张瑞敏提出的"人单合一"的海尔模式,该模式的竞争力同时体现在企业运营的全过程和"自主创新SBU"的经营能力方面。在技术方面,海尔整合原有的资源建立了全球研发资源整合平台,并借助分布在全球的五大研发中心,形成了"世界就是我的研发部"的开放体系,让海尔拥有了领先行业的创新速度和大量的全球用户资源。

(5)网络化战略阶段——打造共创共赢新平台

为了解决企业发展中的惰性,促使海尔创新效率的提高和创新范式的转变,张瑞敏此时聚焦于企业组织结构的颠覆性变革,推进海尔网络化战略的实施。

海尔将企业传统的封闭系统变为网络互联中的节点,打造共创共赢的创新平台。此阶段的主要目的就是将海尔从传统制造家电产品的企业转型为全社会孵化创客平台,致力于成为互联网平台企业。这一时期,海尔将"人单合一"的管理模式推向纵深,加快推进互联网转型,最典型的就是通过企业的"三化",即员工创客化、企业平台化、用户个性化实现企业的"三无",即组织无边界、管理无领导、供应链无尺度,"三无"的最终结果是去海尔化。海尔将从一个传统意义的线性制造企业脱胎换骨成一个围绕智慧生活解决方案支持万千创客创造价值的共创共赢平台。

(6)生态战略阶段——创建物联网时代"第一生态品牌"

随着工业互联网时代的到来,数字技术与现代工业深度融合。海尔抓住工业互联网发展机遇,成了工业互联网的引领者。

2016年,海尔正式推出COSMO PLAT智能制造云平台,以"用户驱动"提供"全流程、全周期、零距离"大规模定制解决方案。将"企业和用户只是生产消费关系"的传统模式转变为"创造用户终身价值"并联协同的互联网模式,用户全流程参与产品设计研发、生产制造、物流配送、迭代升级等环节并驱动上、下游资源的变革,打造社群经济下共创共赢的工业新生态。COSMO PLAT在全国建立了7大中心,覆盖12大区域,在20个国家复制推广,服务全球3万多家企业,搭建覆盖全球的服务网络,为27种语言的用户提供全天候服务。2018年,海尔以互联网思维由单一硬件产品向智慧生活场景解决方案转型,发布全屋成套智慧家庭解决方案及U+智慧生活平台。2019年6月,海尔与百度合作加速IoT+AI的智慧家庭体验升级。海尔在生态战略时期,基于超模块化系统,以用户体验为中心,与互补方构建专业能力模块互补的创新生态圈,并主导全球工业互联网及大规模定制标准。超模块系统使各模块之间通过设置"跨界者"角色形成界面关联机制,使解构后的各组织模块以"人工响应"的方式实现模块再集成,以共创、共享、迭代机制促进企业向数字化商业生态系统演化。

资料来源:许庆瑞,陈政融,吴面斌,等.传统制造业企业战略演进——基于海尔集团的探索性案例分析.中国科技论坛,2019(8):52-59;郑帅,王海军.模块化下企业创新生态系统结构与演化机制——海尔集团2005—2019年的纵向案例研究.科研管理,2021(1):33-46.

◆ 【案例思考与讨论】

1.海尔集团在发展过程中面临的动态环境有哪些变化?

2.海尔集团战略的演变过程以及各阶段的特点是什么?

3.海尔集团为什么要提出生态战略?

◆ 【本章复习题】

1.动态环境及其变化趋势对企业发展带来什么样的机遇和挑战?

2.你是如何理解全球化和数字化的?

3.企业战略的内涵和特点是什么?

4.企业战略要素包括哪些内容?

5.企业战略分哪几个层次,每个层次战略有什么特点?

6.企业战略管理过程是什么？

7.如何衡量一项战略的优劣？

8.企业战略管理者由哪些人员构成？

9.企业战略领导者应具备哪些能力和素养？

2 战略管理理论的发展

　　自 20 世纪 60 年代中后期战略管理开始作为一个独立的学科和研究领域出现以来,历经半个多世纪,战略管理理论的发展精彩纷呈,不同的观点、不同的范式、不同的流派,相互碰撞,互为激发,呈现出了一派欣欣向荣的发展态势。与此同时,伴随着社会经济发展、科技进步、管制放松、行业竞争以及全球化、数字化等方面的发展,企业战略管理实践也呈现出截然不同的发展模式、发展策略、发展路径,为战略管理的理论研究提供了沃土。战略管理理论与企业战略管理实践的相互融合、协同发展将是当前及未来的重要趋势。本章主要介绍战略管理理论演进过程中的四个主要发展阶段、三大理论范式、十大理论视角,最后介绍新情境下战略管理理论十大热点问题。

■■■【名家观点】

　　[彼得·德鲁克]战略管理不是一个魔术盒,也不是一套技术。战略管理是分析式思维,是对资源的有效配置。战略管理是实现企业使命与目标的一系列决策和行动计划,任何行动从语义学的角度分析都会包含这样几个问题:做什么? 由谁做和为谁做? 怎么做? 在哪里做? 何时做?

　　[亨利·明茨伯格]战略制定者不应该将绝大多数时间花费在制定战略上,而应该花费在实施既定战略上。尽管“战略”一词通常与未来相联系,但是它与过去的关系也并非不重要。管理者将在未来实施战略,但他们是通过回顾过去而理解这一战略的。

　　[迈克尔·波特]战略是创造一个独特的和有价值的定位,这种战略定位可以产生于顾客的需要、利基市场顾客的可接近性、产品或服务的多样化。战略的本质是取舍,是选择以不同于竞争对手的方式进行活动,是不同活动之间的匹配。战略形成的本质就是成功地应对竞争。

　　[大卫·蒂斯等]战略管理的基本问题是企业如何获得和维持其竞争优势。企业竞争的优势存在于它的管理与组织过程(企业中做事的方式、组织惯例或组织实践模式与学习模式)中,这些过程是由其特定的资产地位和发展路径所决定的。

　　[杰克·韦尔奇]我认为,战略不过是鲜活的、有呼吸的、完全动态的游戏而已。它是有趣的、迅速的,是有生命力的,非常直截了当的——你选准一个努力的方向,然后不顾一切地实现它罢了。如果你想赢,那么在涉及战略的时候,就要少点沉思,而敏于行动。

　　[路易斯·郭士纳]一家公司管理班子最重要的附加值功能就是确保公司的发展战略是由公司运营单位在务实分析的基础上制定出来的,而且确保这些战略既具有远见卓识又具有可操作性。好战略是事无巨细的,但在愿景陈述上却是十分简洁的。这些好战略会以一种非常具体的定量分析方式制订出公司多年的发展计划,因此,执行才是促成一个战略获得成功的真正关键因素。完成任务,正确地完成任务以及比下一个人更好地完成任务,要比梦想一个新的远景规划重要得多。

[**任正非**]什么叫战略？"略"是什么意思？"略"是指舍弃一部分东西。你不舍弃一部分东西，不叫略；没有方向，不叫战。对于形势不好的市场，要敢于抛弃一部分、聚焦一部分，聚焦后有利润赚就行了。公司正在变革，一线的一把手不再叫主管，叫"主官"，他永远盯着战略目标和胜利，处理不确定性业务。主官要具有战略洞察能力，盯着战略目标的不确定性，关注胜利。主官负责的是战役方向，一心一意盯着战略目标的不确定性，精力集中在胜利上，把确定性事务授权。

[**张瑞敏**]我认为，企业最大的战略就是寻找"第二曲线"，即企业"新的生路"。这有点像是在打油井，找到一口油井，但你随时要寻找下一口，否则资源开采完毕的时候就是企业死亡的时候。所以，我认为海尔不应该执着于如何强化现有的市场地位，而应该思考如何跳出竞争。

■■■ 【思考与讨论】

1. 这些战略管理名家在对战略的理解上有哪些相似之处？
2. 战略管理名家和企业家对于战略的理解有哪些差异性？
3. 这些战略管理名家的观点对企业的战略管理实践有什么启示？

2.1 战略管理理论的演进

2.1.1 战略管理理论的启蒙阶段（20世纪初期至20世纪50年代）

战略管理理论萌芽于20世纪初期，直接或间接地受到法约尔（Fayol）和巴纳德等一般管理（general management）的影响。法约尔在《工业管理与一般管理》一书中将企业内部的活动整合为六大类：技术活动、商业活动、财务活动、保障活动、会计活动、经营活动。[①] 其中，"经营活动"又可以分为五个要素（即管理的五项职能）：计划、组织、指挥、协调、控制。与此同时，制定商业活动的方向性、经营策略以及各种活动之间的衔接调整等，也属于"经营活动"的范畴。由此可以看出，"经营活动"和"计划"职能的提出，都可以说是最早出现的战略管理思维。另外，法约尔还认为，随着企业等级的提升，"经营活动"所占的比重也会相应地提升（同时，包括国有企业在内的大企业，"经营活动"的比例将会上升），管理者应把一半的时间与能力花在经营活动上。[②]

20世纪30年代是欧美各国的黑暗时代。1929年10月24日（星期四），繁荣七年之久的美国股市突然暴跌，拉开了资本主义世界经济大危机的序幕，引起全世界的恐慌。最终这股崩溃的狂潮一直持续到了1932年7月，导致经济大幅下滑，进出口贸易锐减，企业倒闭，大量工人失业。与此同时，英国、德国的经济也大受打击。在此情境下，企业的经营者们深刻地体会到了"外部环境"的可怕性和不可抗拒性。但是，也有企业成功度过了这次危机，如通用汽车公司和松下电器就分别在斯隆（Sloan）和松下幸之助的正确决策和领导下改变了

---

① 三谷宏治.经营战略全史[M].徐航,译.南京:江苏凤凰文艺出版社,2016:22.
② 三谷宏治.经营战略全史[M].徐航,译.南京:江苏凤凰文艺出版社,2016:22-23.

企业的命运。1938年,巴纳德在担任贝尔公司的子公司负责人期间,出版了《经理人员的职能》一书。在书中,巴纳德将企业定义为一个整体系统而非简单的结构,而构成这个整体的三个要素是共同目标、贡献欲望和信息交流,并指出"为自己的系统制定共同目标(经营战略)是经营者的责任"。为此,巴纳德首次把战略这一概念引入经营管理领域,并提出了组织与环境相适应的观点,这不仅大大激励了那些正在为大危机而苦恼的企业领导者,也使其成了现代战略分析的基础。

第二次世界大战后,一些美国的企业和组织,为了适应经济、技术的快速变化,开始运用长期计划技术,并认识到确定组织目标、制订战略计划、配置资源等对企业实现预期增长目标的必要性。长期计划作为设计发展取向、制定行为措施的一种机制,为当时企业追求财务目标、控制财务预算提供了有效的工具。但是,随着组织环境的变化,长期计划技术在面对外部未来的不可预期以及内部问题的不确定性时,其实用价值便被打了折扣。① 而将经营管理的实用性推广到全世界的正是管理大师德鲁克。德鲁克在他1946年出版的《公司的概念》一书中提出了两个疑问:以企业为中心的"商业社会"可以成为真正的社会吗? 作为社会组成部分而存在的人,真的可以在这样的商业社会中谋求到幸福吗? 其答案就是分权化和经营管理,这正与法约尔所提出的理论思想一致。1954年,德鲁克在《管理的实践》一书正式将"经营管理"作为经理人的一种独立的职能,并指出"领导者的工作能给经营活动以生命,有了领导力才能充分调动人力、物力、财力这些企业的生存之本"。与此同时,德鲁克还认为,企业经营并非单纯的"机械性的内部管理",还应从三个方面进行考虑:以客户为目的、人员性机构、社会性机构。由此可以看出,企业内部管理和适应外部环境就成为战略管理的两大出发点。

2.1.2 战略管理理论的奠基阶段(20世纪60年代至20世纪70年代)

在该时期,出现了企业战略管理研究的第一个热潮,形成了多个战略管理理论流派,提出了典型的战略管理分析工具,战略管理发展成了一个相对完整和独立的理论体系。20世纪60年代,世界经济经过了近十年的复苏,取得了较大的发展,各项管制政策逐步放松,企业之间的收购与合并开始增多,以寻求企业的长期发展并避免单一市场增长放缓、市场竞争加剧所带来的风险。例如,1957年3月25日,在欧洲煤钢共同体的基础上,法国、联邦德国、意大利、荷兰、比利时和卢森堡六国政府首脑和外长在罗马签署《欧洲经济共同体条约》和《欧洲原子能共同体条约》(简称《罗马条约》)促进欧洲共同市场的建立,这两个条约促进了欧洲企业海外销售收入的大幅上涨,同时开始探索企业的市场扩张战略和多元化战略,并使用战略管理这一概念取代长期计划技术。

在1965年出版的《公司战略》一书中,安索夫借用了"战略"这一词,并引入了"市场竞争"的概念。安索夫通过整合钱德勒的研究,将企业决策划分为三种模式(3S模式):战略(strategy)、组织(structure)、系统(system)。安索夫指出,经营战略是"现在与未来的纽带",具体包括四个战略性要素②:第一:明确产品市场的领域以及公司的自身能力——正确

---

① 魏江,邬爱其,等.战略管理[M].北京:机械工业出版社,2018:3.
② 三谷宏治.经营战略全史[M].徐航,译.南京:江苏凤凰文艺出版社,2016:43-44.

理解企业将资源投给怎样的产品和业务;第二:理解竞争环境的特性——为取得竞争优势,必须理解竞争环境的特性;第三:追求协作——在多元化经营的同时,也要注重新业务与传统业务的联合所带来的"乘数效应";第四:决定可成长矢量——从已有业务的联系中评价风险并决定成长方向(尤其是多元化经营)的思维方式。与此同时,安索夫还提出了著名的企业战略制定的分析工具——安索夫矩阵,成为现代战略管理理论的基石之一。

同期,与安索夫多元化战略和公司战略遥相呼应,为战略管理理论发展奠定重要基石的还有企业史学大家钱德勒以及战略管理大师安德鲁斯所提出的有关理论。1962年,钱德勒出版了《组织跟随战略》一书,在该书中,钱德勒通过研究美国四家企业的战略与结构,提出多元化的企业战略催生了事业部制组织结构,即后来被广为流传的"组织跟随战略"思想,成为业界的金科玉律。与此同时,钱德勒还指出,如果战略是公司"应有的状态"与"现有的状态"之间的桥梁,那么这个桥梁也应当存在于业务(客户、市场及产品)和结构(组织的边界、权限及流程)中。这样,钱德勒就把公司战略、结构、业务之间的关系进行了有机整合,为现代企业战略管理理论研究提供了重要的基础。安德鲁斯也是最早研究企业战略的学者之一,他将企业战略视为是一个由市场机会、企业实力、个人价值观与渴望、社会责任四个要素所构成的有机体系,而战略过程则由"外部环境分析""内部环境分析""战略构筑""实行计划"四个步骤组成,其中,SWOT分析法为理解这一过程提供了非常适合的工具。

至20世纪60年代中期,以经营战略为基本概念,以环境、多元化、业务、结构以及相互之间关系为核心议题的新的学科开始出现,现代战略管理理论的奠基工程可谓尘埃落定。此后,贯穿20世纪60年代至70年代,战略管理领域形成了多种截然不同的理论流派、不同的理论视角和不同的研究范式,战略管理理论呈现出了欣欣向荣的发展态势。

专栏2-1:明茨伯格战略管理十大流派

1.设计学派
主要观点:战略形成是一个深思熟虑孕育的过程。
战略本质:计划性远景,具有唯一性。
关键词:一致/匹配,独特竞争力,SWOT,形成/执行。
代表人物:安德鲁斯等。
象征动物:蜘蛛。

2.计划学派
主要观点:战略形成是一个程序化的过程。
战略本质:分解的计划(或定位)。
关键词:规划,预算,日程,方案。
代表人物:安索夫等。
象征动物:松鼠。

3. 定位学派

主要观点:战略形成是一个分析的过程。

战略本质:是有计划的一般性定位,以及手段。

关键词:一般战略,战略集团竞争分析。

代表人物:珀杜(Purdue)、波特等。

象征动物:水牛。

4. 企业家学派

主要观点:战略形成是一个构筑愿景的过程。

战略本质:是个人的,独特观念(远见)。

关键词:大胆举措,愿景,洞察力。

代表人物:熊彼特(Schumpeter)、科尔(Cole)等。

象征动物:狼。

5. 认知学派

主要观点:战略形成是一个心智的过程。

战略本质:观念性远景。

关键词:蓝图,框架,图构,解释,认识模式。

代表人物:西蒙、马奇(March)等。

象征动物:猫头鹰。

6. 学习学派

主要观点:战略形成是一个涌现的过程。

战略本质:学习模式。

关键词:渐进主义,涌现战略,意义建构,冒险,精英核心能力。

代表人物:西尔特(Cyert)、马奇等。

象征动物:猴子。

7. 权力学派

主要观点:战略形成是一个协商的过程。

战略本质:政治性与协作性的形式和定位,以及手段。

关键词:讨价还价,冲突,联合,利益相关者,集体战略,联盟。

代表人物:普费弗(Pfeffer)、萨兰西克(Salancik)等。

象征动物:狮子。

8. 文化学派

主要观点:战略形成是一个集体思维的过程。

战略本质:集体性愿景。

关键词:价值观,信仰,神话,象征主义。

20 世纪 60 年代后期瑞典的代表人物:莱茵曼(Rhenman)、诺曼(Norman)等。

象征动物:孔雀。

9. 环境学派

主要观点:战略形成是一个适应性的过程。

战略本质:专门化定位(在流行的社会生态学中叫利基)。

关键词:适应,演化,权变,选择,复杂性,利基。

代表人物:汉南(Hannan)、弗里曼(Freeman)等。

象征动物:鸵鸟。

10.结构学派

主要观点:战略形成是一个变革的过程。

战略本质:前面9个流派中的任何一个。

关键词:架构,原型,阶段,生命周期,转型,变革,转变,复兴。

代表人物:钱德勒、迈尔斯(Miles)和斯诺(Snow)等。

象征动物:变色龙。

资料来源:根据明茨伯格,阿尔斯特兰德,兰佩尔.战略历程:穿越战略管理旷野的指南:第2版.魏江,译.北京:机械工业出版社,2012:4,264-266;魏江,邬爱其,等.战略管理.北京:机械工业出版社,2018:4整理。

2.1.3 战略管理理论的发展阶段(20世纪80年代至20世纪90年代初期)

20年代70年代中后期,战略管理开始作为一个独立的学科和研究领域逐渐受到学术界和产业界的接受和重视。首先,战略管理理论研究取得了实质性的研究进展,开始形成了一个具有明确的边界、清晰的研究范式的理论研究领域;其次,主流的战略管理研究获得了坚实的研究成果,得到了学者的广泛关注和产业界的普遍认可;再次,战略管理学者的自我认知和集体认知逐渐增强,开始自觉地用战略管理这一名称来表述自己的研究领域。1980年,《战略管理期刊》(*Strategic Management Journal*)创刊成立,标志着战略管理正式成为一门独立的学科,战略管理开始进入飞速发展的阶段。其中,最具影响力的当属竞争战略理论、资源基础观和核心能力理论。

波特将产业组织经济学和企业政策研究的两种思想融合在一起,催生了一场声势浩大的"波特革命"。波特的《竞争战略》(*Competitive Strategy*)和《竞争优势》(*Competitive Advantage*)两部著作为战略管理理论的发展做出了重大贡献,其璀璨的思想光芒集中体现在"五力分析""三大竞争战略""价值链"方面。"五力分析"框架认为,行业的平均利润率取决于五种竞争力量(同行业竞争者、供应商的议价能力、购买者的议价能力、潜在进入者威胁、替代品威胁),而企业战略的目的在于选择"有利可图的市场",以及树立一个优于竞争对手的"利润定位",以提高企业的收益。显然,作为定位学派的佼佼者,波特的理论过于强调产业定位(在具有吸引力的产业中占据强势位置),难以解释行业内不同企业之间利润回报上的差异性,其背后的核心逻辑是环境决定论。

资源基础观和核心能力理论的出现弥补了产业组织经济学分析法的不足,同时又与之融合,使战略思考的出发点由企业外部转向企业内部,认为资源是高利润率的基础。资源基础观一经提出,就快速渗透至战略管理的几乎所有分支,甚至在国际商务、创新与创业管理、市场营销乃至管理信息系统等领域,都展现出了它良好的适应性和强大的生命力。其中,该学派的代表人物是沃纳菲尔特(Wenerfelt)、巴尼(Barney)等。巴尼明确阐述了被认为是主流资源基础观的标准理论范式,即 VRIN(valuable,rare,inimitable,non-substituable)分析框架,认为有价值的、稀缺的、不可模仿和难以替代的资源与能力才能为企业带来持续竞争优势,并提出了一个基于资源的战略分析过程:识别资源、识别与评估能力、评估获得租金的能力、制定战略、识别资源差距与开发资源基础。核心竞争力的提出可以看作资源基础观在公司战略层的体现。显然,基于核心竞争力的竞争优势很难被竞争对手模仿。

毫无疑问,资源基础观是战略管理领域一个强有力的理论范式。但其所面临的批评也不绝于耳。诸如:资源基础观理论框架存在循环论证的问题(资源的价值和竞争优势的关系难以被清晰地界定);对资源的定义太过宽泛,在企业如何获取独特资源的认识方面仍是一个黑箱;对资源基础观的适用边界和适用条件没有清晰的界定。尽管巴尼对资源基础观的有用性进行了极力的辩护,但其缺憾和不足越来越得到学者们的认同。21世纪初诞生的资源编排理论(resource orchestration theory)可以说进一步证实了资源基础观理论存在的不足之处。

2.1.4　动态复杂的战略管理理论阶段(20世纪90年代中后期以来)

20世纪90年代中期以来,企业所面临的外部环境出现了快速变化,动态竞争、非线性竞争和跨界竞争态势明显,并且竞争与合作相互交融,形成了日益动态、复杂和不确定的商业环境。一是外部环境的动态性。这很大程度上源于创新日益成为企业持续发展的决定性力量,创业日益成为企业持续发展的主要动力来源,不创新企业就难以在市场上立足,不创业企业就难以焕发新的生机活力。二是外部环境的复杂性。这很大程度上源于政府管制政策的放松以及全球化的飞速发展。政府管制政策的放松导致促进企业发展的内生机制不断增强,而全球化的飞速发展则导致促进企业发展的外部因素不断增多,并且这些因素相互交织在一起,使得影响企业发展的内外部因素日益复杂。三是外部环境的不确定性。这很大程度上源于信息技术的有力推动和多元化市场需求的不断激发。信息技术、互联网、数字技术等打破了产业之间的边界,市场需求不断被激发则打破了企业之间的边界,使得企业不清楚自己的竞争对手是谁,不知道自己的目标客户在哪里。

因此,围绕外部环境动态性、复杂性和不确定性的变化,该阶段的战略管理理论从动态能力、知识管理、学习能力、网络能力等多个不同的视角进行探索,同时也开始注重与社会学、生态学等不同学科之间的交叉,形成了百花齐放、百鸟争鸣的战略管理理论发展新时代。蒂斯(Teece)等学者所提出的动态能力有机地整合了产业定位与资源组合之间的联系,是一种调配和使用资源的能力,是利用资源开发和捕捉市场机会的能力,是保持企业资源组合与外部环境动态匹配的能力。知识管理是企业应对动态性、复杂性和不确定性环境变化的利器,并成为获取持续竞争优势的基础。成功的企业总是善于把组织的显性知识和隐性知识转化为组织的优势,进而打造独特的动态能力。而在企业构建动态能力的过程中,组织学习能力扮演着关键的角色,是企业主动适应外部环境变化的动力和有力保障。与此同时,随着产业边界的模糊和企业边界的逐步开放,获取和维持竞争优势所需的战略资源越发来自组织外部,而有效获取和整合外部资源的网络能力是成功的关键。

专栏 2-2:战略管理领域十大"元帅"、十大"上将"

十大"元帅"

1.雷·迈尔斯(Ray Miles)

主要贡献:提出四种基本战略分类法,分别是前瞻者、分析者、防守者、被动者。

2.理查德·鲁梅尔特(Richard Rumelt)

主要贡献:开创战略管理大样本统计分析之先河,为资源基础观的提出奠定了基础。

3.亨利·明茨伯格(Henry Mintzberg)

主要贡献:提出一般管理者的十种角色,有意战略与自生战略,十大战略流派。

4.迈克尔·波特(Michael Porter)

提出五力模型、三大基本竞争战略、价值链、产业集群、钻石模型。

5.C. K.普拉哈拉德(C. K. Prahalad)

主要贡献:提出核心竞争力。

6.大卫·蒂斯(David Teece)

主要贡献:提出动态能力。

7.伯杰·沃纳费尔特(Birger Wernerfelt)

主要贡献:提出资源基础观。

8.唐纳德·哈姆布里克(Donald Hambrick)

主要贡献:提出管理自由度,高管团队中的权利、战略意识、环境扫描。

9.杰伊·巴尼(Jay Barney)

主要贡献:推广资源基础观,提出 VRIN 分析框架。

10.凯瑟琳·艾森哈特(Kathleen Eisenhardt)

主要贡献:提出快速决策情境下的简单法则和快速试错,提出用案例研究构建和开发理论。

十大"上将"

1.拉斐尔·阿米特(Raphael Amit)

主要贡献:提出将商业模式作为基本分析单元,价值创造也是战略管理的因变量。

2.杰弗里·戴尔(Jeffrey Dyer)

主要贡献:提出企业关系观,一个有价值的分析单元,不是企业,而是企业间关系。

3.苏曼特拉·戈沙尔(Sumantra Ghoshal)

主要贡献:提出泛国管理(transnational management),关注社会资本的优势。

4.罗伯特·格兰特(Robert Grant)

主要贡献:提出企业知识观,并基于知识观分析战略管理的四个基本问题。

5.加里·哈默(Gary Hamel)

主要贡献:提出"战略乃革命",提出核心能力、战略意图等。

6.布鲁斯·考特(Bruce Kogut)

主要贡献:为企业知识观奠定了基础,为跨国公司进入方式选择做出了探索性贡献。

7.丹尼尔·莱文塔尔(Daniel Levinthal)

主要贡献:强调组织学习的作用,提出吸收能力。

8.玛格丽特·彼得拉夫(Margaret Peteraf)

主要贡献:推广和传播资源基础观和动态能力理论。

9.哈伯·辛格(Harbir Singh)

主要贡献:与戴尔一起提出企业关系观。

10.查尔斯·斯诺(Charles Snow)

主要贡献:与 Miles 一起提出四种基本战略分类法。

资料来源:根据马浩.战略管理学说史:英雄榜与里程碑.北京:北京大学出版社,2018:54-128 整理。

2.2　战略管理主要理论范式

战略管理理论形成至今,涌现出了多种截然不同的理论范式,这些理论范式在解释企业如何获取竞争优势和维持竞争优势这一核心问题上具有独特的贡献。这些理论范式主要包括以下方面。

(1)以战略定位为基础的产业结构理论范式

产业结构理论范式源于产业组织经济学中的 S-C-P 理论范式(即"结构—行为—绩效",structure-conduct-performance),其主要逻辑是产业结构决定产业内企业的行为,企业的行为决定了该产业内企业的平均绩效。波特将 S-C-P 理论范式引入企业战略分析的研究之中,使产业分析的手段和方法能够为企业服务,指引它们如何了解、预测并尽可能地操纵市场结构,从而最大限度地获取或维持竞争优势。该范式着力解决的核心问题是在产业内部寻求一个独特的位置,关注的焦点是产业结构分析和企业的战略定位。

围绕经济学基本理论,产业结构理论范式形成了四个基本假设:第一,外部环境是企业选择获得高额利润的最大限制因素;第二,大多数在同一产业或在同一细分市场中竞争的企业拥有相似的战略和相同的战略资源;第三,同一行业中企业的战略资源具有高度流动性,可以在各企业间流动,由于这种特性,各企业间可能出现的资源差异都是短暂的;第四,企业决策者都是理性的,都致力于实现企业利益极大化。

基于产业结构理论范式的组织决策过程如图 2-1 所示。该范式的组织决策的起点是外部环境分析,进而选择最有吸引力的行业来竞争。其基本假设是每个企业的资源相似程度高且流动性强,因此企业内部资源与能力无法决定企业的成功,企业必须根据行业的要求设计适合的战略,进而开发或获取特定的资产与技能才有可能取得成功,反之则很有可能失败。产业结构理论范式下,最适合的战略分析工具是波特的五力模型,企业能够通过五力模型理解行业结构特征、行业的利润潜力来建立相对应的战略。

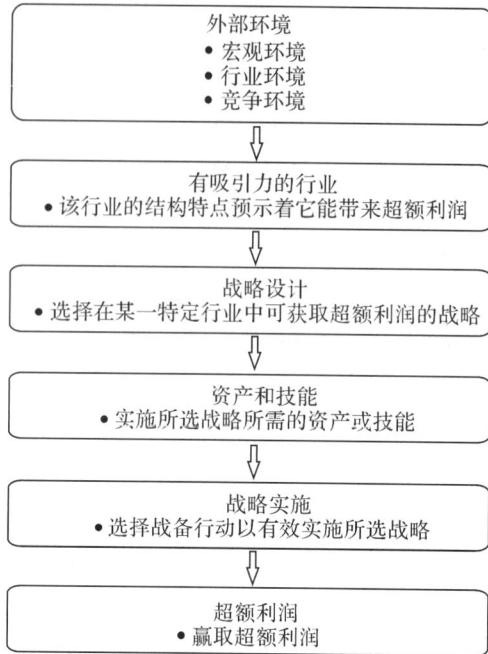

图 2-1　产业结构理论范式分析逻辑

（2）以战略资源为基础的资源基础观理论范式

资源基础观理论范式认为任何一个组织都是独特的资源和能力的组合，这些资源和能力的异质性才是企业获取超额利润的基础。从广义的概念看，资源是企业用于生产过程的各种投入，如设备、厂房、员工个人的技能、专利、资金和各级职业经理人等。因此，对资源使用的能力以及知识也属于资源的范畴，包括一些学者所提出的能力观、知识观以及核心能力理论等也应纳入资源基础观理论范式的内容之中。

通常来讲，单个资源很难产生竞争优势，只有有效地整合并将其形成一个有机的整体才能形成竞争优势。与此同时，也不是所有的资源都能帮助企业获取竞争优势，能够带来竞争优势的资源必须具有价值、稀缺、难以模仿、难以替代和组织可以利用等几个基本特征，即战略资源。因此，识别、获取和培育组织内部独特的、有价值的资源就成为企业战略管理的核心问题。企业能力是指企业运用并整合一系列内外资源完成某项任务或执行某项业务活动的能力。通过不断地使用能力，企业的能力将变得越来越强，越来越难以被竞争对手模仿，从而形成竞争优势。核心竞争力就是指企业战胜竞争对手获得竞争优势的能力，既不应该太过简单而被竞争对手轻易模仿，也不应该太过复杂以致妨碍企业的内部操纵与控制。

总的来说，资源基础模型形成竞争优势必须具备两个基本假设：第一，企业获取各种资源、发展独特能力的过程就是基于其如何使用这些资源的过程，对资源如何使用才是形成竞争优势的根本；第二，资源和能力，特别是战略性资源，在企业之间的流动程度低，或者资源的流动成本高。资源基础模型如图 2-2 所示，根据资源基础模型，企业内部的资源与能力在决定企业战略行动方面比企业外部环境起着更为重要的作用。企业内部异质性资源，特别是战略性资源，是企业获得超额利润的源泉。随着时间的推移，企业在不同时期效益的差异主要是由企业独特资源和能力决定的，而不是由产业结构特征决定的。企业所选择的战略应该使企业最大限度地针对外部环境中存在的机会而利用自身资源，开发核心竞争力。

```
┌─────────────────────────────────────────┐
│                资源                        │
│        • 企业生产过程中的投入                  │
└─────────────────────────────────────────┘
                    ⇩
┌─────────────────────────────────────────┐
│                能力                        │
│        • 将众多资源结合起来运用以完成一项           │
│            任务或活动的能力                    │
└─────────────────────────────────────────┘
                    ⇩
┌─────────────────────────────────────────┐
│               竞争优势                      │
│        • 企业在经营表现上超越竞争对手的能力          │
└─────────────────────────────────────────┘
                    ⇩
┌─────────────────────────────────────────┐
│              有吸引力的行业                   │
│        • 利用公司资源和能力能够发掘出机会的行业       │
└─────────────────────────────────────────┘
                    ⇩
┌─────────────────────────────────────────┐
│             战略设计和实施                    │
│        • 采取能够获得超额利润的战略行动            │
└─────────────────────────────────────────┘
                    ⇩
┌─────────────────────────────────────────┐
│               超额利润                      │
│        • 赢取超额利润                        │
└─────────────────────────────────────────┘
```

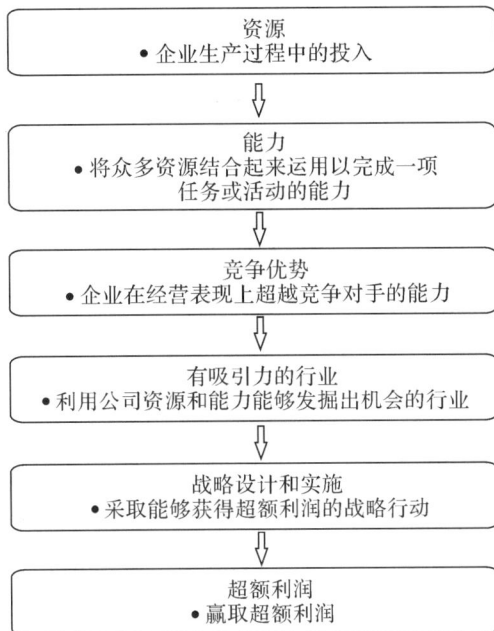

图 2-2　资源基础观理论范式分析逻辑

(3)以过程、地位、路径为基础的动态能力理论范式

动态能力理论范式的提出源于对以往战略管理研究领域中过于强调如何保持竞争优势的企业层面战略的分析,而忽视了高速变迁环境中企业如何获得竞争优势的反思。动态能力理论范式认为企业获取竞争优势既要动态地适应外部环境的变化,同时又要动态地整合与重构内部资源与能力,从而不断创造新的竞争优势。其理论逻辑与熊比特式的基于创新的竞争、价格/绩效竞争、收益递增以及对现有能力的"创造性破坏"、演化理论等存在较大的联系。因此,动态能力理论范式着重于解决在动态变化环境下企业如何获取竞争优势的问题,其关注的焦点是识别组织内部独特的、有价值的资源存在的内在机制和过程。

可以说,动态能力理论的提出有效弥补了产业结构理论范式和资源基础观理论范式的不足,并将两者有机融合起来。相较于传统的企业能力分析,动态能力理论把关注的重点从资源与能力的特征、市场条件,转变到具有 VRIN 属性的独特资源与能力是如何产生、发展和演化的。蒂斯等学者提出,企业内外能力的利用以及新能力的发展与企业的过程、定位、路径有着紧密的关系,并基于此提出了一个基本分析框架[①]:①过程,即管理与组织过程,是指企业内的做事方式、组织惯例或组织实践模式与学习模式;②定位,即资产定位,是指企业组织当前所拥有的特定的技术、知识产权、互补性资产、声誉资产、客户基础、与供应商和配套商的外部联系等;③路径,即企业可采用的战略选择或企业是否存在收益递增的可能性和路径依赖。

基于动态能力理论范式的组织决策过程如图 2-3 所示。该范式下组织决策的前提条件基于环境是高速变化的,持续竞争优势的形成是一系列暂时竞争优势的不断积累。基于动

---

① Teece D J,Pisano G,Shuen,A. Dynamic capabilities and strategic management [J]. Strategic Management Journal,1997,18(7):509-533.

态能力理论范式的组织决策过程起始于高速变化环境的机会分析与威胁分析,目标是暂时竞争优势的取得,实现手段是对特定资产的整合与重构,支撑体系是技术能力和组织能力。在下一个竞争阶段,组织决策过程的起源仍是高速变化环境的机会分析与威胁分析,并通过对特定资产的重新整合与重构,在技术能力和组织能力的支撑作用下,重新取得暂时竞争优势。最终,通过一系列暂时竞争优势的不断积累,从而实现可持续竞争优势。

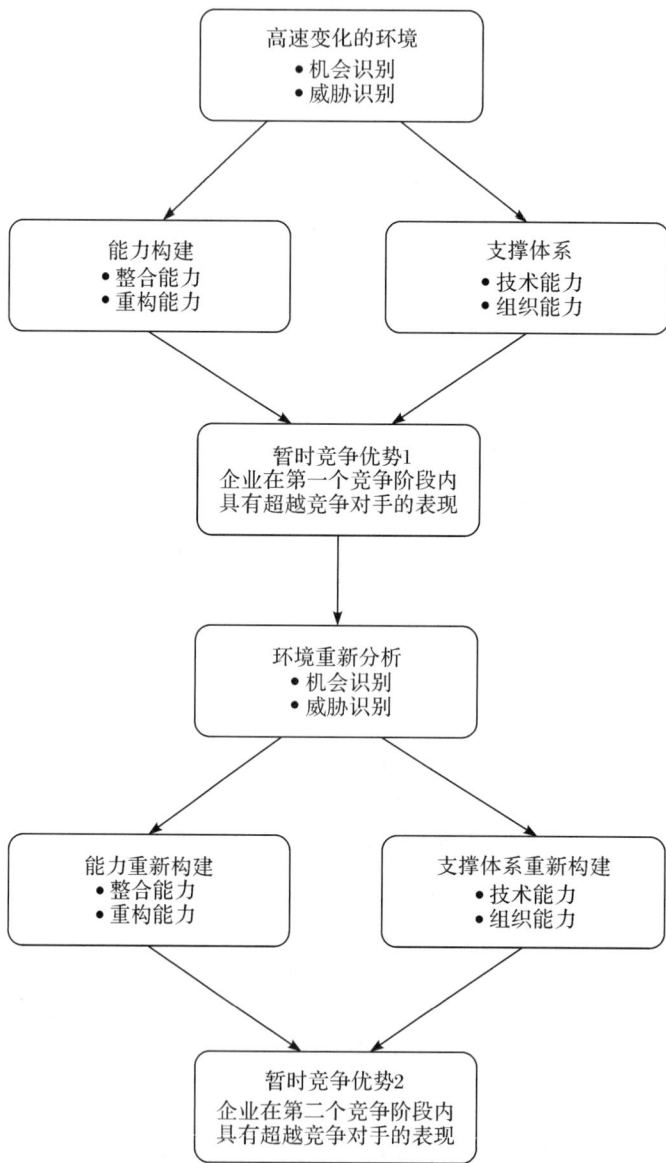

图 2-3　动态能力理论范式分析逻辑

除了以上三种比较成熟的战略管理理论范式外,制度观理论范式也越来越被众多的学者所重视。这种理论范式起源于 20 世纪七八十年代对新制度经济学理论的关注,如交易成本经济学对企业战略选择的影响,并迅速成为战略管理理论的重要支柱之一。1990 年,诺斯(North)在《制度、制度变迁与经济绩效》一书中指出,制度是人类设计出来的用以决定人们之间关系的所有约束,包括正式制度和非正式制度,这为制度理论的研究做出了开创性的贡献。斯科特(Scott)进一步明确地将制度的构成区分为规则、规范、认知三大支撑支柱,目前已经成为战略管理研究者观察和测量制度变量的基准模板。进入 21 世纪以后,彭维刚(Peng)等学者的一系列创新性的研究为制度理论在战略管理领域的主流地位奠定了坚实的基础。2000 年,*AMJ*(*Academy of Management Journal*)特刊《新兴经济中的战略》(Strategy in Emerging Economics)一文将制度理论、交易成本经济学理论和资源基础理论并列为战略管理的三大支柱理论。自此,包括制度在内的外部环境,不再仅仅作为企业战略与行为的背景而存在,而且还能够作为动因直接影响企业战略与行为。

2.3 不同的战略管理理论分析视角

除了上述发展相对完善,并被大多数学者所接受的四种战略管理理论范式外,还有一些有效的战略管理理论分析视角被用于理解企业的战略管理实践问题。主要包括以下方面。[①]

(1)代理理论(agency theory)。代理理论广泛应用于经济、金融、会计、组织行为和社会学等领域一切具有"委托—代理"关系的情境。战略管理领域也不例外,在企业的战略制定者、战略执行者、战略评价者和战略控制者之间都广泛存在着委托—代理关系。由于委托人和代理人之间存在着目标和利益冲突,委托人必须想方设法激励和控制代理人的行为。但是,由于信息不对称、不完全契约等原因,委托人难以完全监控代理人的行为,委托代理问题就随之产生,比较典型的问题有逆向选择、道德风险,进而影响战略目标的实现。代理理论在经济学领域被视为革命性的,引起了学者们的广泛关注,并对管理和组织领域的研究也产生了重大影响。但是,一些批评者认为代理理论并未对解决管理和组织问题带来明显的价值。其主要原因是代理理论的假设过于简化("经济人"假设下的目标冲突和信息不对称),不能真实地反映商业环境,实证研究的结果也未能支持其基本原则。

(2)交易成本理论(transaction cost theory)。交易成本理论探讨的核心问题是企业应该自己生产产品还是在市场购买。其基本假设是交易双方风险中立、平等相待、业务经验广泛,都聘请了专业的管理、法律、技术和财务方面的专家,因而交易成本理论主要侧重于合同签订过程中的成本,诸如合同谈判费用、监督和执行费用等。为了促进交易的顺利进行,必须对交易活动进行治理和设计,并根据制度安排或企业间签订的合同加以执行,相关因素包括交易参与方资产专用性程度、交易一方行为的未来不确定性程度、合同的复杂性程度和交易频率等。目前,交易成本理论探讨的核心已经从"生产"还是"购买"之间的二分选择,转变到了关系治理或联盟。在市场失灵的情境中,关系治理或联盟被视为比交易更为有利可图。但是,关系治理型交易通常比市场交易的管理和执行更难、更复杂,因为这种关系是开放的,需要信任、相互依赖和平等公平的机制来维持。尽管有大量的研究都支持交易成本理论,但该理论并非尽善尽美,其主要不足就是企业为了预防交易伙伴的机会主义行为而必须付出

---

① 本书所选择的 10 种理论视角均来自《管理与组织研究必读的 40 个理论》和《管理与组织研究常用的 60 个理论》这两本书,本书根据这些理论与战略管理研究的相关性、这些理论的被引次数、理论发展的系统性,选择 10 种理论进行概述。如果您想进一步学习这些理论,请务必详细阅读这些理论的具体内容以及经典文献。

昂贵的交易成本，但最终还是发现机会主义无法避免，交易双方始终不能相互信任。

（3）社会资本理论（social capital theory）。社会资本理论的核心思想是社会资源嵌入在相互联系的个体、群体和组织中，人们可以通过社会互动和与他人的社会关系网络，获得有形和无形的资源。社会资本与其他类型的资本不同，它主要取决于成员在社会关系网络中的结构或位置。研究表明，拥有社会资本可以带来很多好处，比如：更多的职业成功、更好的高管薪酬、更容易获得高水平的产品创新、更多的资源交换、更低的员工流失率、更快的企业成长、与供应商更紧密的关系、更高水平的企业间学习等。但是，社会资本并非总是带来益处，过度强调社会资本也会带来消极的后果，包括排斥局外人、对群体成员过度要求、限制个体自由、消除异类、抑制知识流动、异质性知识缺乏等。因此，个人或企业必须善于管理与他人、群体或组织的关系，形成一个松紧适中、动态有序的社会网络关系。对社会资本理论的批评声音主要集中于该理论有关概念内容的独立性和新颖性，以及社会资本与组织后果的相互因果关系。

（4）社会网络理论（social network theory）。社会网络理论发端于社会学研究领域对人际关系网络的关注，其基本观点是社会情境下（有别于家庭或村庄等有边界的社会群体）的人由于彼此间的社会纽带或社会关系而以相似的方式思考和行事。社会网络理论主要通过研究既定社会行动者（包括社会中的个体、群体和组织）的社会结构，来解释个体或社会网络整体的社会行为。因此，社会网络理论既可以用于企业家、员工等个体的微观行为分析，也可以用于企业、企业间关系等整体的宏观行为分析。根据社会网络理论，社会网络图上的点是社会行动者或网络成员的节点，图上的线或边则是连接各个社会行动者关系的纽带或路径。网络成员有差别地占有各种稀缺性资源，其中网络成员的关系要素（社会网络联结的数量、方向、密度、强度、对称性）和结构要素（网络成员在社会网络中的位置）对资源和信息流动的方式与效率有着重要的影响。社会网络理论具有四种相互关联的核心观点[1]：网络行动者之间的关系研究；嵌入性研究；网络结构模式研究；网络连接的社会效用研究。

（5）知识基础理论（knowledge-based theory）。以往的企业理论往往将企业看作契约的集合体，并根据契约来分配财产所有权，知识基础理论则将组织视为异质性知识的载体，其如何通过存储和运用内部知识、竞争力和才能生产产品和提供服务，关系到整个组织的生存、发展和成功。针对知识是如何创造的以及如何管理知识的创造过程，野中郁次郎（Nonaka）提出了四种知识创造模式[2]：从隐性知识到隐性知识（潜移默化，和组织文化有关）；从显性知识到显性知识（汇总组合，和信息处理有关）；从隐性知识到显性知识（外部明示，和信息创造观点有关）；从显性知识到隐性知识（内部升华，和组织学习有关）。不同于个人的知识创造，组织知识创造需要对这四种知识创造模式进行有效管理并形成一个持续的循环。与此同时，野中郁次郎还提出了一个包括知识类型（显性知识、隐性知识）和知识层次（个人、团队、组织、组织间）的两维度知识创新螺旋模型。在知识经济时代，知识的重要性无须赘言，但目前的理论对什么是知识、知识创造的机制是什么等基本问题还未充分厘清。

---

① Kilduff M, Brass D J. Organizational social network research: Core ideas and key debates[J]. Academy of Management Annals, 2010(4):317-354.

② Nonaka I. A dynamic theory of organizational knowledge creation[J]. Organization Science, 1994(5):14-37.

(6)组织生态理论(organizational ecology theory)。组织生态理论来源于种群生态学理论,为解释组织—环境之间的关系提供了一个新视角,其主要贡献是将环境作为内生变量,强调环境与组织之间的共同演化。组织生态理论重点考察组织种群随着时间的推移,一步步地创建、成长、转型、衰落、死亡等阶段的变化和发展过程,其关注的核心问题是"为什么会有这么多不同类型的组织?"和"某种类型的组织的数量如何及为何会随着时间变化?"理论焦点为组织密度与种群中组织形式的合法化。该理论的目的是解释五个主要问题:组织形式存在多样性的原因;在不同环境中各种组织形式的分布情况;环境对各种组织形式分布情况的影响;组织形式的变化率;短期过程如何组合以产生长期的组织特征。研究表明,组织死亡率与年龄、规模、组织战略、关联性/关联度有密切的关系。通常而言,组织死亡率往往随着其年龄的增长而下降,组织死亡率往往随着其规模的扩大而下降,能够广泛使用资源的组织生存时间更长,与知名社会机构发展关系或联系的组织存活的时间更长。

(7)协同演化理论(co-evolution theory)。协同演化理论起源于生物学领域,核心观点是组织的变异、选择和保持不是单独发生的,而是在与环境的不断交互中进行的,意指没有基因关系的生物物种之间在演化过程中相互依赖、相互影响、互为因果,且能显著地改变对方的适应特征,并且演化轨迹相互交织、相互适应,具有多向因果、多层嵌套、非线性、正反馈性、路径依赖性特点。尽管不同的学者研究角度和表述方式不同,但一致认为:协同演化是一个跨越较长历史时期的演变过程,只有嵌入研究对象的发展历史,并对其进行较长时间跨度的实地动态研究才能得到比较准确的结果;协同演化种群/主体之间必须存在明显的联系,且是互为双向或者多向的因果关系;协同演化种群/主体之间必须存在相互反馈机制;协同演化应具有较强的"地理接近性"。目前,协同演化理论的应用研究主要集中于组织与社会环境的协同演化、技术与制度的协同演化、个体与制度的协同演化、行为与制度的协同演化、企业与产业的协同演化、新组织形式的协同演化等。

(8)资源依赖理论(resource dependence theory)。资源依赖理论是菲佛(Pfeffer)和萨兰基科(Salancik)在研究各个组织面对政治压力的不同反应时提出的[①],该理论认为组织对资源的依赖程度取决于三个因素:资源对组织的重要性、资源的稀缺程度、替代性资源的存在程度。此后,该理论逐步被学者所认可,并用于研究组织之间的关系。资源依赖理论的基本假设是组织需要通过获取环境中的资源来维持生存,没有组织是自给自足的,都要与环境进行交换。资源依赖理论的主要特点是组织以合并、联合、游说或治理等方法改变环境。也就是说,组织不再是被动适应环境的行动者,而是可以主动地利用战略与行为来改变自己、选择环境和适应环境。主要观点包括:组织需要外部环境中的资源来维持生存;组织所需的资源可能掌握在其他组织手中;组织之间是相互依赖的;资源是权利的基础,权利与资源依赖直接相关;权利是一种交互的、情境的和潜在的相互作用。资源依赖理论在企业并购、战略联盟、组织政治行为等领域有着独特的解释力。

(9)松散耦合理论(loose coupling theory)。耦合是一个物理学概念,是指两个或两个以上的体系或运动形式之间通过各种相互作用彼此影响的现象。从广义上看,任何两个事物之间如果存在相互作用、相互影响的关系,那么我们就可以把这种关系称为耦合关系。从耦

---

① Pfeffer J,Salancik G R. The External Control of organization: A Resource Dependence Respective [M]. New York: Harper and Row,2003: XIII,300.

合关系的紧密程度上看,耦合关系包括紧密耦合、松散耦合和非耦合。紧密耦合主要通过标准化、强相互依赖和集权式管理而联结,松散耦合则通过共同信念、准则和制度化的预期而联结。松散耦合理论作为一种主体间相互作用的模式,更为真实地描述了组织间关系的本质,同时灵活动态的松散耦合组织形式对环境具有更好的适应性。总体来说,松散耦合系统的典型特点是[①]:要素间的相互影响是突然的,而不是连续不断的;是偶然的,而不是持续的;是可忽视的,而不是显著的;是间接的,而不是直接的;是最终的,而不是即刻的。松散耦合理论从过程视角辩证地看待组织整体与各部分要素的关系,为理解组织行为的"矛盾"提供了一个分析框架,特别是理解同时存在于组织中的理性与不确定性时,不需要将矛盾的两个方面截然分开。目前,松散耦合理论已经被广泛应用于企业、非营利组织、战略联盟、产业分析、组织创新等领域,成为管理与组织研究领域的主流理论之一。

(10)高层梯队理论(upper echelons theory)。高层梯队理论是专门研究战略领导力的理论。其基本假设逻辑是:高管团队成员的已有认知结构和认知范式会显著影响企业的战略行为,而企业的战略行为能够直接塑造组织的结果。通常情况下,环境越复杂,组织变革越剧烈,高管团队成员认知所起的影响作用就越显著,而高管团队成员的认知无疑会受到其基本特征、成长经历、成长环境、已有经验和价值观等因素的影响。因此,与权变理论和领导—成员交互理论不同,该理论研究的核心问题是企业高管团队成员(如首席执行官、高层管理团队人员)及其特征(如年龄、任期、教育水平、职业背景、社会背景、财务状况等)对组织结果的影响。当前,学者们越发强调对高管团队成员战略决策过程中情绪与动机等心理学变量(如"大五人格"、领导魅力)的关注,以及对高管团队成员社会交互、政治交互和其行动背景的关注。组织行为领域的研究也提供了类似的见解,即为了解决决策中的困难,必须深入到认知和情感等心理构念。

2.4 新情境下战略管理理论热点问题

1998 年,普拉哈拉德在《管理不连续性:新兴的挑战》(Managing discontinuities: The emerging challenges)一文中指出,在 21 世纪,外部环境将呈现出八种典型的不连续性变化的特征,它们是:①全球化;②放松管制和私有化;③竞争加速;④技术融合;⑤产业边界模糊;⑥新标准的出现;⑦去中介化(disintermediation);⑧生态敏感性(eco-sensitivity)(企业经营管理将由合规导向转变为由环境变化所产生的商业机会驱动)。[②] 在这种情况下,企业以往经常实施的渐进性创新活动,如变得更好、更快和更加灵活等,尽管非常重要,但对企业的生存和持续发展来说仍然是不够的,如何识别即将发生的不连续性和学习如何创新正成为企业高管面临的真正挑战。为了应对外部环境的不连续性变化,管理者将面临一系列新的、复杂的挑战,并至少在五个方面进行努力:①获取和吸收新知识;②整合多种知

① Orton J D, Weick K E. Loosely coupled systems: A reconceptualization[J]. Academy of Management Review. 1990, 15(2): 203-223.

② 冯军政. 环境动荡性、动态能力对企业不连续创新的影响作用研究[D]. 杭州: 浙江大学, 2012: 1.

识流以创造新的商机;③跨文化、跨地域分享;④学会忘记(旧模式);⑤增强跨业务单元边界的能力。

然而,20多年过去了,在人们还没完全适应乃至有效管理环境不连续性变化的时候,世界又呈现出了一些新的非常规的变化趋势。这势必会对战略管理理论和企业战略管理实践带来新的机遇和挑战。魏江等曾经对战略管理环境演变的特点进行了归纳,主要包括六个方面[1]:①制度环境的独特性;②组织网络形态的无边界性;③全球竞争的深度嵌入性;④商业伦理重构的迫切性;⑤创新创业范式的突破性;⑥信息技术的全面渗透性。习近平总书记指出:"当今世界正经历百年未有之大变局,但时与势在我们一边,这是我们定力和底气所在,也是我们的决心和信心所在。"[2]加上新冠疫情全球大流行使这个大变局加速演进,经济全球化遭遇逆流,保护主义、单边主义上升,世界经济低迷,国际贸易和投资大幅萎缩,国际经济、科技、文化、安全、政治等格局都在发生深刻调整,世界进入动荡变革期。在环境新的动荡变革期,势必会出现新的企业战略管理实践,催生新的战略管理理论。正如习近平总书记所说:"这是一个需要理论而且一定能够产生理论的时代,这是一个需要思想而且一定能够产生思想的时代。我们不能辜负了这个时代。"[3]

环境的这些变化无疑使传统的战略管理理论体系和企业战略管理实践重新面临前所未有的挑战。陈劲和焦豪指出,新的时代已有战略管理体系的不足主要体现在五个方面:①对企业能力的关注不足;②对创新管理的重视不足;③对知识管理的理解不足;④责任与利益相关者的关照不足;⑤对意义及人类命运共同体的整体性思考不足。并由此提出了一个以动态观为出发点、以东方传统战略思想为指引、统筹创新管理与知识管理、内外兼顾、长短期均衡和东西方融合的战略管理新框架(见图2-4)。[4]

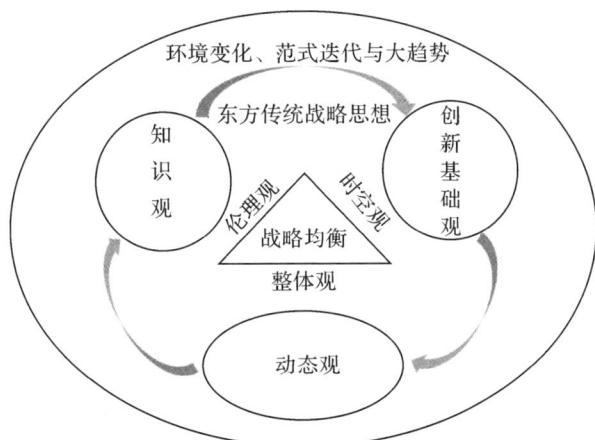

图2-4 战略管理新框架

① 魏江,邬爱其,彭雪蓉.中国战略管理研究:情境问题与理论前沿[J].管理世界,2014(12):167-171.
② 坚定不移推进高质量发展(深入学习贯彻习近平新时代中国特色社会主义思想)[EB/OL].(2022-09-14)[2022-10-11].https://m.gmw.cn/baijia/2022-09/14/36022990.html.
③ 习近平:在哲学社会科学工作座谈会上的讲话(全文)[EB/OL].(2016-05-18)[2023-09-20].http://www.xinhuanet.com//politics/2016-05/18/c_1118891128.htm.
④ 陈劲,焦豪.战略管理:打造组织动态能力[M].北京:北京大学出版社,2021:10.

本书在整合已有研究的基础上,提出了当前及未来战略管理理论发展的十大热点问题。[①]

第一,组织的灵活性、柔性与双元性。互联网与信息技术的发展、"超竞争"和"动态竞争"等因素对组织的环境适应性提出了新要求,企业必须既要快速应对环境的高速变化,同时又要应对突发的难以预料的情况,以保持组织在高效率、灵活性和创新性等方面的适应性。当前及未来应引起关注的问题包括:战略柔性;组织分权;虚拟组织;组织双元性;组织模块化。

第二,跨组织边界获取与整合资源。当前,随着科技的进步和开放式创新,人们越发认识到企业获取竞争优势所需的战略资源来自组织边界之外。因此,对组织边界之外的资源的获取与整合是企业成功的关键。当前及未来应引起关注的问题包括:如何对环境进行系统扫描;如何识别外部资源的价值;如何获取和整合外部资源,特别是异质性资源;如何兼顾跨组织边界、地理边界、技术边界和知识边界获取与整合资源。

第三,全球视野下动态能力构建、知识整合与风险规避。外商直接投资(foreign direct investment,FDI)和对外直接投资(outward foreign direct investment,OFDI)是中国企业当前及未来的研究重点,我们在利用外资和企业在走出去的过程中都面临着一系列的挑战和风险。当前及未来应引起关注的问题包括:全球化视野下机会识别与风险规避;能力更新与新能力构建;技术能力转移与升级;全球资源编排与利用;全球人力资源整合与利用;知识产权战略;国际化战略。

第四,数字时代商业模式创新。商业模式创新是获取和维持竞争优势的重要来源,乃至成为衡量竞争优势的重要构成部分,其核心内容是客户价值主张、价值创造和价值获取。数字经济情境下当前及未来应引起关注的问题包括:数字技术对商业模式创新的影响;市场、技术与市场竞争的动态性;数字情境下用户价值共创模式与机制设计;互联网趋势下产业跨界融合对商业模式创新的影响;商业模式创新与竞争优势。

第五,新情境下创新创业战略。党的十八大报告中指出,要加快完善社会主义市场经济体制和加快转变经济发展方式。实施创新驱动发展战略。[②] 在环境变得日益动态、复杂和不确定的情况下,强调效率与差异化、搜索与稳定、延续与变革、开发与探索的创新均衡,以及强调前瞻、进取、突破、风险承担的创业精神对于激发社会活力,促进企业战略更新、能力提升和竞争力的重新获取等至关重要。当前及未来应引起关注的问题包括:大公司二次创业;后发企业超越追赶;数字创新;创业拼凑;新创企业/中小企业与大企业/跨国公司协同发展。

第六,企业社会责任与可持续发展。在制度转型、经济高质量发展、全球化和新型环保理念的背景下,企业需要在经济回报、社会效益、环境保护三个方面进行平衡。与商业战略、政治战略类似,企业制定社会责任战略同样能够给企业带来竞争优势。当前及未来应引起关注的问题包括:企业如何承担社会责任以及承担社会责任能否为企业带来竞争优势;企业如何通过承担社会责任实现可持续发展;企业社会责任战略与商业战略、政治战略协同作用

---

① 本部分整合了魏江、邬爱其等在《战略管理》(第2版)(机械工业出版社2021年版)中所提出的战略管理发展的六大前沿问题。

② 加快完善社会主义市场经济体制和加快转变经济发展方式[EB/OL].(2012-11-08)[2022-10-11]. http://www.gov.cn/ldhd/2012-11-08/content_2260032.htm.

与交互作用;企业如何制定和实施社会责任战略。

第七,数字经济时代平台战略与商业生态系统。在数字经济时代,平台模式席卷全球,对企业价值创造方式、市场竞争格局、产业演化与变革乃至人们的社会生活都产生了颠覆性的影响,帕克(Parker)等将这种现象称为"平台革命"。与此同时,大数据、云计算、区块链、人工智能等新兴数字技术的快速发展,为传统制造平台转变为新型数字平台带来了新的动力。在"竞争性创新"情境下,平台价值创造的核心机制——"网络效应",不是自动产生的。当前及未来应引起关注的问题包括:传统企业数字化转型战略;数字平台组织架构的设计;数字平台战略下的客户参与、合伙伙伴管理;商业生态系统成员角色设计与关系协调;平台战略、商业生态系统战略下的组织间关系治理;平台战略、商业生态系统战略与组织/平台/系统竞争优势。

第八,全球价值链重构与整合情境下的企业发展战略。目前,发达国家将掌控全球价值链作为目标,发展中国家以嵌入全球价值链并实现高端攀升为使命,在国际舞台上展开激烈的角逐。例如,特朗普当选总统后,美国秉承"美国优先"原则实施《国家先进制造业战略计划》,以捍卫美国经济,德国也制定"工业4.0"战略以谋求未来全球制造业领先地位;以中国为代表的发展中国家则希望积极嵌入全球价值链,并最终能够实现高端攀升。经过几十年的发展,我国大部分产业"低端锁定"和创新乏力的现状尚未根本改变,价值链高端攀升路径尚未真正突破,关键领域核心技术仍受制于人,这是制约我国社会高质量发展的重点和难点,亟待突破。全球价值链重构与整合情境下,当前及未来应引起关注的问题包括:全球价值链和国内价值链的协同发展;发展中国家全球价值链高端攀升的策略、障碍与路径;跨国经营风险评估与风险管控。

第九,已有战略管理理论的整合与利用。如前文所述,战略管理学科成立以来,形成了产业结构理论范式、资源基础观理论范式、动态能力理论范式,以及制度观、演化分析、高管团队理论、知识观等众多分析视角,但毫无疑问,它们也都存在着一些这样或那样的缺陷和不足,这对企业战略管理实践的指导作用来说是不利的。因此,企业需要围绕如何获取竞争优势和维持竞争优势这一核心议题,充分利用不同理论流派的观点。当前及未来应引起关注的问题包括:不同战略管理流派交锋与融合的微观基础;战略管理理论情境化与适应性;基于新情境发展新的战略管理模式、策略与方法。

第十,基于中国情境的战略管理理论。中国特色社会主义建设为世界的进步、为人类的发展贡献了中国智慧和中国方案。同样,中国制度情境、文化情境、市场情境下本土企业独特的战略管理实践也为世界战略管理理论的发展提供了丰厚的土壤,中国也必将能够为世界战略管理理论的发展做出贡献。正如习近平总书记所说,人类社会每一次重大跃进,人类文明每一次重大发展,都离不开哲学社会科学的知识变革和思想先导。[①] 这种前无古人的伟大实践,必将给理论创造、学术繁荣提供强大动力和广阔空间。当前及未来应引起关注的问题包括:中华优秀传统文化在企业战略管理中的应用;东西方战略管理理论与思想的融合与互鉴;中国企业战略管理新故事,以及战略管理实践中的新理念、新模式、新机制;基于中国企业战略管理实践的战略管理新理论。

---

① 谢伏瞻.建构中国自主的知识体系(深入学习贯彻习近平新时代中国特色社会主义思想)[N].人民日报,2022-05-17(09).

■■■ 【名家观点】

迈克尔·波特:中国企业战略选择

2004年6月18日,当今战略第一权威、"竞争战略之父"迈克尔·波特博士来华领衔主持"红塔集团2004迈克尔·波特战略论坛"。论坛期间,波特博士与著名商界领袖围绕竞争战略等话题进行了精彩的主题演讲及充满睿智的对话。

我发现有很多的公司事实上并不对自己的战略有一个清晰的认识。每一个人都很忙,每个人都努力工作,每个人都做很多的事情。但是我发现:令人吃惊的是大部分的公司没有自己的战略。

竞争并不是要成为最佳

我发现在竞争领域的主导观点就是要成为市场上最佳的公司,成为你所在行业最佳的公司。大部分的管理者都是这样去思考的。也就是说,他们认为存在一种最好的竞争方式。如果是银行业的话,有银行业的最好的竞争方式;如果是汽车制造公司的话,就有一种最好的汽车制造竞争方式;如果是电信行业的话,就有一种最佳的电信行业的竞争方式。也就是说,只有一种获胜的方式。有很多的管理者都把竞争看作寻求取得成功最佳方式的过程,每个人都在寻找这样一种唯一的答案。

我发现在中国存在一个趋势,就是把商业竞争作为一种军事战争来考虑。在军事战争中的胜利意味着另外一方的失败,如果要获胜的话就必须摧毁你的对手。加上认为只有一种取得竞争胜利的方式,因此这种方式必须由自己公司获得。

其实竞争并不是要成为最佳,而在于你要具有独特性,通过这种独到之处向客户提供价值。竞争有多种方法。无论在哪个行业都会有多种客户的需求,因此我们就有多种方法增加价值。作为一个企业,你不是要找出唯一的灵丹妙药,而是要寻找一种适合你的方法,使你做到在业界与众不同。

定义战略的种种误区

很少有企业的管理者会说我们不需要战略,但是对于如何来定义战略,大家却莫衷一是。

很多人把战略看作抱负,就是说我将来要达到什么目标,比如说我们的目标是要成为业界第一或者第二,这是我们的战略。这是战略吗? 这是目标,这不是战略。战略是怎么样成为第一和第二。顺便告诉大家,目前还没有任何证据表明做第一或者第二就是好的,没有证据表明做到第一或者第二就能有卓越的利润。

另外还有一些公司宣称:我们的战略就是合并,我们的战略就是成立合资企业,或者说我们的战略是外包。这是战略吗? 这不是战略,这是你要采取的行动,你的做法。也许这是好的做法,也许这是有利的做法,但这不是战略。战略是你希望在市场上有什么样的一个定位,你可以有很多的合并,这不一定给你带来竞争优势。

还有很多公司把战略看作任何重要的东西。如果技术重要,他们把技术作为战略。如果营销重要,他们就把营销作为战略。但是这样是没有意义的。战略必须是一个总体定位,表明了这个公司要在市场上所占据的这个位置,包含着公司所做的方方面面。你不能只有单独的营销战略或者技术战略,你需要的是一个总体战略,营销必须符合这个总体战略。很多公司通过让各个部门拿出自己的战略,然后将这些战略整合成公司的战略,这是行不通的。

我们还有一些管理人员,他们把战略看作远景,就是描述公司的未来。这是战略吗? 我不认为这是战略。这并没有说明你怎么样做到与众不同,并没有说明你怎么样获得优势,这仅仅是一种愿望的表达。但是太多的公司停留在这种愿望的表达上,而没有下一步的描述,这不是战略。

还有一些企业认为不能光搞一个战略,因为世界变化太快了,所以与其说你先做一个战略的决定,还不如先做一些尝试,然后看看哪一种尝试更加成功。当你发现有成功做法的时候,再决定你的战略。这样做也是没有意义的。你不可能通过普遍的尝试来制定战略,因为战略其实涉及很多方面,而且所有的方面必须是融合的,仅仅做一些小范围的尝试是不可能搞出战略的。

制定战略必须明确目标

为了制定战略,你必须确定公司的目标。很多公司确定了目标,这些目标尽管有一定的意义,但是并不是非常清晰。比如说目标是我们要增长,其实增长是很容易的,你购买一家公司就能够实现增长。但是制定战略的真正动因并不是单纯的增长,而是盈利。而这个盈利的衡量标准就是投资回报,不是销售的回报,而是投资的回报。如果你能够有一个卓越的投资回报的话,这说明你真正地在创造经济价值,这种经济价值的获得是说你能够以超过成本的价格销售产品,有能力生产更多的产品。

要衡量经济价值,就要看投资回报,而这个衡量的过程就要经过3~5年的时间。战略并不是要考虑每一年的盈利。每一年的盈利可能会受到进口的影响,受到商业周期的影响,或者是汇率浮动的影响。但是谈到战略,考虑的是3~5年的盈利。如果一个企业很大而并不能盈利,这没有什么值得骄傲的,因为你并没有给社会带来好处,同时也没有给企业带来好处。如果你没有持续性的盈利,你的企业最终一定会消亡或者被其他公司收购,你就会从这个行业中退出。

我发现在中国,太多的企业没有盈利。在这种条件下,如果你是以增长衡量是否成功的话你很容易获得成功,因为在一个增长的经济当中要这样做的话是非常容易的。所以,我们认为战略从基本上来说应该是将盈利作为第一类的目标,然后才是增长。

还有另外一个问题,很多公司觉得自己最基本的目标不是盈利。他们从股东的角度出发,将自己的公司目标定义为为股东的价值服务。为什么这样做?这些公司的解释是衡量公司是否成功要依据公司在股市的表现,这是毫无道理的。如果你太关心自己公司股票市值的话,你就会破坏甚至毁掉你的公司。因为我们知道,在股市上价格有的时候太高,以至于不能反映你公司真正的经济回报率,而有的时候会太低。有很多原因造成股票价格的上涨和下跌,这并不能反映你们公司真正的经济价值,可能只有在某个股市的时间点才能真正反映你公司的价值。如果你太关注于你公司股票价值的话,就会毁了你的公司,因为你会采取一些在经济上无法解释的行动。

我们都知道股东也是不断地变化的。在美国,人们持有股票的平均时间通常低于一年。有很多人购买了某个公司的股票,然后在一年之内就要把这个股票卖出去。难道你们都关心这种股东的需求吗?有的人只持有你公司股票一年,你难道让这种人引领公司的发展吗?你当然不能这样做,如果这样做的话,就会毁了你的公司。这种股东不会关心公司真正的情况,只关心你们公司八个月之内的市值表现。所以,你们不能去尝试取悦股东,你们必须想明白,如何创建一种更高的投资回报率,并且随着时间的推移不断提高投资回报率。我可以保证,这样做的话你就会成为成功的企业,而且最终你们公司的股票价格会上涨。

分析战略的工具

下面假设我们都制定了正确的目标,着眼于更高的长期投资回报率。那到底什么能够为我们带来更高的长期投资回报率、什么能够给我们带来盈利性呢? 回答是:两类因素。第一类因素是你所处的行业,第二类因素是你在这个行业中所占的位置。

到底什么是一个行业? 行业是一个非常明确的竞争领域。比如说,银行业本身不是一个行业,实际上银行领域包括各种各样的行业,比如说向小的企业贷款也是一个行业。在中国,我发现一个非常大的问题,就是很多情况下一个公司会处于不同的行业中,但是它并不认为自己公司有一个明确的核心行业,而且无法针对这种核心行业制定出一个明确的核心战略。换句话说,就是一个公司并不了解它到底是否能够在业务中取胜,它到底在哪个行业和别人竞争。有很多的公司业务包罗万象,它的战略是引领各种各样的产品和业务。这样一个总的战略引导多元化的业务和产品是不可能有效的。

影响行业营利性的因素和影响公司营利性的因素是不一样的,我们必须把这两套不同的影响因素分开来,必须考虑所处行业平均盈利水平是多少,然后把自己公司的营利性和行业平均水平做一个比较,然后才知道到底你在这个行业中是否拥有竞争优势。如果高于行业平均水平就是有竞争优势的,相反你就具有竞争劣势。

怎么样获得竞争优势? 我们可以有两种方式:一种就是要有较低的成本。如果我们能够以更低的成本提供类似的产品的话,显然我们可以获得更高的盈利。另一种就是获得更高盈利的手段,就是有更高的价格,我们能够在产品上相对于竞争对手来说卖出更好的价格,而且同时能对成本做一个很好的控制,我们显然会在业界出类拔萃,这是无可争论的事实。

我怎么样能够获得更低的成本或者获得更高的价格呢? 为了考虑这两方面的因素,我们需要深入研究公司潜在的价值能力,我们的工具就是价值链分析。对于任何公司来说,可能有一系列的活动提供价值。比如说有后勤方面的工作、运作,还有营销、采购,等等,实际上公司就是一系列活动的组合,一个公司的竞争力会反映在公司开展的各种活动当中,而价值链对于某一个行业来说都是非常具体的。

运作有效不是战略定位

运作有效就是实现最佳实践。所谓最佳实践,就是一个能够给大家都带来好处的做法。比如说你是一个制造公司,你的最佳实践就是精益制造,或者说能够很好地管理你的供应链,或者用因特网和你的客户沟通,这就是最佳实践。管理公司有很多的实践,每个企业总是不断地学习最佳实践。

你是不是有最新的设备? 是不是在使用 IT 或者用最现代的 IT 系统发挥企业的作用? 你怎样充分发挥后勤的作用? 所有这些最佳实践都是非常重要的。我知道对于任何一家公司来说都要找到它们所处行业当中的最佳实践,同时进行模仿,并把它引入公司,使它成为企业成功的关键因素之一。

这是不是战略? 我们并不认为如此。因为只在一个方面比你竞争对手做得更好并不一定能使你变得与众不同或脱颖而出。如果某些做法是最佳实践,你会发现你的竞争对手也在采用,除非你的竞争对手总是在睡大觉,否则的话,你很难在竞争中获胜。如果你仅仅采用同样的最佳实践,你是不可能成功的。

运作有效在竞争中至关重要,但是它不一定给你带来竞争优势,因为每个人都在朝这个方向发展,仅有运作有效性不足以确立竞争优势,在运作有效性上的竞争其实是和你的竞争对手在同一个跑道上的竞争,你只是想跑得更快、做得更好,而战略定位是选择另一种比赛。我们需要在这两方面都要做到优秀,既要做到有效运作,又要有明确的战略定位。

大多数公司把99%的时间都花在确保运作有效但却不明确的战略上,它们所说的战略实际上只是运作有效性的提高。

战略定位的五个条件

第一,必须有一个独到的价值观,这个价值观有别于你的竞争对手。

第二,你要有一个不同的价值链,如果你用同样的方法做市场营销,同样的服务,同样的生产,实际上等于没有战略定位。如果你要有战略的话,必须有不同的价值链,必须与众不同,这样才能获得不同的价值观。

第三,要有好的战略平衡特点。实际上我们在制定战略的时候最基本的就是取舍,而这些取舍的实质就是要做某些事而放弃别的事。除非你做出这样的取舍,否则你就不是在制定一个战略,你也就不能获得成功。

第四,好的战略特点。好的战略特点可以使价值链之间相互促进,各种工作流程之间完美结合。比如说你的生产、你的销售、你的供应之间都可以互相积极促进,它们之间如何融合、如何协作非常关键。为了能够让它们融洽地合作,进行产品设计的时候不仅要考虑制造,还要考虑销售的问题。

第五,连续性。连续性是指在一定的时间内以一定的方式去做某件事情。如果在不断地改变做事的方式,就不是一个好的战略。一般来说,一个企业要花五年的时间才能理解和执行它们的战略。企业自身对自己战略的理解,不可能在一年的时间内就实现。如果理解了自己的战略,然后到了第二年就换了一个战略,这样就无法取得成功,必须实现战略的连续性。

想一下为什么没有其他的高科技公司能够复制戴尔公司呢?因为戴尔在整个价值链上都有自己相互联系、独一无二的体系。援引戴尔副总裁的一句话:若要复制戴尔,则必须复制戴尔所有的工作流程。

总而言之,去复制别的公司,这通常就是一个错误的决策,因为完全复制是不可能的。你需要找到的是适合自己公司独一无二的战略,而且还必须创造在整个价值链中各个不同系统之间的互相联系。

每个员工都要理解战略

一个好的战略的特点是连续性。为什么我们必须保持某一段时间恒定的连续的战略呢?企业和组织首先必须对战略要有深刻和透彻的理解。而人们理解战略要有一定的时间,如果战略经常变化,企业的员工永远都不会深入地了解它,如果员工无法很好地理解企业战略,就有可能模仿市场上与竞争对手公司类似的行为。

事实上,企业每一个员工都必须深刻地理解自己企业的战略。以前战略只是高层管理人员要了解的东西,因为以前我们大部分人都觉得公司战略是一个秘密,要把它很好地保护起来,不为竞争对手所知晓。但是我们现在知道,公司每一个人都必须了解自己公司的战略。而且如果有战略保密或者公司员工不理解自己的战略,如何知道该怎样去做呢?如果竞争对手也知道你们的战略,并且知道你们的战略是独一无二的,他们就不会尝试去模仿你们,他们会另外去找适合自己发展的战略。

所以我们为什么要保密呢？告诉自己的员工公司的战略，并且让他们做出适当的选择。如果员工不了解战略，将无法做出正确的选择。比如销售人员应该给谁打电话？如果他们了解公司的战略，他们就知道到底企业针对的用户群是哪些，销售人员就知道给哪些客户打电话，也知道我们在讨论中应该向用户提供什么样的信息、以什么样的方式进行交流，并且告诉客户我们的公司、我们的战略、我们的与众不同，从而使客户对公司有一个深刻的印象。

如果只是公司的高层管理人员才理解这些战略的话，销售人员将不知道怎么做。他们会对自己的客户说，我可以给你这个，可以给你所有的一切。客户说我要这个，销售人员说没问题，这些都可以给你做到。事实上有些公司的销售人员就是这样做的，这就是他们所犯的错误。

资料来源：波特.中国企业战略选择.招商周刊，2004(33)：22-23.

◈【思考与讨论】

(1)请分析并总结迈克尔·波特所提出的战略的内涵。
(2)你认为迈克尔·波特所提出的竞争的本质是什么？
(3)迈克尔·波特所提出的"好的战略"有何判断标准？
(4)请你基于"好的战略"的判断标准分析某公司的战略。

◈【本章复习题】

1.战略管理理论的发展经过哪些阶段？
2.明茨伯格战略管理十大流派的核心观点是什么？
3.产业结构理论范式的核心观点及存在的不足是什么？
4.资源基础观的核心观点及存在的不足是什么？
5.动态能力理论提出的背景及其核心观点是什么？
6.制度对企业的战略与行为有什么影响？
7.战略管理理论不同视角的核心观点是什么？有何优势和不足？
8.当前及未来战略管理理论发展的热点问题有哪些？

3 外部环境分析

洞察和识别外部环境中的机会和威胁,是战略制定和选择的前提。进入 21 世纪以来,在传统的政治、经济、社会和科学技术等环境因素基础上,全球化和数字化因素的叠加,对企业经营产生了新的影响。本章将主要对宏观环境、产业和竞争环境等多层次、多维度的外部环境进行讨论与分析,并详细阐述 PEST、S-C-P、五种竞争力量模型、战略群组、竞争对手分析等外部环境分析的框架和工具的应用。

■■■【开篇案例】

数字化时代实体书店的重生

电子商务、数字化、移动互联网技术的快速发展持续改变着人们获取知识的方式,实体书店历经"寒冬"之后,又呈现回暖复苏之势。以西西弗、言几又、诚品为代表的民营书店快速扩张,亚马逊、当当等电商巨头也加紧对实体书店的布局。逆势归来的实体书店到底发生了哪些改变?新一代书店应如何重塑优势?

逆势回暖,实体书店归来已是"新瓶装新酒"

实体书店复苏的本质是读者"场景需求"的回归。实体书店之于读者不再仅仅提供纸质书籍与知识,而是通过阅读空间的营造、文化氛围的烘托、多元业态的打造提供电商与数字阅读所不具备的真实阅读场景,满足读者的多元化文化需求。实体书店之于城市不再是传统出版物的卖场,而是一种以书为媒的新型知识文化融合空间,外观与城市文化紧密相连、充分融入城市生活场景。

顺应趋势,把握实体书店发展的四大方向

未来实体书店需要牢牢把握复合经营、垂直深耕、精细运营和新零售四大发展方向。

一是复合式经营。实体书店复合经营模式的核心是放大实体书店"体验"和"场景"的功能,借助构建多元消费场景满足顾客个性化的诉求,拓展新的利润点,提升自身的商业价值和品牌价值。新型实体书店将不再只是"图书销售"的场所,而是以"阅读"为主体,融合餐饮、文创、展览等多种业态的文化知识生活空间。

跨界的非图书业态有效提升了书店的利润空间,"书店十"的复合经营模式是未来实体书店盈利增长的良性驱动。一方面,实体书店非图书业务的毛利远高于传统图书业务,咖啡、文创的毛利高达 60%~65%,约是图书销售毛利的 2.5 倍。西西弗以"引导推动大众精品阅读"为经营理念,坚持以图书销售为主,跨界多元业态面积仅占 20%,但却成为其主要的利润来源。另一方面,复合业态衍生出的"互动和参与感"延长了消费者在书店内的停留时间,增强了顾客的黏性,有效促进了从流量到消费的转化。西西弗每年开展千余场文化体验活动,涵盖畅销作家的大型签售会、文化名人的主题演讲会、书友读书会等,维持读者的新鲜感,吸引客群的周期性消费,提升客群的忠诚度,成为营业收入增长的重要因素。

二是垂直深耕。实体书店在进行行业业态融合的同时,应避免陷入同质化的困局。针对读者涌现的细分需求切入细分产业,垂直深耕,打造"小而精""小而特"的书店。面向特定受众群体,围绕固定主题进行书目选择、空间设计、活动策划,为读者提供更加个性化的优质文化服务。专卖餐饮书籍的 BC mix 美食书店、专注亲子市场的 Kids Winshare、面向财务金融精英的财金通中心都是其中的代表。

一方面,用户群体的多元化和读者需求的个性化催生了各个细分市场,实体书店未来应专注于特定的用户群体,建立多类型或多品牌的店面,提供个性化、针对性的产品和服务。中信书店针对高管、白领、官员为主的高消费人群打造了机场书店,主要销售经管、商务类书籍,在数十个机场取得了 69 家书店的经营权,成为全国最大的机场书店连锁系统,中信机场书店的坪效比达到每年 4.4 万元/平方米,是普通写字楼店的四倍。

另一类垂直深耕的模式是针对细分主题,打造特色精品书店,以书店场景连通产业链,实现产业链的深耕与拓展。新华文轩开发产品线 Kids Winshare,布局儿童主题书店,以儿童元素为核心,规划设计书店空间,同时设计了各具特色的亲子阅读座位,吸引儿童和家长光顾;围绕儿童这一主题将业务拓展至亲子阅读课程、儿童小剧场、手工体验课程、儿童培训课程等,成为书店新的盈利点。

三是精细运营。高昂的租金和人力成本、日益激烈的竞争环境驱动实体书店向精细运营转型。成功的实体书店在转型中拆分各经营环节,区别分析各环节中用户差异化的诉求,采取经济高效的运营模式,以提升书店整体的运营效率。比如,在运营环节,部分实体书店通过精妙设计店面布局、精心挑选书目品类、精细控制运营成本来实现精细化的运营管理。

精妙的店面设计和空间布局可以有效调动消费者的消费冲动,推动流量向实际购买力转化。"最美书店"钟书阁致力于书店与城市风景和文化的融合,成都的钟书阁将盆地的地理特征作为主线,运用迂回错落的空间布局讲述成都的故事;杭州的钟书阁融入了绿树森林、潺潺河水的元素,展示"人间天堂"的杭州风貌。凭借精心的设计,钟书阁新门店开业当日客流达到 30000 余人,周末平均客流量过万人。除店面设计外,巧妙的空间布局和产品陈列也是刺激消费、提升营收的重要推动力。茑屋书店按照需求场景堆砌出艺术、建筑、汽车、料理和旅行等独立空间,并随生活场景放置关联产品。例如,在旅游区域,售卖旅行箱、打包袋等杂货产品;书架后设有旅行咨询台,顾客在书店即可了解出行的相关信息,甚至制订具体的旅游计划。茑屋书店当前吸引了 6000 万人成为书店会员,月活跃人数超 5000 万人。

专业的图书选品和精细的成本控制提升了空间利用效率,是书店降本增效的重要抓手。西西弗成立了 50 人的专业买手团队,按文学、经管等 15 条产品线进行采购,严格品控,从 40 万种图书精选 40000 种图书上架;借助数据,详细分析各门店的客群定位和历史销售情况,针对性地筛选配书清单。另外,西西弗独创了采控、流控、调控三大数控模型,监测优化供应链、零售和库存体系,每日上传运营日志跟踪运营状况、人流状况和环境变化,并用数据指导选品、布局和人员管理。

四是新零售。从亚马逊的线下书店到京东的零售书店,再到当当的无人书店,纷纷投入到新零售的浪潮中,从大数据的精准定位与营销,到沉浸式购物 AR 体验,再到自动结账,随着技术和体验的不断升级,图书零售已经打破了传统的产品、渠道和空间的限制,消费者可以随时随地购买到需要的产品或服务。

新零售借助大数据精准描绘顾客画像,构建顾客社群,针对性地进行选品和营销,满足顾客多元分散的消费需求,实现从顾客向用户的转化。另外,大数据和互联网的发展打通了供应链的上下游,数据用于指导产品选择、销售预测和库存管理,借助供应链的管理优化,产生价值裂变效应。亚马逊线下实体书店利用线上收集的图书评分及变化趋势,预估未来市场热点,挖掘潜在畅销书。

资料来源:改写自纪纲,韩冰,刘君雅. 数字化时代实体书店的重生,https://www.rolandberger.com/zh/Insights/Publications/%E5%AE%9E%E4%BD%93%E4%B9%A6%E5%BA%97%E5%A6%82%E4%BD%95%E6%B6%85%E6%A7%83%E9%87%8D%E7%94%9F. html.

■■■ 【案例思考与讨论】

1. 当前的书店行业在经营中受到了哪些环境因素的影响?这种影响的后果是什么?
2. 实体书店在与线上书店的竞争中,有哪些有利和不利条件?
3. 你认为传统的实体书店在经营中应如何扬长避短,涅槃重生?

3.1　外部环境分析概述

外部环境决定了某一特定行业的竞争状况和整体的利润水平。因此,外部环境分析是制定企业战略的前提。通过外部环境分析,企业能够洞察驱动所在行业和公司自身发展与变革的外部环境中的关键因素。能否准确判断外部环境中的机会和威胁,是企业经营决策成败的重要基础。

战略管理面临的重要问题之一就是组织如何应对外部环境的不确定性,外部环境分析的目的,就在于理解这种不确定性。外部环境中的各种因素,有宏观、有微观、有重要、有次要,有直接、有间接。通过环境分析,从纷繁复杂的各种外部因素中识别出对企业发展存在重大影响的关键因素,判断这些因素能够为企业带来哪些有利的机会,或者有哪些可能的重大风险和威胁,并提出相应的对策,是外部环境分析要解决的问题。

分析外部环境,需要理解外部环境的性质,包括层次性、动态性和复杂性。

外部环境的层次性。外部环境可以分为宏观环境、产业环境和竞争环境。宏观环境主要分析政治环境、经济环境、社会文化环境、技术环境等;产业环境的分析重点在于企业所处的产业结构、战略群组;竞争环境进一步聚焦现有的和潜在的竞争对手,通过对竞争对手的目标、假设、战略以及能力等方面的分析,考察行业中最具威胁性的力量。

外部环境的动态性。如果环境是相对简单和静态的,那么,系统的历史性数据的获取和分析就非常有帮助;如果环境动态程度较高,那么面向未来的预测性分析更为有效。总而言之,外部环境总是处于不断的变化之中,所谓"永远不变的就是变化"。外部自然环境的变化,如"温室效应";国家和政府经济发展思路的变化,如中国经济"双循环"发展理念的确定;国际军事与贸易冲突,如"俄乌冲突""中美贸易冲突";重大的技术进步和技术创新,如数字化技术等,都会影响企业环境的变化。根据环境的动态程度,企业就可以在制定战略的时候确定"轻重缓急"的应对之策。

外部环境的复杂性。这种复杂性首先是由于外部环境的多样性和层次性,其次是由于外部环境之间的互动和关联。因而,在分析外部环境的时候,必须能够"化繁为简",从纷繁复杂的环境因素中识别出主要问题和规律。这其实是对企业领导人最为重要的素质要求，也更加说明了企业制定战略的必要性和重要性。

3.2 宏观环境分析

宏观环境也称为一般环境，它由那些可能对企业的经营活动带来影响，但其相关性不明确的各种因素构成（见表 3-1），包括政治、法律、经济、社会文化、科学技术等因素。宏观环境通常给企业所处的行业带来整体性的机会、挑战和约束。宏观环境分析是企业谋求生存和发展的首要问题，其意义在于通过把握宏观环境现状、变化趋势，帮助企业抓住有利机会，避开环境威胁。宏观环境分析一般可以从四个维度展开，具体包括政治环境（P：political）、经济环境（E：economic）、社会文化环境（S：social）、技术环境（T：technological），即 PEST 分析框架。宏观环境分析框架所涵盖的内容也因各类环境因素的重要程度以及新的影响因素的出现而变化。在 PEST 分析框架的基础上，又发展了 PESTEL、PESTLIED、STEEPLE 等框架。其中，在 PESTEL 中，E 是指环境因素（enviromental），L 是指法律因素（legal）；在 PESTLIED 中，I 是指国际环境（international），D 是指人口因素（demographic）；STEEPLE 相对于 PESTEL 框架增加了道德因素（ethical）。此外，当前全球化与数字化对企业决策的影响越来越大，所以本章也将讨论这两类因素。

表 3-1 宏观环境的主要影响因素与细分[①]

政治、法律因素	人口统计学因素
<ul><li>政策的稳定性</li><li>税收政策</li><li>社会福利政策</li><li>法律法规，如外贸、劳动、反垄断、医疗安全、产品安全、环保等</li></ul>	<ul><li>人口数量</li><li>年龄结构</li><li>地理分布</li><li>种族与民族构成</li><li>收入分配</li></ul>
社会文化因素	**全球化因素**
<ul><li>社会流动性</li><li>生活方式的变化</li><li>对待工作和休闲的态度</li><li>消费者利益的保护运动</li><li>教育程度</li></ul>	<ul><li>重要政治事件</li><li>不同文化和制度属性</li><li>关键全球市场</li><li>新兴经济体的发展</li></ul>
经济因素	**可持续自然环境因素**
<ul><li>经济周期</li><li>国民总收入的变化趋势</li><li>利率</li><li>货币供应</li><li>通货膨胀</li><li>失业</li><li>可支配收入</li><li>存款率</li></ul>	<ul><li>全球气候变化</li><li>重大自然或人为灾害等</li><li>水、矿产等资源的可获取性</li><li>废弃物处理</li><li>能源消耗</li><li>可再生能源利用</li></ul>

① 希特，爱尔兰，霍斯基森.战略管理：概念与案例：第 12 版［M］.刘刚，梁晗，耿天成，等译，北京：中国人民大学出版社，2017：33.

技术因素	
· 政府的研发投入 · 政府和行业对技术发展的关注 · 技术成果商业化的速度和程度 · 技术更新换代的速度 · 产品创新与知识应用	

在这里,我们利用 PEST 分析框架进行宏观环境分析,并考虑全球化与数字化因素。如图 3-1 所示。

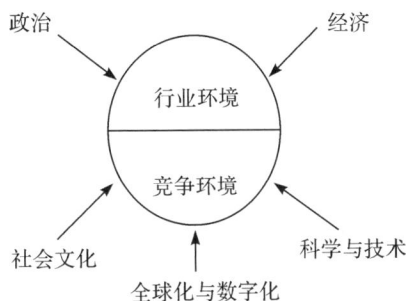

图 3-1　宏观环境分析框架

3.2.1　政治环境

政治环境首先要考察政府政策的稳定性和连续性,同时也包含了税收、外贸、环保、劳动等法律法规,以及社会福利政策等。政治环境对组织的影响主要表现在地区政局的稳定性和政府对各类组织或活动的态度上。政策、政局的稳定性是一个组织在制定长期发展战略时必然要考虑的,因为它将影响组织在该地区的经营风险和不确定性程度,进而影响目标实现的可能性;而政府对各类组织或活动的支持或否定态度则决定了各个组织在该地区可以做什么、不可以做什么。

自从实行改革开放政策以来,我国政策环境基本上是稳定的,而且在今后较长的一段时间内会致力于现代国家治理体系的建设,使各组织能够在法律的框架范围内实现自主经营。现代社会的一个特征就是全球化,在当前,我国企业进入国际市场、参与全球竞争已经成为常态,大量企业在全球不同国家和地区开办了实业,与众多的国家和地区开展贸易与合作。例如,很多企业响应"一带一路"倡议,在沿线国家和地区进行投资和经营。要提高企业的绩效,并规避重大风险,就要求我们对这些国家和地区的主要政治环境变化和相关政策的延续性有一定的分析和预判能力。

当前,在疫情、贸易摩擦、产业链重塑等多重因素叠加下,中国经济的发展导向逐渐从"世界工厂"转变为"双循环发展",国内经济的内生需求动力将是中国经济后续修复的主要支撑来源。其中,实施"供给侧结构性改革＋扩内需政策",是促进国内大循环、推动改革与发展的重要一环。伴随着经济发展思路的转变,国家连续发布了多个促进内需、鼓励消费的战略规划和政策意见,这些政策带来的利好,会在一定程度上缓解相关行业的经营压力。

3.2.2　经济环境

一个组织所处的经济环境，通常会受到一系列因素的影响，比如经济周期的变化、国民收入的变化、利率、货币供应、通货膨胀、社会失业率、居民的可支配收入变化等。通常，经济环境主要通过对各类组织所需要的各种资源的获得方式、价格水准和市场需求结构的作用来影响组织的生存和发展。

不同的经济制度有不同的资源供给方式，在市场经济制度下很容易通过市场获得的某些资源在计划经济制度下可能就很难获得。物质资源状况、经济结构、国民消费水平会在很大程度上影响一国各种资源的价格水准，而各种资源的价格水准的变化将会明显地影响各类组织的投入和产出。劳动力、原材料及其他要素成本的变化，既可能为一些企业的发展创造机会，也可能导致另一些企业走向衰败。在不同的经济发展阶段，国民消费水平不同，市场需求结构也会存在差异，由此带来的结果是相关产业的盛衰以及相应产品的升级换代。

仅从经济增长对快速消费品的影响来看，根据国家统计局公布的数据计算，2021年中国经济占全球经济的比重超过18%，中国社会消费总额达到44.1万亿元，仅次于美国。伴随着中国经济的腾飞和居民消费水平的持续提高，中国快速消费品市场进入了一个黄金时代。消费1.0时代的主要驱动力是面向大众的营销手段和大众化的渠道铺货。近年来，随着中国居民的消费升级，许多快速消费品企业开始出现增长乏力，对于消费者行为和渠道格局的新变化显得无所适从。以宝洁公司为例，由于对中国消费者消费升级的大趋势不敏感，面对电商和新零售的冲击，宝洁的市场份额不断被其他跨国或本土品牌蚕食，如部分"国潮品牌"。这一系列变化要求消费品企业必须及时察觉外部环境的变化，加强产品、营销等一系列创新，以应对经营环境的变化。

3.2.3　社会文化环境

社会环境主要由组织所在国家或地区的人口数量与结构、居民的受教育水平、传统风俗习惯以及伦理道德和价值观念等因素构成，它们通过行为规范（风俗、道德、法律）、人口结构（人口数量、年龄结构、人口分布）和生活方式与态度（家庭结构、教育水平、价值观念）的改变影响一国或地区群体行为规范、劳动力的数量和质量、所需商品和服务的数量与类型等，并进而影响该国或地区各组织的经营管理。

社会环境因素对于一个组织的行为也有很大的影响。《中华人民共和国民法典》把"公序良俗"上升为基本原则，与法律并列，其中第八条规定："民事主体从事民事活动，不得违反法律，不得违背公序良俗。""公序良俗"在很大程度上覆盖了社会的道德准则，它虽然大多并没有形成法律条文，但对于个人或集体行为仍具有事实上的约束力。任何组织的行为都不能不考虑社会秩序和伦理道德的影响。例如，随着人们越来越注重环保，有污染的项目就很难生存；而当人们越来越追求精神享受时，文化产业也就会越来越得到重视和发展。

在中国整体综合国力和经济快速发展的大背景下，社会文化环境对企业经营的影响愈发突出。不少国产品牌借势而为，在与国际品牌的竞争中找到了自己的发力点。例如，以

"90后"和"95后"为主体的"国潮文化"的崛起让新国风、中国传统文化有了流行化的新趋势，一批优秀的新国货进入人们的视野并快速抢占市场。其中的佼佼者，如彩妆品牌花西子，以"东方彩妆，以花养妆"为定位，借"国潮风"的消费风潮，让"东方美学"和"中国风"成了国货彩妆的美学依据和卖点。自2017年成立以来，花西子实现了快速增长，2019年销售额达到10亿元，2020年更是突破了30亿元，走出了一条近乎垂直的增长曲线，撕掉了国货化妆品"低廉过时"的陈旧标签，走出了一条品牌新路。

最近若干年，人口因素在中国正在受到越来越多的关注，如人口的老龄化问题，它一方面对社会的创新与发展带来了负面影响，同时又对部分行业如医疗、房地产等产业带来了独特的需求和商机。

专栏3-1：麦当劳重启增长——麦肯锡访谈麦当劳中国首席执行官张家茵

麦肯锡：麦当劳是否也在适应消费者口味的变化，提供更健康的餐食？会根据当地人的偏好调整菜单吗？

张家茵：我们正在加大宣传力度，让人们更好地了解麦当劳在这方面的努力。比如，降低盐含量、将烹调油换成菜籽调和油，减少饱和脂肪含量，让食物更有益于心脏健康。我们是中国唯一一家在全国范围内使用菜籽调和油的快餐连锁企业。此外，我们还增加了蔬菜选项，客人可以把套餐中的薯条换成鲜蔬杯或玉米杯；我们针对儿童的开心乐园餐遵循了中华营养学会的膳食指南，套餐可以选择迷你薯条、苹果片或者鲜蔬杯和饮料（牛奶或低糖果汁）；我们也一直坚持提高营养透明度，推出了少于500大卡的套餐。总体而言，我们在营养健康方面落实了多项措施。消费者应该已经注意到了这些变化，我们也会积极宣传。今后，我们还会推动更多举措的落地，开辟新的食品平台。

资料来源：根据泽沛达，蒲仁伟. 应对危机，重启增长：专访麦当劳中国首席执行官张家茵，https://www.mckinsey.com.cn/wp-content/uploads/2020/11/%E6%B6%88%E8%B4%B9%E8%80%85%E5%AD%A3%88%8A-2020_%E4%B8%AD%E6%96%871126_s.pdf 编写。

3.2.4 科学与技术环境

科学与技术环境通常由组织所在的国家或地区对科技进步的重视程度、技术产业化的程度和效率、对重大科学与技术发展动向的把握、对新科技的关注和应用等方面的因素构成。就特定行业的企业来说，势必需要特别关注所在行业的技术动向和技术趋势。

根据麦肯锡的研究，从技术的发展历史来看，先进的技术对经济发展起到推动作用，这种推动的速度越来越快。纵观人类科技进步的历史，科学技术更新换代的过程就是不同国家崛起的过程。第一次工业革命出现了蒸汽机，让人类从农业时代进入到工业时代，第二次工业革命出现了内燃机，第三次工业革命出现了互联网，伴随着历次工业革命，不同的国家如英国、德国、美国、中国等开始崛起。未来10年，随着技术对健康、材料、能源、交通以及更多领域的重塑,人类会经历比过去 100 年的总和还要多的进步。[①] 技术的组合效应放大并加速了新商业模式的出现和企业的创新,进一步改变了行业格局。由此带来的启示就是,企业领导人要根据技术对本行业的影响规模和影响程度、技术的成熟度、是否与组织能力契合来考虑对新技术的接纳和采用。

科学与技术环境对企业的影响主要体现在科技进步从劳动力素质、劳动资料、劳动对象等方面推动着生产力的发展,不同的技术和技术过程要求有不同的管理方式和方法,科学与技术的发展也改变着管理活动的进行。在规划、决策、计划调度、组织、控制等方面,科技都占据着重要的位置,计划、组织和控制方式也随着科技的发展而改变。

3.2.5　全球化和数字化的影响

(1)全球化需要考虑的因素

一个组织在战略制定过程中,必须考虑全球化因素对未来发展的影响。具体来说,全球化因素包括新兴的全球市场、不断变化的现有市场、重要的国际事件,以及全球市场重要的文化和制度特征。

全球化为有志于进军境外的企业创造了进入新市场的机遇,同时这些企业也要面对来自其他经济体的新竞争对手的威胁。以汽车行业为例,自 2018 年开始,中国国内的乘用车市场增速开始下滑。在未来,乘用车市场将会逐渐从增量市场向存量市场转换,带来的结果就是增长缓慢且竞争激烈。因此,海外市场对于中国整车制造企业的战略意义进一步提升,"出海"成为大势所趋。欧洲作为碳中和政策推进最为激进的区域,近两年(2022 年之前)新能源乘用车销量占全球的 30% 以上。因此,中国新能源汽车品牌如比亚迪、小鹏等开始拓展欧洲市场。要在欧洲市场有所突破,就需要考虑全球化过程中的一系列因素,具体到欧洲汽车市场,仅从安全和环保方面,就需要考虑汽车安全符合欧洲四星标准,信息数据安全满足欧盟 2018 年颁布的《通用数据保护条例》,整车及零部件达到生产、制造、回收等全环节的碳排放要求等。

企业参与全球竞争时,也需要了解和尊重当地的社会文化和制度特征。例如,2011 年,中国知名的工程机械企业柳工集团收购了波兰企业 Huta Stalowa Wola(简称 HSW)。HSW是一家波兰国有企业,有着强势的工会和工作规则,导致劳动生产率较为落后。柳工集团与波兰工会的初次谈判十分艰难,于是,柳工集团邀请工会领导人前来中国参观柳工集团的部分工厂,波兰工人为中国工厂的效率、整洁的厂房、先进的管理以及工人的勤劳所折服,工会随后也同意了接受收购要约中提出的各项条款。在收购完成后,柳工集团通过不同方式不断深化波兰工人对中国文化的了解,如每年邀请杰出波兰员工到中国参观,协助他们了解中国企业的工作方式和文化。柳工集团还推出了员工交换项目,使得中国工程师在为 HSW 的波兰工程师提供培训的同时,也能向对方学习。这不仅有助于宝贵的知识转移,还体现了对波兰工程师专业经验的尊重。这些举措促进了柳工集团在完成收购之后对 HSW 的整合。

---

① 　Corbo J,Henke N,Ostojic I. The top trends in technology[EB/OL]. (2021-06-15)[2022-07-22]. https://www.mckinsey.com/business-functions/mckinsey-digital/our-insights/the-top-trends-in-tech.

专栏 3-2：服装生产的全球化——做一件外套需要几个国家或地区？

香港利丰集团是一家以贸易和物流作为其主要业务的全球供应链管理龙头企业。以一件外套的生产为例，利丰从五个国家或地区订购原料，其中，我国台湾地区负责供应服装的外层面料和内胆羊毛原料，泰国负责供应帽子的人造毛衬边，日本负责提供不锈钢拉链，德国供应纽扣及其关键技术，并在泰国完成最终的缝合。同时，利丰通过其业务网络与全球供应商保持联系，缩短交付周期。

资料来源：Johnson M E. Product design collaboration：Capturing lost supply chain value in the apparel industry. Available at SSRN 307461, 2002；冯邦彦. 承先启后：利丰冯氏迈向 110 周年：一个跨国商贸企业的创新与超越 (1906—2016)[M]. 北京：中国人民大学出版社，2016：102.

（2）数字化的影响

数字化已经成为企业生存的关键命题，并为企业带来了新的重大机遇。数字化对企业的价值主要体现在以下几个方面：第一是优化效率。数字化推动企业业务流程的自动化以及专业工作的智能化，能够有效地提高企业业务的运行效率和员工的工作效率，达到降本增效的目的。第二是优化管理。数字驱动的决策模式为企业管理提供了全面、客观的依据，从而帮助管理者制定更科学的决策，提升管理能力和水平。第三是优化服务。面对客户需求不确定性的提升，数字化让企业能够快速触达并了解客户，提供更个性化和更优质的服务。第四是创造新价值。在数字化过程中，企业可能探索出新的数字业务或项目，进行商业模式的创新和变革，从而为企业带来新的收入点。

新冠疫情加速了很多企业的数字化进程，很多企业都在中国市场实施了各种各样的数字化转型项目，包括对产品渠道、客户互动和运营流程进行数字化改造，还采用了居家办公和远程会议等新型数字化工作模式。此外，还与其他组织共享员工，甚至通过重新部署人才来保障他们的就业、工作效率和人身安全。有的企业在新冠疫情暴发前就具备这一系列能力，因而能够顺利推进项目。这些能力包括：训练有素的技术团队（能够迅速设计和部署数字化解决方案）、适应性技术基础设施（能够适应流程和需求变化）和敏捷组织（能够拥抱新的工作方式）。加速推进数字化转型的企业不仅能在新冠疫情期间确保业务连续性，更能把握未来新的增长机遇，在后疫情时代保持数字化发展新动能。中国新冠疫情期间的数字化案例见图 3-2。

3.2.6 宏观环境因素的综合影响分析

在宏观环境分析中，仅仅简单列举影响因素，作用很有限。更为重要的是应该理解这些因素的真正含义及其综合影响作用，识别出一系列影响特定行业、细分行业的关键因素，以及这些因素的综合影响造成的结构性变革驱动力。下面我们以电力行业的环境影响因素为例，理解这些要素的综合作用如何驱动行业变革。

中国新冠疫情期间的数字化案例

产品渠道数字化	客户互动数字化	运营流程数字化
>6亿次	**~35倍**	**~160万元**
某部新片在抖音/西瓜视频上首映3天后的播放量	房地产平台贝壳2020年2月虚拟看房量较2020年1月增幅	医药流通B2B平台药师帮2020年2月处理的在线药品订单交易额
工作模式数字化	使用技术手段实现跨行业劳动力部署	从线下向线上转移人员
~3.0倍	**~2700人**	**~1万个**
钉钉2020年3月的月活跃用户较2019年12月的增幅	盒马鲜生的"共享员工"项目在10天内接纳的员工数量	完美日记为鼓励线下彩妆师与客户进行在线互动而创建的微信群数量

图 3-2　中国新冠疫情期间企业的数字化案例①

■■■ 案例

中国电力行业的环境因素影响

以电力行业为例,为了更好地判断未来电力行业的走向,依据宏观环境因素的总体框架,我们针对电力行业所面临的环境,总结了包括经济、政治、社会、技术、环境等5个大类,13个小类的54个核心因素。具体见表3-2。

专业人士对这54个核心因素,分别从"影响性"和"不确定性"两个维度对其进行打分,归纳出影响性最大和不确定性最高的十大因素。在此基础上,通过对两组结果加权平均,总结出十个对未来电力行业发展影响最大的关键因素。

通过分析、比较这十大因素,可以很容易看出电力行业向市场化方向进展与相关技术变革是预判未来电力行业发展的两条核心主线。例如,电力市场化进展涉及的核心要素包括新一轮电力改革深化程度和执行力度、供给侧结构性改革的深化程度、电力市场的成熟度。在技术变化方面,储能技术、分布式技术、人工智能、云计算、边缘计算、物联网等技术,以及特高压技术的发展与应用将是未来的核心关注点。具体见图3-3。

---

① 梁敦临,等.快进中国:把握五大趋势、30项举措,助力企业重振业务、重塑未来,麦肯锡中国消费者报告 2021[EB/OL]. https://www.mckinsey.com.cn/wp-content/uploads/2020/11/%E6%B6%88%E8%B4%B9%E8%80%85%E5%AD%A3%E5%88%8A-2020_%E4%B8%AD%E6%96%871126_s.pdf.

表 3-2　电力行业的外部影响因素

指标	驱动因素	指标	驱动因素
政治因素	(1)地缘政治的稳定性 (2)逆全球化、贸易保护的影响 (3)国际碳排放政策的倾向 (4)各国营商环境的改善 (5)电力能源供给保障的安全性	社会因素	(1)人口老龄化的影响 (2)人口受教育程度的改变 (3)城市化城乡结构变化 (4)消费者用电的安全 (5)消费者数据隐私保护 (6)电网的安全保护能力 (7)电力数据的开放和透明程度 (8)电力行业信息安全保护能力 (9)消费者用电习惯的变化 (10)绿色发展理念 (11)电力企业管理理念 (12)用户参与、选择权与个性化需求程度
经济因素	(1)金融市场周期性的变化 (2)人民币汇率的波动 (3)全球经济的稳定性 (4)GDP 增速的可预见性 (5)经济结构的调整 (6)区域发展的不平衡不充分 (7)全社会用电量的增速 (8)全社会通货膨胀的趋势 (9)石油价格变动情况 (10)电力成本的变化 (11)电力市场的饱和度 (12)电源基础建设的投资情况 (13)电力企业的综合融资能力 (14)电动汽车行业的发展 (15)电力消费新动能的形成 (16)电力行业产能过剩的发展趋势 (17)新一轮电力改革深化程度和执行力度 (18)供给侧结构性改革的深化程度 (19)政策对创新的支持力度 (20)税收政策变化程度	技术因素	(1)通信技术发展及市场容量 (2)人工智能、云计算、边缘计算、物联网等技术的发展与应用 (3)数字化应用 (4)储能技术发展与应用 (5)分布式技术发展与应用 (6)特高压技术发展与应用
		环境因素	(1)全球气候变化与极端气候 (2)地震海啸强台风等世界级重大自然灾害的影响 (3)能源资源开发潜力 (4)空气、土地、海洋等环境承载能力 (5)能源结构清洁化转型 (6)生态红线政策影响 (7)国际气候协定的变化 (8)碳排放交易影响 (9)污染物排放标准的监管 (10)电力配额制实施与影响 (11)可再生能源电力绿色电力证书对整体行业的影响

资料来源:根据王晓悦,等.知·创明天:2030 中国电力场景展望,https://home. kpmg/cn/zh/home/insights/2020/06/prospect-of-china-power-scene-2030. html 整理。

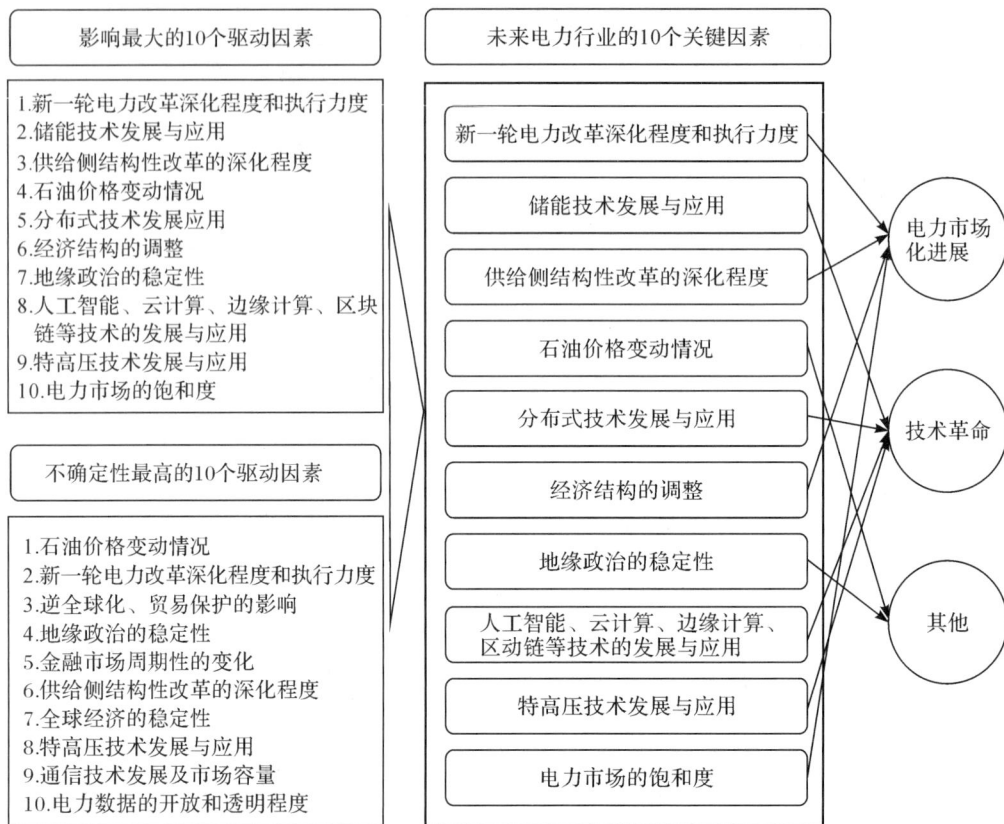

图 3-3　电力行业未来的发展趋势

3.3　产业环境分析

产业环境是指对处于同一产业内的组织产生普遍性影响的环境因素。与宏观环境不同,一般来说,产业环境只对处于某一特定产业内的企业以及与该产业存在业务关系的企业产生影响。

企业通过产业环境分析,能够考察所处行业或意欲进入的行业的生产经营规模、产业和竞争状况、产业布局与生产状况、市场供求、产业政策、行业壁垒和进入障碍、行业发展前景等因素,为企业相关战略的制定提供依据。产业环境分析常见的分析框架包括结构—行为—绩效模型(即 S-C-P 模型)和五种竞争力量模型。在产业环境分析的基础上,可以利用战略群组对产业内的企业阵营进行行进一步的深入分析。

3.3.1　产业结构分析

(1)结构—行为—绩效模型

我们在第 2 章中提到了结构—行为—绩效,即 S-C-P 分析框架,在这里进一步阐述。S-C-P分析框架遵循了这样一种逻辑关系和因果链条:外部环境的冲击会对行业结构产生影响,进而引发行业内企业经营行为的改变,并最终导致整个行业中的企业绩效发生变化,这种变化又会产生回馈,影响行业结构和企业行为。S-C-P 分析框架将外部环境、行业结构、企业的行为与绩效通过因果链条联系起来。其中,结构(S)是指行业结构,包括行业内的竞争者数量、市场需求的异质性、细分市场的调整、行业进入和生存的成本等。行为(C)是指行业内某一特定的企业行为,包括业务的扩张与收缩、商业模式的转型、价格的制定、差异化产品的推出等因素。在企业层面,绩效(P)包含了企业的财务状况、市场份额、业务的竞争力等;在行业层面,绩效(P)包含了行业整体的就业水平、行业影响力等。

S-C-P 模型有三个基本观点:第一,该模型断言单个企业的绩效由整个行业参与者的集体行为所决定,而这种行为很大程度上取决于行业的结构。第二,S-C-P 模型认为,产业的结构—行为—绩效会随时间的改变而改变。反馈过程会最终使绩效带来的冲击反映在结构与行为上,继而又反馈到绩效。第三,该模型同时假设,外部的冲击,例如技术进步或政府规定的变更,改变了行业结构,继而影响了行为与绩效。

S-C-P 在行业环境分析中,有两个基本的作用。第一,通过收集与分析目标行业的历史数据,对当前行业的 S-C-P 的逻辑过程有更为全面的认识。第二,以史为鉴,通过对现有行业 S-C-P 之间的逻辑关系和传导链条深入理解之后,在新的环境背景之下,对行业的未来 S-C-P 变化做出预测。具体如图 3-4 所示。

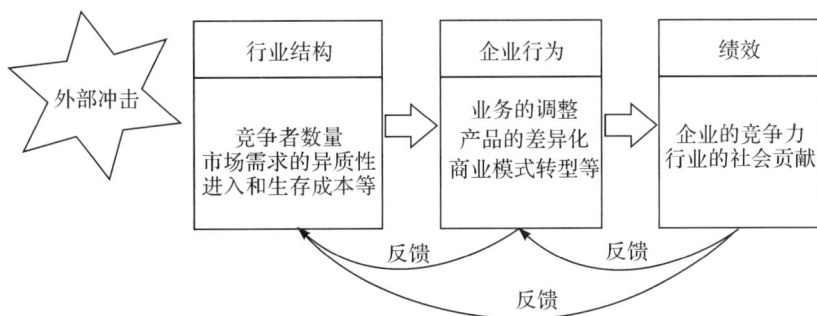

图 3-4　结构—行为—绩效模型

以 20 世纪 70 年代澳洲啤酒行业为例,外部消费者偏好、行业规制等带来的冲击,影响了整个啤酒行业结构的变化和企业经营行为的调整,并最终导致整个行业的利润和现金流双双下降(见图 3-5)。

(2)五种竞争力量模型

1979 年,波特在《哈佛商业评论》[①]中提出了五种竞争力量模型框架,并于 2008 年进一步讨论了这一框架。[②] 他观察发现,在 1992—2006 年期间,美国不同行业平均的投资回报率(return on invested capital,ROIC)差别巨大。例如,证券经纪行业的 ROIC 高达 40.9%,而航空业的 ROIC 仅为 5.9%。波特认为,这是由行业不同竞争状况决定的,而行业的竞争状

①　Porter M E. How competitive forces shape strategy[J]. Harvard Business Review,1979,57(2):137-145.

②　Porter M E. The five competitive forces that shape strategy[J]. Harvard Business Review,2008,86(1):25-40.

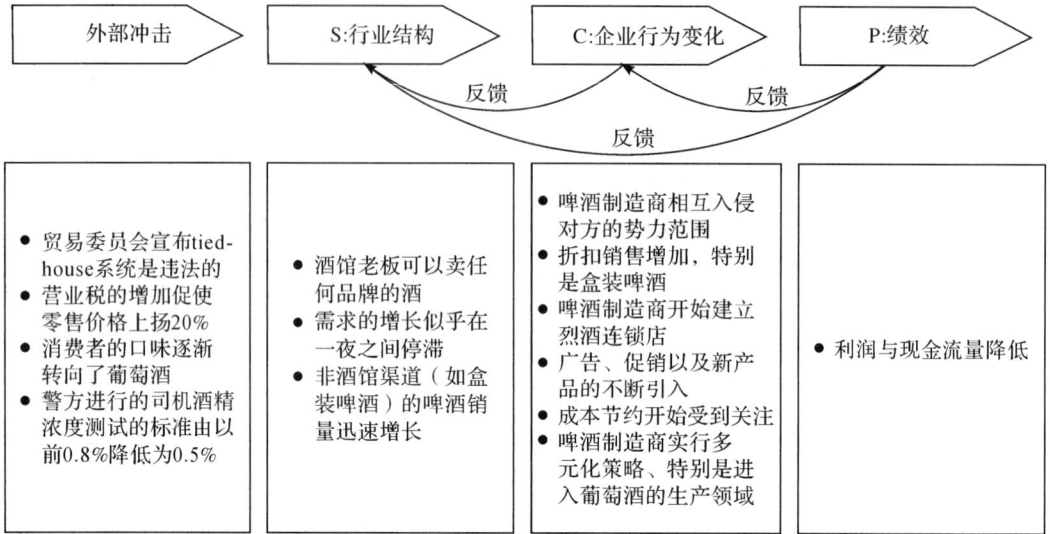

图 3-5　20 世纪 70 年代澳大利亚啤酒工业 S-C-P 模型[①][②]

况和整体利润水平通常由五个方面的力量共同决定(见图 3-6),包括供应商议价能力、购买者议价能力、新进入者威胁、替代品威胁和现有竞争对手间的竞争程度。通过五种竞争力量模型,企业可以了解自身所处的行业竞争力状况,做出战略选择。

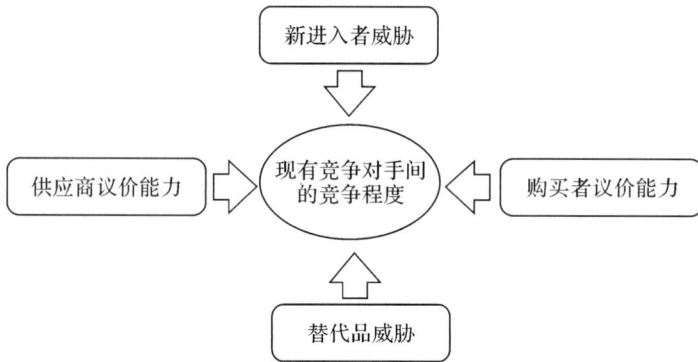

图 3-6　五种竞争力量模型

①新进入者威胁

新进入者是指刚刚进入或者即将进入某一行业的参与者。识别新的进入者对企业而言十分重要,因为它们可能威胁到现有竞争者的市场份额。新进入者越多、越强大,现有公司的利润水平受到的威胁就越大。例如,可口可乐公司在 2018 年 9 月宣布以 51 亿美元收购 Costa 咖啡,中国新能源汽车"新势力"的崛起,会对原有行业中的企业产生重大威胁。新进入者威胁的情况取决于进入壁垒和原有企业的反击程度,进入壁垒越大,原有企业的反击程

————————

①　Donnar R,Jakee K. Australian beer wars and pub demand:How vertical restraints improved the drinking experience[J]. Applied Economics,2004,36(14):1613-1622.

②　Sammartino A. Craft brewing in australia:1979—2015[M]//Economic Perspectives on Craft Beer. Palgrave Macmillan,Cham,2018:397-423.

度越激烈,新进入者的威胁就越小。

作为外来者,进入到某一个行业,需要克服很多困难和障碍,称为"进入壁垒"。一般来说,进入壁垒的主要影响因素包括如下几个方面。

第一,规模经济。规模经济是指企业因扩大生产规模而引起经济效益增加的现象。规模经济有一系列的来源,主要包括:通过产品的标准化降低成本;通过批量采购原材料和生产要素提升议价能力,获得较大折扣;通过大规模生产分摊固定成本;营销费用也可以通过大批量产品的销售而得以分摊。很显然,新进入者由于很难在短时间内达到较大的产品生产规模,相比行业内的现有企业,其成本结构必定处于劣势地位。即使是进入规模大,短时间内形成了规模经济,现有企业也可以通过各种不利于新进入者的方式"欢迎"这些不速之客。

第二,产品差异化。消费者使用某种产品或者服务的时间越长,对这种产品或者服务越熟悉,使用起来就越得心应手,也就形成了对该产品的忠诚度。这种认知来源于多个方面,如成功的广告活动、最早提供某种产品或服务、与其他产品的差异等。通常,产品的差异性使得新进入者需要耗费很多时间和成本来树立自己的声誉,消除消费者对原来产品或服务的忠诚度,从而"见异思迁"。产品差异化程度越大,新进入者需要承担的风险也越大,因而进入壁垒就越大。

第三,资金需求。进入新的行业并参与行业竞争,意味着要投入足够的资源。厂房设施、原材料采购、市场营销活动、员工激励等都需要企业投入大量资金。因此,即使某个行业极具吸引力,企业也可能由于资本不足而难以进入。与常见的资本密集型行业如化工、能源、采矿业相比,开办一家轻资产的网络公司,其资金需求简直不可同日而语,因而其进入壁垒也难以相提并论。

第四,转换成本。转换成本是指因下游客户转投新供应商而引起的成本,这种转换成本涵盖了业务人员的重新培训、新设备的购置、产品的创新设计等内容。在转换成本很高的情况下,新进入者通过两种方式来吸引购买者,或者提供足够低的价格,或者提供足够好的产品与服务,否则很难吸引下游的采购者"倒戈"。

第五,分销渠道。通常来说,行业内的原有企业会与分销商建立较为密切的合作关系,甚至是通过单向或相互持股形成更深层的利益捆绑关系,如格力、娃哈哈等企业,莫不如此。而新进入者如果不能得到分销商的支持,就无法将产品或服务最终提供给顾客。因此,新进入者不得不通过各种手段,如降价、广告费用补贴等来吸引分销商,但这样也同时会降低新进入者的利润。通常某个行业的产品销售渠道越有限,原有企业与分销商的关系就越紧密,越能阻碍新进入者进入该行业。

第六,与规模无关的成本优势。不同于规模经济,原有企业还可能具有新进入者难以获得的成本优势。这些优势包括独有的产品技术、优越的地理位置、政府的政策或者资金支持等。对于新进入者而言,它们必须耗费大量资源来消除这些原有企业成本优势对自己的影响。

第七,政府政策。政府可能会通过发放经营许可来控制企业进入特定行业。政府的限制越高,则进入壁垒就越大;反之,如果政府放松对特定行业的管制,那么企业的进入壁垒则会变小。例如,当前各国政府对新能源汽车行业有很多的支持政策,鼓励企业进入该行业,那么相对而言,在政策层面,企业更容易进入新能源汽车行业。而政府对金融行业、采矿行业等有较多的限制,因此该行业的进入壁垒就很大,无法轻易进入。

除了进入壁垒外，一个企业想要进入某个行业，还需要考虑该行业中现有企业的反应。如果预计这种反应是迅速的、强烈的，那么这个企业进入该行业的难度较大。现有企业如果与这个行业的利益紧密相关，或者行业增长缓慢、发展空间受限，那么现有企业可能会进行更为强势的反击。例如，目前任何公司想要进入快递行业都比较困难，这个行业原有的"四通一达"、顺丰等企业已经基本形成了较为稳定的竞争格局，因而极兔速递进入快递行业时，因原有企业的强烈抵制而付出了很高的代价。

②供应商议价能力

供应商可能会通过提高价格或者降低产品质量从而对行业内的企业产生威胁。在如下情景下，供应商会更加具有议价能力。

第一，仅有少数几个大公司主宰供应，并且这些公司所在行业的行业集中度比它们销售对象所在行业的行业集中度更高。在此情形下，供应商能够在价格、质量等条件上对购买者施加压力。

第二，供应商的产品缺乏很好的替代品。此时，供应商无须担心自己的产品被替代品威胁，因而在议价时具有足够的底气。例如，稀土在很多行业是必不可少的上游原材料，如汽车、计算机、智能手机等，而中国是全球最大的稀土出口国，因而在行业定价上就具有较高的话语权。

第三，对供应商来说，下游客户不是它们的重要客户。当供应商向某些行业销售产品并且这些行业并非其销售额主要来源时，供应商会具有更加强势的定价权。而如果某个行业是供应商的重要客户，那么供应商就会在定价时更加合理，以维系长期的合作关系。

第四，供应商的产品对下游采购企业而言十分关键。此时，采购企业为获得对自己而言十分重要的产品，在话语权上难免处于劣势。比如，这种上游产品会对自身产品的制造过程以及最终的产品质量起着关键影响作用。那么，下游采购企业会对供应商的产品价格不那么敏感。

第五，供应商的产品给下游企业制造了很高的转换成本。此时，下游企业往往会由于高昂的转换成本而选择与既定供应商合作，这无疑提升了后者的议价能力。如早年牛奶包装行业的一家知名公司，瑞典的利乐公司，它是全球主要的牛奶包装材料和生产线的供应商。在中国，利乐要求下游的乳制品公司在采用其生产线时必须采购其包装材料，否则就会停止生产线设备的供应和后期维护，迫使乳制品企业接受定价较高的包装材料。

第六，供应商存在前向整合并进入买方企业所在行业的可能性。在这种情况之下，供应商将会给下游采购企业制造威胁。如果供应商拥有充足的资源并能提供高度差异化的产品，则这种威胁将更大，在这种前提下，供应商会具有较大的议价能力。

专栏3-3：沃尔玛对供应商的议价能力

当沃尔玛和其他折扣零售商在20世纪60年代开始经营的时候，它们还只是小型的销售商，采购量不大。为了吸引顾客，它们非常希望在店内陈列知名的全国性品牌的产品，如宝洁和Rubbermaid文具公司。由于当时折扣零售商销售额不高，全国性品牌企业掌握着定价权，这意味着折扣零售商不得不寻找其他的降低成本的方法，如强调自助服务、将商场分散设在郊区以降低成本,等等(在 20 世纪 60 年代,折扣零售商的主要竞争对手是西尔斯百货这样设在市中心的、提供全方位服务的超级百货商场)。

凯玛特这样的折扣零售商从批发商那里购买产品,后者则从制造商处进货。批发商会上门提供订货服务,当商品运到时,批发商会负责上架以节省零售商的人力成本。然而,像沃尔玛这样的位于阿肯色州并且将商场设在小镇上的公司很难令批发商感兴趣,因为它们的店面太分散了,批发商会要求更高的价格才能提供服务。

沃尔玛公司创始人沃尔顿(Walton)拒绝支付更高的价格,他决定将初具规模的企业上市,再用募集的资金建造一个分销中心储存库存,这些分销中心可以服务 300 英里(约483 千米)范围内的商店。卡车每天离开分销中心补充商店的库存。由于每个分销中心可以服务于许多商店,采购量大大增加,沃尔顿发现他可以甩掉批发商,直接从制造商处进货,省去的批发商利润可以以低价的形式返还给顾客,从而保持沃尔玛公司的成长,公司的成长反过来提高了它的购买力和要求制造商提高折扣的能力。

今天,由于沃尔玛公司占据了全美 8% 的零售额,它对供应商获得了极大的讨价还价能力,像宝洁这样的全国性品牌已经丧失了要求高价的权力。相反,沃尔玛对于宝洁非常重要,所以可以要求很高的折扣。此外,沃尔玛本身也已经成为一个比很多制造企业更知名的品牌。人们到沃尔玛去不是为了购买品牌产品,而是为了买便宜货。沃尔玛因此得以压低它所支付的价格,并且总是将节省的成本以低价的形式返还给消费者。

从 1991 年开始,沃尔玛开始利用 SKU(库存记录单位)向供应商提供商店销售的实时信息。这些信息令制造商得以最优化自己的生产过程,将生产同沃尔玛的销售进行配合,从而改善产量控制和减少库存。制造商们从这一信息中获得的生产效率得以提高,从而以更低的价格传递给沃尔玛,后者又将其传递给消费者。

资料来源:希尔,琼斯.战略管理:中国版第七版.周长辉,孙忠,译.北京:中国市场出版社,2007:53.

③购买者议价能力

购买者主要通过压价与要求提供较高的产品或服务质量,来影响行业中现有企业的盈利能力。购买者在以下情况下更加具有议价能力。

第一,下游客户的购买量占行业产出的比例很大。此情形下,卖方为了将自己的产品大量售卖出去,不至于造成产品囤积等问题,将会对价格不那么敏感,而这种情况有利于下游客户进行讨价还价。

第二,下游客户购买产品产生的销售收入占卖方年收入的大部分。此情形下,卖方为了保证自身的销售收入,往往会在与下游客户的买卖关系中保持较为平和的态度,而对于下游客户而言,他们有更多讨价还价的余地。

第三,下游客户的转换成本较低。此时,在下游客户不需要花费很大成本就能转换供应商的情况下,他们更加容易更换供应商,这样会有利于下游客户在购买时的议价能力的提升。

第四,行业产品差别不大或者比较标准化。如果下游客户的产品质量较大程度上取决于卖方产品,那么下游客户往往不会太在意价格。反之,如果下游客户的产品质量并不受卖方产品的很大影响,那么下游客户就会比较在意价格,也具有更高的议价能力。

第五,下游客户存在后向一体化的可能性。下游客户如果能够实现后向整合,自己生产部分或者全部零配件(原材料),那么就会威胁供应商的生存和成长,这种情况下客户往往具有较高的议价能力。例如,汽车行业中的通用汽车和福特汽车公司,常以这种策略来压低零配件厂家讨价还价的权利。

第六,客户对供应商所在行业非常了解。一方面,下游客户越是了解供应商所在行业,越容易进入该行业。另一方面,下游客户越是了解供应商所在行业,越有可能控制议价力度。目前,数字技术使得买卖双方之间的信息更加透明,并且互联网成为销售和分销的重要渠道,因此很多行业中下游客户的议价能力都大大提高。

④替代品威胁

产业竞争中有一个隐含的假定是企业与竞争对手所提供的产品或服务基本一致,所满足的消费者需求的类型也很接近。而替代品是指那些来自特定行业以外的产品和服务,这些产品和服务与现有行业提供的类似或者功能相同。当替代品在价格和性能上优于该行业的产品,替代品所来自的行业具有很高的收益率时,替代品的威胁将会很大,此时行业内的企业需要采取一致的集体行动,来与替代品所在行业进行竞争。如网约车刚刚兴起的时候,其通过巨额资金补贴乘车者的"烧钱"模式,对原有的出租车行业造成了极大的冲击。再以奶茶饮品行业为例,奶茶的替代品有很多,如矿泉水、碳酸饮料等,并且这些替代品的价格基本低于奶茶,具有价格上的吸引力。咖啡、牛奶等尽管在价格上不会明显低于奶茶,但在食品安全性和品质上相对更有保障。因此,总体上来说,奶茶行业替代品威胁较大。

数字化背景下,各类传统行业面临较大的被替代的风险,如传统新闻出版行业、媒体行业。在当今各类电子资源更容易获得、价格更低并且实时性和便利性更高的趋势下,年轻消费者正在流失,而传统报社迫于这些替代品的威胁,则不得不考虑转型,如浙江杭州当地的两家都市生活类报纸——《钱江晚报》和《都市快报》,各自推出了移动 App 应用(分别为小时新闻和橙柿),以吸引更多线上读者。

⑤现有竞争对手间的竞争程度

大部分行业中的企业,其利益都是休戚相关的,比如在成熟产业中竞争对手之间市场份额的此消彼长,新兴高科技产业的参与者对关键技术的争夺与掌握等。竞争战略的目标就在于获取相对于竞争对手的优势,所以,这些企业在竞争战略的实施中必然会产生冲突与对抗,这些冲突与对抗就构成了现有企业之间的竞争。

影响企业间竞争程度的主要因素有以下五个方面。

第一,行业中存在大量或竞争力较为均衡的竞争对手。行业中的竞争者很多时,竞争往往十分激烈。如果有众多的竞争对手,其中必定存在一定数量的企业,致力于占有更大的市场份额和取得更高利润,突破本行业约定俗成的一致行动规则,而这种行为通常会被其他企业注意到并给予强烈回击,此时竞争程度就会提高。此外,当一个行业仅有几个规模和力量相当的参与者时,由于它们都拥有支持竞争和进行反击的资源,因此也会使得它们之间的竞争更加激烈,如电子商务行业中的淘宝、京东和拼多多等,2014 年之前网约车市场的滴滴、快的和优步等。

第二,行业增长缓慢。当行业快速增长时,企业能够与行业共同成长,此时企业的战略重点并非从竞争对手那里争夺顾客,而是尽可能从"取之不竭"的消费者群体中划定"势力范围",扩大客户基数。当行业缓慢增长时,企业会将战略重点放在现有市场份额的争夺,从而导致现有企业间的竞争程度更高。例如,在共享单车刚刚兴起的时候,ofo、哈啰单车等企业,重点在于扩大各自规模,也都取得了迅速的发展,而在该行业逐渐饱和时,各共享单车企业为了争夺市场份额,就会进行更为激烈的竞争。

第三,较高的固定成本或库存成本。当行业固定成本较高时,企业为了降低单位产品的固定成本,往往会尽可能增加产量。但是,当所有企业都采取这种行动时,整个行业就会出现剩余产能。此时,为了减少库存,有些企业会通过降低产品价格、提供回扣或其他折扣的方式来推销产品,导致竞争程度提高,尤其是库存成本较高的行业,这种情形更加常见。例如,对于保质期较短的产品(如乳制品和糕点)或季节性产品而言,其价值会随着时间的推移不断降低,而此时如果企业的库存较多,则会因为"清库存"而激烈竞争。

第四,差异化不足或转换成本低。差异化不足方面,行业中如果各个企业的产品能够成功实现差异化,则行业内企业间的竞争程度也更低。因此,那些能开发差异化产品的企业通常会获得更高的利润,这种差异化又是难以模仿的。反之,如果行业中的各个企业提供的产品同质化程度高,则行业内的对抗程度高,企业间的竞争程度也会更高。此时,消费者的购买决策会主要基于产品价格。如当前由于个人电脑的同质化较为严重,因此各品牌之间的竞争非常激烈,导致行业整体利润率较低。转换成本方面,购买者的转换成本越高,行业内企业就会"高枕无忧",不用担心自己的用户被其他企业吸引而流失;反之,购买者的转换成本越低,竞争对手就越容易通过提供较低的价格和更好的服务来吸引购买者,因而竞争更为激烈,利润水平也会受到影响。

第五,退出壁垒高。退出壁垒是指企业退出其所在行业的时候存在的困难和障碍。常见的退出壁垒包括专用性资产,如专用性极强的机器设备;退出的固定成本,如员工遣散补偿;其他还有战略相关因素、情感障碍以及来自政府和社会的约束和压力等。以化工行业为例,化工行业是退出壁垒很高的行业,传统化工巨头的成本优势建立在一体化生产之上,而在化工一体化逻辑下,企业的退出壁垒非常高,导致在国际上,大部分精细化工产品都是由几个龙头企业提供,如巴斯夫、陶氏化学等。另外,由于市场需求不可或缺、资产专业化程度高和产业特殊性,航空业也是退出和进入壁垒都很高的行业,中国乃至全球的航空业因新冠疫情而导致严重亏损,但通过政府补贴、提高燃油附加费、开展机舱内产品售卖等手段,仍然坚持继续运营。

(3)行业竞争的强度对比

不同行业竞争强度不同,所以其五种力量的具体表现也有较大差异。图3-7和图3-8展示了竞争强度高和竞争强度低的两类行业的特征对比。

在高竞争强度行业,一般有着较低的市场进入壁垒、较强的购买者和供应商地位,以及容易被替代的产品和服务。

低竞争强度行业则恰好相反。市场进入壁垒较高,购买者和供应商处于弱势,产品和服务不容易被替代。

1 低的市场进入壁垒
- 粗放性技术
- 低资本需要
- 高行业收益率
- 低客户忠诚度

4 强供应商地位
- 只有少数供应商拥有对源头的特殊接触能力
- 向前整合的趋势
- 新供应商进入市场有较高壁垒,例如:专有技术
- 更换供应商的巨额成本

5
- 过剩的生产能力
- 高固定成本
- 产品形象设计方面较少的机会
- 退出市场较难
  - 特殊资产(在将来较难被处理或使用)
  - 高成本,例如:报废物
  - 潜在的限质约束,形象问题

2 强购买者地位
- 高购买者集中度
- 多种可购买商品
- 可能的向后整合
- 购买者的低转换成本

- 购买者非常乐意进行替换
- 替代品的额外功能
- 在备选材料方面有较高水平的创新

3 较易被替代

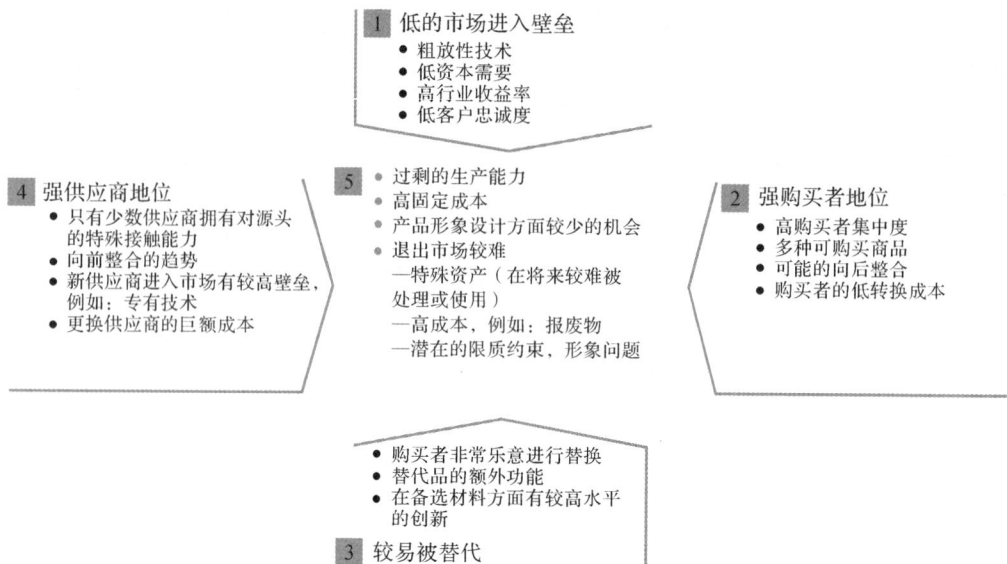

图 3-7　高竞争强度行业的特征示例

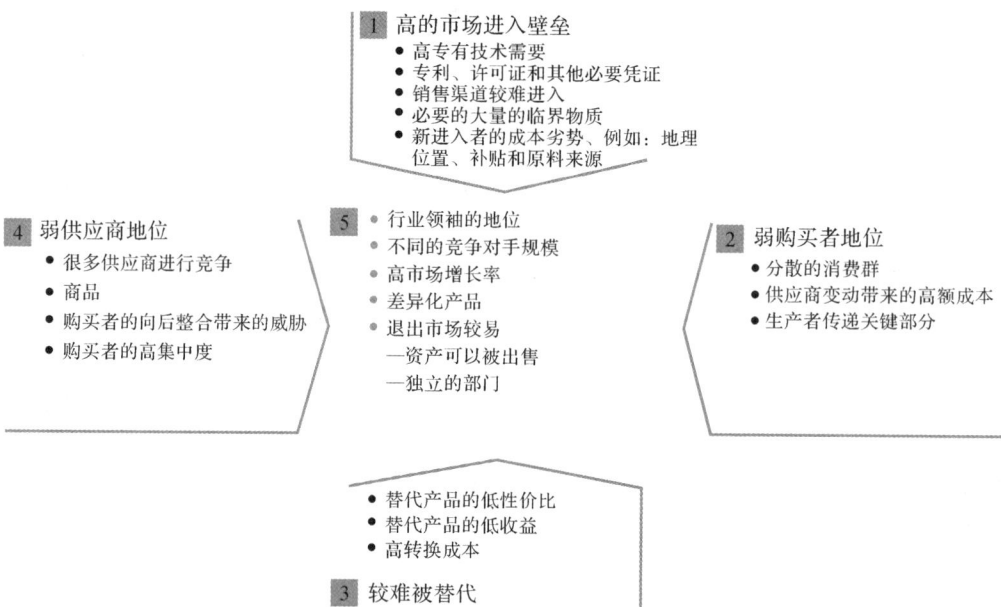

1 高的市场进入壁垒
- 高专有技术需要
- 专利、许可证和其他必要凭证
- 销售渠道较难进入
- 必要的大量的临界物质
- 新进入者的成本劣势、例如:地理位置、补贴和原料来源

4 弱供应商地位
- 很多供应商进行竞争
- 商品
- 购买者的向后整合带来的威胁
- 购买者的高集中度

5
- 行业领袖的地位
- 不同的竞争对手规模
- 高市场增长率
- 差异化产品
- 退出市场较易
  - 资产可以被出售
  - 独立的部门

2 弱购买者地位
- 分散的消费群
- 供应商变动带来的高额成本
- 生产者传递关键部分

- 替代产品的低性价比
- 替代产品的低收益
- 高转换成本

3 较难被替代

图 3-8　低竞争强度行业的特征示例

专栏 3-4:软饮料行业的竞争

中国软饮料行业逐步进入平稳的温和增长期,销售金额由 2014 年的 4652.16 亿元增长至 2019 年的 5785.60 亿元,年均复合增长率为 4.46%,预计行业销售额将会以 5%左右的增长率持续上升,到 2025 年市场规模将高达约 7753 亿元。在代表性企业方面,前有娃哈哈掌门人几度荣登中国首富榜,后有农夫山泉上市后获百倍估值,而创立仅四

年的元气森林估值已达 60 亿美元,可以说,软饮料行业空间广阔,并且近年来老牌企业与新创企业并存。

中国软饮料行业的竞争特点是市场日益国际化,中外软饮料企业共同创造了市场的繁荣。目前,软饮料行业的竞争已经演变成为几大"体系"之间的博弈,包括"可口可乐系""百事可乐系""达能系""本土系"等,成为多种要素和综合实力的比拼。资源条件、研发能力、制造基础、市场营销水平等都是决定因素。各品类均已出现较高的市场集中度。跨国公司以其深厚的品牌资源、雄厚的资金支持以及在国外市场拓展的成功经验,对中国本土软饮料企业形成围攻之势。

此外,中国软饮料行业竞争格局分散,竞争较为激烈。2020 年 CR3(市场占有率排名前三的公司的市场占有率之和)和 CR5(市场占有率排名前五的公司的市场占有率之和)分别为 42.6% 和 53.4%,可口可乐、康师傅、百事稳居行业前三。从细分市场看,碳酸饮料、茶饮料和功能饮料的竞争格局存在明显差异。其中,碳酸饮料行业集中度最高,茶饮料次之。2020 年碳酸饮料行业 CR5 已达至 93.7%,可口可乐稳居第一;但 CR3 略降至 91.2%,TOP3 市场占有率有所削弱。茶饮料行业 CR3 和 CR5 分别为 57.0% 和 72.4%,康师傅稳居行业第一,而统一、加多宝、王老吉竞争激烈。功能饮料行业 CR3 为 46.5%,相比碳酸饮料和茶饮料,功能饮料的集中度较低且内部波动较大,但整体格局趋于集中。

值得一提的是,近年来中国软饮料行业中逐渐出现新的热点和增长点,"健康化＋时尚化＋年轻化"的新潮饮料正在市场掀起波浪,也成了各个企业新的竞争发力点。第一,无糖茶饮、0 糖 0 卡饮料等健康化产品将具备高增长潜质。第二,具备高颜值的包装设计和高流量的 IP 联名及冠名宣传的产品及品牌能更快速地抢占饮料市场份额。第三,口感体验逐渐成为消费者的重点需求,如元气森林推出"0 糖 0 卡 0 脂"白桃口味的气泡水、新茶饮品牌喜茶推出的巨峰葡萄味无糖气泡水等,这些都受到年轻消费者的热烈追捧。

作为国产饮料行业的代表性企业,农夫山泉经过 20 余载的发展,公司产品涵盖农夫山泉包装饮用水系列产品、茶π等茶饮料、尖叫等功能饮料、农夫果园等果汁饮料、咖啡等。2012—2019 年,农夫山泉连续八年保持中国包装饮用水市场占有率第一。但更多的本土饮料企业则规模较小,实力不足,缺乏资金,技术含量低,只在区域市场进行竞争。本土饮料企业如何进一步突破自我,破除"爆款"思维,长久地生存下去并走向更加广阔的舞台,是当前亟须考虑的问题。

资料来源:根据国联证券 2022 年消费行业投资策略报告,https://pdf.dfcfw.com/pdf/H3_AP20211229153726-9649_1.pdf? 1640769683000.pdf;中国消费者报告 2021,https://www.mckinsey.com.cn/wp-content/uploads/2020/11/%E6%B6%88%E8%B4%B9%E8%80%85%E5%AD%A3%E5%88%8A-2020_%E4%B8%AD%E6%96%871126_s.pdf 改写。

(4)进一步讨论:为什么是五种力量?[①]

五种竞争力量模型提出之后,在获得认可的同时,也不乏受到质疑。其中一个经典问题是,为什么是五种力量?还有其他力量吗?对此,波特认为,五种竞争力量模型涵盖了一切

---

① 玛格丽塔.竞争战略论:一本书读懂迈克尔·波特[M].蒋宗强,译.北京:中信出版社,2012:36-39.

商业行为所涉及的基本关系，包括买家与卖家的关系、卖家与供应商的关系、相互竞争的卖家之间的关系，以及供需之间的关系，因此适用于所有产业，具有普遍性和基础性。此外，必须抓住这五种力量背后更具深意的一点：每个产业内都会存在有限的几种结构性力量，它们对该产业的营利性的影响是可以预测的。

人们经常关注的结构性因素有以下四个。

第一是政府调控因素。如果政府调控影响到上述五种力量中的一个或多个，其就会改变一个产业的结构，进而影响业内各企业的竞争。

第二是技术因素。技术的作用与政府调控的作用具有相似性。比如，如果互联网技术使一个产业的消费者更加便捷地以最优的价格实现购物，那么这个产业的营利性就会下降，因为在这种情况下，互联网增强了买家的力量，进而改变了产业结构。

第三是增长率因素。企业管理人员往往错误地认为高增长产业的吸引力更大。但增长率并不能确保这个产业的盈利性。如果一个产业具有高增长率，那么供应商对这个产业的控制力可能会加大，看到有利可图，便提高原材料的供应价格，结果降低了该产业的价格水平。另外，如果一个产业具有高增长率，但该产业的进入壁垒较低，那么该产业的增长可能会吸引新的竞争主体加入进来，进而压低价格和利润。波特警告说，那种认为增长快的产业就是"好"产业的论调是未经事实检验的，通常会引发错误的战略决策。

第四是相关产品的因素。相关产品有时被称为"第六种力量"。相关产品指的是与一个产业的产品一起使用的产品和服务，比如电脑硬件与软件。相关产品能够影响消费者对于一个产业的产品需求（假如没有充电场所，你会购买电动轿车吗），如同我们正在讨论的增长、政府、技术等其他因素一样，它们只是通过影响五种力量来间接影响产业的营利性。

根据产业的具体情况理解并管理以上因素对企业成功至关重要。但是，这些因素对于产业营利性的影响不像购买者议价能力那样具有系统性和可预见性。比如，有些技术可能会提高成本，降低价格，因此降低产业的营利性。其他一些技术可能会产生相反的作用，甚至还有一些技术不会产生任何影响。行业增长速度、政府政策和相关产品的作用也是如此。如果是五种竞争力量，它们对于价格或成本影响的可预见性更强。假设客户议价能力增强了，那么他们肯定会拉低价格，而不是抬高价格；假设供应商的议价能力增强了，那么他们肯定是提高成本，而不是降低成本，这些都具有预见性。五种竞争力量的影响如图 3-9 所示。

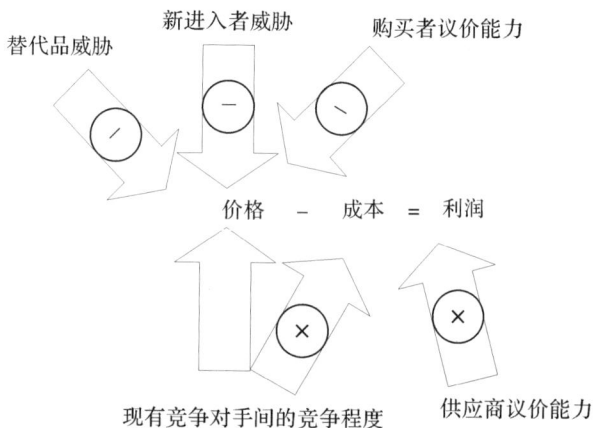

图 3-9　五种力量如何影响营利性

专栏 3-5：个人电脑行业的五种竞争力量分析

　　个人电脑行业是一个五种竞争力量特点非常显著的行业。

　　供应商议价能力方面。个人电脑的主要供应商包括软件供应商和硬件供应商两类。对于个人电脑而言，其中比较重要的硬件是 CPU，而英特尔(Intel)占据了个人电脑 CPU 最主要的供应商地位，在 2016 年市场份额就达到了 80％，所以英特尔在讨价还价上处于非常强势的地位。当然，近年来，AMD 的市场份额在逐步提升。以 2021 年为例，该年英特尔的净利率高达 26.8％；对于个人电脑而言，比较重要的软件是操作系统，而微软公司(Microsoft)占有了操作系统的主要市场份额，当前市场上主要的个人电脑基本上都安装了 Windows 操作系统，苹果公司的操作系统(OS X)还有其他公司的操作系统的占比并不高，所以微软公司在讨价还价上同样处于强势地位。年报显示，2021 年微软公司的净利率高达 31.0％。

　　购买者议价能力方面。如上所述，绝大多数个人电脑使用的是微软的 Windows 操作系统，并搭载英特尔公司的 CPU。因此，这也导致了一个问题：联想、戴尔、惠普等品牌提供的个人电脑产品同质化程度非常高，在性能、设计、可靠性等各个方面都非常类似。正因为如此，购买个人电脑的消费者的忠诚度并不高，这些个人电脑品牌在面对客户的时候也很难随意定价，它们基本都是在成本基础上，遵循行业普遍可接受的价格来定价。由此可见，个人电脑行业在面对客户时没有优势，即购买者有较高的议价能力。

　　替代品威胁方面。个人电脑已经被智能手机、平板终端这些替代品夺走了大量市场，个人电脑作为信息设备的优势显著下降。日本的电脑品牌，如东芝，在 2020 年 8 月宣布将个人电脑业务出售给夏普。此前，NEC 和富士通也已将个人电脑业务出售给中国企业。三菱电机、日立制作所、雅马哈等曾在 20 世纪 80 年代的个人电脑诞生早期开展业务的企业，不少现在已经撤出。

　　新进入者威胁方面。尽管个人电脑行业内的竞争已经非常激烈，但是，基于巨量的消费者，消费者品牌忠诚度的延伸，低成本的制造环境，在我国，也开始有一些企业把它们的业务延伸到了个人电脑行业，尤其是一些手机厂商，比如小米、华为等。这种趋势更进一步激化了个人电脑行业的竞争。根据前瞻产业研究院的报告，小米与华为的个人电脑业务发展十分迅猛，2020 年一季度，小米笔记本电脑出货量为 16 万台，占据了市场(线上)5.0％的份额，排名第六；华为笔记本电脑的出货量为 55 万台，同比增长 96.0％，市场份额高达 16.9％(线上)，排名第二，仅次于联想。对于两个半路出家的手机厂商，这样的数据表现无疑是一份满意的答卷。这些新进入者对个人电脑行业内原有的企业构成了不可忽视的威胁。

　　现有竞争对手间的竞争程度方面。由于个人电脑产品同质化现象比较严重，并且行业增长速度趋缓，所以个人电脑品牌企业利润并不高。以 2021 年为例，惠普的净利率仅达到 5.0％，而戴尔和联想则更低，分别为 3.4％和 1.9％。另外，个人电脑行业内的现有企业数目众多，并且各个梯队都有实力相当的若干企业，这也加剧了个人电脑品牌间的竞争。

　　然而，苹果公司是个人电脑行业中的一个例外，相较于其他个人电脑公司有很高的溢价。2021年,苹果的净利率高达20.9%。究其原因,有以下三点:第一,苹果公司实施了后向一体化,自主开发操作系统和设计芯片;第二,它的品牌忠诚度很高,消费者在选择苹果个人电脑品牌产品时不会将价格作为主要考虑因素;第三,苹果的产品,包括苹果手机、平板电脑以及笔记本电脑等,无论是设备互联方面,还是数据共享、界面整合方面,操作都非常便捷和顺畅,处于行业领先地位。这些对消费者来说具有极大的吸引力,因此消费者愿意付出更高的价格。

(5)如何解释不景气的行业里的成功企业?[①]

行业繁荣时,水涨船高,身处其中的每一家企业都能够有利可图。但是,如何解释行业处于低迷期时的优秀企业?在众多企业难以为继甚至关门倒闭之际,也偶尔有一些公司不但能获得成功,而且还改变了其所在行业的竞争环境。比如,星巴克如何为咖啡馆带来革命,美国西南航空公司的平价机票如何成功,太阳剧团如何重塑了马戏行业,甚至巴菲特的组合投资如何给家具行业带来了革命等。

这些企业的成功,很大程度上要归功于企业领导人对行业特性的深入了解。西南航空公司的创始人发现了其他根基稳固的竞争者在票价以及航线安排上存在的重大疏忽,所以才能取得成功;星巴克不只是制造出了更好喝的咖啡,它给消费者带来了更佳的场景体验,还努力扩大规模,形成了一种独特的公司管理经验。

对于太阳剧团的创办人来说,他们本身就是表演者,因此明白传统马戏团的定位在于如何取悦儿童,但问题在于运输和照顾大型动物的成本令传统马戏团陷入了经营困境。于是,太阳剧团转而专注成人群体,放弃大部分跟动物有关的表演,巧妙地重新定位自己,避开马戏团行业的亏损黑洞,同时针对最愿意付钱买票的观众花大力气进行营销推广。巴菲特看到了家具零售行业的潜力,所以他选择在零售环节而不是在制造环节投资。他收购了好几家很成功的美国家具零售公司,以此来探索下游的零售商能否从上游的激烈竞争中获得利润,并取得了成功。这也表明了他的超人之处,"谋定而后动",理解了行业的结构性力量如何发挥作用,然后决定如何出牌。

其实,对于一个不景气的行业来说,很难说是该走还是该留下来,一个困难重重的行业想要重振雄风不容易。不过,的确有"咸鱼翻身"的可能性,因为总会有企业懂得驾驭这样的环境,当机遇出现时,勇于出手,改变这个行业。

3.3.2　战略群组分析

战略群组是指产业中的一组采取相同或者相似战略的企业,战略群组具有共同的特定资产,因而在设定关键决策变量时遵循共同的战略。战略群组分析是评估行业的战略动态以及定位客户最接近的竞争对手时广泛使用的分析工具(见图3-10)。战略群组分析的目的在于帮助我们理解决定企业盈利情况的潜在因素,具体包括:①有助于了解战略群组间的竞争状况,主动发现不同竞争位势的竞争对手,也有助于了解某一群体与其他群组间的不同。

---

① 蒙哥马利.重新定义战略[M].蒋宗强,王立鹏,译.北京:中信出版社,2016:42-43.

②有助于了解一家企业在各战略群组之间的"移动"逻辑。③有助于了解战略群组内企业竞争的主要关注点。④有助于预测市场变化或发现战略机会。

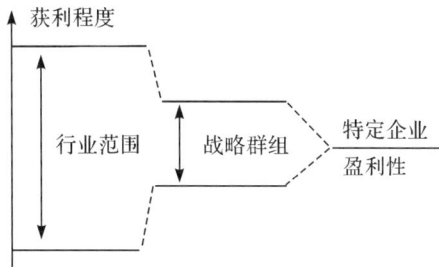

图 3-10　战略群组的位置

相比于五种竞争力量模型,战略群组进一步聚焦了分析范围。通过五种竞争力量模型分析,我们可以明确一个行业的整体竞争状况和获利程度,通过战略群组分析,我们可以探寻行业中不同定位的、细分的某一企业群体与其他企业群体获利程度的差异性,也就是移动壁垒和隔离机制(见图 3-11)。

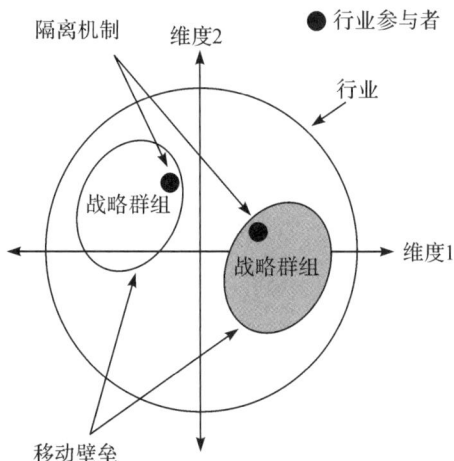

图 3-11　战略群组中的移动壁垒和隔离机制

战略群组的划分依据并不唯一。专业化、品牌认知、渠道选择、产品质量、技术定位、垂直一体化、成本定位、服务、定价策略、政府关系等都可以作为划分依据。在进行战略群组分析时需要注意:从公司层面,营利性是最为重要的分类维度之一,但是具体的业务层面(business unit)可能存在其他更加重要的分类维度和分类依据。

战略群组之间的相对优势取决于移动壁垒(mobility barriers)和隔离机制(isolating mechanisms)的存在。移动壁垒是指在产业内阻止一个战略群组内的企业向其他战略群组转移的因素,包括一家进入新的战略群组的壁垒和从现有战略群组退出的壁垒两个方面。移动壁垒主要来源有三个方面:第一,市场相关战略,具体包括产品线、使用技术、市场细分、分销渠道、品牌名称、地理覆盖、销售系统等。第二,行业共性特征,具体包括规模经济、制造过程、研发能力、市场与分销系统等。第三,公司特征,具体包括所有权、组织结构、控制系统、管理技能、公司边界、公司规模、外部关系等。隔离机制的来源有沉没成本、转换和搜寻成本、消费者和生产者学习、团队技能、独特资源、特殊信息、专利与商标以及声誉等方面。

战略群组还具有以下几点含义:第一,由于同一战略群组内的企业向相似的顾客群销售相似的产品,因此它们之间的竞争会十分激烈。并且竞争越激烈,每个企业的利润受到的威胁就越大。第二,不同的战略群组中的五种力量,即新进入者威胁、供应商议价能力、购买者议价能力、替代品威胁以及现有竞争对手间的竞争程度,是存在差异的。第三,战略群组之间强调的战略维度和采取的战略越接近,它们之间产生竞争的可能性就越大。

以 2021 年的茶饮行业为例,可以从门店数量和市场定位两个维度来划分战略集团,如图 3-12所示。可见,茶饮行业的分化态势显著,橄榄形态两端集中度不断提升。企业根据不同的市场特点制定相关战略。高端市场:以其专属的品牌打造、优质的个性化体验和卓越品质打开高线城市市场;中端市场:有着最为广阔的消费群体,因此吸引大批商家参与到中端市场竞争中来,然而行业集中度较低;低端市场:以价格低廉为产品特性,高性价比是品牌成功的关键,完善的供应链体系使成本更可控。从图 3-12 中可以看出,就行业格局而言,行业两端未来发展更好,已逐渐形成以喜茶和奈雪的茶为龙头的高端茶饮市场,以及蜜雪冰城一家独大的低端茶饮市场。

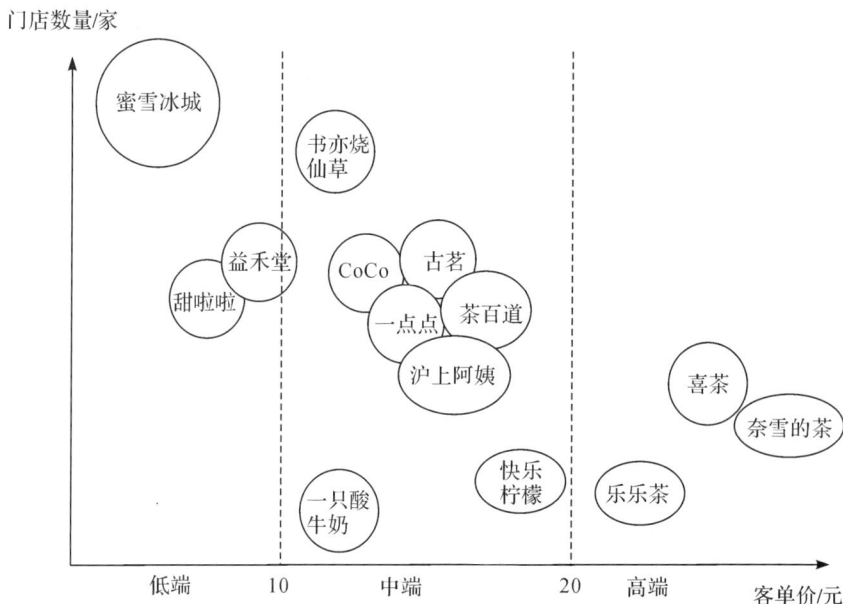

图 3-12　2021 年茶饮行业的战略群组①

3.4　竞争环境分析

3.4.1　竞争环境分析目的

商业史上从不缺乏经典的竞争对手的例子,它们或针锋相对,或惺惺相惜,或相互砥砺。可以说,伟大的企业所能够达到的高度是由竞争对手决定的,它们不但相互斗争,更是相互

---

① 陈梦瑶.国联证券 2022 年消费行业投资策略报告[C].2021(12):38.

成就。2013 年,《财富》杂志推出了一个专题,叫作"史上 50 大商业对手",其中包含了一系列知名企业,如可口可乐和百事可乐、波音飞机和空中客车、Google 和 Facebook、宝马汽车和奔驰汽车等。

所以说,竞争对手分析是行业和竞争环境分析最为重要的内容之一。竞争环境分析的目的在于了解、预测和影响竞争对手。

企业与行业内直接的竞争对手面对同一市场、争夺同一批顾客,因此,了解这些竞争对手是企业经营者们必须考虑的重要问题。从广义上讲,所有与本企业争夺同一目标用户群的企业都可视为竞争对手,但从战略管理的实际意义出发,只有那些有能力与本企业抗衡的对手才是真正的竞争对手。竞争对手可以分为现实竞争对手和潜在竞争对手。其中,现实竞争对手分为三类:一是直接竞争对手,指产品相同且满足同一目标用户的竞争对手;二是间接竞争对手,指产品可能不同,但目标用户群体一致的竞争对手,如可口可乐与百事可乐在美国本土的竞争中,一度忽视了乘虚而入的知名功能饮料品牌——红牛;三是替代性竞争对手,指目标用户群体一致,产品或服务有较大优势,能够产生替代作用的竞争对手。而潜在竞争对手则包含两类:一是行业相关者,包括横向产业相关者(提供大致类型产品/服务的企业)、纵向产业相关者(如上下游企业);二是非行业相关者,指本身拥有强大实力,受到巨额利润诱惑加入竞争者行列的企业。

分析竞争对手,第一步是了解对方的实力和竞争性行动,然后才能预测竞争对手未来的决策与战略,预测客户和竞争环境变化时竞争对手的反应,确定如何影响竞争对手的行为模式,以及透视对手的竞争优势,以便企业及时明确战略方向,采取相关战略措施,做出反应。在此基础上,才能考虑如何影响竞争对手,力求掌握主动,使竞争对手的发展沿着对自身有利的方向进行,达到改变竞争格局的目的。

3.4.2　竞争对手分析

进行竞争对手分析,要回答以下问题:谁是竞争对手、它们的目标、它们的战略和应变模式、它们的优势与劣势等。根据波特的竞争对手分析模型,可以从企业的战略、目标、假设和能力四个方面来分析和理解竞争对手的行为和反应模式(见图 3-13)。

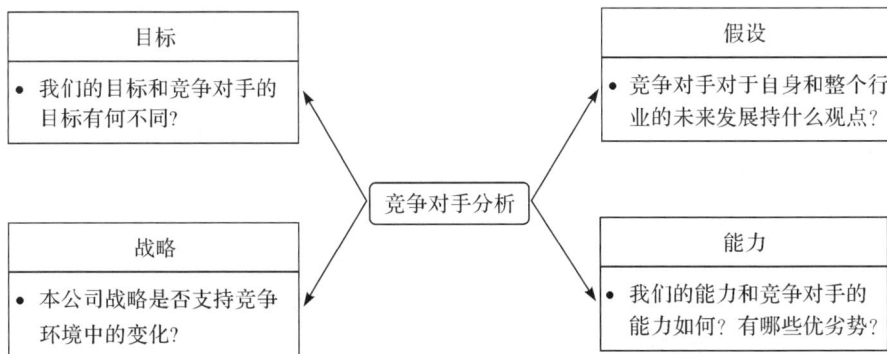

图 3-13　竞争对手分析模型

（1）了解竞争对手的目标

任何企业的战略行为都是为其目标服务的，分析竞争对手的目标是开展后续分析的出发点。很多情况下，竞争对手之间的目标是非对称的，有的企业看重市场份额，有的企业重视利润率，还有的企业专注净增长率。了解竞争对手的目标和动机，明确其战略重点和对待风险的态度，以及可能的应对反应，可以避免陷入不必要的争斗。了解竞争对手目标的多样性，有利于对其有选择地施加影响，对症下药。与此同时，了解竞争对手对其目标系列中不同项目的排序偏好，也有助于企业避实就虚，伺机而入。

（2）洞悉竞争对手的假设[1]

竞争对手的假设，是指一个行业的竞争参与者对自身及行业的竞争情形做出的基本预测和判断，这是开展竞争行动的基础和前提。这种预测与判断可以是对现实情况的捕捉和概括，也可以是对战略盲点与误区的判断。

一是竞争对手对自身的假设，是指对自己的认知，比如市场地位、成本优势、顾客忠诚度等。这些假设可能存在失误，不准确的假设就是其他竞争对手寻求突破的良好契机。例如，某竞争对手自信地认为自身产品具有良好的顾客忠诚度，如果事实并非如此，那么竞争对手就可以采取某些手段，比如采用刺激性降价的方法来争夺市场，如京东和苏宁2012年在家电市场上的"京苏大战"，导致苏宁流失了大量客户，元气大伤。

二是对其他竞争对手的假设，包括竞争对手的成本、产品质量、技术的先进性、产品特性等因素的判断和归类，对特定产品、特定方针政策的重视程度等，由此分析竞争对手可能的竞争行为与手段。当然，这种假设需要在实践中不断修正和改变。

三是对行业整体的假设与判断，包括行业增长速度与模式、行业未来的集中度、技术创新的前景、行业过往的历史数据对未来的影响等。及时且准确的假设能帮助企业对行业未来走势做出正确判断，提前布局。以下波音和空中客车的竞争中，两家企业对于行业未来前景的理解，就是一个典型的例子。

专栏3-6：波音和空中客车的竞争

波音和空中客车（简称"空客"）是世界航空制造业的两大巨头，共同垄断着全球民用客机市场。波音是美国最大的客机出口商，空客则由欧洲多个国家出资成立，两家巨头一直针锋相对，在不同的细分市场都有自己的拳头产品，波音凭借B787和B777的优异表现，在宽体机市场领先对手，空客凭借畅销的A320家族，在窄体机市场稍占上风。彼时，波音和空客都认为，随着人口数量和经济的增长，全球化程度的提高，中产阶级将会不断壮大，城市化的速度会加快，飞机制造效率的提升将带来成本的下降，航空需求会持续增长。

出于同样乐观的前景判断，两家公司却做出了完全相反的假设。

空客认为未来人口会逐渐向特大城市聚集，悉尼、东京、巴黎等国际主要航空枢纽之间的客流量将急剧上升，导致机场跑道更加拥挤，起降时刻更为紧张；加上2004年空客根据摩根士丹利的一份报告对中国市场进行分析，发现当年从美国前往中国的旅客中，90%

---

① 马浩.战略管理：商业模式创新[M].北京：北京大学出版社，2015：89.

首先落地北京、上海和广州三大城市。由此，空客判断这三座城市的人口将在2015年均超过4000万人，未来航空格局以大型一线城市为核心的"枢纽式"航线为主，一次性将尽可能多的旅客运输至主要航空枢纽，然后通过中小型飞机分流到其他中小城市。于是，空客押中A380超大型飞机并投入大量资源，结果，目前北京、上海、广州的人口非但没有达到4000万人，反而根据政策要求，都是严格控制人口，A380超大型飞机在中国市场的需求寥寥。

与之相反，波音认为适合运营A380的航线极其有限，未来属于"点对点"航线，大型枢纽机场的作用将会减小，客流将从主要的航空枢纽分流到二三线机场，因此市场更欢迎中等运力的飞机。于是，波音放弃了研发新款超大型客机的计划，开始建造一种体积更小、燃油经济性更高、三百人承载量的远程客机波音787。

最终的市场反应也验证了波音的假设，其依靠波音787拿下了中国市场九成以上的订单，实现了中国市场的份额第一；而A380在全球范围内节节败退，项目盈利遥不可及，并在2021年彻底停产。

资料来源：罗松松，巨无霸飞机的"英年早逝"，https://www.163.com/dy/article/E6048V260519APGA.html.

（3）了解竞争对手的战略

了解竞争对手的战略，可以从战略意图和战略实施两个方面入手。首先，了解竞争对手的现实战略，即竞争对手当下正在做什么。比如，竞争对手正在哪些领域开展业务，竞争对手是如何开展竞争的，由此理解其战略意图，获取关于公司发展的信息。其次，还可以通过战略实施方面的信息来了解竞争对手，主要是其职能方面的具体战略，包括竞争对手在投资、产品线、兼并收购、战略联盟、广告与促销等方面的具体举措。

值得注意的是，公之于众的战略，可能并不是企业的实际实施战略。兵不厌诈，一种可能是对手故意制造烟幕弹；另一种可能是战略制定与战略实施存在差距，达不到所声称的目标。还有一种可能是，由于正在实施战略转型，竞争对手实际推行的战略与原来设想的战略发生了重大偏离，原有的战略已经被放弃。总而言之，把握竞争对手的战略实施状况，有利于预测其未来行为，以及面对威胁的可能反应。

（4）评估竞争对手的能力

战略的实施和目标的实现最终都要付诸行动。资源和能力是企业实施战略的基础。正所谓知己知彼，百战不殆，企业需要实时关注竞争对手的动态，不断提高企业的自身能力，才能实现对竞争对手的超越。因此，分析竞争对手的能力，能帮助企业了解竞争对手的优势与劣势，资源与能力状况，形成了何种核心能力，在此基础上能够形成何种优势等。更进一步，与竞争对手相比，企业自身的实力如何？由此更准确地预测它在市场上的作为，判断竞争对手所带来的威胁的严重程度，并据此采取相应的战略行动。

企业能力的考察主要包括如下几个方面：产品地位以及产品线的宽度和深度情况，销售渠道的覆盖面和可控程度，研发、制造、销售和服务等重要环节，成本结构、财务实力，组织管理能力，对突发事件的反应速度和应变能力，以及长期生存和持久战积累的能力与资源储备。

知名管理咨询公司麦肯锡提供了一个关于竞争对手分析的概念框架，如图3-14所示。

这个分析框架从企业的背景信息、战略、产品与市场、价值链战略、公司组织架构和所有权、财务绩效等几个维度入手,可以引导企业较为全面地了解和对标竞争对手。

1.背景信息 •地址　•开办时间 •注册资本　•员工人数 •管理团队　•发展阶段分析 •股权结构	4.价值链战略 •聚焦的价值链环节 •营销、广告和促销 •分销(渠道和销售队伍) •生产 •研发 •其他
2.战略 •使命 •愿景 •公司战略 •市场定位	3.产品与市场 •关键产品系列 •重点客户 •价值定位 •业务地理分布 •产品定价
5.公司组织架构和所有权 •组织架构 •所有权结构	6.财务绩效 •销售 •利润

图 3-14　麦肯锡关于竞争对手分析的框架①

【篇末案例】

小刚的烦恼,公司卖还是不卖?

从就业到创业,创出一家"互联网细分市场冠军"

小刚,本科毕业后进入杭州一家国企工作,机缘巧合,他被委派负责下属驾校的网站招生工作。那时候,通过网站为驾校招生还很新鲜。为拓展业务,小刚动了很多脑筋,对计算机、互联网的熟悉,让他很快找到了"窍门"——优化网站关键词,提高搜索排名。用户只要输入"杭州驾校""杭州学车""杭州驾驶员培训",都会被导引到这家驾校的网站,访问量一下子提高了很多,很快每个月就能招来 60 多位新学员。可是,这给小刚带来高收入的同时,也让他成了矛盾焦点,无奈之下,他只好辞职创业。

小刚申请了一个"AA 驾校联盟"新域名(后更名为"驾校一点通"),为杭州驾校提供招生服务。凭借真诚的态度与过硬的互联网技术,公司很快与杭州众多驾校建立了合作关系,覆盖了整个杭州市场,随后拓展到全国,全国一半驾校加盟网站,共计有六七千家。每个月小刚就根据和驾校签约成功的客户数量拿提成,但他并不满足,总是寻求更好的商业模式。比如,受淘宝网启发,尝试走平台模式,用户免费,只向驾校收加盟费,但效果不佳,最大原因是,家庭轿车加速普及,想要学车的人很多,可是办驾校的门槛很高,数量有限,根本就不愁招人。

① Horn J T, Lovallo D P, Viguerie S P. Beating the odds in market entry[J]. The McKinsey Quarterly, 2005(4): 34-45.

不过小刚很快找到了另一个切入点。那时候,他也开始学车,在学车的过程中小刚深深感受到驾校从管理到服务都很落后,学员的学习体验非常糟糕,很多疑问得不到耐心解答就稀里糊涂地参加考试,通不过的人不在少数,对学员来说是金钱、时间和精力的极大浪费。于是,他就想到一招,在网站提供各种学习资料,比如,针对科目一的最新的理论考题目,针对科目二的过圆饼、单边桥等难度大的项目的考试秘籍,另外开设论坛,供学员相互交流学习,评价各个驾校和教练。很快,"驾校一点通"的人气就起来了,注册用户数迅速超过了60万人。

最大转机是在 2006 年 7 月,hao123 网站把"驾校一点通"收入"酷站"系列。hao123 是当时中国互联网上最著名的导航网站,占领中国网吧 50% 以上的首页,比百度影响力还大(2008 年百度收购了 hao123)。随后网站访问量暴增,公司不得不购买新的服务器,最后有了 10 台服务器。服务器扩容、增加人手,给公司造成了很大的财务压力。幸好公司找到了新的盈利模式,即加入三家国内最大的互联网广告联盟:百度、谷歌、阿里妈妈,通过用户点击广告链接来收费。这个模式让公司几乎每年都能获得翻番式的利润增长,迅速达到数千万元的利润水平。

挑战者出现

公司上轨道后,曾经有国内著名投资人找过来希望投资,但是小刚觉得自己不缺钱,也不知道有了钱之后怎么用,所以就拒绝了。

没想到好日子过去总是很快。市场上突然出现一家公司——BBD 公司,它聪明地避开了"驾校一点通"擅长的 PC 互联网——在这个领域它占有 80% 的份额,专注基于谷歌的安卓、苹果的 iOS 系统的 App。2010 年 12 月推出 App,迅速在驾校学习类 App 里占据第一,2014 年在苹果 App Store 总排名位次甚至达到 80 位左右,积累了上亿用户,日活量高达 280 万。而小刚公司开发的 App 只能屈居第二,日活量只有 100 多万。

其实,小刚并非没有意识到移动互联网的趋势,只是自有他的苦恼:"2010 年前后智能手机、移动互联网兴起时,我看到了这个趋势。但是安卓和 iOS 的工程师费用太高了,动辄两三万元的月工资,如果要聘用,比现有技术人员工资高得多,所以就采用了外包方式,可这样协调就比较困难,推出 App 比对手慢多了。还有一个原因,我看不到 App 的盈利模式。屏幕那么小,如果做题过程中蹦出一个广告,用户体验会非常差。竞争对手背后有风险投资支持,不计成本,就是要用户量,如果我们也用这种方法,找不到盈利点,又把用户迁移过去,原来上千万元的利润就没了,过去的积累也很可能搭进去,这和当年柯达特别像,左手打右手,下不去手啊。"

恰好,他接到了一个电话,来自国内最大某分类信息网站的副总裁,这家公司刚在美国上市,想要通过收购扩充业务线。这对于倍感压力的小刚来说,就多了一个选择,那么,到底是卖公司,还是独立经营下去呢?左思右想,又左右为难,深感"当局者迷",于是想请同学参谋参谋。

同学们的争论

小刚的同学基本都是公司董事长、总经理或其他高管,来自医疗、消费、互联网等各个行业,经验丰富,也很有主见。介绍完后,同学们提了十多个问题进一步了解情况,涉及公司、行业、用户、竞争对手等,小刚一一做了回答。

杨总创办并经营着两家医疗公司,她开了"当头一炮":"我觉得,企业不仅仅是生意,它就像我们的孩子,我们要对它负责,而且我理解,没有十年、二十年的沉淀不会是好企业,现在才到哪儿? 企业还有很大的潜力。现在觉得卖了能拿到一大笔钱,但过多少年回头看,这笔钱算什么!"

郑总,某上市公司财务总监,他赞同杨总的观点:"艰难时刻就是对企业家精神的考验,这个企业发展到今天,也不是一帆风顺的,现在公司的确碰到问题,但未尝不是机会,你们的App不是还排名第二吗? 我认为应该大规模投入,投入远远不够。现在的估值其实不高,坚持下去,过了这一关,说不定还能直接上市呢。"

小刚回应说:"的确有这种可能,我的现金流还是挺充足的。另外,我的网站日活量达到百万级,这是非常大的用户量。我觉得很适合做现在流行的P2P的,很多学车的都是在校学生,有时间没钱,但违约风险较低,如果给他们做分期,相信很快可以做上来。另外,我们可以跟汽车经销商合作,学车、买车,再加上车贷、保险,打通价值链,一条龙服务。"

不过,也有几位同学支持卖掉公司。邵总是一家大型多元化集团的财务总监,他说:"我们公司早些年依靠主业发展起来,后来做了几次收购,规模一下子就上来了,效益也好了,所以公司管理层就形成了一个概念,企业经营要理性,对公司发展最有利,就做出怎样的选择,不宜感情用事。"

刘总是一家投资公司的老总,他发表了意见:"过去几年,互联网领域发生了很多购并,特别是BAT,每年都投入了几十亿美元,比如阿里巴巴收购高德地图、虾米音乐、口碑网、优酷土豆,腾讯收购易迅、乐蛙科技。被收购对创业者来说未尝不是一件好事,你不被收购,你的竞争对手被收购了,它有了雄厚的资金做支持,反过来和你竞争,你会吃得消?"

"对呀。"担任一家互联网公司市场总监的王总接着说,"小刚刚才提及的那些商业拓展计划,看似美好,能不能够行得通是个大问题。中国的几个大的互联网公司都有很多用户,大家不断寻找盈利模式,尝试将流量变现,包括引入其他业务,都是非常难的。"

支持小刚干下去的郑总反驳说:"没错,的确是比较困难,但是成功的例子也不少,可以说,没有一个企业不曾遇到过被收购的诱惑,最后做成行业老大的都是这么扛过来、熬过来的,所以才说'成功是熬出来的'嘛。再说了,你把公司卖了,能干什么去呢? 是不是一定会比现在做得更好呢?"

争论持续了两个小时,最后环节是所有同学进行投票,算是给小刚的建议。

资料来源:程兆谦,赵彬彬.小刚的烦恼.中国管理案例共享中心案例库,2019年8月。

◈ 【案例思考与讨论】

1."驾校一点通"在商业模式转型过程中经历了几个阶段? 每个阶段的外部环境是如何变化的?

2."驾校一点通"和主要的竞争对手相比存在哪些优势和不足?

3.小刚的同学们有哪些观点? 你赞同哪一种观点? 请谈谈你的依据。

◆【**本章复习题**】

1.外部环境对企业的生存和发展有何影响？

2.宏观环境、产业环境以及竞争环境的区别和联系是什么？

3.结合实际，谈谈如何运用五种竞争力量模型分析行业竞争态势？

4.产业环境分析中，不同进入壁垒和退出壁垒的差异会对这个行业以及行业中的企业带来什么影响？

5.什么是战略群组？企业在确定战略群组时需要注意什么问题？

6.结合实际，谈谈如何运用竞争对手分析模型？

4　内部环境分析

《庄子·逍遥游》有云："且夫水之积也不厚,则其负大舟也无力。"对于一家企业来说,资源的积累和能力的培养不是一朝一夕之功。面对环境挑战,只有长期投资于战略性资源和能力,并成功构建自身核心能力的企业才能屹立不倒。识别和培育支撑企业发展的战略性资源和能力,是内部环境分析的主要工作。本章将依据内部环境分析的逻辑关系,重点介绍内部环境分析的重要框架、工具及其理论基础,主要包括企业的资源和能力分析、核心能力的识别与构建、价值链分析等内容。

■■■【开篇案例】

星巴克"老"了吗?

"星巴克体验"的诞生

20 世纪 80 年代,星巴克的营销总监舒尔茨(Schultz)结束了意大利之旅,他被意大利的咖啡馆体验深深着迷。舒尔茨之后成了星巴克的 CEO,他说服公司尝试咖啡馆的经营模式,因此星巴克体验诞生了。得益于这些体验,到 2021 年,星巴克已成为一个在全球 84 个区域市场拥有 33833 家门店的全球专业咖啡烘焙商和零售商。① 星巴克的经验包括以下三点。

提供空间场景的附加价值。舒尔茨认为在家庭和工作之间,人们缺乏一个"第三方"的存在。在这里,人们可以拥有私人的时间,与朋友会面,放松并享受聚会。据此演化而来的商业模式就是按照咖啡馆的模式,销售公司自有的优质烘焙咖啡,此外还提供各种糕点、咖啡设备、茶等其他产品。这体现了星巴克销售的并不是一种咖啡,而是一种体验的经营理念,其咖啡定价较高也反映了这个事实。

员工关怀推动消费者体验。舒尔茨认为积极的员工会提供最好的顾客服务,因此星巴克有餐饮业中最好的员工招聘和培训计划。现在,所有的星巴克员工都必须参加培训课程,来精进做咖啡的技艺以及强化服务意识。除此之外,星巴克还提供了不断改善的薪酬政策,甚至为兼职雇员提供股票期权补助和医疗保险,在一个大部分雇员为兼职员工,且利润微薄的行业中该做法是颇具创新性的。

打造高档消费品的品牌心智。舒尔茨认为星巴克需要拥有自己的店面。这种范式在美国取得了巨大成功,十年间,星巴克从默默无闻摇身一变成为美国最有名的品牌之一。随着自身的成长,星巴克发现回头客带来了巨大的交易量。现在,一部分顾客平均每月光顾星巴克大约 20 次,这些顾客是相当富有的群体——其平均年收入大约 80000 美元。

星巴克的挑战者们

2021 年,中国现制咖啡市场的规模为 507 亿元,而星巴克在中国一年的营业收入规模在

---

① 星巴克 2021 年财报,https://investor. starbucks. com/financial-data/annual-reports/default. aspx.

200亿~260亿元，占据中国现制咖啡市场的半壁江山。据《2017—2021年中国咖啡行业投资分析及前景预测报告》统计，我国咖啡消费正在以每年15%~20%的速度增长，远远高于全球2%的平均增速，预计到2025年，我国将成为万亿级的咖啡消费超级大国。庞大的市场空间分化出众多赛道。作为中国现制咖啡市场的引领者，星巴克从来不缺乏挑战者，可谓你方唱罢我登场。擂台的另外一端，有过"韩流"，如漫咖啡、Cafe Bene；有Costa，有瑞幸，有各种精品咖啡店，它们或多或少地给星巴克带来了竞争压力。

日益多元化的线下咖啡消费场景需求催生了充满想象力和发展空间的精品咖啡赛道。据第一财经商业数据中心（CBN Data）联合有数青年观察局发布的《2021青年咖啡生活消费趋势洞察》报告指出，最经典的咖啡馆场景已经延伸出了多样化的体验模式，比如主打性价比的连锁品牌让人倍感亲切，独立咖啡店能带来更多的个性化体验，烘焙工坊则打造了咖啡文化的沉浸式体验。

此外，主打性价比咖啡市场定位的品牌开拓了现制咖啡行业运营的新模式，其中瑞幸最为凶猛。瑞幸仅花了一年的时间就接连完成了闪电上市、门店层面盈利、门店数量超过星巴克等目标，成功树立了"星巴克挑战者"的形象，这也证明了把咖啡塑造成高档消费品的星巴克并非不可挑战。这家中国本土咖啡品牌无意再给消费者提供一个用于社交、休憩的"第三空间"，而是通过在街边、写字楼、美食城档口等见缝插针开店的"快取店"模式，以优惠的价格提供一杯味道不算太差的咖啡，顾客即取即走，以极短的时间完成一次消费。并且，瑞幸门店选址的主要依据是外卖订单的"热力图"，比传统零售连锁更加有的放矢，加上其门店面积小，租赁或者退掉另租相对方便，选址的纠错成本较低，这样的模式为"物美价廉"的品质提供了保证。2021年第三季度，瑞幸以5671家门店总数略超星巴克。虽然顶着"低配星巴克"的头衔，瑞幸仍受到资本的热情追捧，在消费市场中一路狂奔。这是星巴克不得不面对的现实。

大象转身，星巴克重新扬帆起航

面对众多年轻的挑战者们，星巴克原有的优势却成为其应对变化及时转身、抓住机遇的巨大阻碍。例如，新冠疫情之下，星巴克"转型外卖"的速度并不快，当2018年本土品牌已经开始大幅度增加外卖模型店、外卖产品时，星巴克只是在自己的2000个门店先行"试水"。转型外卖缓慢，让星巴克在新冠疫情期间深受影响。还好星巴克很快发现情形不对，迅速推出以下一系列举措以缓解紧张的竞争态势。

继续强化品牌心智。星巴克中国将历史悠久的传统文化融合到星巴克体验之中，如融合本土习俗重新设计门店、改良地方食品和饮料供应等，在中国开设7家向咖啡传承致敬的旗舰店。并且，星巴克通过App和星享俱乐部加强与顾客的情感连接。2015年12月，星巴克推出天猫官方旗舰店，将独特的门店体验与线上"第四空间"体验紧密对接，这是星巴克第一个"互联网＋咖啡"的心意传递平台。2016年12月，星巴克宣布与腾讯达成战略合作，在中国领先的移动社交应用——微信上推出创新的社交礼品体验"用星说"，借此鼓励和激发数字时代的情感连接。

布局新零售，"外卖＋外送"打造多元消费场景。面对来势汹汹的挑战者们，星巴克除了不断开店，也在调整门店的模式，与此同时还在强化数字化业务，布局新零售，迎合市场和消费者需求。2018年8月，星巴克宣布与阿里巴巴达成新零售全面战略合作，9月，星巴克官方线上订餐平台"专星送"正式上线，并提供专属送餐团队。2019年5月，星巴克推出"在线点，到店取"服务——"啡快Starbucks Now"，并在北京开出了全球首家啡快概念店，满足顾客对于快节奏和便捷化的消费需求。新冠疫情肆虐下餐饮行业受到严重打击,而星巴克的数字化战略成效十分突出,在 2021 年第一季度,移动订单的交易额占比为 34%（第二季度也是 34%）,其中外卖订单占比 15%,啡快的到店自取订单占比为 19%,2021 年,星巴克中国移动订单的销售额翻了一倍不止。

此外,星巴克在营销新玩法上也不甘落后。例如,星巴克和雀巢合作推出胶囊咖啡、烘焙咖啡等适合在家饮用的咖啡产品,并升级了其天猫旗舰店,针对会员推出了更多独家产品和线上送礼定制服务,与阿里巴巴合作推出天猫精灵语音点餐,其还参与直播带货,更是拿下直播第一晚卖出近 16 万杯咖啡的战绩。

2022 年 5 月 4 日,星巴克发布了 2022 财年第二季度财报。报告显示,星巴克全球综合净收入增长 15%,至 76 亿美元,为史上综合净收入最高的第二季度。星巴克这艘行业巨轮在面对狂风巨浪时,及时把舵转向,继续远航。

资料来源:根据希特,爱尔兰,霍斯基森.战略管理:概念与案例:第 12 版.刘刚,梁晗,耿天成,等译.北京:中国人民大学出版社,2017:10-11;星巴克 2021 年财报;刘雨静,等.星巴克在中国这 20 年,https://www.huxiu.com/article/280829.html 等编写。

■■■ 【案例思考与讨论】

1. 请结合外部环境的变化,分析星巴克的竞争策略是如何调整的?
2. 星巴克是如何建立起它的竞争优势的? 它的竞争优势又是如何演化的?
3. 星巴克的竞争优势容易被竞争对手模仿或者赶超吗? 为什么?

4.1 内部环境分析概述

以波特为代表的战略产业观告诉我们,外部环境中的不利因素会通过五种竞争力量影响企业,对特定行业中的企业经营带来了不利影响。然而,它又很难解释,为什么即使是五种竞争力量所描述的不景气行业中,也会存在将企业经营得有声有色的优秀企业。因此,在外部环境分析之后,我们还需要将注意力转移到企业内部,反求诸己,来观察异质性对企业经营带来的影响。尽管产业结构的特征和演变是企业制定竞争战略的主要依据之一,但战略应该是一个企业"可做"和"能做"的有机组合,可做是针对外部环境中存在的机会和威胁的识别与判断,能做则是在做出战略选择时对企业自身所具备的资源与能力的客观认知和评估。在这两者基础上,还需要企业领导人的追求与抱负的"加持",可以称为"想做"。想做、可做、能做,这三者的交集形成了企业未来的战略方向与路径。

自 20 世纪 80 年代起,众多学者开始关注对公司资源和能力的分析,这些研究逐渐登堂入室,成为主流。企业的内部环境分析,其目的在于掌握企业目前的资源、能力状况,明确企业的优势和劣势,进而或扬长避短,或取长补短,确保战略目标得以实现。

相对于外部环境来说,内部的环境同样具有动态性、复杂性和层次性。"苟日新,日日新",动态性是指内部环境中的资源和能力随着企业的发展而不断发生变化;复杂性是指企业主要的内部环境分析对象,即资源和能力的形成存在各种特点,如因果模糊性、特定历史机遇等,而它的使用又存在各种组合与可能性;层次性则是指企业内部存在不同层次,每一层次对应着不同的资源和能力,如公司整体层面、内部组织层面以及个人层面。因此,认识到内部环境的这几种重要特征是环境分析的前提。

4.2　资源和能力

企业是如何构成的,彭罗斯(Penrose)在《企业成长理论》一书中提出,企业是资源的集合(firms are bundles of resources)[①],这是企业资源观的重要源头。企业资源观(resource-based view,RBV)认为,资源和能力是构建企业竞争优势的基础。企业资源观阐明了企业战略的一些基本问题:为什么一家企业与另外一家企业不同?为什么一家企业营利性强于另外一家企业?什么因素构成了竞争优势的可持续性?同时,资源观还可以解释企业的经营范围和多元化等问题。

在这里,我们从资源观的角度,探讨资源、能力和知识的概念及分析要点。

4.2.1　资源和资源体系

(1)资源的概念与分类

资源可以被认为是企业中能够确保战略得以制定和实施的有价值的资产。资源存在的形式非常多,通常可以分为有形资源和无形资源两种。有形资源(tangible resources)是指那些可见的、能够量化的资产,土地、厂房、机器设备、原材料、产成品等都属于有形资源。一般来说,有形资源因为其属性,很难成为竞争优势的最终来源,当然也有例外,比如处于城市商业中心的地产。无形资源(intangible resources)包括一家企业的声誉、品牌、文化、技术知识、专利和商标,甚至是管理者和员工之间的信任和联系、组织制度等,它们根植于企业发展过程,在长期积累中得以保留。由于无形资源的特定属性,不易被竞争对手理解和模仿,更可能成为企业竞争优势的重要来源。[②]

如果进一步细分,有形资源可以分为财务资源、组织资源以及实物资源三种类型,无形资源则包括人力资源、创新资源、声誉资源和技术资源四种类型,如表4-1所示。

表4-1　有形资源与无形资源[③]

有形资源	财务资源	企业的资产负债情况
		企业内部产生现金流情况
	组织资源	企业正式的报告结构,以及正式的计划、控制和协调系统
	实物资源	企业的厂房、设备的水平和地址以及先进程度

---

① Penrose E,Penrose E T. The Theory of the Growth of the Firm[M]. Oxford, UK:Oxford University Press,2009:XIX.

② 科利斯,蒙哥马利.公司战略:企业的资源与范围[M].王永贵,等,译.大连:东北财经大学出版社,2000:32-33.

③ 根据希特,爱尔兰,霍斯基森.战略管理:概念与案例:第12版[M].刘刚,梁晗,耿天成,等译.北京:中国人民大学出版社,2017:72-73改写。

续表

无形资源	人力资源	知识、信任、管理与组织惯例
	创新资源	创意、科技与创新基础
	声誉资源	客户声誉,品牌,对产品质量、耐久性和可靠性的理解,供应商的声誉、支持性的和双赢的关系以及交往方式
	技术资源	企业的技术实力,如专利、商标、版权和商业秘密[①]

在数字化时代,数据成为越来越重要的资源,不同于传统的企业资源,数据具有一系列有别于传统资源的特征,如非竞争性、排他性、规模报酬递增、正外部性、产权模糊性、衍生性等特征。[②] 建立在数据资源上的数据处理能力也成为许多企业的重要竞争优势。

专栏 4-1:数据资源助力零售银行解锁价值

某银行对其 300 万代发工资的客户整体经营中的痛点进行梳理,发现了所面临的以下痛点:人均持有产品个数过低(人均仅持有 1.2 个产品)、整体交叉销售率过低(约 7%)、高端客户降级率高(超过 35%)、单一持有储蓄存款产品占比过高(超过 85%)等。针对上述业务痛点,零售条线业务部门协同数据银行部共同探讨针对代发工资客户群的大数据用例开发方向,并制定出详细的用例目标以及项目实施时间表。基于客户基本信息及其行为特征,如代发工资留存度、资金流向、持有产品偏好、渠道偏好等,项目组将客户聚类形成细分子客群,并绘制出精准的客户画像。针对 12 个细分子客群(如:小微企业主、金领人群、白领一族等)分别通过机器学习模型识别高潜客户,对其进行交叉销售潜力打分,按照打分结果排列生成线索的优先级。此外,与业务人员一起解读模型洞见,针对细分子客群制定差异化的经营策略,包括交叉销售的产品或产品组合、营销活动、权益、触达客户的渠道以及触达时机等,然后形成营销线索并投放至线上、线下各渠道。在用例执行过程中,持续跟踪用例试点情况,采集用例线索执行以及成效结果数据,通过对比分析执行组、对照组的交叉销售率等成效指标衡量线索的有效性,同时收集一线理财经理的反馈建议,迭代优化用例模型及相应策略,不断提高营销预测的精准性和及时性。该大数据用例实施近六个月,各渠道累计投放线索约 28 万条、人均持有产品数上升到 1.8 个、客户降级率降低到 28%、资产管理规模(AUM)增加约 28 亿元,成效显著。

资料来源:沙莎,曲向军,等.大数据助力零售银行解锁价值,https://www.mckinsey.com.cn/%E9%A6%E8%82%AF%E9%94%A1%E5%AD%A3%E5%88%8A-%E5%A4%A7%E7%95%B0%E6%8D%AE%E5%8A%A9%E5%8A%9B%E9%9B%B6%E5%94%AE%E9%93%B6%E8%A1%8C%E8%A7%A3%E9%94%81%E4%BB%B7%E5%80%BC/.

[①] 技术资源属于有形资源还是无形资源,不同的学者观点不一,本书遵循多数学者和教材的观点,将技术资源列入无形资源。

[②] 徐翔,厉克奥博,田晓轩.数据生产要素研究进展[J].经济学动态,2021(4):142-158.

（2）从体系的角度看资源[①]

前文中我们所提及的企业资源，主要是基础性的资源。如果从体系的角度，将企业资源的内涵进一步丰富和拓展，可以划分为四个层次：企业文化层；知识与信息资源层；人力资源层；基础资源层，包括市场资源、技术资源、财务资源和物力资源（见图 4-1）。

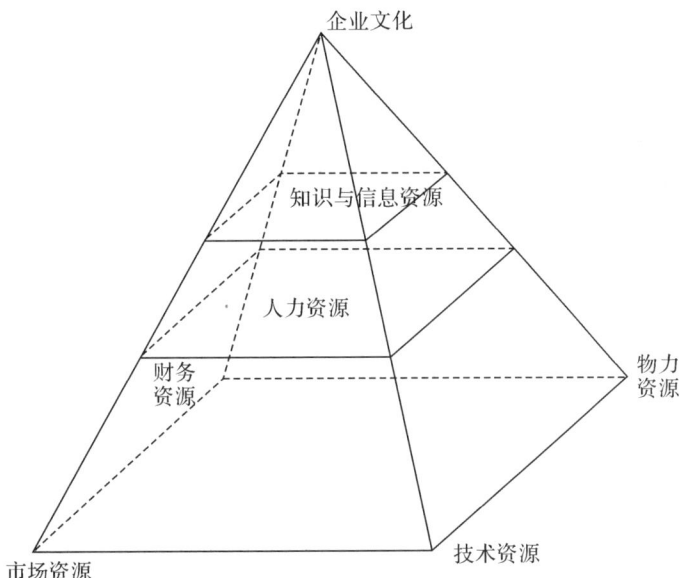

图 4-1 资源体系

①企业文化

迪尔（Deal）和肯尼迪（Kennedy）较早提出了企业文化的相关理论。[②] 企业文化是在一定历史条件下，企业及其员工在生产经营和变革的实践中逐渐形成的共同思想、作风、价值观念和行为准则，是一种具有个性的信念和行为方式。企业文化包括行为规范、道德伦理、习俗习惯、规章制度、精神风貌，其核心是价值观。2011 年，在 IBM 诞辰 100 周年之际，三名美国记者带着"IBM 何以存活 100 年"这样一个问题，进行了长时间的研究。最后的结论是三个要素，战略、组织和文化。如果从中舍弃一个的话，那就是战略，亦即留下组织和文化。可见，"文化制胜"绝非空谈。

企业文化决定了竞争力的价值取向和立足点是构筑企业竞争力的基础，企业竞争力的形成是企业各种能力共同参与、相互协调、有机整合的结果，而在这一过程中，企业文化一方面起着统领作用，另一方面又渗透到其他各种能力中，并影响着这些能力的形成及作用的发挥。如学习型的企业文化有助于企业的新陈代谢。由于文化的独特性，巴顿（Barton）等认为企业竞争力蕴藏在企业文化中，并扩散到整个组织中，这种在组织内达成共识、为组织成员深刻理解并指导行动的企业文化为竞争力的不可模仿提供了基础。[③]

① 改写自王核成.动态环境下的企业竞争力研究——基于动态能力观的竞争力及其演化研究[M].北京：科学出版社，2010：72-76.

② Deal T E，Kennedy A A. Corporate Cultures：The Rites and Rituals of Corporate Life[M]. New Jersey：Addison-Wesley，1982.

③ 转引自刘志迎.产业链视角的中国自主创新道路研究[J].华东经济管理，2015（12）：7-14，193.

企业文化的形成具有明显的时间不可压缩性和路径依赖性,是一种在不确定条件下形成的"管理遗产",因而普遍具有稀缺性、持续性、不可模仿性、非交易性、无形性、非替代性等特征,也正因为如此,企业文化往往成为企业能力的直接基础。企业文化作为企业的无形资源对企业员工的价值取向和行为方式有着强烈的导向和支配作用,主导着企业长期的经营业绩,处于资源体系的最上层。

②知识与信息资源

知识与信息资源,包括潜在知识、组织程序及专利技术、管理经验、信息化水平等。能力的建立必须通过企业知识的不断累积和创新来获得。知识隐藏于能力背后,形成竞争力的关键在于获取新知识。这种资源构成了企业的"异质性",成为企业间能力区别的主要标志。知识不同于人、财、物等资源,它必须有其存在的载体。同时,信息化水平已成为企业竞争力的重要标志,信息化与企业发展的关联度已在实践中被验证。信息化水平体现在企业信息情报网络建立与管理、企业信息装备、特殊的信息渠道、拥有的有效的信息量和电子商务与IT 的运用等方面。信息基础设施升级和信息技术的迅猛发展,使知识的生产存储、分享和使用在技术上更为可行、经济上更为合理,经济活动中各种要素的配置、组合方式将更为有效。

③人力资源

人力资源包括企业员工个人的知识技术水平、企业员工的整体素质与知识技能结构等,它是企业能力得以形成的基础和重要载体。能力属于知识的范畴,其实质是企业中累积形成的特殊知识,而知识作为一种特殊的资源,人是其主要载体,能力只有通过企业员工的学习和创新才能获得,因此,人力资源是企业成长与发展的最基本资源,是一种特殊的资源,它的特殊性主要体现在:人力资源是有意识、有价值观的资源,这是它与其他资源的本质区别之一;人力资源具有特殊的使用价值,不但能转移价值而且还能创造价值,是企业利润的主要来源;人的学习能力是不断提高的,人的智力是无穷尽的,人力资源是最具能动性的资源。因此,人力资源是可以无限开发的资源,是形成企业能力的主要力量。

这里,要特别强调人力资源在企业竞争力形成中的重要载体作用。企业中的关键员工(人力资源)与知识的有组织结合形成培育竞争力所需的要素能力,这些关键员工便成为核心竞争力的"携带者",他们是公司的重要资产,而不是专属于某个部门。①

④基础资源

前文所界定的资源的相关概念和类型,主要是指基础性资源。基础性资源是指任何企业在创立和经营过程中所具有的必备资源,它包括货币资本、土地、厂房、机器设备、原材料、管理与技术、产品等。这些资源是企业成立及正常运转的最基本条件,包括财力资源、物力资源、技术资源和市场资源。

从长期来看,虽然这些资源是影响企业竞争力的基础要素,由于市场的开放性和统一性,以及交通运输、信息传递的高效率,如果不积极地进行资源的转化和升级,会使基础资源的优势逐渐淡化。

---

① Prahalad C K, Hamel G. The core competence of the corporation[J]. Harvard Business Review, 1990,68(3):79-91.

4.2.2　能力和能力体系

(1)能力的界定

能力是指企业对资源进行合理的组合来完成一系列具体任务的技能,这些任务可能包括研发、制造、品牌推广、人员激励、财务核算等活动。

一家企业可能具有很多资源,但如果企业不具备使这些资源有效发挥作用的能力,那么这些资源就不能为企业创造价值并保持竞争优势,对企业来说这些资源就缺乏价值。换言之,同样的资源在不同能力的企业中发挥的效用可能相差甚远,因而这些资源的战略价值在不同企业中也是不一样的。以一家数据分析公司为例,当获取到同样的用户数据时,数据分析能力强的公司更能够挖掘出对企业有用的数据价值,比如精准的用户画像,而对能力欠缺的公司而言,这些数据并无价值。但凡优秀的公司,基本都会在某一个或者几个方面拥有出众的能力(见表4-2)。

表 4-2　优秀企业的能力举例[①]

职能领域	能力	企业举例
配送	有效利用物流管理技术	Wal-Mart,顺丰速递
人力资源	激励、授权并留住员工	Microsoft,华为
管理信息系统	跳过搜集定点采购数据 有效控制存货	Wal-Mart
营销	有效地推广品牌产品 有效的客户服务	P & G,Mckinsey & CO., Ralph Lauren, Nordstrom 百货
管理	对外来潮流的洞察力	Hugo Boss, Zara
组织	有效的组织结构	Pepsi,阿里巴巴,字节跳动
生产	可靠产品的设计与生产 产品微型化	小松,索尼
研发	技术创新 开发精密电梯控制系统	Caterpillar, 华为,Otis

(2)企业的能力体系[②]

与资源类似,企业不同的能力也构成了一个能力体系。如果从体系化的视角,从不同维度和层次对企业能力的构成要素进行观察,可以发现,对企业能力的分析可以从如下几种方法入手。

第一,功能分析法。企业是由多个职能部门形成的生产经营组织,不同职能部门有不同的功能。各职能部门通过实施不同功能来完成组织的各项任务,联合起来达成企业经营的

---

①　希特,爱尔兰,霍斯基森.战略管理:概念与案例:第12版[M].刘刚,梁晗,耿天成,等译.北京:中国人民大学出版社,2017:75,在原有基础上增加有代表性的中国企业的相关内容。

②　王核成.动态环境下的企业竞争力研究——基于动态能力观的竞争力及其演化研究[M].北京:科学出版社,2010:76-84,引用时有修改和删节。

目标。依据功能分析法,企业生产经营所需的某项功能形成了某方面的企业能力。

第二,价值链分析法。企业的竞争优势来源于设计、生产、营销、分销和对生产起辅助作用的各种活动,所有这些活动都可以用价值链表示出来。在价值链不同阶段的各种活动中,都蕴含着企业用于创造用户价值的某种能力,价值链分析法根据企业的价值创造活动来分析企业所拥有的能力。

第三,结构层次法。企业能力系统包括两个方面:元件能力和构架能力,包括企业层面的元件/构架;环节层面的元件/构架。

第四,四维度构成法。企业能力由四个维度构成:一是员工的知识和技能的运用维度。它既包括员工所拥有的一般性知识背景在企业语境下的运用,也包括企业专有技能的运用。二是技术系统操作维度。它来自员工头脑中隐含知识的积累,通常表现为小组或企业组织层面上对技术资源的联合操作,因而它不同于员工知识和技能运用的简单相加。三是管理系统操作维度。它代表了创造和控制企业知识基的正式和非正式方式。四是企业价值观和行为规范运用维度。它在很大程度上决定了企业知识基的内容、结构以及企业探索和控制知识的方式。

综合对企业能力要素的分析与界定,企业的能力体系划分如图 4-2 所示。

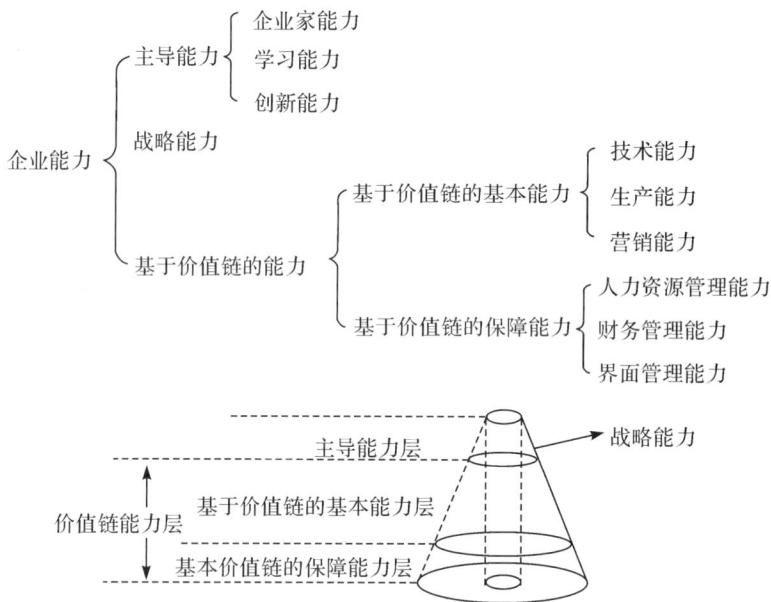

图 4-2　企业的能力体系

其中,主导能力包括企业家能力、学习能力和创新能力,是指对企业生存和发展起主导作用的能力,它是企业能力体系的内核,是企业能力产生和发展的推进剂,它能决定和影响企业其他能力的发展。战略能力在企业的发展过程中,具有规划性和指引性作用,相当于"链条"(见图 4-3),只有对企业的战略,也就是根本性、全局性的重大问题做出符合企业主客观条件的恰如其分的谋划,企业的其他能力的培育才有了方向;价值链能力是指企业运营过程中所需的基本能力和保障能力,它包括技术能力、生产能力、营销能力、人力资源管理能力、财务管理能力和界面管理能力。

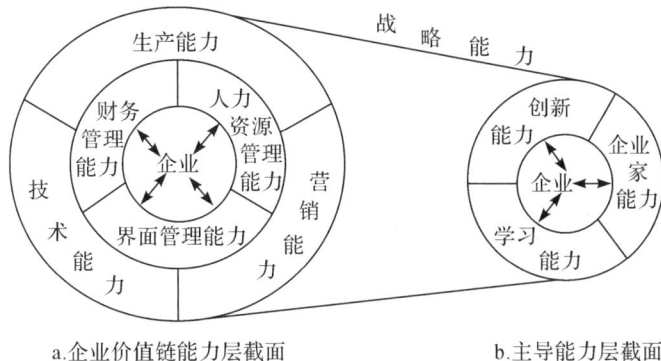

a.企业价值链能力层截面　　　　　　　b.主导能力层截面

图 4-3　企业能力层截面

①主导能力

• 企业家能力

"企业家"一词源于法文,最早由法国经济学家萨伊(Say)提出,他认为企业家是"将所有的生产资料集中在一起,并对他所利用的全部资本、所支付的工资、利息和租金,以及属于他自己的利润进行分配"的人,同时,企业家还承担着可能破产的风险。英国剑桥学派的代表人物马歇尔(Marshall)在《经济学理论》一书中指出,企业家是组织、管理企业并承担风险的人。而熊彼特认为企业家发挥的是管理或决策的作用。我国经济学家厉以宁认为,企业家是指"那种有远见,有胆量,有组织才能,进行创新的人。他可能自己拥有资本,也可能自己不拥有资本,但是他善于运用资本"。总的来说,企业家应该是具有创新意识,勇于承担经营风险,能有效组织和控制企业生产经营活动,是企业竞争市场机会的发现者和利用者,是企业与市场、企业与企业之间关系的协调者。

企业家在市场经济中处于主体地位。大量的事实证明,每一个成功企业的背后,都有一个成功的企业家,如通用电气的韦尔奇、IBM 的郭士纳(Gerstner)、松下公司的松下幸之助、海尔的张瑞敏等。他们或筚路蓝缕,或受命危难,凭借着企业家才能,使企业更上一层楼。拥有稀缺的、异质性资源的企业家才能构成一家企业。企业家能力是难以替代的,是企业的主导能力之一,一旦离开了它,企业的其他资源和能力就无法发挥正常功能,甚至丧失其市场价值。

• 学习能力

能力的提高靠不断的知识积累,而知识积累又取决于持续不断的学习。学习可以促进显性知识和隐性知识的传递,是培养和发展企业能力的关键途径。对于组织学习与能力之间的联系,早在 20 世纪 90 年代初就引起了众多学者的关注。普拉哈拉德和哈默尔建议,培育企业核心能力应该建立学习驱动型战略。[①] 野中郁次郎认为,组织学习必须以有效的定义和解决问题为焦点,而这种定义和解决问题的能力正是企业竞争优势的基础。[②③] 雷(Lei)和

---

① Prahalad C K, Hamel G. The core competence of the corporation[J]. Harvard Business Review, 1990,68(3):79-91.

② Nonaka I. The knowledge-creating company[J]. Harvard Business Review,1991,69(6):96-104.

③ Nonaka I,Toyama R,Nagata A. A firm as a knowledge-creating entity:A new perspective on the theory of the firm[J]. Industrial and corporate change,2000,9(1):1-20.

贝蒂斯(Bettis)认为,组织学习具有创造新资源、提升知识与核心能力的潜在可能性。[①] 能力的培育过程实质上就是一个学习的过程。多数组织的能力都起源于个人,从个人和团队能力发展而来。企业的能力可以在业务活动过程中逐渐积累形成,但更多的企业是靠有计划的学习来加速能力的培育的。

在动态竞争环境中,学习的重要性更加突出,培养学习能力对于企业而言更加重要,基于上述分析,本书将学习能力纳入企业主导能力之一。

• 创新能力

企业创新能力所涉及的范围涵盖了技术创新、管理创新等诸多方面。因此,企业创新能力是渗透到企业经营管理各个方面的因素。创新能力是企业不断发展的前提,影响着企业竞争力的形成和发展。

创新能力是企业竞争力形成的关键所在。尽管具有一定的模仿能力能够缩短与竞争对手的差距,如第二次世界大战后日本通过专利技术的购买和对欧美先进技术的模仿,短时间内获得了长足进步。但是,一家企业如果仅仅停留在模仿阶段,很难拥有核心能力并建立可持续的竞争优势,必须在此基础上,通过吸收、消化、综合、创新,才能达到构建核心能力的目标。创新能力也是企业的主导能力之一。

②战略能力

战略能力对企业竞争力的作用主要表现为:一是在产业发展相对平稳的时期保持企业竞争力发展和积累的一致性;二是准确预测环境的动态变化,适时进行企业竞争力的规划和跃进,以适应新的市场、产业环境、技术环境及政策环境;三是通过对未来市场和环境的把握,定位发展目标与方向,对资源进行有效的配置,产生系统整合效应;四是战略能力决定了系统规划和实施控制的水平,也有利于其他能力的开发,提高和环境的匹配度,从整体上增强企业的竞争力。

③价值链能力

价值链能力包含了基本的价值链能力和保障型的价值链能力。关于价值链相关内容将在 4.5 节进一步讨论。

④数字化能力

数字经济时代,企业能力需要有新的发展,数字化能力成为企业最终获取竞争优势的关键能力。数字化能力是指企业以现代信息网络为主要载体,以数据为关键资源要素,通过创新驱动和数字技术融合应用,系统性变革和重构企业业务模式与组织流程,提升运行效率,高效为用户创造价值,并最终获取持续竞争优势的能力。数字化能力具体体现在以下三个方面:首先,数字化能力赋予企业更加强大的连接力,帮助企业接触到更多的外部合作伙伴,实现人、物、信息等全方位的连接。其次,数字化能力将数据转化为关键资源要素来推动企业数字化变革,通过数据生成、数据传输、数据存储以及数据可视化等一系列数据处理过程,将海量数据转化为对公司有价值的见解和可操作的指令,指导企业的一系列经营管理活动。最后,数字化能力在动态环境下推动了企业在多方面的创新以及转型过程,企业通过培育数字创新能力,将数字资产与商业资源进行整合,并借助数字网络,实现产品、过程、组织以及商业模式等的创新。

---

① Lei D,Hitt M A,Bettis R. Dynamic core competences through meta-learning and strategic context [J]. Journal of Management,1996,22(4):549-569.

4.2.3　知识及其重要性

能力的背后是什么？有观点认为,组织能力从根本上取决于组织的知识水平。

对于知识的定义有很多种,比较有代表性的是柯格特(Kogut)和桑德尔(Zander)给出的定义。[①] 他们认为知识包含隐含的方法知识(即 know how),是企业内积累的能帮助人们更稳定更有效率地做事的技巧和专业技能,还包含信息(即 know what),是知识中能够清楚表述的方面。知识一般利用三个特性指标来分析,具体包括隐含性(tacitness),表示知识被解码化的程度,即知识被清晰地以书面、口头形式描述的程度;情境依赖性(context specificity),即知识对所在环境的依赖程度,尤其是环境中那些未被识别的方面;分散性(dispersion),是指知识在很大程度上存在于一个或者多个人的头脑之中,被组织中的群体集体拥有。知识根据存在于个体还是集体、显性还是隐性,可以分为四个类别,如图 4-4 所示。知识作为一种特殊资源,特别是隐性的集体性知识,最有可能成为企业竞争优势的重要来源。

隐含性

	显性	隐性	
个体	个体显性知识	个体隐性知识	分布性
集体	集体显性知识	集体隐性知识	

图 4-4　斯彭德(Spender)对知识的分类 [②]

知识也与资源相关。知识的取得需要资源的支持,没有资源,就不可能去满足客户的需求。例如,对于大多数组织来说,为 IT 系统基础设施购买或者开发足够的硬件和软件就是一项基本要求。一些知识本身就是独特的资源,例如,某些"天才员工"所掌握的知识,如从事研究的科学家,或者组织的知识产权(如专利)。知识可以通过系统或商业流程(如市场研究或采购流程)来获取,而这本身也是一项很重要的能力。由于组织之外也存在着很多重要知识,因此将各组织间的知识整合起来的过程尤为重要,这也是开展业务的一项基本要求。例如,在价值链中,采购和产品分销的知识与如何生产这些产品的知识同等重要。某些特定资源可能会随时间而湮灭,但建立在知识基础上的能力会随着经验的积累而不断提高。知识也可能是组织的核心能力,因为它可以带来竞争优势。但是,构成组织核心能力的知识必须是难以模仿的,比如知识共享或整合的流程就可能带来竞争优势。对于新产品开发来说,这一点很重要。只有将产品开发的知识和市场知识结合起来,才能取得商业上的成功。

---

① Kogut B, Zander U. Knowledge of the firm, combinative capabilities, and the replication of technology[J]. Organization Science,1992,3(3):383-397.

② Spender J C, Grant R M. Knowledge and the firm: Overview[J]. Strategic Management Journal, 1996,17(S2):5-9.

4.3 核心能力

4.3.1 核心能力的内涵

美国学者普拉哈拉德和哈默尔在《哈佛商业评论》中提出了核心能力(core competence)的概念,并指出核心能力是组织中的积累性知识,特别是关于如何协调不同的生产技能和有机整合多种技能的知识。为突出核心能力的内涵,两位学者对核心能力做了一个形象的比喻:一家公司就像一棵大树,消费者接触到的是这家公司的产品(end products),它们好比这棵树的叶、花和果实,而直接生长出产品的业务(business)部门是这棵树的枝干,核心产品(core products)是这棵树的树干,它保证了各业务部门的竞争力,为所有这些产品和业务提供营养的就是核心能力,如图 4-5 所示。核心能力可以给企业带来长期的竞争优势(competitive advantage in long-run)和超额利润(superior profit)。

最终产品

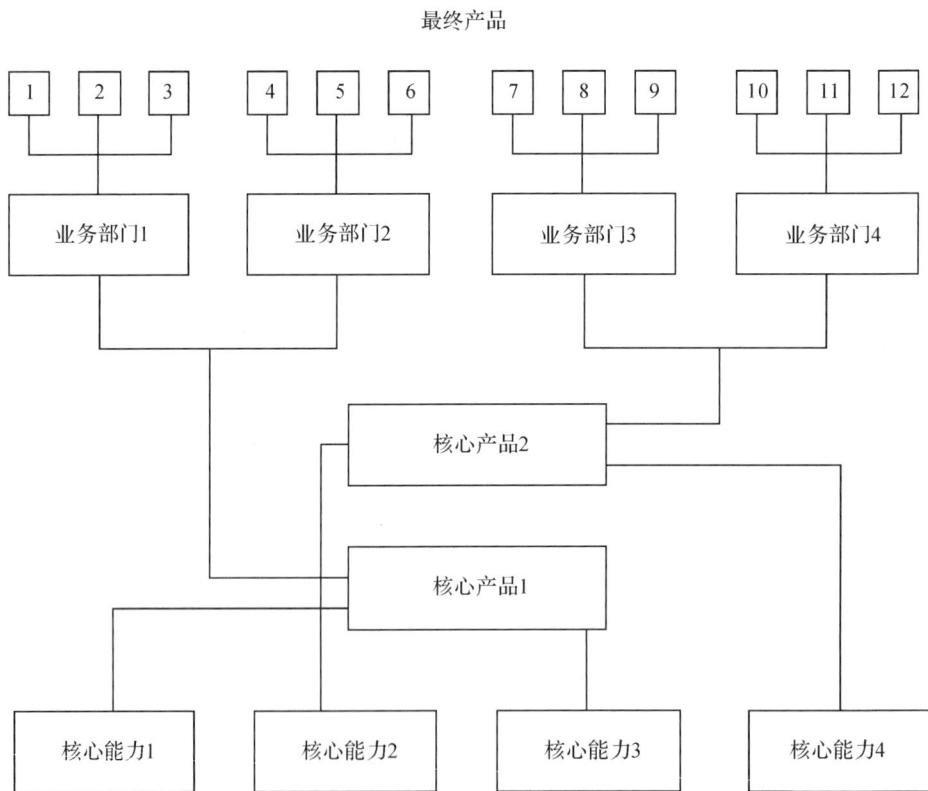

图 4-5 核心能力树[①]

---

① Prahalad C K, Hamel G. The core competence of the corporation[J]. Harvard Business Review, 1990,68(3):79-91.

核心能力被提出之后，就成为一个重要的概念。尽管人们对这一概念趋之若鹜，但在实践中却并不容易应用。对大多数企业而言，核心竞争力更像是海市蜃楼，从远处看，给逆境中的人以希望，但真的走近了，却发现它只是一片黄沙。原因何在？来自麦肯锡公司的科因（Coyne）等认为，核心能力可望而不可即的原因在于，一方面，没有帮助人们识别核心竞争力的明确依据，另一方面，也没有特定的方法度量达成核心能力的流程。经过研究，科因等对核心能力做了更为具体的界定和分类，认为核心能力是群体或团队中根深蒂固的、互相弥补的一系列技能和知识的组合。借助核心能力，能够按行业一流水平实施一到多项核心流程。他们进一步提出，对于一家企业来说，核心能力包括两类能力，一类是洞察力、预见力，另外一类是业务一线的实施能力。[①]

洞察力和预见力。洞察力和预见力有助于企业发现并掌握某种惯例和模式，帮助企业形成先行一步的优势。它们来源于以下几个方面：第一，能够触发一系列发明的技术或科学知识，如佳能公司的光学知识和缩微能力。第二，专有数据，如花旗银行的行为和信用评分知识。在 20 世纪 80 年代，花旗银行利用这类知识，奠定了其在美国信用卡业务的领先地位。第三，能不断开发成功产品的创造力，如迪士尼公司在动画业务领域的创造力。第四，卓越的分析和推断能力。如伯克希尔·哈撒韦（Berkshire Hathaway）公司和彼得·林奇（Peter Lynch）公司属下的富达基金（Fidelity Magellan Fund）公司，它们通过分析普通股票投资者都可以获取的数据，实现了高额的财务回报，这证明了分析推断能力的重要性。

业务一线的实施能力。因一线人员工作差异显著，导致终端产品和服务也会产生很大差异，从而导致实施能力的大相径庭。业务一线的实施能力可以定义为交付产品或服务的独特能力，或者优秀员工提供产品或者服务的最佳能力。比如在商业保险业务中，一个保险代理要决定公司是否会接受某个保单，以及保单价格是否和自己的风险评估结果相符。尽管有基本的规则，但是保险代理人仍有个人决定的自由度。研究表明，当顶尖的保险代理人处理某个保单时，保险公司的投资回报率可以提高 15% 以上。再比如，零售业的诺特斯丹（Nordstrom）公司，它满足客户需求的能力就属于一线实施能力。由于诺特斯丹公司销售团队在一线的行动和决策能力，该公司的营业网点整体服务水平远超同行。诺特斯丹公司的企业文化强调为员工提供互动性强、激励到位和高度支持与配合业务发展的工作环境，支持了这家公司独特的业务方式，公司销售人员在这样的工作环境中自然能有不俗的整体表现。

4.3.2　核心能力的识别和评价

（1）核心能力的识别

"不识庐山真面目，只缘身在此山中"。出于以下几个原因，有时候，即使是企业的领导人，也不容易准确地识别出自身的核心能力到底在哪里。

首先需要明确的是，一些实际上可以归类为成功关键因素的内容，如"优质服务""可靠的交货"，并不属于核心能力。

其次，公司上下看问题可能会比较表面化，但是核心能力也许深藏在组织工作的日常惯

[①]　Coyne K P, Hall S J D, Clifford P G. Is your core competence a mirage？[J]. The McKinsey Quarterly，1997(1)：40-51.

例背后，不易发觉，比如很多知识和能力蕴藏于组织文化之中。

以一家英国消费品公司为例(见图 4-6)，多数客户认定的成功关键因素可能是"光鲜的外表"，如品牌声誉、优质服务、交货、产品种类、创新能力等。但是，剥茧抽丝，才发现相比于竞争对手，更为关键的驱动因素还深藏于幕后。例如，优质服务背后是灵活性和快速反应能力，包括为零售企业解决问题的合理方法，如订单错误或订货量过多。进一步分析，可以发现，它们成功的大部分原因都来自配送和物流系统，这是为这些特殊客户提供服务的重要资源和能力。但是，竞争对手也可以配备同样的资源和能力，因为零售企业根本就不会与不合格的第三方服务企业进行合作。所以，尽管配送和物流系统对于组织在行业中的生存很重要，但它们并不属于独特的资源或能力，只是一家公司必备的基本资源和能力。

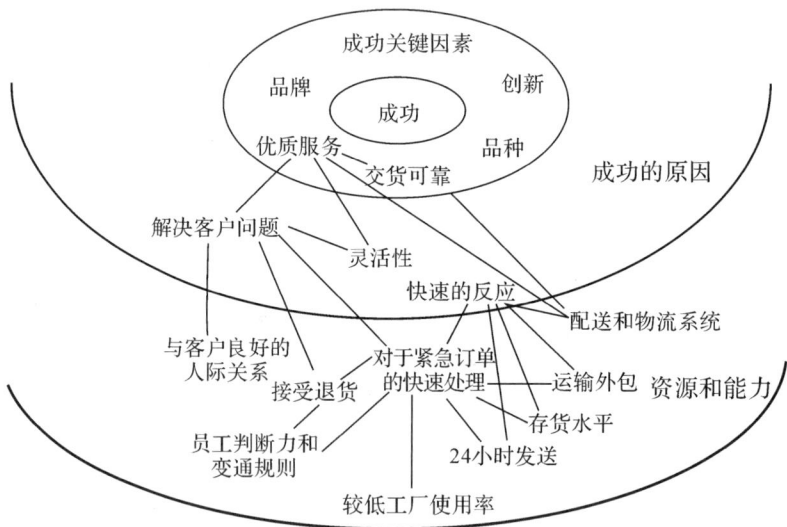

图 4-6　识别核心能力

所以说，"魔鬼在细节之中"，核心能力往往也如此。具体到这家消费品公司，可以发现如下几个与核心能力相关的细节问题。

关于"规则变通"问题，严格上来讲，某些主要零售客户的退货是违背公司政策的，但是这家消费品公司能够灵活变通并帮助客户顺利解决退货问题；关于"业务淡季"问题，这家消费品公司通过生产线上不同产品生产的切换，利用有多余产能的生产线解决淡季问题；关于尊重"习惯和事实"问题，面对公司政策，这家消费品公司更倾向于打破陈规，优先帮助大型零售企业的采购人员解决问题，如接受退货并优先处理。这种"系统为人服务"的能力就是核心能力深藏于组织细节中的典型例证。

通过以上分析，可以了解这家消费品公司的核心能力究竟是什么——销售人员和零售客户之间长期保持的良好关系，这种关系鼓励零售企业在遇到困难时，向这家消费品公司提出看似"不可能满足"的要求；此外，高效的物流系统、存货水平、备用的生产能力和员工对规则变通的判断等因素综合起来，为这家消费品公司造就了竞争优势。也就是说，是以上各种活动的综合，而不是单独的一项或两项因素成就了这家消费品公司的"江湖地位"。而且这些因素大都隐藏在公司操作层面的业务活动中，所以不难理解，不仅竞争对手不容易发现，有时公司自身也不容易挖掘和发现。

(2)核心能力的评价

作为企业战略能力的核心能力,它必须同时满足四个评价标准,如表4-3所示,这四个标准称为 VRIN,即有价值(valuable)、稀缺(rare)、难以模仿(costly to imitate)、难以替代(non substitutable)。

表 4-3　企业核心能力的四个评价标准[①]

评价标准	特质
有价值	能够帮助企业减少威胁或利用机会,并为客户提供价值增值
稀缺	不被其他企业拥有,或者拥有者很少
难以模仿	特定的历史条件:如独特而有价值的组织文化或品牌 因果模糊性:如竞争力的原因和应用不清楚 社会复杂性:管理人员、供应商及客户间的人际关系、信任和友谊 时间压缩的不经济性:核心能力的形成需要长时间的积累
难以替代	不具有战略对等性的资源

V(valuable),即有价值的能力,是指能够帮助企业在外部环境中通过利用机会或降低威胁而创造价值的能力。企业通过有效利用各种能力来把握难得的机遇,从而源源不断地为自己的顾客创造价值。企业在评判何种能力为核心能力时,需要看其是否对顾客需求的实现有重要意义。

R(rare),即稀缺的能力,是指至多只有极少数的竞争对手才具备的能力。有价值的资源尽管对企业利用机会或降低威胁有利,但如果大量企业都拥有这种有价值的资源,那么这类资源则很难帮助企业获取竞争优势。因此,资源是不是稀有的,是否仅仅掌握在少数企业手中,是判断其是不是核心能力的另一个重要标准。

I(costly to imitate),即难以模仿的能力,是指其他企业不能轻易建立起来的能力。难以模仿的来源主要有四个方面,分别是特定的历史条件、因果模糊性、社会复杂性以及时间压缩的不经济性。

特定的历史条件。资源学派认为,有些资源和能力的形成是有其特定的历史和路径依赖性的。只有那些经历过特殊历史的企业才具有某种特有的资源和能力,而那些在特殊时期没能得到这种资源和能力的企业,要在未来某个时期以同样的成本获取这种资源和能力将是极其困难的。当一个企业通过历史和路径依赖得到的资源和能力成为竞争优势时,竞争对手模仿或复制这种资源和能力的代价将是十分高昂的,当模仿和复制的成本高昂时,这种资源和能力便可成为企业持续的竞争优势和经济利润的来源。

因果模糊性。一般来说,如果竞争对手能将其他企业的成功原因解析清楚,那么它们就能够成功地学习和模仿。所以,因果模糊性是指竞争对手并不清楚对标企业成功的真正原因,它们为什么具有竞争优势和经济利润,这些优势和利润来自何处。因此,竞争对手就难以确切地知道如何去模仿或学习成功企业的这种能力,当然也就不清楚如何利用自己的资源和能力去实施相关战略。

---

①　希特,爱尔兰,霍斯基森.战略管理:概念与案例:第12版[M].刘刚,梁晗,耿天成,等译.北京:中国人民大学出版社,2017:76,引用时有改动。

社会复杂性。资源学派认为,一些复杂的社会性资源和相关能力可能是成功企业的竞争优势来源,例如,企业高管层的人际关系、企业的社会声誉和各种社会关系等。相比于同类企业,具备这些资源和能力的企业在制定战略的时候,拥有更大的可选择余地。如果一个企业缺乏社会资源,那么它不一定能成功取得这些资源和能力,或者要付出远超成功企业的更大的代价。因此,社会复杂性成为行业优秀企业难以模仿的另一个重要来源。

时间压缩的不经济性。时间压缩的不经济性主要是指在短时间内,其他竞争对手不可能获得与领先企业相同的投资回报。要想获得与之同样的投资回报,往往需要投入更多的资源和时间。所需的资源越多,经历的时间越长,可模仿性就越低。"罗马不是一天建成的。"战略的理念可以模仿,但是支撑战略的能力却是难以模仿的,因为能力的养成不是一蹴而就。当然,这些努力也能带来长期的影响。观察处于领先地位的企业,不难发现,它们的竞争优势在相当长时间之前就已经开始建立。也就是说,核心能力的形成源自长时间坚持不懈的资源投入和学习积累。

N(non substitutable),即难以替代的能力,是指那些不具有战略对等性的能力。通常情况下,一种能力越难以替代,它所具有的战略价值就越高。正所谓"大象无形,大音希声",一种能力越是不可见,竞争企业就越难找到它的替代能力,竞争对手在试图模仿这家企业的增值战略时,就会面对更大的挑战。公司特有的知识以及公司管理层和普通员工之间建立的相互信任的工作关系,如联合包裹公司(United Parcel Service,UPS)"在分散的决策权和人与人之间相互沟通的公司文化基础产生了技术上的高效性",这就是很难识别和替代的能力。当然,所谓物极必反,对于企业本身而言,因为这些能力难以标准化、难以编码,因而提升、加强、传播或者复制这种能力的时候,有可能无从下手,这在某种程度上会阻碍企业的进步。

一般来说,能够同时满足这四个条件的能力才可以成为企业的核心能力,而只有核心能力才能够最终帮助企业获取可持续的竞争优势。从表 4-4 中可以看出,这四种衡量可持续竞争优势的标准决定着企业参与竞争的最终结果及在竞争中的各种表现。表 4-4 也为企业管理人员决定各种企业能力的战略价值提供了一定的指导。对于四个标准都不满足的资源或能力,企业在制定以及执行战略时不用给予过多的关注,而对于那些能够产生竞争对等性,以及暂时或可持续的竞争优势的能力,应当加以重视与支持。

表 4-4 可持续竞争优势四种标准的组合①

资源和能力是否有价值	资源和能力是否稀缺	资源和能力是否难以模仿	资源和能力是否不可替代	竞争结果	业绩
否	否	否	否	竞争无优势	低于平均回报
是	否	否	是/否	竞争对等性	平均回报
是	是	否	是/否	暂时的竞争优势	高于平均回报
是	是	是	是	可持续的竞争优势	高于平均回报

---

① 希特,爱尔兰,霍斯基森.战略管理:概念与案例:第 12 版[M].刘刚,梁晗,耿天成,等译.北京:中国人民大学出版社,2017:79.

4.3.3 核心能力的构建

企业建立其核心能力的过程并不容易。根据麦肯锡公司的研究[①]，核心能力的构建途径有三种：一是演化法，是指在不影响相关员工从事日常工作的同时建立某些技能；二是孵化法，是指组建独立的团队，专门从事核心能力的开发；三是收购法，是指企业通过并购其他企业，获取所需的技能。

（1）演化法

通过演化法建立核心能力，在产生真正收益的过程中，会牵涉多种组织活动的实施和协调。如果希望一蹴而就地建立起核心能力，最终往往会以失败而告终。例如，某公司实施了新的激励机制，但却发现员工的行为并无实质改变，另一家公司改革了自己的培训体制，也无功而返，究其原因，在于强大的组织惰性。

构建核心能力能否成功，一个重要的因素在于企业能否做到"多任务并行处理"。一家商业财产保险公司为了提高它的承保能力，在公司推动了60多个变革项目，包括改变人员招聘标准，调整新进员工薪资标准，调整保险代理人的升迁办法，改革培训项目。为了提高数字化水平，公司还引进了新的承保规定和新的信息系统，提供更准确的历史数据和行业数据。另外，该保险公司还改革了员工评估的指标体系及对应的激励方法，引导保险代理人员从注重保单数量到注重保单质量。公司还改组了组织架构，在各分公司设立承保经理一职，和业务经理分开。在总部，公司改革了精算和承保部门，建立了承保审计部门，加强了和理赔部门的联系。经过这些改革，该保险公司在三年内，保险回报率比行业平均水平高出了15%。

任何商业项目都要求管理人员量化投资的预期收益，对于通过演化来发展核心能力而言，这一点显得更加重要。因为如果过于注重短期收益，最终很难奏效。

（2）孵化法

在这一方法下，企业专门抽调人员，组成独立于其他部门的内部团队，负责在两到三年内，构筑起核心能力的基础。孵化法的优势在于营造一种合理的培育环境，在这种环境下让核心能力成长起来。一旦孵化的核心能力强大到足以产生价值，就可以尝试向组织的其他部门推广。

美国的区域性电话企业西南贝尔公司（Southwestern Bell）和从事工程服务的 KBR（Kellogg Brown & Root）公司都采取了孵化法来建立核心能力。西南贝尔公司建立了移动电话营销的核心能力，KBR 公司建立了物流管理的核心能力。两者都从中获取了丰厚回报。KBR 公司在物流和应急管理上都居全球领先地位，从美国和其他国家拿到了很多合同，当时年收益将近5亿美元。西南贝尔公司当年在美国移动电话的区域市场中也占据了主导地位，有320万客户。这两家公司都曾建立相对独立的、高激励性的工作环境，用孵化方法催生核心能力。在这种工作环境中，参与者可以从主要业务中邀请、暂借或"窃取"有能力的目标人才或有前途的业务，而不受公司规章制度的约束。比如，KBR 公司在孵化器内

---

① Coyne K P, Hall S J D, Clifford P G. Is your core competence a mirage? [J]. The McKinsey Quarterly,1997(1):40-51.

部打破了公司的原有规章制度,变革了原有的组织体系,出台了较为激进的业绩驱动型管理方法,在现有的项目建设能力基础上,建立了新的物流业务。

和演化法一样,孵化法也需要借助外来者。在演化法中,必须外聘一部分员工,否则无法对抗阻力巨大的组织惰性。但在孵化法中,外聘人员则是为了快速、高效地利用公司需要的特定技能。当西南贝尔公司的移动电话业务需要远程通信专业人员时,并没有到行业巨头公司挖人,而是去寻求长途电话代理公司的相关专业人员。原因在于,这些公司的竞争非常激烈,而这些目标人员具有在行业中"肉搏战"的实际经验。

西南贝尔公司和KBR公司都侧重于脚踏实地寻找新的业务机会,而不是建造空中楼阁。它们的孵化器管理者并非"核心能力管家"或"知识型领导",而是结果导向型领导,他们目的性强,利用简单有效的绩效指标,对标优秀企业,评估自身的核心能力。也就是说,这些领导者都非常"功利",把工作重点放在如何在挑战性的新环境下,创造并实现真正的业务增长。

(3)收购法

兼并收购是商业社会中长盛不衰的话题。在核心能力的构建中,考虑到演化法和孵化法的较长周期,企业也可能会采用收购法,以求在较短时间内,通过兼并收购来获取技能。但是,相比较而言,收购法的成功可能性更低。

总体而言,对一线执行能力的收购,其达成收购目标的可能性要高于对洞察力的收购。因为在一线执行能力的收购中,被收购企业的组织体制(如激励体制、知识体制)在一定程度上能够保证核心能力不受到损害。即便有人在收购后离开,组织体制能确保以较高效率将技能转移给新员工。而在对洞察力/预见力的收购中,如果拥有关键技能的人员离开,这项收购基本上就会沦于失败,因为它很难复制。

从结构上看,在核心能力导向型的收购活动中,如果被收购方没有被完全整合进入收购方,而是保留一定的独立性,那么收购成功的可能性会更大。如吉利汽车在收购沃尔沃汽车业务的初期,特别注意保持沃尔沃业务的独立性,就像吉利创始人李书福所言:"吉利是吉利,沃尔沃是沃尔沃。"在一线执行能力中,为确保收购成功,正如上文所言,一定要保持作为核心能力载体的组织体制的完整性和相对独立性。如果将被收购方被完全整合进入收购方,往往会对这种组织机制造成冲击,甚至是毁灭性的打击。在洞察力/预见力的收购方面,同样的原因,被收购方现存的组织体制可能是吸引某些人才的原因,如果进行激进变革,可能会导致这些人才的离开。有研究发现,被收购企业在收购完成之后,大约有90%的人员会在两年内相继离开。

4.3.4　避免核心能力的刚性

核心能力具有两面性。由于核心能力具有复杂性和内嵌性等特征,其具有高度的可持续性,竞争对手难以模仿。但这种特征是一把双刃剑,在竞争对手难以模仿的同时又造成了核心能力的低转移性。也就是说,一家往日顺风顺水、所向披靡的企业,在新环境下可能因为其核心能力的低转移性而丧失竞争优势,这就是所谓的核心能力的刚性(rigidity)。

曾担任欧洲林肯电气CEO的黑斯廷(Hasting)曾经这样说:"……危机的根本原因是包括我在内的林肯领导者对公司能力和体制日益增长的过度自信。我们一直在夸耀我们独特的文化和激励机制,以及对公司忠诚、有技能的员工是林肯竞争优势的主要来源。"

因此,企业要警惕核心能力刚性的问题,核心能力的刚性形成原因是组织长期致力于某些特定领域核心能力的建设而僵化不变,导致难以革新和与时俱进。对于企业来说,培养核心能力并非易事,而"遗忘"核心能力同样困难。企业在构建核心能力时,不能忽略新的市场环境和需求,否则将面临故步自封的危险。以美国施乐公司为例,其最初在复印机领域里应该处于领头羊的位置,通过买回复印机的原始技术开创发明复印机,在整整 10 年内施乐公司没有任何竞争对手,这种行业内的垄断滋长了惰性,施乐不思进取、不思改革,久而久之形成了核心僵化。到了 20 世纪 80 年代中期,日本佳能公司打入施乐公司垄断的复印机领域,佳能公司的复印机虽然功能上没有施乐公司的复杂,但是成本却降低了 1/3,施乐公司的市场最后只剩下了原来的 1/3,这时施乐公司才开始反省,随后引入智能化技术,并且不断创新,现在的施乐公司依然是世界复印机市场上比较有竞争实力的企业之一。

富士公司也是成功转型的代表。胶片市场的萎缩和数码时代的到来产生了商业史上的两个经典案例。一是柯达的破产,一是富士胶片的"成功转身"。2000 年,胶卷业务达到顶峰之际,全球胶卷市场却开始全面走向萎缩,正是在这时,富士胶片主动迎接挑战,着手改变以胶卷为主的核心业务。2003 年,富士公司通过对"四象限矩阵图"的分析,充分运用在胶片时代积累的技术核心能力加速技术创新,富士胶片开始全面转型,寻找新的市场和发展新的核心业务,比如将胶卷领域的看家本领抗氧化技术移植到化妆品中,将纳米技术应用于制药工艺,在高性能材料领域研发新技术、开拓新市场等,从而确定医疗健康、高性能材料、电子影像、光电、文件处理、印艺六大新核心业务,形成了影像、医疗健康及高性能材料和文件处理三大核心事业领域。2018 年年报显示,富士胶片实现销售收入 219.05 亿美元,其中影像事业领域为 34.86 亿美元;医疗健康及高性能材料事业领域为 93.60 亿美元;文件处理事业领域为 90.59 亿美元。三大核心事业部业务占比分别为 15.91%、42.73% 和 41.36%,传统业务已经降至两成以下。

居安思危,是避免核心能力僵化的法宝。所以观察那些成功企业的领导人,他们永远都充满了危机感。张瑞敏如是说:"永远战战兢兢,永远如履薄冰。"比尔·盖茨也说:"微软离破产永远只有 18 个月。"任正非在《华为的冬天》这样说:"十年来我天天思考的都是失败,对成功视而不见,也没有什么荣誉感、自豪感……失败这一天是一定会到来……这是历史规律。"

"求木之长者,必固其根本"。拥有核心能力的企业,就好比一棵大树,如何才能生生不息,根深叶茂?"时时勤拂拭,勿使惹尘埃",爱护和照看,不断地浇水施肥,公司之树才能常青。

专栏 4-2:TikTok 的成功秘诀是什么

所有人都认为,TikTok 的核心算法——也就是用户打开应用程序时他们看到的中心信息流选择视频的算法,可能是该公司最宝贵的资产。该算法被称为"for you page"(为你推荐,即 FYP)。亚马逊前高管兼博客作者魏(Wei)将 TikTok 的 FYP 算法比作《哈利·波特》系列中的分院帽——一个"快速、高效的中介",它分析用户的行为,并根据用户的兴趣将他们放入个性化的细分市场。

　　FYP算法是TikTok的秘密武器,它之所以如此准确,很大一部分原因在于字节跳动的全球影响力。世界各地的TikTok用户每天浏览时的每一次滑动、点击和观看的视频(每天多达亿兆的数据点)都被输入巨大的数据库,这些数据库随后被用来训练人工智能,以预测哪些视频会吸引用户的注意力。

　　有时,这可能意味着给美国用户播放的是印度或中国制作的视频。其他时候,它可能意味着使用一个国家的用户数据来为另一个国家推荐提供信息,它甚至可能意味着使用从一个完全不同的字节跳动旗下应用(比如中国版的TikTok——抖音)当中收集的数据,来为TikTok用户提供展示给他们的信息。

　　字节跳动首先把自己视为人工智能公司。构建人工智能的本质是,拥有的数据越多,算法通常就越好。它不断地从你身上学习,随着时间的推移,建立一个大致上很复杂的模型,来发现你喜欢观看什么,并且向你展示更多这样的内容,或者类似内容,或者与之相关的内容。正如《大西洋》(The Atlantic)月刊的洛伦兹(Lorenz)所说,"一口气看太多视频会让你感觉大脑都麻木了,非常容易上瘾。"TikTok只是对你做了你让它做的事。

资料来源:Jeffrey M. O'Brien. 欢迎来到Tik Tok经济[J].财富(中文版),2021(11-12):52-62;Yaling Jiang,Will TikTok become the next major cross-border e-commerce platform for Chinese merchants to tap overseas consumers? South China Morning Post,Feb 26,2022,https://www.scmp.com/tech/tech-trends/article/3168385/will-tiktok-become-next-major-cross-border-e-commerce-platform.

4.4　动态能力

4.4.1　动态能力的提出

　　由于所谓的能力刚性,环境不断变化,企业原有的核心能力可能会阻碍企业进一步发展,所以需要进一步探索,在动态环境之下,企业如何获取可持续的竞争优势?在这一背景下,蒂斯等提出了动态能力(dynamic capabilities)的概念,并将其定义为企业整合、构建、重新配置内部和外部能力,以应对快速变化环境的本领。从这个定义中也可以看出动态能力与一般能力的不同之处在于其变化性。蒂斯等学者进一步提出,不具备或者仅有有限动态能力的企业无法培育竞争优势,也无法随着时间的推移保持竞争优势,导致企业最终失去其生存的基础,而动态能力强的企业则能够使它们的资源和能力随时间变化而调整,并能利用新的市场机会来创造竞争优势的新源泉。

　　动态能力理论源自资源基础理论,且吸收了核心能力理论的许多观点,因而在特征上与核心能力有相似之处,如企业的动态能力也具有价值性、独特性等特征,但动态能力是改变企业能力的能力,在本质上与企业核心能力存在区别。[①]

　　蒂斯指出动态能力包含三个维度,在此基础上进而形成三种能力,分别是感知能力

---

　　① 黄江圳,谭力文.从能力到动态能力:企业战略观的转变[J].经济管理,2002(22):13-17.

(sensing)、捕捉能力(seizing)和转换能力(transforming)。第一是感知能力。感知涉及"识别、开发、共同开发和评估与客户需求相关的技术机会"。第二是捕捉能力。借助捕捉能力，企业调动资源来获取通过感知行动确定的需求和机会，并从这些行动中实现价值增值。第三是转换能力。转换能力包括持续更新、资产调整、协同调整、重新调整和重新部署。这些能力通过一系列具体的组织行动共同发挥作用，以帮助企业实现变革。

4.4.2　数字化与动态能力

在数字化背景下，企业不断推进数字化转型，而这种"应急"战略和企业现有资源之间会形成一定的冲突，从而导致企业面临转型困难。首先，面对环境的动态变化，企业很难提前充分阐明其数字化转型战略。其次，数字化转型战略需要跨组织流程同时开发和重新配置 IT 和业务资源，这存在一定难度。而由感知能力、获取能力以及转换能力构成的动态能力则可以有效地帮助企业反复地重新配置组织资源和优化战略，从而应对动态环境变化和内部张力。具体来说，面对数字化转型战略，企业需要能够识别和理解所需的变化以及在制定战略时如何考虑这些变化，因而企业需要感知能力。数字化转型战略涉及企业内部流程的改变、业务模式的改变以及合作伙伴的重新选择等，因而企业需要捕捉能力。数字化转型战略及其所需资源的相对新颖性，意味着许多企业可能不具备相关的内部专业知识，因此，数字化转型战略要确保其所需资源与战略的匹配，这就需要企业兼具资源的外部获取和内部创造，以及两者之间的融合能力，因而企业在动态能力构建中需要相应的转换能力。[①]

■■■ 案例

Hummel 公司的动态能力与数字化战略(digital strategy)

Hummel 公司成立于 1923 年，最初是一家运动时尚 B2B 供应商。2010 年，为了与阿迪达斯和耐克等大型体育和生活方式品牌竞争，公司打算通过数字渠道与最终消费者建立直接联系，即开拓 B2C 业务。公司需要重新配置和开发资源，以适应这种新兴的数字化战略。这一过程是如何展开的？

探索阶段(2010 年 1 月—2010 年 12 月)

由于新战略与现有资源之间缺乏匹配，组织内部对开展 B2C 战略存在重大分歧。一些员工由于各种原因强烈反对引入 B2C 电子商务，理由如下：B2C 电子商务增加了他们的工作量、对 B2C 电子商务不够了解、质疑自己的能力以及质疑这样做对公司的商业后果。此外，没有任何 B2C 知识的 IT 经理不希望 B2C 客户数据出现在 ERP 系统中。Hummel 公司采取各种协调行动来解决这些问题。首先，管理层设计了组织结构，将电子商务项目置于市场部之下。其次，管理层将电子商务和 B2C 网站定位为支持工具而非销售工具，完善了新兴的 B2C 战略方向。

2010 年 12 月，数字主管(年初新设立的职位，负责培育公司的社交媒体和 B2C 电子商务能力)向董事会提交了完善的数字化战略规划并最终得到了董事会的批准。凭借董事会

---

① Yeow A，Soh C，Hansen R. Aligning with new digital strategy：A dynamic capabilities approach[J]. The Journal of Strategic Information Systems，2018，27(1)：43-58.

的承诺、战略和预算以及专门的人力资本，Hummel 公司开始为建设阶段做好准备。

建设阶段(2010 年 12 月—2012 年 3 月)

在此阶段，Hummel 公司需要考虑是在内部构建电子商务解决方案（自有平台），还是将其外包给专业的电子商务公司（第三方平台）。

由于对 B2C 的普遍抵制，许多人倾向于外包 B2C 电子商务。创建内部 B2C 电子商务设置，这也意味着 Hummel 公司必须重新配置现有资源并创建新资源，这会给整个公司带来额外的工作。然而，Hummel 公司管理层最终选择内部自建 B2C 电子商务解决方案，因为这更符合 Hummel 公司对 B2C 电子商务的战略定位。Hummel 公司认为只有在全球所有销售渠道布局 B2C 电子商务，才符合其作为一个全球品牌的统一定位，这样做也可以避免潜在的渠道冲突。

于是，Hummel 公司的董事会和首席执行官授权 IT 部门制订内部解决方案。执行过程又进一步推动了企业内部对 B2C 电子商务战略的理解。他们发现，B2C 电子商务的发展不仅涉及系统，而且在很大程度上依赖于物流、金融、营销和销售方面的业务流程和资源，因此 B2C 电子商务不能依靠单纯的技术变革，而应该看作一种数字业务战略。

一方面，为了支持该数字业务战略，必须进行 IT 资源变革。于是 Hummel 公司在内部创建了一个数字部门，该部门将连接业务流程和后端 IT，并管理所有数字 B2C 计划，包括外部 IT 系统供应商关系。数字部门在设计、重新配置和访问 B2C 供应商资源以帮助构建新的 B2C 资源方面至关重要。首先，他们设计并规定了 B2C 电子商务系统的要求。其次，他们选择了一家能够根据 Hummel 公司的独特需求开发定制解决方案的系统供应商。最后，他们密切管理与供应商的关系，并与供应商和 IT 部门合作，为 B2C 前端以及各种集成定义系统基础架构和产品数据结构。

另一方面，为了支持不断发展的 B2C 战略，Hummel 公司需要重新配置业务资源。Hummel 公司成立了一个由首席执行官、首席营销官、首席财务官和数字主管组成的指导小组，对内部资源利用和流程进行战略监督。公司还成立了八个跨部门项目组，所有部门都派代表参加，以应对不同的挑战。此外，Hummel 公司还为 B2C 创建了新的业务流程，包括数据处理、支付流、B2C 客户服务的 SOP(standard operating procedure，标准作业程序)以及电子商务结构、例程和全天候系统服务等。

延伸阶段(2012 年 4 月—2014 年 12 月)

经历构建阶段后，公司的 B2C 业务得以增长。Hummel 公司通过数字渠道进行销售和沟通，数字部门的工作量迅速增加。为了满足 B2B 和 B2C 客户的期望，Hummel 公司不得不在数字部门安排新人员，包括文案撰写人、B2C 客户服务和 B2B 电子商务专家。

Hummel 公司的经理和员工已经习惯了该公司除了传统的 B2B 业务外，还经营 B2C 电子商务业务，拥有电子商务设施和集成系统的品牌网站运行顺利。公司所有部门都参与了电子商务运营的各个方面，只有少数部门认为新的商业机会在现阶段是一种威胁。正如首席执行官所解释的那样："新的 B2C 电子商务业务直接（通过增加业务）和间接（通过影响和控制数字 B2C 空间）地促进了公司的增长。我认为 B2C 潜在的好处永远会大得多，这就像一座冰山。"

资料来源：Yeow A, Soh C, Hansen R, Aligning with new digital strategy: A dynamic capabilities approach. The Journal of Strategic Information Systems, 2018, 27(1): 43-58.

4.5 价值链分析

价值链是分析企业如何竞争的重要工具。对于企业来说,如何识别更具竞争优势和价值创造潜力的资源或能力? 一种可靠的方法是研究其价值链。一般来说,如果企业在价值创造最大的环节上具有独特竞争优势,当企业面临外部市场机遇时,就可以发挥自己的独特竞争优势,去争取市场份额并树立定价优势。同样,如果面临外部环境的威胁,尤其是市场竞争激烈的时候,企业就可以通过发挥自己的独特竞争优势避免威胁。所以说,价值链分析是企业进行内部环境分析的关键环节。

4.5.1 价值链及其构成

价值链是指企业中一系列业务活动的集合,包括产品和服务的开发、生产及营销等。价值链显示了产品生产的整体价值,通过价值活动将资源投入转化成为消费者所需要的产品或服务。在价值链中,价值创造活动可以分为两类,一类是创造产品附加价值的基本活动,一类是确保主要活动顺利进行的支持活动。价值链的具体构成见图 4-7。

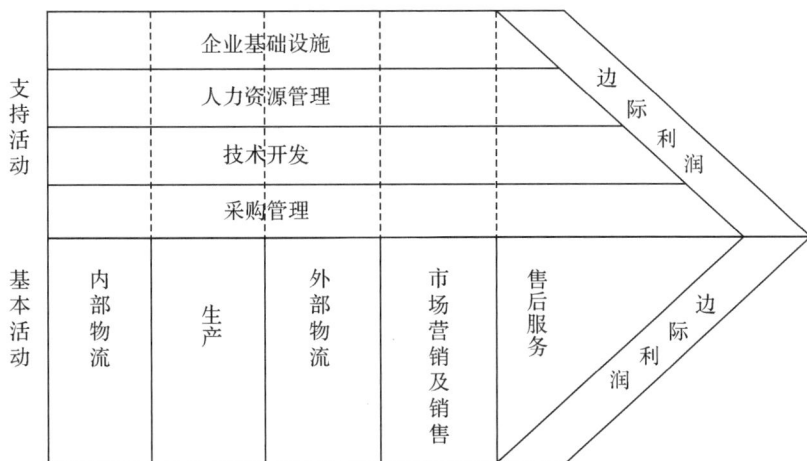

图 4-7 价值链的构成

价值链分析可以通过透视和分解企业的业务活动和业务流程,确定业务活动的成本构成和价值创造过程,判断业务活动是否处于最优状态或者属于行业最佳实践。与此同时,价值链分析还可以从成本、速度、效率等角度与竞争对手比较和对标。图 4-8 提供了利用价值链系统对航空公司的成本结构进行分析的例子。

(1)基本活动

价值链的基本活动分为五个方面:内部物流、生产、外部物流、市场营销及销售、售后服务。

内部物流包括收货、储存、原材料整理、发放材料至产品生产单位、库存控制、运输车辆的调度以及原材料退货等活动。

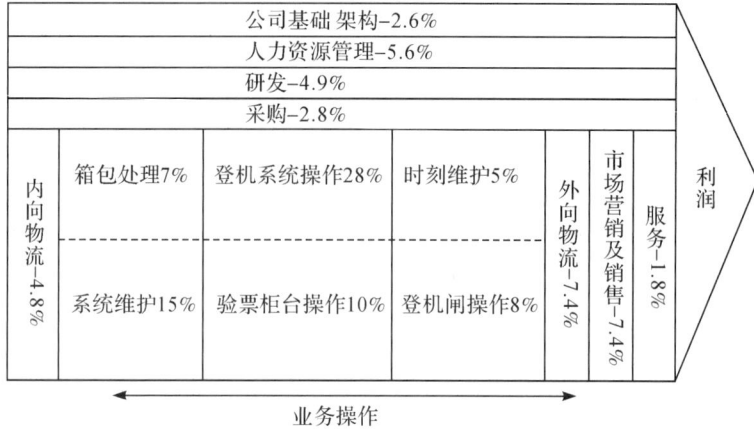

图 4-8　一家航空公司的价值链成本结构分析

生产是指将生产要素投入并转变为最终产品的活动，如机械加工、装配、包装、组装、机器维修、产品检验、打印和厂房设施管理等。

外部物流是指有关产品入库、存储和分销至客户的活动，包括产成品的集中、入库储存、订单处理、发货车辆的调度等活动。

市场营销及销售是指为顾客提供购买本企业产品的途径或方式并促使其购买的各种活动，如广告、促销、销售人员安排、分配定额、分销渠道的选择、与销售相关的公关活动、定价策略等。

售后服务是指产品完成销售之后，提供各种服务以提高或保持产品价值的活动，如安装、修理、人员培训、零配件供应以及产品的调试等。

（2）支持活动

支持活动是指用以支持基本活动的相关活动，这些活动之间也是相互关联的。具体包括企业基础设施、人力资源管理、技术开发、采购管理等。

基础设施包含的内容比较广泛，一种观点认为它包含了总体管理、计划、财务、会计、法律、质量控制等内容。[①] 还有一种观点认为基础设施和架构是指企业的内部软、硬环境因素，是所有其他价值创造活动的基础设施和制度环境，包括企业的组织结构、惯例、控制系统以及文化活动等。由于企业高层管理人员在企业这些方面往往发挥着重要影响，因此高层管理人员也常被视为基础设施的一部分。[②] 总而言之，基础设施不直接参与价值创造活动，但也是不可或缺的辅助性活动。

人力资源管理是指企业职工的招聘、雇用、培训、提拔和退休等管理活动。这些活动在调动员工生产经营积极性上起着重要作用，影响着企业的竞争力。与此同时，它们也支持着企业中的每项基础活动以及整个价值链。

技术开发是指可以创造和改进企业产品，或改进工序效率的一系列技术活动，既包括生产性技术，如产品研发、业务流程研发、业务方案的改善，也包括非生产性技术，如相关设备设计、软件开发、通信系统、计算机辅助设计、设计和开发新的数据库以及其他 IT 系统等。

---

① 魏江，邬爱其，等.战略管理[M].北京：机械工业出版社，2018：85.
② 希尔，琼斯.战略管理：中国版第七版[M].周长辉，孙忠，译.北京：中国市场出版社，2007：83-84.

它们不仅与企业的最终产品直接相关,也支持着企业的全部活动,成为影响企业竞争力的一个关键因素。

采购管理中所说的采购,是指购买价值链中所需投入的生产要素的职能活动,而不是基础活动中的物资供应,包括购买能源、原材料、设备及配件、办公用品等。

在企业价值链上,哪些活动能赋予更大的价值创造?这个问题的答案取决于对几个因素的综合分析。第一,由企业所在的行业决定。在钢铁行业,采购和物流是核心的增值活动,在化妆品行业,营销是核心的价值链活动。第二,由企业的目标市场决定。例如,同样是在化妆品行业,企业的目标客户是高收入人群,更加注重价值链中的研发环节。与此相比,定位于低收入人群的企业更注重促销,而且在购买力较弱的区域实行促销活动的有效性要高于购买力强的地区。第三,由企业的商业模式决定。例如,在零售、直销和化妆品咨询三种不同的商业模式下,尽管市场目标都是中等收入人群,但企业价值创造活动的重点和重要性完全不同。

（3）价值链的演变

从价值体系的角度来讲,从产业链到价值链再到作业链,其层次越来越微观。一般来说,产业链跨越了上下游企业,价值链则属于企业内部活动,价值链中某项活动的进一步细分,就成为作业链。也就是说,价值链原本描述的是一家企业内部的业务活动,然而,随着越来越多的企业将业务活动外包,价值链和产业链的边界也越来越模糊。价值链的分析主要集中于价值增值环节的业务活动,辅助价值链部分得以被简化,这种简化方式类似于麦肯锡公司更早年(早于波特的价值链概念)提出的业务系统(business system)模型(见图 4-9)。

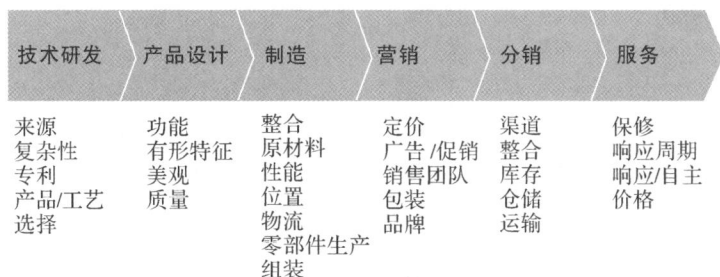

技术研发	产品设计	制造	营销	分销	服务
来源 复杂性 专利 产品/工艺 选择	功能 有形特征 美观 质量	整合 原材料 性能 位置 物流 零部件生产 组装	定价 广告/促销 销售团队 包装 品牌	渠道 整合 库存 仓储 运输	保修 响应周期 响应/自主 价格

图 4-9 业务系统模型①

比如,一家房地产企业的价值链中,通常建材的生产环节、地产的施工环节并不在其价值链环节中。不仅如此,随着价值链概念的演变,价值链的展现形式也变得更为简洁,某些支持活动和基本活动的边界也渐趋模糊,价值链更多地被描述为主要业务活动模块按照业务逻辑顺序的排列(见图 4-10)。

资源			设计			建筑		营销				装潢		物业管理	
土地储备	建材生产	概念设计	建筑设计	环境设计	原材料采购	项目管理	施工	项目验收	广告策划	营销计划	销售	客户管理	装潢设计	材料采购	装潢施工	物业管理	房屋维修

图 4-10 一家房地产的典型价值链

① Gluck F W. Strategic choices and research allocation[J]. The McKinsey Quarterly,1980(1):22-33.

随着互联网的兴起和相关产业规模的日益庞大,互联网价值链也受到更多关注。互联网价值链主要分为五个环节,包括内容与版权环节、在线服务环节、赋能技术与服务环节、互联网接入与连接环节以及用户界面环节(见图 4-11)。

图 4-11　互联网价值链

由于互联网行业参与者的分布性、离散性与碎片性,尽管很难有覆盖所有互联网价值链环节的企业,但互联网巨头们如苹果、阿里巴巴、腾讯、亚马逊、脸书(Facebook)、谷歌等,仍然致力于从最初起家的价值链环节对外扩张,逐渐形成产业生态,并控制相关的价值链环节。以苹果公司和阿里巴巴为例,苹果最初以硬件起家,并逐渐向系统与软件、内容、支付等价值链环节扩张;阿里巴巴也逐渐从最初的电商业务,向硬件、云计算、支付平台、社交等领域拓展,形成了较为完善的生态系统(见图 4-12)。

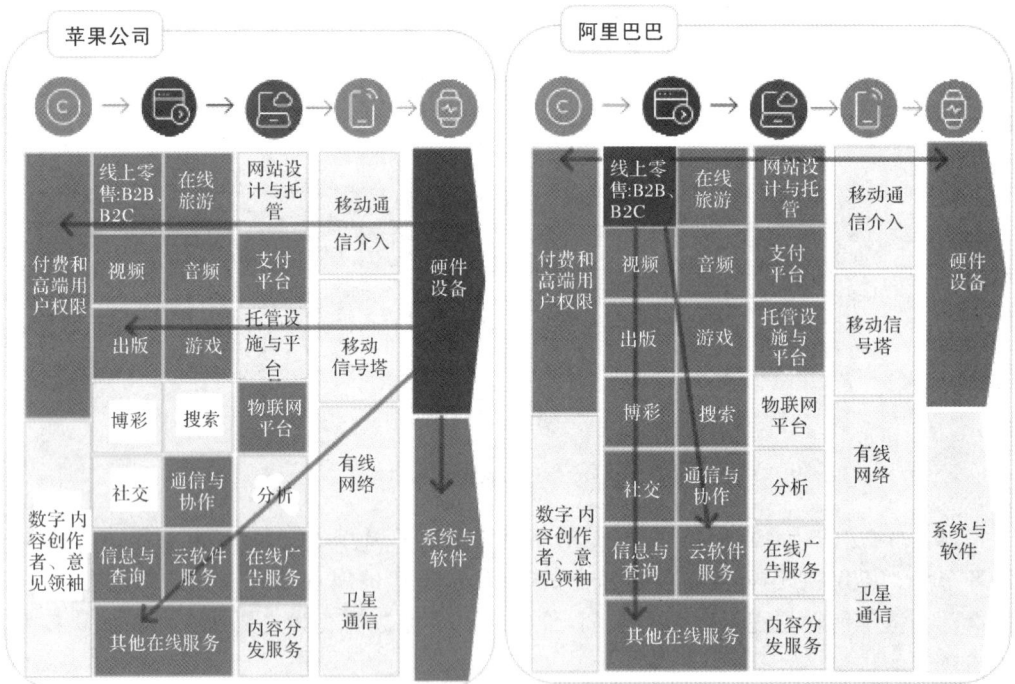

图 4-12　苹果和阿里巴巴的价值链活动①

① Freyberg A,Rand C. The Internet value chain 2022:A perspective on the Internet value chain and the dynamics driving it[J]. Report by Kearney & GSM Association,2022:24,https://www.gsma.com/ publicpolicy/wp-content/uploads/2022/05/Internet-Value-Chain-2022.pdf.

4.5.2 利润池

利润池(profit pool)分析由知名管理咨询公司贝恩公司(Bain & CO.)提出,是一种基于定量分析视角的价值链分析方法。利润池是指在行业价值链上各个环节所获取的利润总和。价值链上某些细分市场的"池水"(利润)会比另一些细分市场的"池水"深,并且在各个细分市场内部"池水"也深浅不一。例如,各个细分市场的利润率有可能因市场细分、产品种类、分销渠道的不同而大相径庭。利润池分析的目的是在价值链分析的基础之上,更进一步地帮助企业理解和识别所在产业的竞争状况,以及如何掌控产业价值链的关键环节。

以下以美国汽车行业为例,来详细论述利润池分析方法的应用。

专栏4-3:美国汽车行业利润池

美国的汽车行业在1996年创造了大约1.1万亿美元的收入和440亿美元左右的利润。汽车行业的收入和利润分布在价值链上的各个环节,包括汽车制造、新车及二手车的销售、汽油零售、保险、售后服务和备品备件,以及租赁金融服务,如图4-13所示。从收入角度来看,控制该行业的是汽车制造商和经销商,它们占据了该行业约60%的销售额。但是,人们透过利润池透镜看到了另一番景象。迄今为止,汽车租赁才是价值链上最盈利的一环,其他一些相关的金融服务产品,如保险和汽车贷款,所获得的利润回报也超过了该行业的平均水平,而汽车行业的核心业务,即制造和销售,利润却相对较薄,它们在利润池中所占的份额要比在收入池中所占的份额少得多。

因此,从利润池角度来看,汽车业务不光指汽车的生产与销售,还包括金融服务。美国三大汽车制造商(通用、福特和克莱斯勒)都发现了这一现象,它们都大力发展汽车金融服务。事实上,福特公司在过去10年里从汽车金融服务上获取的利润几乎占据了其总利润的一半,尽管金融服务的收入在公司营业收入中的比重还不到1/5。

绘制利润池图不仅可以显示一个行业的现状,而且还可以引出一些有关行业发展的基本问题:为什么利润会在某个地方聚集?那些形成利润池的力量会改变吗?是否会出现带来更高利润的新商业模式?比如,我们可以利用利润池透镜审视造成汽车制造行业长期薄利的原因,而且不难发现,其根本原因在于全球的生产能力过剩,而这种状况无论何时都不可能很快消除。

将利润池当成一面透镜,汽车分销这一细分市场的发展趋势也在镜头前逐渐变得清晰起来。目前,汽车经销处于勉强获利的边缘,大多数经销商的利润来源于服务和维修,而不是汽车销售。然而,近年来,二手车成为汽车经销的一个亮点。1996年,二手车的销售利润是新车销售利润的3倍,所以很多经销商一直大力投资二手车业务也就不足为奇了。这种战略会成功吗?透过利润池图,我们可以看到一些利润源如何对另一些利润源施加影响并决定着竞争态势。例如,汽车租赁市场的高利润使得制造商急切地想要在这一细分市场获得增长,而这可以被视为对二手车市场利润的真正威胁。这种威胁是怎样形成的呢?在今后几年里,大批的租赁汽车将会冲击二手车市场,这将增加汽车的供汽车行业的价值链包括很多环节，从汽车制造到汽油销售再到提供各种金融服务。在这些环节上利润和收入的分布情况差别很大。汽车工业最有利润的领域并不是收入最多的领域。

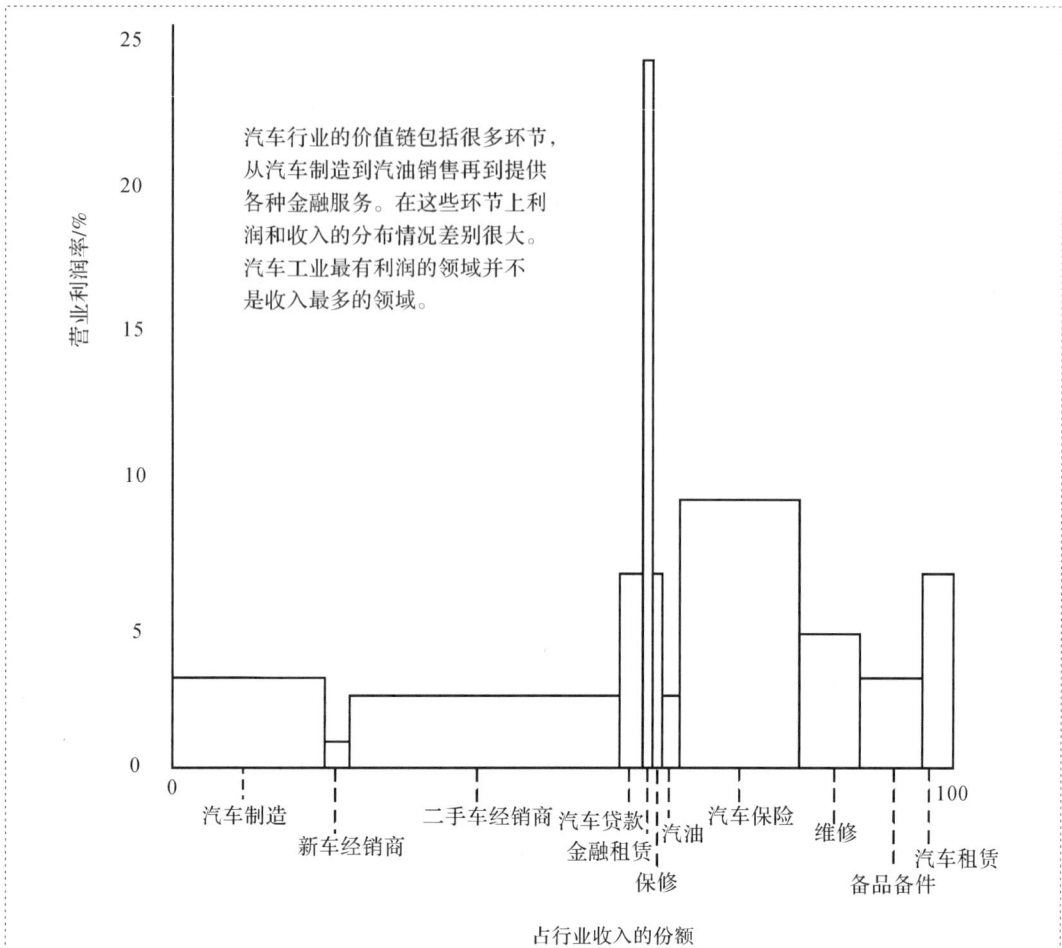

图 4-13　1996 年美国汽车行业利润池①

给量，从而逐步危及二手车的价格、利润以及经销商的利润。那些大的汽车经销商预见到了这种迫在眉睫的变化，于是开始缩减在二手车销售方面的投资，并设法进入汽车金融业务的投资领域。毕竟，这些经销商掌控着与客户发展关系的关键要素，而且在很大程度上已成为汽车贷款及租赁服务的渠道。而那些不能深刻认识行业利润池动态的经销商，会发现自己在利润池的浅滩处挣扎。

4.5.3　从价值链到价值系统

企业的价值链通常由各种活动组成，但这些活动之间并非相互独立，而是相互依存，形成一个价值活动系统。企业的优势不仅来自构成价值链的单项活动本身，也来自各项活动之间的关联性。因此，在进行价值链分析时，一方面可以对每个价值链环节逐一分析，发现这些环节的优势和弱点；另一方面，也可以分析这个价值链中各项活动是否存在协同性，并

---

① 加迪什，吉尔伯特. 掘金利润池[J]. 哈佛商业评论，2007(4)：58-69.

有利于价值链整体的最优化。最终,企业的价值链归属于更为广义的价值系统之中。在价值系统的背景之下,供应商的产品或服务被投入企业价值链中,而企业的产品最终又会成为下游买方价值链的一部分。由此,目标企业与上游供应商和下游客户,共同形成了"产业链",如汽车产业链,它包含了零部件企业(如日本电装、德国博世、美国伟世通等)、整车制造企业(如丰田、吉利、大众等)和汽车经销商以及终端客户。因而,企业的优势既可能来源于内部独特的价值活动,也可能来源于上下游企业甚至是产业链同一环节的企业之间的协同与合作所带来的增值效应,与合作伙伴共同实现价值共创,这就产生了"价值系统"的概念(见图 4-14)。

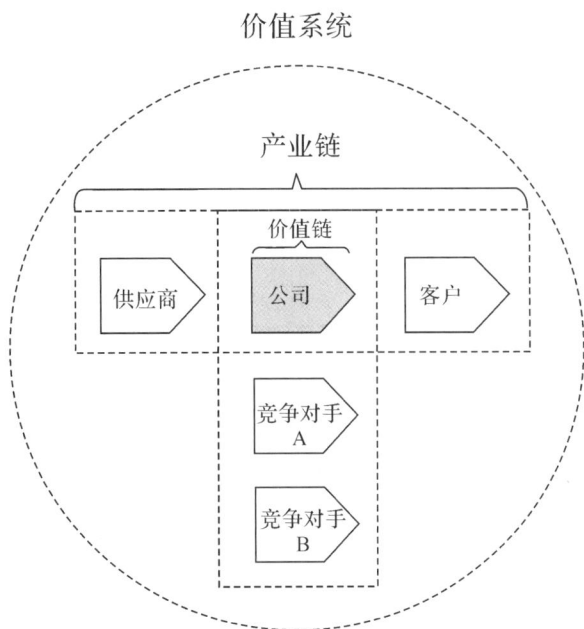

图 4-14   从价值链到价值系统

4.6   SWOT 分析

SWOT 分析是一种同时结合了企业内部环境和外部环境的分析方法,它探讨了一家企业所面临的重要的外部环境因素和它拥有的战略能力之间的关系,并认为环境分析主要是对企业的优势(strength)、劣势(weakness)、机会(opportunity)和威胁(threat)的分析。

SWOT 分析较为系统地将机会、威胁分析与优势、劣势分析结果结合起来,这种分析结果可以帮助企业确定外部环境中存在的机会和威胁,将其与公司内部环境分析中的优势和劣势相对比,并在公司的资源和能力范围之内扬长避短,制定战略来利用机会和避免威胁。

这里,我们以上海某外服货运公司为例,详细论述如何对一家企业进行 SWOT 分析,如何在识别优势、劣势、机会、威胁的基础上,通过这四个维度的综合,得到企业未来发展战略的相关结论。

从自身优势(S)的角度来看,良好的政府关系和品牌是这家公司发展货代和非外贸业务的有力保障,如表 4-5 所示。

表 4-5　对象企业内部优势分析

内部战略因素		评述	思考
优势			
S1 良好的政府关系	• 外经贸系统企业 • 与海关有深厚的合作基础	• 非常有利于客户的开发和业务关系的建立	• 立足货代 • 扩大非贸业务的先行优势 • 保持员工队伍稳定 • 沿用外服的品牌 • 在服务中增加技术含量,进一步提升服务至上的声誉
S2 中国市场货代操作经验	• 一级货代资质、报关资质 • 非贸海关监管仓库	• 货代业务可以巩固	
S3 团结稳定的职工队伍	• 凝聚力和归属感强 • 队伍稳定、操作熟练	• 利于实施标准化服务要求的严格管理	
S4 良好的服务意识和传统	• 较强的紧急业务处理能力 • 员工具备良好的服务意识	• 利于树立客户的信心	
S5 上海地区品牌	• 外服货运公司在上海外企中享有很高的声誉和客户资源	• 如何向全国推广	

从自身劣势(W)的角度来分析,伴随着公司业务向物流的转移,缺乏国内外网络、信息系统薄弱和规模小等弱点也显露出来。如表 4-6 所示。

表 4-6　对象企业内部劣势分析

内部战略因素		评述	思考
劣势			
W1 全国网络和国际资源	• 只在无锡、苏州和昆山设有办事处 • 在国内外有限的互相代理网点	• 中期业务范围限定在国内比较可行	• 扩大货代规模 • 拓展筹资渠道,为发展奠定基础 • 增强客户关系管理和市场开发能力 • 培养物流人才 • 建设信息平台 • 贴近客户,了解客户更为广泛的货运和物流需求
W2 直接客户和客户行业知识	• 直接客户比例平均不到20% • 缺乏客户行业知识和物流操作经验	• 需要资源,可从货代业务中逐步培养	
W3 现代物流知识和人才	• 员工队伍技能和构成与现代物流企业的业务需求存在一定距离 • 企业本身缺乏物流知识库的积累	• 非常缺乏,不过这是行业普遍现象	
W4 规模、盈利能力	• 与先进的物流、货代企业相比,外服货运的销售还没有上规模 • 盈利水平、流动资产管理水平、人均利润水平等均低于行业平均水平	• 可从轻资产的业务起步,改善内部流程降低成本	

内部战略因素	评述	思考
W5 信息系统	• 基础构架、应用系统和组织管理还有相当的差距 • 信息系统内外互通性较差,缺乏安全有效的控制	• 很重要,有能力投资	
W6 经营管理体制	• 营销、企划职能薄弱,缺乏有效的客户关系管理能力 • 培训、激励机制不完善	• 增设相应职能、建立健全机制	

从外部机会(O)的角度来观察,公司的物流和货代业务市场增长潜力很大,而且增长速度也很快,有很多未满足的需求,具有非常有吸引力的商业机会。如表 4-7 所示。

表 4-7 对象企业外部机会分析

内部战略因素	评述	思考
劣势		
O1 全国网络和国际资源	• 中国海运、空运进出口、快递市场增长迅猛	• 与外服货运公司进出口物流的经验相关	
O2 直接客户和客户行业知识	• 国家发展物流的决心、政策推动和基础设施建设	• 外服货运能否获得更多政策	
O3 现代物流知识和人才	• 进出口物流市场还存在许多未满足的需求	• 外服货运公司如何利用机会扩大规模?	
O4 规模、盈利能力	• 国内物流业方兴未艾,潜力巨大,目前没有绝对领先者	• 为外服货运公司进入和扩张提供机会	
O5 信息系统	• 物流管理已成为提升企业竞争力的重要环节	• 企业供应链管理潜在需求	
O6 经营管理体制	• 越来越多的企业愿意把物流外包,但对服务现状不满意	• 挖掘企业物流需求的根源,对症下药	• 立足货代 • 发展物流

从外部所面临的威胁(T)角度来观察,公司所处的货代行业竞争激烈,利润率每况愈下,同时还面临着来自外资货代企业的挑战和上下游纵向整合的压力。为了保护利润空间,外服货运公司必须更多地面对直接客户,建立更多的战略合作伙伴关系,争取有利的价格。如表 4-8 所示。

表 4-8 对象企业外部威胁分析

内部战略因素	评述	思考
威胁		
T1 国内货代行业竞争激烈,利润下降	• 非常有利于客户的开发和业务关系的建立	• 挖掘直接客户 • 争取为客户提供其他增值服务,增加客户的转换成本,巩固客户关系 • 通过扩大规模,建立规模效应,降低成本,提高议价优势
T2 物流政策的开放使竞争升级	• 货代业务可以巩固	
T3 单纯货代可提供的差异化服务少	• 利于实施标准化服务要求的严格管理	

内部战略因素	评述	思考
T4 许多有实力的企业注重建立自己的物流能力	· 利于树立客户的信心	
T5 客户对外包物流能力缺乏信任	· 如何向全国推广	

基于内外部战略因素综合分析,可以形成如下判断:该外服货运公司应巩固货代业务,扩大规模;大力发展展品运输、特殊搬动等非贸业务;维持快递现状;并选择机会开拓新的物流业务,但近期以挖掘客户和了解物流需求为主。如表 4-9 所示。

表 4-9　对象企业的 SWOT 综合分析及结论

	优势(S) S1 良好的政府关系 S2 中国货代市场操作经验 S3 团结稳定的职工队伍 S4 良好的服务意识和传统 S5 上海地区品牌	劣势(W) W1 全国网络和国际资源 W2 直接客户和客户行业知识 W3 现代物流知识和人才 W4 资金、规模、盈利能力 W5 信息系统 W6 经营管理体制
机会(O) O1 进出口贸易增长,国际货运市场增长 O2 国家政策扶持和基础设施建设推动 O3 进出口物流时间和成本未满足需求 O4 国内物流业萌芽,没有领先者 O5 供应链管理对企业日益重要 O6 外包物流呈现增长趋势,客户对服务现状不满意	SO 战略——利用机会 · 发展货代业务,并逐步发展为进出口企业提供外包物流服务 · 挖掘侧重行业客户、为其提供量身定制的物流解决方案,并成为其长期战略伙伴 · 采取快速扩张策略,例如通过收购等形式积极建立先行者地位	WO 战略——选择机会,避免劣势 · 把业务领域集中在中国境内 · 积累客户、资金、网络等资源并建立物流服务能力 · 稳健地发展相对轻资产型的物流业务,巩固并发展现有的货代业务,形成两种业务齐头并进、互相促进的格局
威胁(T) T1 货代竞争激烈,利润下降 T2 物流政策开放,外资竞争 T3 货代提供的差异化服务较少 T4 有实力的企业物流纵向整合 T5 客户对外包物流供应商缺乏信任	ST 战略——寻求突破 · 巩固货代业务、逐步发展与货代相关的有限物流业务 · 货代业务采取标准化服务策略,通过收购小型货代、流程改造等成为规模供应商的提供者 · 集中资源于货代的某个关键环节,例如报关	WT 战略——观望业务 · 防守战略,只经营地区性的货代业务,采取降低成本的标准化服务策略 · 暂时不发展快递、展品等业务

通过对 SWOT 各个要素的分析、判断与综合,这家外服货运公司最终形成了货代、非贸和外包物流为主的业务组合。

· SO 战略。发展货代业务,逐步发展物流业务;挖掘侧重行业客户,建立长期战略合作伙伴关系。

· ST 战略。对货代业务采取标准化的服务策略。

· WO 战略。把业务领域集中在中国境内;积累客户、资金、网络等资源并建立物流服务能力。

· WT 战略。暂时不发展快递、展品等业务。

【篇末案例】

茅台的核心能力

1.搬迁茅台酒的失败记录

炎热、潮湿、没有风。

延绵着赤水河几百千米的两岸大山,本来都有近千米的高度,到了茅台镇,突然低矮下去,海拔只有400米。而茅台酒厂最古老的一车间和二车间,也就是当年成义、荣和两大酒坊所在地,还在整个镇的最低处,坐汽车下去也要盘旋10分钟山路——如果整个镇是一个高酒瓶,那酒厂仿佛是酒瓶的底,弥漫着几百年积攒下来的挥发不去的粮食发酵的厚味。

此地一年四季都没有风,味道积攒得更加浓郁,这里也隐藏着茅台镇的奥秘。

1974年,有兴奋的酒厂工人趴在一车间的木梁上,他们正在"打捞"积攒了几十年的条状灰尘,这,也是准备搬迁的酒厂"设备"的重要组成部分。

时任国务院副总理方毅亲自主持茅台酒的易地生产规划,他对此项目极为支持:原子弹都能造的中国,连茅台酒的秘密都不能揭开?于是,茅台酒厂精选了一批表现好的酒师、工人、工程师,带着大批设备、原料,包括一箱子的灰尘(据说那里有丰富的微生物,是制造茅台酒所必需的),敲锣打鼓地搬往遵义近郊,这里和茅台镇相距100多千米,按道理说,气候属同类。

实验进行了11年。"茅台酒酿制的周期本来就很漫长。"而这次实验也进行了9个周期,63轮的制造。结果,这种本来叫作"茅艺"的、严格按照茅台酒工艺制造的酒,最终还是放弃了和茅台沾边的想法,更名为"珍酒",至此,没有人再提茅台酒易地生产的事情了。

2.无法复制的天然

没办法搬走的是赤水河、茅台镇的独特气候和谷地里大量的微生物群落,外加满山满谷的矮小的"红粮"——仁怀县特殊的红高粱,是茅台酒的主要原料。

赤水河是长江上游唯一没有修建水电站的支流,也因此保留了大量的原生态物种,长江中已经绝迹的许多物种在这里还能找到,例如桃花鱼,是从下游一路上溯到这里繁衍的。而两岸的水土流失没有成为它的缺点,反而成为它的特征。

20世纪60年代,中国科学院南京土壤所的专家来茅台镇调查,发现"茅台镇周围区域的紫色钙质土壤全国稀少,是茅台酒的最重要基础"。这种紫色土中酸碱度合适,尤其是土中沙质高,含有很好的渗水性,"下雨天,地面水和地下水都通过红土层进入河流,而红土层中蕴涵大量微量元素,经过红土过滤的水纯净无毒"。

这就是选择赤水河做取水口的原因,早在1972年,周恩来就强调,"茅台酒厂上游100公里内,不允许因工矿建设影响酿酒用水,更不能建化工厂"。所以,赤水河的生态环境一直维护下来。

茅台镇的小气候成为另一个制酒的优良条件,这里夏天温度非常高,周围3座1000多米的高山合围了海拔只有400米的小镇,无风,这种气候有利于酿酒微生物的生成和繁衍。茅台酒厂责任有限公司时任董事长季克良说:"日本人一直想知道茅台酒的技术,20世纪70年代,他们从茅台酒里化验出多种营养成分,可是无法辨别微生物的种类。90年代,他们又公布了化验结果,说茅台酒有230多种香气成分,其中2/3的香气成分和70多种微生物种类无法命名。"茅台镇小气候中的微生物种类一直在增加。

摊晒"红粮"的车间里,闻到的是清香的带着新鲜气味的酵味,"晚上味道会变化,有点酸香,说明微生物种类有变化了"。工人们一直根据自己体验到的味道来定时摊放发酵的红粮——就是为了"捕捉"不同的微生物。而光着脚踩酒曲的"伏天踩曲"也是茅台酒的独创工艺——也因为夏天的微生物种类多。

季克良笑着说:"其实不是怕他刺探情报,茅台酒的工艺可以被人学去,但这里的环境是无法移植的,他们不怕别人能复制出茅台来,当时不让他参观肯定是别的原因。"

赤水河岸边上上下下的全是红高粱,这里产的红高粱粒小皮薄,中间有微小恍如刀刻的痕迹,"就是这种红高粱,淀粉含量高,种植中不添加任何化肥"。每年中国绿色食品验证中心会来考察茅台酒所选用的红高粱的种植区域,"他们自己带着仪器直接上地里测量是否添加过化肥"。给茅台酒提供粮食的农民一定要有绿色食品证书,否则他们的红高粱就会被拒绝收购。

这种不使用化肥的红高粱比东北地区的大粒红高粱价格要贵一倍。

3."顽固"的手工业

从"牛嘴"里哗哗流出的是白色的微微带着酸香味的新酒,这是今年用红粮所取的第四次酒,也是茅台7次取酒中最精华的一道,浓、香,酒精54度,老酒工轻巧地把新取出的酒在手中一捻,说:"滑,可以取酒了。"滑或涩,代表着酒精不同的浓度。尽管也有各种先进设备,尽管茅台酒厂一直有条件完全机械化,但是老酒工还是喜欢靠经验来生产。现在整个生产流程中,唯一使用机械的大概就是入窖取酒曲。

一年取酒7次,每次浓度都不同,最终合成53度的天然茅台酒。什么温度下取酒,取多少,完全依靠酒工的经验——除了用手捻,再就是看酒泛出来的酒花,"酒花大小不同,决定了酒的味道不同"。欧荣之是二车间十几个高级酒师之一,他不爱喝酒,身上的钥匙串上挂了一个只有半钱容量的小酒杯,如果捻和看还不够,偶尔也会尝尝酒,"进厂已经36年了,可是要学的还有很多"。

每年重阳节投料的时候,是工厂最紧张的时候,"每天的气温都不同,空气的湿气也不同,所以每次蒸煮所加的河水的量也不同。先前也试过用仪器,还是觉得不如靠经验判断可靠"。靠仪器分析出来的加水量在他们看来,总有点欠缺。

赤脚的工人在堆蒸好的红粮,"这也要靠人工,只有老酒工才能凭经验知道什么时候堆,什么时候收"。

几乎所有的老酒工都知道郑义兴的名字,这是他们爸爸辈的大师,也是新中国成立后的老厂长,他属于全才,从最早的下料到最后的勾兑,全部都靠他的经验。

4.勾兑,"靠微机是不行的"

最普通的茅台酒也要存放5年。

茅台酒是勾兑出来的,但所兑的完全是不同年份、不同生产批次的茅台酒,而没有别的任何酒。20世纪60年代,季克良、李兴发等总结酒厂老酒工的勾兑经验所写的《我们是如何勾酒的》文章是当年酒业划时代的理论总结,从那以后,全国的酒厂都开始勾兑酒。但在茅台酒厂的人看来,那种香精兑水兑酒精的方法不能叫"勾兑",那是对酒的亵渎。

新生产出来的酒入库前要贴上标签,注明生产时间、香型、生产车间和班组,严格得好像是秦朝兵器制造工艺。

　　放置在陶制的大酒坛中密封 3 年后的酒才能勾兑,那些酒坛全部是特制的,一只空坛就有 100 多斤重,能干的酒库女工却能够徒手搬运。夏天,那些装满酒的酒坛外会渗出小的水珠,称为"吐醉"——这也是茅台酒的特殊现象,同样的酒坛,装别的酒就没有这种结果。

　　3 年后,这些酒经过酒师的手进行小勾兑,"少的三四十种,多的时候需要两三千种酒兑来兑去"。这些酒兑好后,经品酒师确定"基酒"香型和味道后再大范围勾兑,然后再密封入库,静静等待其发酵老熟,其后至少要等 2 年才能上市——上市前,还要进行勾兑,最后才形成近乎统一香型的茅台酒。而基酒的确定,靠微机选是选不出的,"完全不对劲,是舌头而不是微机在发言"。

　　陈放 5 年兑出的是最普通的茅台酒,市价近 500 元,而一些特殊供应的酒则选用不同年份的老酒勾兑,"尼克松当年喝的,是各种不同年份酒勾出来的,里面有 30 年的陈酒"。醇厚的老酒,完全没有任何刺激性味道,"那种老香不可比拟"。著名评酒委员,曾任酒厂主管生产质量副厂长的汪华说。

　　5."钱买不来的时间"

　　"用钱买不来老酒。"汪华感叹。老酒是勾兑最好的酒所必需的原料,5 年陈的茅台里要是加进去一点 15 年的老酒,那味道就要上一个层次,而 15 年陈的老酒勾兑成的茅台,现在市场上要 1000 多元一瓶,也是有价无货。

　　欧荣之记得自己 1971 年进厂的时候参观过老酒仓库,有一满库的老酒,尽管密封着,也能闻到沉厚的酒香,至少已经有 30 年,全部是几个酒坊的产品,"那些坛子上的灰土就有几个指头厚"。茅台镇上有不少酒厂,可是这些酒厂都酿制不出茅台来,关键还是没有老酒。有些老酒工帮助别人酿酒,原料、生产工艺完全一样,小气候也一样,可是酿出来的酒存几年后还是有些刺喉。

　　但是现存最老的茅台酒不在仓库里。季克良记得,2001 年,聂卫平请他去帮忙兑一瓶"茅台孤酒",那瓶泥巴斑驳的粗陶酒瓶里装的"孤酒"散发得差不多了,只剩下 2 两,季克良一闻,就知道是茅台酒,"那种酱香只有茅台才有啊"。这瓶酒,起码已经 60 年,而比 60 年更远的茅台,作为茅台当家人的季克良也没有见过。开酒的时候,他用一根螺丝在封盖上钻了一个小孔,把酒缓缓倒出来,这样可以减少酒香的流失,然后用自己从厂里带来的两瓶最好的茅台酒来兑,"那样才能调动陈酒的韵味"。当时兑好的酒的香气,让前来喝这瓶孤酒的人都惊呆了。"可遇不可求。"长年泡在茅台酒厂的季克良总结道。

　　资料来源:改编自王恺.茅台酒的不可复制:"天""人"纠葛.三联生活周刊,2007(20):33-37,有删节。

◆ 【案例思考与讨论】

　　1.茅台的核心能力是什么?这种核心能力为什么难以复制?

　　2.试从 VRIN 几个维度分析茅台的可持续竞争优势。

　　3.据报道,2022 年夏天茅台推出了售价 59～66 元、添加 2％ 的 53 度飞天茅台的冰激凌,你认为茅台冰激凌能成功吗?为什么?

◆ 【本章复习题】

1.资源、能力与核心能力是如何定义的？它们之间有什么关联性？

2.如何判断一家企业是否拥有核心能力？有哪些判定标准？

3.什么是核心能力的刚性？企业应如何避免？

4.什么是价值链？企业进行价值链分析的意义何在？现在我们谈论的价值链与最初波特提出的价值链有何差异？

5.企业环境、能力与战略之间的匹配关系是怎样的？

5 企业愿景、使命与战略目标制定

清晰明确的愿景、激励人心的使命、具体可实现的战略目标、积极向上的核心价值观对于企业树立共同愿景，统一组织员工行为，增强企业向心力和凝聚力，塑造良好的市场形象，协调网络成员间关系等，都有着重大的意义。但是，目前企业战略管理实践中，很多企业对这些概念以及相互之间的区别与联系并不十分清晰，概念混用、误用等十分普遍。基于此，本章主要介绍企业愿景与使命的概念，制定愿景陈述与使命陈述的一般原则，企业核心价值观的内涵与功能，战略目标制定及 SMART 原则，并阐述在新的情境下企业道德和社会责任的重要性。

■■■【开篇案例】

2016 年 5 月 30 日，全国科技创新大会、中国科学院第十八次院士大会和中国工程院第十三次院士大会、中国科学技术协会第九次全国代表大会在北京召开。华为公司创始人、总裁任正非做了《以创新为核心竞争力 为祖国百年科技振兴而奋斗》的汇报发言，引起了巨大的反响。在接受采访时任正非表示："一个人一辈子能做成一件事已经很不简单了，为什么？中国 13 亿人民，我们这几个把豆腐磨好，磨成好豆腐，你那几个企业好好去发豆芽，把豆芽做好，我们 13 亿人每个人做好一件事，拼起来我们就是伟大祖国。"

以创新为核心竞争力 为祖国百年科技振兴而奋斗

（2016 年 5 月 30 日，华为总裁任正非在科技创新大会上的汇报材料）

从科技的角度来看，未来二三十年人类社会将演变成一个智能社会，其深度和广度我们还想象不到。越是前途不确定，越需要创造，这也给千百万家企业公司提供了千载难逢的机会。我们公司如何去努力前进，面对困难重重，机会危险也重重，不进则退。如果不能扛起重大的社会责任，坚持创新，迟早会被颠覆。

一、大机会时代，一定要有战略耐性

人类社会的发展，都是走在基础科学进步的大道上的，而基础科学的发展，是要耐得住寂寞的，板凳不仅仅要坐十年冷，有些人，一生寂寞。华为有八万多研发人员，每年研发经费中，20%～30% 用于研究和创新，70% 用于产品开发。很早以前我们就将销售收入的 10% 以上用于研发经费。未来几年，每年的研发经费会逐步提升到 100 亿～200 亿美元。

华为这些年逐步将能力中心建立到战略资源的聚集地区去。现在华为在世界建立了 26 个能力中心，逐年在增多，聚集了一批世界级的优秀科学家，他们全流程地引导着公司。这些能力中心自身也在不断发展中。

华为现在的水平尚停留在工程数学、物理算法等工程科学的创新层面，尚未真正进入基础理论研究。随着逐步逼近香农定理、摩尔定律的极限，面对大流量、低延时的理论还未创造出来，华为已感到前途茫茫，找不到方向。

华为已前进在迷航中。重大创新是无人区的生存法则，没有理论突破，没有技术突破，没有大量的技术累积,是不可能产生爆发性创新的。

华为本行业正在逐步攻入无人区,处在无人领航、无既定规则、无人跟随的困境。华为跟着人跑的"机会主义"高速度,会逐步慢下来,创立引导理论的责任已经到来。

华为过去是一个封闭的人才金字塔结构,我们已炸开金字塔尖,开放地吸取"宇宙"能量,加强与全世界科学家的对话与合作,支持同方向科学家的研究,积极地参加各种国际产业与标准组织,各种学术讨论,多与能人喝喝咖啡,从思想的火花中,感知发展方向,有了巨大势能的积累、释放,才有厚积薄发。

内部对不确定性的研究、验证,正实行多路径、多梯级的进攻,密集弹药,饱和攻击,蓝军也要实体化。

并且,不以成败论英雄,从失败中提取成功的因子,总结、肯定、表扬,使探索持续不断。对未来的探索本来就没有"失败"这个名词,不完美的英雄,也是英雄。

鼓舞人们不断地献身科学,不断地探索,使"失败"的人才、经验继续留在我们的队伍里,我们会更成熟,我们要理解歪瓜裂枣,允许黑天鹅在我们的咖啡杯中飞起来。

创新本来就有可能成功,也有可能失败。我们也要敢于拥抱颠覆。鸡蛋从外向内打破是煎蛋,从里面打破飞出来的是孔雀。现在的时代,科技进步太快,不确定性越来越多,我们也会从沉浸在产品开发的确定性工作中,加大对不确定性研究的投入,追赶时代的脚步。

我们鼓励我们几十个能力中心的科学家、数万专家与工程师加强交流,思想碰撞,一杯咖啡吸收别人的火花与能量,把战略技术研讨会变成一个"罗马广场",一个开放的科技讨论平台,让思想的火花燃成熊熊大火。

公司要具有理想,就要具有在局部范围内抛弃利益计算的精神。重大创新是很难规划出来的。固守成规是最容易的选择,但也会失去大的机会。

我们不仅仅是以内生为主,外引也要更强。我们的俄罗斯数学家,他们更乐意做更长期、挑战很大的项目,与我们勤奋的中国人结合起来;日本科学家的精细,法国数学家的浪漫,意大利科学家的忘我工作,英国、比利时科学家领导世界的能力……会使我们胸有成竹地在 2020 年销售收入超过 1500 亿美元。

二、用最优秀的人去培养更优秀的人

用什么样的价值观就能塑造什么样的一代青年。蓬生麻中,不扶自直。奋斗,创造价值是一代青年的责任与义务。

我们处在互联网时代,青年的思想比较开放、活跃、自由。我们要引导和教育,也要允许一部分人快乐地度过平凡一生。

现在华为奋斗在一线的骨干,都是"80 后""90 后",特别是在非洲,中东疫情、战乱地区,阿富汗,也门,叙利亚……"80 后""90 后"是有希望的一代。

近期我们在美国招聘的优秀中国留学生(财务),全部都要求去非洲,去艰苦地区。华为的口号是"先学会管理世界,再学会管理公司"。

我们国家百年振兴中国梦的基础在教育,教育的基础在老师。教育要瞄准未来。未来社会是一个智能社会,不是以一般劳动力为中心的社会,没有文化不能驾驭。

若这个时期发生资本大规模雇佣"智能机器人",两极分化会更严重。这时,有可能西方制造业重回低成本,产业将转移回西方,我们将空心化。即使我们实现生产、服务过程的智能化,需要的也是高级技师、专家、现代农民……因此,我们要争夺这个机会。就要大规模地培养人。

今天的孩子,就是二三十年后冲锋的博士、硕士、专家、技师、技工、现代农民……代表社会为人类去做出贡献。因此,发展技术的唯一出路在教育,也只有教育。我们要更多关心农村老师与孩子,让老师成为最光荣的职业,成为优秀青年的向往,用最优秀的人去培养更优秀的人。

这次能够在大会上发言,对华为也是一次鼓励和鞭策。我们将认真领会习近平总书记、李克强总理重要讲话和这次大会的精神,进一步加强创新,提升核心竞争力,为祖国百年科技振兴而不懈奋斗!

【案例思考与讨论】

1. 华为具有什么样的使命、愿景和目标追求?
2. 华为的使命、愿景和目标追求与中国经济、科技和社会发展有什么关系?
3. 使命、愿景和目标追求对华为组织人员的行为有什么影响?
4. 如何才能确保企业使命、愿景和战略目标的顺利实现?

5.1 企业的愿景

5.1.1 什么是愿景

愿景(vision)是未来希望看到的一种理想情景,是"长远的未来"和"美好的愿望"的结合体。对任何企业组织来说,愿景体现出了组织领导者、组织管理者与组织所有成员的共同目标,是组织所有活动在未来的集中体现。现代管理学之父德鲁克认为企业要思考三个问题:第一,我们的企业是什么? 第二,我们的企业将来是什么? 第三,我们的企业应该是什么? 这三个问题是思考企业战略的三个原点,集中体现了企业的愿景。具体而言,愿景是企业对未来的一种憧憬和期望,是对内外部利益相关者的长期承诺和价值驱动,其核心内容是表述企业希望长期恪守的经营范围和追求目标。[①] 因此,企业愿景主要聚焦于"我们将来是什么样的企业?"这一核心问题。一个好的愿景为企业未来的长期发展指明了方向,为组织成员的奋斗提供了目标导向。以下是一些企业的愿景陈述。

- 麦当劳:成为世界上服务最快、最好的餐厅。
- 阿里巴巴:成为一家活102年的好公司。
- 华为:丰富人们的沟通和生活。
- 戴尔:创造更美好的明天。
- 招商局集团:成为具有全球竞争力的世界一流企业。
- 华润集团:成为大众信赖和喜爱的世界一流企业。
- 百度:成为最懂用户,并能帮助人们成长的全球顶级高科技公司。

具体来说,一个经过精心设计、恰当陈述的企业愿景,具有以下四个方面的作用。

---

① 魏江,邬爱其,等.战略管理[M].北京:机械工业出版社,2018:108.

（1）有助于为组织未来的长期发展提供明确的奋斗目标。理想的企业愿景代表了在未来较长的一段时间之后,企业的最高管理者对企业将会成为什么样的企业的一种持久性回答和长期承诺,体现出了组织的长期发展蓝图和永恒追求。因此,理想的企业愿景将会成为组织未来一代人、两代人乃至几代人的长期奋斗目标,为组织员工的行为提供指导方向。

（2）有助于增强组织的集体认识。理想的企业愿景是组织所有成员的共同愿望,体现了企业未来想要塑造的整体形象,反映了企业未来较长时间内的整体价值观和内在渴求。因此,愿景是企业自上而下集体认识水平的一种集中体现。在这种情况下,如果组织成员都能够清楚地了解组织的宏伟目标,那么就能够激发大家的集体努力,进而爆发出惊人的能量。

（3）有助于增强组织的凝聚力和向心力。理想的企业愿景为组织未来的长期发展提供目标导向和前进方向,为组织成员的行为提供准绳,并使之具有正确的价值取向,增强组织成员的认同感和归属感,进而成为其努力工作的强大动力来源,使之向着组织的共同目标不断迈进。而在高速变化的环境中,共同愿景的达成也有助于组织快速战略决策。

（4）有助于激发组织成员奋勇拼搏的内在动力。理想的企业愿景能够产生伟大的感召力,激发组织成员的工作热情和工作投入度,激发员工的使命感和责任感,激发员工挖掘内在潜力,进而成为激发员工奋勇向前、拼搏向上的精神动力。与此同时,理想的企业愿景还有助于与合作伙伴或潜在合作伙伴加强联系,提高组织间的关系治理水平和治理效能,激发相互之间的信任、业务合作、资源共享与信息交流。

5.1.2 制定愿景的一般原则

形成一个能够在整个组织都达成共识的目标意义重大,这不仅使组织有了一个明确的奋斗方向,而且还能为组织员工提供指引,使其在从事日常的基本工作时更加游刃有余。一个理想的愿景陈述应当遵循以下原则。

（1）愿景需要指明未来数年组织的前进方向。愿景应为企业未来较长一段时间的发展提供奋斗目标,指引企业的发展方向。

（2）愿景需要反映企业的核心价值观和未来渴求。愿景应与企业的核心价值观相一致,能够反映组织所有成员对未来的美好愿望。

（3）愿景一经确定就需要保持长期稳定不变。愿景应在未来较长一段时间内保持稳定不变,否则会动摇组织人员的决心和模糊奋斗方向,不利于愿景的实现。

（4）愿景最好简短和精确,容易记忆,令人难忘。愿景最好能用一句话来表述,且能够反映组织当前想要实现而又没有实现的美好愿望。

（5）愿景必须与企业的内外部环境紧密联系。愿景的提出应能够适应企业的内外环境,并能够反映内外环境的未来变化趋势。

（6）在愿景形成和实现中必须上下达成共识。愿景需要组织内部所有成员共同参与制定,同时需要组织内部所有成员的集体努力才能达成。

专栏 5-1：中国 500 强企业的愿景

愿景标志着企业未来发展的理想图景，它是企业能否获得成功的关键因素。利普顿（Lipton）在其所著《引领增长：如何让愿景导航》一书中认为愿景是一个具体的目标，一个向往将来的生动画面，它既是可以被描述的，又是具有挑战性的。

基于中国企业联合会和中国企业家协会联合发布的 2002—2008 年中国 500 强企业相关资料，以 2008 年的统计数据作为基本研究样本，可以发现，500 强企业中的 421 家有明确的愿景，其中提出世界级发展愿景的企业有 260 家，非世界级发展愿景的企业有 161 家。研究发现具体包括如下方面。

（1）愿景数据分布。在 421 个研究样本中，从第 1 名的中国石油化工集团到第 500 名的北京能源投资有限公司，依次排名每 100 位内拥有企业愿景的企业总数分别为 94 家、81 家、88 家、87 家、71 家，这 5 个排名等级中明确提出世界级发展愿景的企业所占比例分别为 82.98%、67.07%、59.10%、47.67%、47.89%，这一比例的变化呈递减趋势。这些数据说明，排名越靠前的企业，其国际化战略意识越强烈。

（2）愿景目标词汇统计。260 家世界级发展愿景企业在描述自己国际化愿景中选择的词汇结果是：19.23% 的企业选择的是"国际竞争力"，16.54% 的企业选择的是"国际一流"，7.69% 的企业选择的是"国际知名"，5.77% 的企业选择的是"世界品牌"，3.08% 的企业选择的是"国际领先"，另外有 1.92% 的企业选择的是"（实施）国际化战略"。在愿景中明确提出"要力争进入世界 500 强"的企业共 11 家；而把"实现多少销售额数量"作为企业愿景目标的企业共 17 家。

161 家非世界级发展愿景企业在描述自己目标愿景中选择的词汇结果是：13.04% 的企业选择使用"竞争力"，11.18% 的企业选择使用"一流"，10.56% 的企业选择使用"（打造）品牌"，8.70% 的企业选择使用"（打造）百年企业"，另外有 11 家企业把"实现多少销售额数量"写入企业的愿景。

（3）愿景结构特征。中国 500 强企业愿景的表达表现出较强的"成为'什么'企业"的结构特征，即"成为_____（行业领域）_____（地域）、_____（规模）、_____（形象、理念）、_____（能力、水平）企业"。中国 500 强企业愿景表达中涉及最多的 4 个结构要素分别是成长发展目标确立、目标市场确立、产品服务确立和企业形象树立，出现的频率分别是 355 次、212 次、118 次和 103 次。总体而言，中国 500 强企业愿景表达结构要素组合规律为：成长发展目标是中国 500 强企业愿景表达最基本的构成要素；简洁明了是中国 500 强企业愿景表达的重要特点；企业所关注的焦点仍然是企业持续生存和正常运转；有 11% 的企业在愿景中表达了多方面的追求，或表明企业愿景关注焦点不明确。

（4）愿景类型。竞争成长目标型愿景（企业愿景表达中单独或同时涉及成长发展目标确立、目标市场确立、产品服务确立、核心技术确立、质量水平确立这 5 个结构要素）为 259 家企业，形象理念构建型愿景（企业愿景表达中单独或同时涉及企业形象树立，企业价值观、信念和哲学观树立，顾客满意，员工满意，供应商满意，政府政策目标树立这 6 个结构要素）为 39 家企业，平衡发展目标型愿景（企业愿景表达中同时涉及上述两类结构要素）为 123 家企业。无论是世界级发展愿景企业还是非世界级发展愿景企业，其愿景关注焦点都是以竞争成长目标为主,但世界级发展愿景企业中确定竞争成长目标愿景的比例远高于非世界级发展愿景企业。

(5)愿景表达与企业成长速度。在世界级发展愿景下,高成长性企业显著多于低成长性企业,且世界级发展愿景中高成长性企业的比例显著高于非世界级发展愿景企业。这从数据表征上说明世界级发展愿景与企业成长速度(主要是财务方面)之间存在一种正向关系。卡方检验证实愿景的有无及愿景的世界级与否和企业的成长性之间有显著关系。

(6)500强企业愿景表达的影响因素。研究证实,企业规模越大,企业的愿景表达越有可能是世界级的。集体所有制企业相比国有企业而言,世界级发展愿景的可能性较小;私营企业相比国有企业而言,世界级发展愿景的可能性较大,私营企业的这种可能性是国有企业的1.586倍。

在是否构建世界级发展愿景上,较大国有制造企业比较小国有制造企业的可能性大;较小私营制造企业比较小国有制造企业的可能性大,这正好也验证了私营企业相比国有企业而言,国际化竞争意识更强的推论;较大国有制造企业比较大国有服务企业的可能性大,正好符合了中国制造业大国的特性,反映了中国第三产业亟待发展的迫切期望。

在企业愿景类型上,各类企业都以竞争成长目标型为主,但与较小国有制造企业、较小私营制造企业相比,较大国有制造企业竞争成长目标型愿景的比例较高,且平衡发展目标型愿景和形象理念构建型愿景的比例也略高。

研究结论可以概括为以下方面。

第一,中国500强企业有极强的成为世界级企业的愿望。这种愿望随着企业规模的扩大而增强;在表达愿景时,强调能力、一流、品牌、竞争地位。这在世界级发展愿景企业与非世界级发展愿景企业之间没有差别;企业愿景可分为竞争成长目标型、形象理念构建型和平衡发展目标型,但以竞争成长目标型为主,这表明中国500强企业在目前发展阶段更重视成长和发展,因此在表达愿景时,强调竞争成长目标要远多于形象理念构建和平衡发展目标。

第二,中国500强企业成长业绩(主要是财务方面)上的差异与其愿景有无和愿景表达内容的世界级与否有相关关系。即企业愿景对企业发展有引领作用;世界级发展愿景企业相比于非世界级发展愿景企业,更可能成为快速发展企业;愿景执行效果好的企业,通常情况下,也更有可能成为快速发展企业。

第三,中国500强企业愿景表达上的差异与企业所有制、企业规模和所处行业之间存在显著相关性。中国500强企业中,虽然国有及其控股企业占绝大多数,但私营企业建立世界级发展愿景的可能性显著地高于较小型国有和集体控股企业,且各类企业的愿景类型中竞争成长目标多于形象理念构建和平衡发展目标。

中国500强企业中,规模更大的企业建立世界级发展愿景的可能性显著高于规模较小的企业;各规模层次企业的愿景类型中竞争成长目标型远多于形象理念构建和平衡发展目标型。

中国500强企业中,处于国际化程度高的行业中的企业更可能提出世界级发展愿景;

大型国有制造企业与大型国有服务企业更可能提出世界级发展愿景。但由于企业定位等因素的影响,同一行业的企业在愿景表达上也有显著差异。

资料来源:改编自田志龙,蒋倩.中国500强企业的愿景:内涵、有效性与影响因素.管理世界,2009(7):103-114,187-188.

5.2　企业的使命

5.2.1　什么是使命

使命(mission)是指应完成的任务,应尽的责任。从本质上来讲,使命是企业存在的理由,是"企业存在的意义",是企业发自内心想要做的事情,是一家企业与其他企业区分开来的根本标志。归结起来,使命主要回答"我们的业务是什么"这一核心问题。德鲁克认为,"我们的业务是什么"与"我们的使命是什么"是等同的[1],"一个企业不是由它的名字、章程和条例来定义的。企业只有具备了明确的使命与愿景,才可能制定明确而现实的战略目标"[2]。企业的愿景是使命的基础,使命反映企业的愿景,两者共同开启了企业的战略管理过程。一份经过精心设计的使命陈述能够为企业采取恰当的战略行动指明方向,包括企业从事什么业务,为谁服务,提供什么价值等。以下是一些企业的使命陈述。

- 微软:致力于帮助全球的每一个人、每一个组织,成就不凡。
- 英特尔:创造改变世界的技术,改善地球上每个人的生活。具体包括推动创新,以使世界更安全,建立健康而充满活力的社区,并提高生产力;利用我们的全球影响力来改善社会、商业和地球;促使我们和我们的业界同行更具责任感、包容性和可持续性。
- 戴尔:依靠技术的力量推动人类进步。
- 阿里巴巴:让天下没有难做的生意。
- 华为:把数字世界带入每个人、每个家庭、每个组织,构建万物互联的智能世界。
- 中国移动:创无限通信世界,做信息社会栋梁。
- 百度:用科技让复杂的世界更简单。
- 华润集团:引领商业进步,共创美好生活。

5.2.2　使命陈述的一般原则

使命陈述是对组织存在目的的一种表述,它是其他一切规划行动的基础,描述了企业基本的、独一无二的目的,反映了指引行动的价值观,提供了企业的动力、前进方向和特征

① 戴维,戴维.战略管理:概念部分:第15版[M].李晓阳,译.北京:清华大学出版社,2017:47.
② 徐飞.黄丹.企业战略管理[M].2版.北京:北京大学出版社,2014:45.

面貌。① 理想的使命陈述有助于激发员工的责任心和承诺，进而为组织愿景的实现提供强大动力和有力保障。制定一个理想的使命陈述应当遵循以下原则。

(1)使命陈述应当清晰明确，起到"看不见的手"的作用，能够在无形之中指引组织人员的行动。例如，特斯拉的使命陈述为"加速世界向可持续能源的转变"，在能源短缺、环境污染的情境下，这样的使命陈述就能够在很大程度上为员工的共同行动提供指引。

(2)使命陈述应当是具体的、可操作的且有意义，能够起到激励作用。例如，沃尔玛的使命陈述为"省钱，让人们的生活更美好"，其中为客户"省钱"是具体的、可操作的，为客户带来的价值也是最直接的，而"让人们的生活更美好"对客户来说则更有精神价值，代表着客户的未来价值取向，对客户的激励作用也更大、更长远。

(3)使命陈述应当以市场为导向，并从顾客需要的角度来定义业务。因为对企业的可持续发展来讲，产品、服务和技术终将会过时，而人们的基本需要则会永远延续下去。例如，耐克的使命陈述为"将灵感和创新带给世界上的每一位运动员"，它不是强调自身的鞋子，而是强调"灵感和创新"，这属于人们更高一层次的需要。耐克将这种使命与其"just do it"的独特企业文化紧密结合在一起，这无论是对专业运动员还是对普通老百姓，都能产生强大的促进作用。

(4)使命陈述应当关注顾客和为顾客创造价值与体验，而非利润。例如，麦当劳的使命陈述为"成为顾客最喜欢的用餐地点和用餐方式"，强调的是为顾客创造的用餐体验和用餐方式，而不是世界上最赚钱的快餐店，正是这种良好的用餐体验和用餐方式才使麦当劳成为快餐的代表，甚至成为一种独特生活方式的代表。

(5)使命陈述的提出应具有独特性，且应把这种独特性建立在组织独特的资源与能力基础之上，反映组织的独特竞争优势，否则所提出的使命陈述就是无源之水、无本之木。例如，招商局集团的使命陈述为"以商业成功，推动时代进步"，就与其独特的文化、悠久的历史和对民族进步的突出贡献密不可分。

尽管一些战略管理学者对使命陈述还存在争议，严谨而清晰的定义相对有限。在企业实践领域，不同的企业对使命陈述的形式、目的和内容上的理解也大相径庭。但是仍有一些领先的公司制定了理想的使命陈述，并在其官网和年度报告中不断地引用这种使命陈述，起到了宣传企业形象、展现公司业务、树立市场定位、构建竞争优势等的综合作用。总体来说，有效的使命陈述应具有以下十个特征。

(1)简短，用一两句话表述即可，不宜过长。

(2)简单，不要用复杂的句式、晦涩的语言、模糊的词汇。

(3)振奋人心，能够给员工、客户、利益相关者提供一种精神上的动力。

(4)体现公司业务，与公司业务具有一定的关联性或联想性。

(5)反映公司价值观，能够体现公司长久以来所坚持的经营理念、运营方针和核心价值观。

(6)履行责任，不仅能够体现出对客户和社会的承诺，更能体现出对客户和社会所担负的责任和做出的贡献。

(7)可实现，经过组织人员的努力是可以实现的。

---

① Ireland R D, Hirc M A. Mission statements: Importance, challenge and recommendations for development[J]. Business Horizons, 1992(35): 34-42.

(8)经久不衰,能够反映企业长期以来的价值追求,一经制定就保持相对稳定,不轻易改变。

(9)对顾客具有吸引力,能够体现出顾客当前乃至未来长远的价值追求。

(10)灵活,能够适应环境的动态变化。

专栏5-2:国有企业与民营企业使命陈述对比

使命陈述,作为最常用的企业管理工具之一,其重要作用还未被中国企业所认识。自身定位不清,不明白企业存在的目的和意义,这些是中国企业的通病。使命陈述的意义正在于此,它让企业审视自身,明白企业为何存在,企业的目标是什么。

著名战略研究专家戴维(David)提出了使命陈述的九要素:①顾客,公司的顾客是谁? ②产品或服务,公司的产品或服务项目是什么? ③市场,公司在哪些地域竞争? ④技术,公司的技术是不是最新的? ⑤对生存、增长和盈利的关切,公司是否努力实现业务的增长和良好的财务状况? ⑥哲学,公司的基本信念、价值观、志向和道德倾向是什么? ⑦自我认知,公司最独特的能力或最主要的竞争优势是什么? ⑧对公众形象的关切,公司是否对社会、社区和环境负责? ⑨对雇员的关心,公司是否视员工为宝贵的资源? 公司是否关心员工的生活和发展? 以下对比研究了2008年国有企业与民营企业100强的使命陈述。

(1)使命陈述包含要素的数量。2008年国有企业与民营企业100强分别有37家和38家企业拥有自己的使命陈述,占总样本的37.5%,说明我国企业对使命陈述的认知度不高,使用使命陈述的企业还不多。75家有使命陈述的企业中,没有一家企业的使命陈述包括戴维所提出的使命陈述的九要素中的9个或8个;包含4个要素和3个要素是最为常见的情况,分别占26.67%和24.00%;72%的企业使命陈述低于九要素中的5个。说明我国企业使命陈述中包含的要素数目偏低。

国有企业包含使命陈述要素数量平均为4.0个,民营企业为3.5个;包含3～5个使命陈述要素的国有企业有28家(75.7%),民营企业有20家(52.6%);包含2个使命陈述要素的国有企业有4家(10.8%),民营企业有12家(31.6%)。因此,从总体上看,国有企业使命陈述的内容广泛度高于民营企业,国有企业制定使命陈述的水平更好一些。

(2)使命陈述要素频数。拥有自己使命陈述的75家企业中,最为关注的是公司哲学(46家,占61.3%)和公众形象(42家,占56%),其次是产品或服务(37家,占49.3%)及顾客(33家,占44%),最不关注的要素是市场(20家,占26.7%)和自我认知(23家,占30.7%)。这与欧美企业最为关注顾客和雇员截然不同。

国有企业最为关注的是公司哲学(59.5%)、产品(56.8%)、公众形象(56.8%)、技术(48.6%)和财务状况(48.6%)。民营企业最为关注的是公司哲学(63.2%)、公众形象(55.3%)、客户(50.0%)和产品(42.1%)。由此可知,无论国有企业还是民营企业,都比较关注公司哲学和公众形象,但相对而言,国有企业对产品、技术、盈利更加关注,而民营企业则更加关注客户和市场。

（3）使命陈述要素聚类分析。聚类分析表明使命陈述九要素可以分为三大类：行为导向（包括哲学要素，阐述了指导企业行为的标准，体现企业的核心价值观）；利益相关者导向（包括对公众形象的关注，对雇员的关注，对生存、增长和盈利的关注以及对顾客的关注四个要素，表达出了企业对利益相关者得失的关注）；竞争导向（包括对市场、自我认知、技术和产品的关注四个要素，体现企业对自身的认识、定位以及竞争处境）。

资料来源：林泉，邓朝晖，朱彩荣.国有与民营企业使命陈述的对比研究.管理世界，2010(9)：116-122.

5.3 企业的核心价值

5.3.1 核心价值观的内涵

核心价值观(core value)，又称为企业的经营哲学或经营理念，是企业内部所有员工普遍认同的、指导企业日常运营和员工行为的总原则，是企业处理内部人员之间关系，以及处理企业与外部不同利益相关者主体之间关系的最高依据和准则。核心价值观集中反映了企业在长期的发展过程中，逐步形成并确立的经营管理者大力倡导并身体力行的主要思想理念，是引领企业一切经营活动的纲领性原则。核心价值观是企业人格化的产物，它植根于企业内部，形成于企业长期经营的点点滴滴，决定着企业价值体系的总方向和总方针，是企业价值理想、价值信念、价值尺度和价值原则的集成者，起着规范员工行为、稳定生产经营秩序、提供精神动力的作用。以下是一些企业的核心价值观。

- 梅赛德斯-奔驰：探索；创造；颠覆；革新；为心中所向，持之以恒。
- 阿里巴巴：客户第一，员工第二，股东第三；因为信任，所以简单；唯一不变的是变化；今天最好的表现是明天最低的要求；此时此刻，非我莫属；认真生活，快乐工作。
- 华为：以客户为中心、以奋斗者为本、长期艰苦奋斗、坚持自我批判。
- 微软：尊重；诚信；责任。
- 英特尔：顾客第一；勇于创新；结果驱动；团结一致；包容；品质；诚信。
- 戴尔：客户，我们坚信，与客户建立良好的关系是迈向成功的根本优势和最终基础。共赢，我们信任并重视员工。与单枪匹马相比，团队合作让我们表现得更好，更具智慧，并且拥有更多乐趣。创新，我们相信，创新的能力和培育突破性思维是发展、成功和进步的动力所在。成果，我们始终致力于出色的业绩和卓越的表现。诚信，我们坚信，必须始终让诚信指导我们想要获胜的强烈欲望。

5.3.2 核心价值观的功能

核心价值观在企业价值体系中处于核心地位，其主要功能如下。

（1）引导功能

美国学者詹姆斯（James）曾经说过："人的思想是万物之因。你播种一种观念，就收获一种行为；你播种一种行为，就收获一种习惯；你播种一种习惯，就收获一种性格；你播种一种性格,就收获一种命运。总之,一切都始于你的观念。"核心价值观是企业的最基本信念,是企业行为最根本的内在约束,是企业一切决策制定的依据。它通过确立反映企业生存发展本质要求的一系列根本原则,明确告诉员工企业提倡什么、鼓励什么、反对什么,起到引导的作用。如果企业内部发生了目标冲突、利益冲突、评价标准冲突,那么唯一的评判标准就是核心价值观。

(2)规范功能

核心价值观不仅是各种企业内员工行为与组织决策的价值源泉,而且是建立一系列规则、规范的根本价值尺度。核心价值观显性化的各种规则、规章、规程和规范,对员工起着一种非正式控制系统的作用,以此达到规范和维持秩序的目的。实践证明,外部环境越动荡,企业规模越大,组织结构越复杂,目标实现越困难,就越需要清晰明确的核心价值观来引导和规范员工的行为、优化和简化组织的决策,以使员工的个人行为与企业的组织行为相统一,并共同适应外部环境的要求。这就要求将企业的核心价值观融于员工内心,融于员工日常行为和岗位实践。

(3)动力功能

核心价值观是企业活力的源泉。实践表明,成功的企业之所以能够持续发展和快速成长,其中一个非常重要的特点就是企业核心价值观能够不断地激发员工的积极性、主动性和创造性,不仅内化于员工的精神动力,而且还外化为员工的集体无意识行为和习惯。因此,核心价值观渗透到企业经营发展的全过程和全方位,能够产生强大的向心力和激励作用,促使员工在思想、行为上达成默契,形成一个相互协调、相互信任、高效而有序的有机整体,由此会产生巨大的生产力和竞争力。与此同时,核心价值观还为企业创新提供强大的动力,是企业组织创新、制度创新、技术创新和产品创新的理念基础。

5.4　企业战略目标制定

5.4.1　战略目标的内涵

目标意指"想要达到的境界或目的",由"目的+标准"两部分构成。战略目标的功能在于反映一定时期内经营的方向和要达到的水平,它可以是定性的描述,如竞争优势、市场竞争力,也可以是定量的计算,如资产回报率、市场份额。毫无疑问,能够定量衡量的战略目标更重要,否则有可能只是一些毫无意义的文字游戏而已,最终被束之高阁。战略目标如果设置得当,就能使组织上下都能很好地理解企业的发展方向和最终所要达到的状态,明确自身在企业中的定位和作用,从而提高组织的凝聚力和向心力,激发士气。反之,如果企业战略目标设置不尽合理,不能有效地反映企业的愿景和使命,也就不能具体地指导每个员工的工作,那么就会出现效率低下、资源浪费、利益冲突等一系列问题。总体而言,明确的战略目标有三方面的作用。

(1)指引作用。战略目标为管理者和组织的所有成员提供一致性的行动指南,使其朝着共同的目的努力。

(2)激励作用。战略目标能增强组织内部人员行动的动机,使其所有行动都集中于共同特定的、明确的结果上。

（3）标尺作用。战略目标为评价一个时期内员工行动的结果提供客观标准，为评价一个时期内组织活动的实施水平和实施效果提供客观标准，并及时修正和调整，最终实现目标。

5.4.2　战略目标制定的 SMART 原则

为了使战略目标反映企业的愿景和使命要求，任何企业的战略管理者都必须掌握战略目标制定的基本技能和方法。目标管理的 SMART 原则与战略目标制定的要求基本一致。因此，企业战略目标制定也应兼顾这五个方面的要求，即 SMART 原则。

（1）目标必须是具体的（specific）

所谓"具体的"，就是战略目标的表述必须要用清晰的、明确的语言来表达，而不能用抽象的、概括的、模糊的语言来表达。例如，有些企业将战略目标表述为"成为本行业盈利能力最强的企业""成为客户最满意的企业""成为客户价值最高的企业"，等等。这种对战略目标的表述就含糊不清、华而不实、空洞无物，因为盈利能力最强有众多具体的衡量方法（如利润率达到 15%），客户最满意有众多具体的测量维度（如客户对产品质量的满意度达到 90% 以上），客户价值最高有众多不同的判断标准（如平均单个客户价值达到 10 万元）。

实施要点：战略目标的设置要有量化指标、实现路线、达成策略、进度安排、完成期限以及资源要求，使战略目标考核人能够很清晰地看到业务部门或职能部门什么时间要完成哪些事情，完成到了什么程度，是否偏离了既定方向。

（2）目标必须是可测量的（measurable）

"可测量的"就是指战略目标的制定是可以量化的，以便在一系列活动执行后进行对比，作为衡量目标达成程度的客观标准。如果制定的战略目标没有办法量化，就无法判断这个目标是否能够实现，实现了多少，以及在行业内是什么水平。比如研发部门的战略目标不应设置为"技术水平全球领先"，而应是"核心技术参数比当前主流技术高 15%"；生产部门的战略目标不应设置为"提高产品质量，降低成本"，而应是"产品合格率达到 99.9%，成本降低 15%"；销售部门的战略目标不应设置为"提高市场占有率"，而应是"市场占有率达到 30% 以上"。只有战略目标具备量化特征，才可操作，且易于检验。

实施要点：首先，在描述战略目标时，如果要确保战略目标的制定者与考核人有一个统一的、标准的、清晰的可衡量标尺，就要避免在目标设置中使用抽象的概念，避免在目标限定中使用模糊的修辞，避免在目标考核中使用可替代的指标。其次，对于战略目标制定的可衡量性应该遵循"量化——细化——流程化"的原则展开，并从数量、质量、成本、时间、满意度五个方面来进行，如果战略目标难以量化，可考虑将目标进一步细化，细化成更具体的子目标后再从以上五个方面进行衡量，如果仍然难以量化，可以将完成目标的具体工作流程化，通过流程化使战略目标可衡量。

（3）目标必须是可实现的（attainable）

"可实现的"要求战略目标的设置必须难度适中、可行，既不能脱离外部环境的要求、企业的规模与技术实力而定得过高，也不能低估市场的增长潜力、企业成长能力而定得过低。如果战略目标制定不从市场发展和企业成长的实际出发，定得过高，难以实现，就会导致员工心理和行为上的抗拒，挫伤其积极性，浪费企业资源；相反，如果战略目标定得过低，很容易实现,就无法起到激励作用,被员工忽视,调动不起工作的积极性,进而错过市场机会,无法发挥人力资源的最大价值。因此,在制定战略目标时,必须兼顾目标的挑战性和目标的可实现性。

实施要点:战略目标的设置要对企业发展愿景、使命有清晰明确的认识,对国家经济社会发展乃至全球经济社会发展有准确的判断,对行业发展趋势和市场发展趋势有准确的判断,对自身的规模和实力以及在行业竞争格局中的定位有准确的判断,使制定出的战略目标经过全体员工的共同努力,最终是可以实现的。

(4)目标必须具有相关性(relevant)

"相关性"是指某一目标的实现,特别是企业内部的关键目标(如核心业务目标)和共性目标(如技术开发目标)的实现,必须与其他目标有所关联。具体而言:一是战略目标必须与企业的愿景、使命相关,战略目标的制定是为愿景、使命服务的,战略目标的实现应该围绕愿景、使命展开;二是战略目标必须与各业务目标、职能部门有所关联;三是业务目标与职能部门目标之间有所关联,以及不同的业务目标之间、各个职能部门目标之间,都应该相互关联,相互支持。因此,在战略目标的制定与实施过程中,必须体现多层次多部门目标之间的相互关联性,形成一个能够相互支持的有机目标体系或目标网络,使各个战略业务单元乃至所有员工既能明白自身的责任与目标,也能了解和支持其他部门的责任与目标。如果自身目标的实现与企业的愿景、使命以及其他目标完全不相关,或者相关度很低,那即使这个目标实现了,战略意义也不是很大,对整个企业的贡献也不是很大。

实施要点:战略目标设置要坚持全员参与、上下左右乃至斜向全面沟通,使拟定出的多层次多部门目标之间相互兼容、相互支持,并在组织内部充分达成一致,形成一个围绕企业愿景和使命的有机战略目标网络体系。

(5)目标必须具有明确的期限(time-based)

"期限",即时限性,是指战略目标设置必须考虑时间期限,有明确的起止日期。例如,企业的战略规划指出,要在下一个五年计划结束的时候(如2025年12月31日)使市场占有率达到30%以上,"2025年12月31日"就是一个确定的时间期限。不同的人对问题及目标轻重缓急的认识程度不同,没有时间限制的战略目标难以区分该目标的相对重要性与紧迫性;同时,没有时间限制的战略目标难以判断目标的实现程度及存在的关键问题,也没有办法实施客观的考核,从而可能带来考核的不公平性。

实施要点:目标设置要根据工作性质与内容以及企业的愿景、使命的关联程度,设置不同的权重,据此拟定出完成目标任务的时间要求,定期检查任务的完成进度,分析任务执行过程中存在的问题与障碍,掌握项目进展的变化情况,以及时地调整工作计划、修正战略目标。

5.4.3　战略目标体系

企业战略目标应围绕企业愿景、使命和核心价值观展开,它们必须转化为具体的支持性目标才能实现。企业战略目标体系不仅包括公司整体目标,还包括事业部战略目标和职能部门目标,并且相互之间必须有所关联,形成一个有机的战略目标体系。图5-1所示的战略目标体系表明,上一层目标为下一层目标的实现提供指导和约束,下一层目标为上一层目标的实现提供工具和手段,从而形成一个具体的、可衡量的、有层次、相互支持的目标体系。

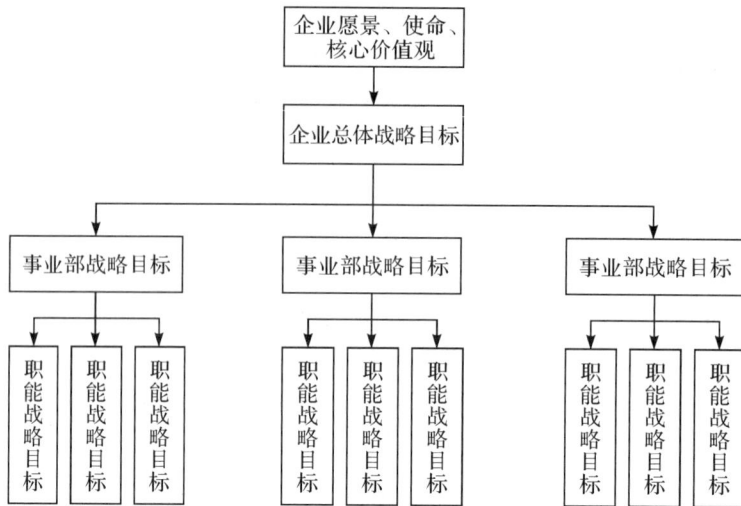

图 5-1　企业战略目标体系

需要注意的是,在战略目标体系中,既要强调长期、全局的战略目标,又要强调短期、局部的具体目标;既要考虑客观财务指标,又要考虑主观非财务指标。一般而言,企业总体战略目标往往与企业长期、全局的发展相关,可以是客观财务指标,如营业总收入、总成本,也可以是主观非财务指标,如市场份额、社会责任、创新、客户满意度等;事业部战略目标和职能部门战略目标则往往是短期、局部的具体目标,如生产效率、生产成本、研发成本、产品质量、产品开发周期、资金周转率等。表 5-1 为某股份制商业银行 2011—2015 年发展战略规划量化指标。

表 5-1　某股份制商业银行 2011—2015 年发展战略规划量化指标

量化	指标	2013 年末目标	2015 年末目标	计算公式
资本	总资本净额	2400 亿元	3200 亿~3300 亿元	(核心一级资本+其他一级资本+二级资本)-扣减项
	一级资本净额	1750 亿元	2350 亿~2400 亿元	(核心一级资本+其他一级资本)-扣减项
	核心一级资本充足率	≥6%	≥6%	核心一级资本净额/表内外加权风险资产总量
	一级资本充足率	≥7%	≥7%	一级资本净额/表内外加权风险资产总量
	资本充足率	≥11.5%	≥12%	总资本净额/表内外加权风险资产总量
资产	总资产	3.44 万亿元	4 万亿~4.5 万亿元	期末总资产
	贷款/总资产	50%左右	45%~49.5%	期末各项贷款/期末总资产
	个人贷款占比	22%	25%	个人贷款余额/各项贷款余额
	综合风险权重	≤61%	≤60%	期末表内外加权风险资产总量/期末总资产
	存款市场份额	≥2.25%	≥2.3%	期末各项存款/全国银行业存款余额

量化	指标	2013年末目标	2015年末目标	计算公式
结构	资金类业务净收入占比	≥28%	≥30%	(资金类资产收入－资金类负债支出)/营业收入
	中间业务净收入占比	≥15%	≥20%	(中间业务收入－中间业务支出)/营业收入
	个人业务收入占比	≥15.5%	≥18.5%	(个人贷款利息收入＋个人中间业务收入)/营业总收入
风险类	贷款拨备率	≥2.5%	≥2.5%	贷款损失准备/各项贷款余额
	杠杆率	≥4%	≥4%	(一级资本－一级资本扣减项)/调整后的表内外资产余额
	不良贷款率	≤1%	≤1%	不良贷款/各项贷款余额
	拨备覆盖率	≥200%	≥200%	贷款损失准备/不良贷款余额
收入及盈利	营业总收入	1470亿元	1700亿～1900亿元	利息收入＋中间业务收入＋投资收益＋其他营业收入
	净利润	325亿元	425亿～465亿元	税后净利润
	资产收益率ROA	≥1%	≥1.1%	净利润/[(期末总资产＋期初总资产)/2]
	资本收益率ROE	≥18%	≥19%	净利润/[(期末所有者权益＋期初所有者权益)/2]
	收入成本比	≤34%	≤32%	业务及管理费/营业收入

5.4.4 基于顾客价值的战略目标制定

当前,"以市场为导向,以客户为中心"已经成为绝大多数企业经营管理过程中不变的信条。自从竞争优势一词提出后,学术界和企业界就开始了不断的摸索,试图破解获取竞争优势和维持竞争优势的密码。从价值链管理、质量管理、精益生产到流程再造、组织文化变革等,都进行了有益的探索,但结果却并没有预期中那么成功。于是,学者们纷纷将目光转向企业外部,特别是从客户的角度出发来探索如何获取竞争优势和维持竞争优势,取得了很多独特的发现。最终,人们认识到,客户才是企业赖以生存和发展的基础,客户价值和客户满意是企业价值创造的基石。企业发展得好还是不好,根本的衡量标准只有一个,即顾客的感知价值和客户满意度。于是,通用电气前CEO韦尔奇所说的"公司无法提供职业保障,客户才行",沃尔玛创始人沃尔顿所说的"实际上只有一个真正的老板,那就是客户",德鲁克所说的"衡量一个企业是否兴旺发达,只要回头看看其身后的客户队伍有多长就一清二楚了",都已经成为当前企业生存和发展的公认准则。

企业的最终回报都来自顾客。我们需要基于顾客价值重塑企业战略管理过程和企业经营管理过程的每一个环节。在战略分析阶段,企业要考虑的核心问题是:企业的市场在哪里? 企业的目标顾客是谁? 企业的目标顾客需要什么? 企业能否以及如何满足目标顾客的需要? 只有企业真正为目标顾客着想,真正为目标顾客提供想要的价值,并超越竞争对手,才能真正抓住顾客的心，最终留住顾客。在战略制定阶段，企业业务的选择和业务的拓展也是为顾客服务的，也是以顾客价值创造为核心的，此时企业要考虑的核心问题是：企业业务的选择有利于创造新的顾客价值吗？企业的业务拓展有利于提高顾客满意度和忠诚度吗？企业的经营管理手段有助于加强与顾客的关系吗？在战略实施阶段，强调企业用于领导、控制、评价组织一切活动的出发点和最终归宿都是顾客价值、顾客满意和顾客忠诚，并以此作为组织内部门工作成效、员工工作成效的唯一判断标准。

具体来说，基于顾客价值的战略目标制定需要注意以下问题。

第一，关注顾客份额而非市场份额。顾客份额是指同一个时期内，某顾客对某一企业产品或服务的购买数量占该顾客同类产品或服务总购买量的百分比，而市场份额则是指企业某种产品或服务的销售量占该市场同类产品或服务总销售量的百分比。显然，顾客份额与市场份额不是同一个概念，顾客份额意味着在特定的目标顾客心目中，企业的产品或服务重要与否，或者意味着目标顾客对企业的产品或服务满意与否，而市场份额仅仅是一个统计意义上的概念。

第二，关注未来价值、潜在价值而非当前价值。企业应将客户视为一项资产，将顾客价值视为是一个未来因素驱动的变量，并采用一切可行的战略与行为等手段来影响并提高客户的潜在价值。当我们谈论一个客户价值的时候，我们究竟是指什么？清楚地讲，一个客户对于一家企业所代表的价值，应该被视为同其他形式的经济资产所代表的价值一样。但这个价值并非能用当前的经济价值直接衡量。也就是说，一个顾客对于企业的价值，就是这个客户在未来能够为企业创造的利润。

第三，关注顾客心理价值而非实用价值。根据马斯洛的需要层次理论，顾客价值的满足具有演化性和次序性，总体而言是从实用价值到心理价值。实用价值被满足后，顾客将更加关注心理价值，并且愿意付出的代价会更大。随着经济社会的发展，以具体的物质形式来体现的实用价值（如汽车的动力、速度、功能、外观等）将随着需求的不断满足而变得不再重要，而以非物质形式来体现的心理价值（如社交、情感、认知、心灵、信仰等）则将变得更加重要。

第四，关注放权而非控制。在最终结果上，企业要更加注重顾客价值创造以及顾客满意度和忠诚度，这就需要为顾客提供优异的价值以及灵活快速的反应。而要保证结果的实现，这就需要采取灵活的组织方式和灵活的管理策略，重点是对员工进行专门的培训和授权、强调客户关系的建立与维护、关注与客户的互动和交流。

5.5　企业道德和社会责任

5.5.1　企业道德的概念与功能

关于道德（ethics）的概念，马克思主义哲学、伦理学将其界定为人类特有的，以善恶为标准的社会意识形态，是依靠人们内心的信念、传统习惯以及社会舆论来调整个人与个人、个人与社会之间关系的行为规范的总和。作为道德的特殊形态，企业道德是社会一般道德在企业关系和行为中的特殊表现，意指企业在生产经营管理活动中，协调、处理企业内外关系的行为规范的总和,它决定着企业认为特定的行为可接受与否的原则和标准。[①] 企业道德具有以下四大功能。

(1)认识功能。认识企业对客户、供应商、合作伙伴、社区、整个社会、国家、全球以及其他利益相关者应肩负的责任和应尽的义务。

(2)调节功能。企业道德作为一种群体意识,以特定行为可接受与否的原则和标准,调节企业内外利益关系和矛盾,促进企业生产经营管理活动有序进行。

(3)教育功能。通过造成社会舆论、树立企业形象、形成企业风气、营造工作氛围等形式,培养人们向善的道德意识、道德品质、道德观念和道德行为。

(4)评价功能。通过形成共同的使命愿景、价值目标、行为导向,以舆论评价和监督等形式,评价特定行为可接受与否,防范企业个人、组织行为的越轨和失范。

例如,苹果公司提出"我们在合乎道德、诚实且完全遵守法律的情形下开展业务。我们相信,我们的行为方式对于苹果的成功与制造世界上最好的产品一样重要。我们的商业行为和合规政策是我们开展业务以及将我们的价值观付诸实践的基础"。苹果公司将其"业务"置于道德、诚实、法律、政策等基础之上,在整个社会树立了积极正面的形象,对员工、客户、供应商以及其他利益相关者来说都起到了很好的调节功能、教育功能和评价功能。阿里巴巴集团更是设立了专门的部门(阿里巴巴集团廉正合规部)并制定了专门的规定(《阿里巴巴集团商业行为准则》)来规范其商业行为。

■ 案例

阿里巴巴廉正合规

阿里巴巴集团在与客户、业务伙伴、股东等相关各方的业务关系中,致力于遵循最高标准的商业行为规范。为了恪守此承诺,我们会在业务活动中遵循所有相关法律法规以及《阿里巴巴集团商业行为准则》的要求。

我们要求员工在与外部合作伙伴进行业务往来时体现诚信的价值观,绝不容忍任何不道德或不合法的行为。合作伙伴的支持对我们非常重要,如果您有任何有关阿里巴巴集团商业行为准则的问题;希望获得关于阿里巴巴集团业务合规的指引;或者希望报告任何关于阿里巴巴集团员工涉嫌做出不道德或不合法行为的可疑事件,欢迎您随时联系阿里巴巴集团廉正合规部。

我们建议任何人在提交投诉或问题时,留下包括姓名、联系方式、涉嫌不道德或不合法可疑行为事件细节等详细信息,以便我们在必要时直接和他联系。我们会谨慎处理所有咨询与举报,并在法律法规许可范围内竭尽全力确保咨询与举报的保密性。所有的调查将以合法合规为基础。

阿里巴巴集团严禁他人对任何善意地就涉嫌不道德或不合法行为提供信息或协助调查的人士进行报复或惩罚。

资料来源:https://www.alibabagroup.com/integrity-compliance.

5.5.2　企业社会责任的概念与内容

企业社会责任(corporate social responsibility)一词自 20 世纪初提出以来,随着企业和社会的发展,特别是在全球气候变暖、环境污染、资源枯竭、安全事故和产品质量问题等越发严峻的形势下,已经引起了包括政界、学界、产业界等在内的整个社会的广泛关注。狭义的企业社会责任是指企业在创造利润和股东利益的同时,还应承担对员工、消费者、社区和环境等方面的责任。广义的企业社会责任是指企业作为社会的一分子,应该在谋求企业利益的同时,还应在服务社会、贡献社会方面承担责任。[①]

纵观有关企业社会责任的不同概念发现(见表 5-2),企业社会责任是一个多层次、多主体的概念。本书认为企业社会责任是指企业在执行其战略决策和实施组织行为的过程中,超越法律法规和商业回报的要求,主动承担责任,为社会的可持续发展、为社会福利的增加、为社会的不断进步等做出贡献,共建美好世界。企业社会责任的本质就是作为企业公民,企业要对其自身的战略和组织行为进行自觉的道德约束,并使其战略和组织行为融入人类发展、社会进步、环境保护、科技创新等的要求之中。

表 5-2　典型的企业社会责任的概念[②]

来源	概念
Davis K,Blomstrom R L,1975	企业社会责任是指决策者在谋求企业利益的同时,还应对保护和增加整个社会福利方面承担义务
Robins S P,1991	企业社会责任是指超过法律和经济要求的企业为谋求对社会有利的长远目标所承担的责任
Koontz H,Weihrich H,1993	企业社会责任就是认真地考虑公司的一举一动对社会的影响
Werhance P H,1998	企业社会责任是指企业具有超越对其业主或股东狭隘责任观念之外的对整个社会应承担的责任
Druker P,1987	企业并不是为了自身的目的,而是为了实现某种特别的社会目的并满足社会、社区或个人的某种特别需要而存在的
世界可持续发展企业委员会(WBCSD,1998)	企业社会责任是指企业对经济的可持续发展、员工及其家庭、当地社区和社会做出贡献,从而提高人们的生活质量

例如,英特尔公司将社会责任上升到了战略层次,提出 2030 年 RISE(responsible,履责;inclusive,包容;sustainable,可持续;enabling,赋能)战略和目标。RISE 战略提出的背景为:我们的世界面临着前所未有的挑战。就气候变化、深度数字鸿沟、缺乏包容性以及全球流行病等问题采取行动已刻不容缓,我们亟须一个共同承担责任的新时代。RISE 战略的目标为:企业责任植根于使命,那就是建立在透明度、治理、道德和尊重人的坚实基础之上,不断创新,深化企业责任带来的影响力,并且不断探索利用英特尔的技术解决全球挑战的新方法。RISE 战略的内容为:英特尔正在提高自己的标准,发展企业社会责任战略,以扩大与其

①　徐飞,黄丹.企业战略管理[M].2 版.北京:北京大学出版社,2014:42.
②　徐飞,黄丹.企业战略管理[M].2 版.北京:北京大学出版社,2014:42-43.

他各方的合作规模,从而通过技术、员工的专业能力和热忱,去创造一个更具责任感、更具包容性和可持续发展的世界。具体包括以下方面。

(1)责任感:在英特尔全球制造业务、价值链乃至更大范围内,推进安全、健康和责任感的商业实践,发挥引领作用。具体包括打击强制劳动和抵债劳动、实施标准化救生技术、改善健康与安全。

(2)包容:促进英特尔全球员工及整合行业的多元化和包容性发展,并通过技术、包容和数字化,为他人创造更多机会。具体包括提升全球员工队伍的多样性、促进供应商的多元化和包容性、让技术具有充分的包容性并扩大数字就绪度(digital readiness)。

(3)可持续发展:成为可持续发展领域的全球领导者,并通过英特尔的技术和行动帮助客户和其他利益相关方降低对环境的影响。具体包括通过推进可持续的全球制造实践、技术行业合作以及与客户和其他利益相关方合作,实现净水利用、100%可再生能源发电、零垃圾填埋量、碳中和等。

(4)赋能:通过创新技术和专业知识以及员工的热情,推动英特尔内部、整个行业以及其他方面的积极变革。具体包括志愿者服务、实施科技抗疫计划(PRTI)、技能型社区服务、捐款等。

■■ 案例

百度 ESG(环境、社会、公司治理)理念与治理

本着与各利益相关方共同发展的初衷,百度借助自身业务特色,以"夯实移动基础"和"决胜 AI 时代"为战略方向,关注股东、供应商、合作伙伴、政府、社会机构、用户、员工、社区、环境等利益相关方的核心诉求,承诺在低碳运营、经济指标可持续、供应链管理、知识产权、科技创新、合规运营、数据隐私、信息安全、用户体验、人才培养、员工权益和社区参与方面积极探索,将 ESG 核心理念与标准全面融入企业管理的工作,致力于用科技解决社会问题,发挥企业力量与创新能力,为利益相关方以及全人类的发展贡献长期可持续的正向价值。

2020 年,百度正式成立"环境、社会及管治委员会"(简称"ESG 委员会")。此委员会由公司法务、财务、人力资源等领域的高级管理人员组成,负责统筹管理 ESG 相关事宜,为公司董事会提供可持续发展建议,并结合各利益相关方与国际社会所关切的议题,制定 ESG工作目标及行动路径。ESG 委员会下设 ESG 工作组,负责 ESG 相关事宜的具体沟通、落地与执行。在 ESG 委员会的指导下,ESG 工作组联动公司各业务线及职能部门,合力推动ESG 工作的落实,并持续建立和优化相关风险管理机制,确保与各利益相关方的紧密沟通与合作,致力于改善百度的环境、社会及管治问题,提升公司价值与竞争力。

美国著名的社会责任研究学者卡罗尔(Carroll)于 1991 年提出了企业社会责任的金字塔模型,该模型指出企业社会责任包括四大层次:①经济责任(赚取利润);②法律责任(遵守法律规则);③伦理责任(遵守道德,坚持公平正义);④慈善责任(企业公民,对社区投入资源,提高生活质量)。对于企业社会责任的内容,可以大致分为以下几个方面。

(1)企业对员工的责任。在企业生产经营活动中,强调以人为本,注重对人的价值的关注,主要体现在:公平,不歧视员工;提高员工待遇和福利水平;确保员工身心健康;优化工作

环境和工作氛围;关注员工的工作满意度和幸福感;促进员工持续发展;提高员工在组织决策和管理中的参与度。

（2）企业对顾客的责任。将顾客视为有主观能动性的人,而非仅仅是购买了企业的产品与服务的人,强调以顾客为中心、以顾客为导向,不断为顾客创造新的价值,主要体现在:为顾客提供安全性高、质量好的产品;为顾客提供完善的服务;尊重顾客;为顾客提供及时的反馈;为顾客提供信息和必要的指导;赋予顾客自主选择的权利;提高顾客参与性和实现价值共创。

（3）企业对投资者的责任。注重给投资者以合理且具有吸引力的回报,主要体现在:提高投资者的投资收益率;降低投资者的投资回报期;提高企业盈利能力;提高市场占有率;促进企业快速发展;股票升值;保护中小股东的利益。

（4）企业对政府的责任。主要体现在:遵守国家的法律、法规;照章纳税;提供就业机会;关注弱势群体。

（5）企业对社区的责任。主要体现在:为社区发展提供支持;开展志愿者活动。

（6）企业对其他利益相关者的责任。主要体现在:维护债权人权益;与供应商、零售商、合作伙伴公平交易;维护中小竞争者的正当利益。

（7）企业对整个社会的责任。主要体现在:保护环境;节能减排;开发绿色技术,生产绿色产品;支持国家科技、教育、体育以及民生事业的发展;热心公益事业。

◆【篇末案例】
招商局集团企业文化与社会责任

（一）招商局集团简介

招商局集团(以下简称"招商局")是中央直接管理的国有重要骨干企业,总部位于香港,是在香港成立运营最早的中资企业之一。招商局创立于1872年洋务运动时期,是中国近代公司制企业出现的标志,是中国民族工商业的先驱。招商局是中国近代第一家股份制公司,曾组建了中国近代第一支商船队,开办了中国第一家银行、第一家保险公司等,开创了中国近代民族航运业,带动了其他许多近代产业的发展,在中国近现代经济史和社会发展史上具有重要地位,为中国改革开放事业探索提供了有益的经验。作为生产社会化、经济商品化条件下有效集合资本、组织生产、扩大生产规模的高级企业形式,它创立后,招商募股、组建船队、扩充航线、并购外企、对外投资、创设银行,因而拉动格局、聚集华商、致力国富民强,引发产业链的近代化变革,深度参与了中国的改革开放进程,以商业的成功推动着时代的进步。招商局的整体特点可以概括为:百年央企、综合央企、驻港央企。

2021年,招商局实现了"十四五"良好开局,各项经济指标再创新高:实现营业收入9292亿元、同比增长15.1%,利润总额2122亿元、同比增长21.1%,净利润1695亿元、同比增长23.4%,截至2021年底,总资产11.47万亿元,其中资产总额和净利润蝉联央企第一。招商局成为连续17年荣获国务院国资委经营业绩考核A级的央企和连续五个任期"业绩优秀企业"。招商局继续成为拥有两个世界500强公司的企业,招商局和招商银行排名持续提升。"十三五"期间,集团各项经济指标年均复合增长率均超过10%,其中营业收入复合增长率达到33.9%,利润总额复合增长率为17.3%,净利润复合增长率为14.5%,资产总额复合增长率为 10.6%。目前,招商局是一家业务多元的综合企业,主要业务集中于交通物流、金融、城市与园区综合开发运营三大板块,以及近年来布局的邮轮、大健康、检测等新产业。

(二)招商局集团理念

文化底色:海洋文化

企业精神:爱国   自强   开拓   诚信

企业理念:崇商   创新   均衡   共赢

企业愿景:成为具有全球竞争力的世界一流企业

企业核心价值观:与祖国共命运   同时代共发展

企业使命:以商业成功   推动时代进步

招商血脉。意指从洋务运动中走出来的招商局,创办之初力图用产业撬动"国体、商情、财源、兵势"。作为中国近现代化的重要开启者,招商局从诞生之日起就背负着富强自立、民族复兴的历史重任,对经济、制度、思想层面的近现代化都进行了诸多探索。

蛇口基因。寓意改革开放中的招商局,通过商业层面的变革为社会的进步注入催生因子。作为发展市场经济的先行者,招商局打破思想禁锢,遵循经济规律,大胆创新实践,解放和发展社会生产力,促进社会经济持续繁荣,推动了思想、人才和生产力层面的解放。

经济层面开路拓荒。招商局创办之初,带动创办了一大批新兴企业,初步搭建起中国近代经济体系,为中国走向现代化开辟了一条道路。

推动思想解放。蛇口工业区创办以来,提出了一系列与市场经济相适应的新观念,开展了一系列体制机制的新变革,采取了一系列推动经济社会发展的新举措,更新了人们的时间观念、效率观念、价值观念,在很大程度上引领推动了全国的思想大解放。

制度层面探索示范。作为中国第一家股份公司,招商局使得现代生产力和大工业生产方式在中国得以实践,助力实现了中国传统企业制度到现代企业制度的转变,为中国现代经济发展奋力探求科学的制度安排。

推动人才解放。蛇口工业区率先在全国实行人才公开招聘,最早在全国推行能进能出、能上能下、能多能少的"六能"改革,促进了人才流动,激发了人才潜能,推动了人才解放,有力促进了全国干部人事制度改革。

思想层面启蒙革新。招商局的成立和壮大,改变了中国传统社会重农抑商的社会观念,使"商"的理念逐渐为人们接受,在中国进行了思想启蒙。

推动生产力解放。在开发建设蛇口工业区过程中,招商局以提高工作效率和经济效益为基本出发点,大胆开展各项制度创新,创下了当时 24 项全国第一。同时,招商局还积极推动对外开放,引进外商投资,形成了独特的"前港—中区—后城"综合开发的蛇口模式。

(三)招商局集团社会责任

1.百年老店的责任基因

百余年来,招商局始终与国家和民族的命运休戚与共,基于"以商业成功推动时代进步"的企业使命,在自身发展的同时,积极承担社会责任。招商局相信,商业的成功,不仅要以商业模式可持续为要求,实现均衡发展,更要以环境可持续为要求,实现绿色发展,并终将以人的可持续为要求,实现和谐发展。集团的社会责任工作,将通过以上三方面,引领商业创新、促进行业进步、服务社会发展,从而缔造基业长青、推动时代进步。

2."使命驱动型"的社会责任推进模式

我们将"以商业成功推动时代进步"这一企业使命作为全面推进社会责任工作的驱动力,通过系统的推进方案,让社会责任融入企业决策与日常经营,并以提升风险防控能力、综合价值创造能力、品牌美誉度和影响力为突破,助力集团"建设具有国际竞争力的世界一流企业"总目标实现。

自2008年招商局颁布《履行企业社会责任行动纲领》以来,企业社会责任的实践逐步系统化、常规化、规范化和专业化。目前,招商局以招商局慈善基金会(以下简称"基金会")为平台,支持集团下属单位开展公益活动,并指导和鼓励下属单位根据自身业务板块属性和特色,融合社会责任的理念与要求,结合利益相关方的期望与关切,在绿色港口、绿色人居、责任投资、境外投资等领域深入履责。

3.招商局慈善基金会

招商局慈善基金会由招商局集团发起并持续捐资,2009年在民政部登记注册,注册资金规模1亿元人民币;2010年在香港登记注册。希望以资助为专业手段,主张通过理性的思考、实事求是的态度、创新和可持续的做法,给人提供向上的阶梯,推动平等合作,建设更加富强、公正、美好的社会。基金会重视人性因素,聚焦社区发展,探索社会转型背景下的人文价值;关注教育及人的成长;倡导现代契约精神;推动参与式工作方法和以社会问题为导向的行动研究。以一个具有140多年基业并广为国人所知的民族企业品牌命名,接续招商局百年公益传统和创新基因,与中国公益共成长,为全球公益事业助力。

基金会宗旨:关注民生、扶贫济困、热心公益、和谐发展。

价值观:热忱、开放、理性、进取。

愿景:人人享有时代进步成果。

使命:激发人的价值、凝聚社区力量、推动社会参与。

口号:为有动力的人提供向上的阶梯。

业务范围:①济困、扶贫。帮扶中国贫穷地区,重点解决当地群众基本生活困难,并致力于提高受援助地区人民自我实现的能力,以实现当地经济的可持续发展和从根本上实现脱贫致富。②赈灾。为因自然灾害而导致生活困难的人民群众提供帮助。③助医、助学、助教。为贫困地区人民提供医疗救助,资助特殊疾病的研治,资助贫困学生完成学业,提高乡村教师整体素质,提高社会普遍知识水平。④助残、助孤。帮助孤儿及残障人士解决生活困难。⑤其他。帮助社会上其他需关爱的人士,支持公益事业的发展。

资料来源:招商局集团官网"企业文化"与"社会责任"板块,https://www.cmhk.com/main/.

【案例思考与讨论】

1.招商局集团的愿景和使命符合本章所提到的一般原则吗?

2.招商局集团的愿景、使命、核心价值观三者之间具有什么样的联系与区别?

3.以招商局集团的社会责任为例,谈谈企业承担社会责任的意义。

4.招商局集团成立招商局慈善基金会的背景是什么? 该基金会的成立与其愿景、使命、核心价值观有何关系?

◆【**本章复习题**】

(1)什么是愿景？愿景的作用是什么？

(2)制定愿景陈述应遵循哪些一般原则？

(3)什么是使命？制定使命陈述应遵循哪些一般原则？

(4)什么是核心价值观？其功能是什么？

(5)什么是战略目标制定的 SMART 原则？如何才能有效实施 SMART 原则？

(6)企业道德的概念与功能是什么？

(7)企业社会责任的概念与基本内容是什么？

6 公司层战略

为了生存和发展,企业需要在整体层面上对自身经营活动做出长远和全盘的规划布局。公司层战略是指通过选取和管理不同业务来赢得总体竞争优势的思路和行动,主要关注公司从事哪些业务范围和如何整体管理这些业务单元这两个核心问题。本章在明确公司层战略含义和类型的基础上,重点介绍多元化战略和一体化战略这两种重要的公司层战略类型的内涵、类型、实施动因和实施条件等,旨在为企业公司层战略制定提供分析思路。此外,对并购和重组这两种常见的战略性活动进行介绍,由此增进对公司层战略实施可用手段的认识。

■■■【开篇案例】

李宁跨界做咖啡

咖啡赛道陆续涌入跨界玩家。2022年4月,知名运动品牌李宁申请注册"宁咖啡 NING COFFEE"商标,这意味着,继中国石油、中国石化、中国邮政、同仁堂、万达、娃哈哈等不同行业的头部企业跨界入局咖啡赛道后,李宁也悄然加入。

跨界咖啡的"基因"与困扰

回溯李宁的发展历程,其涉猎咖啡行业的"野心"有迹可循。2013年,李宁用咖啡豆制成了咖啡纱,以咖啡碳纤维为原材料,推出了 WARMATECO 系列"咖啡服装",曾引热议。2021年11月,李宁1990全球首店在北京开幕,前来购物的消费者第一次喝到了李宁品牌的咖啡,咖啡杯上也是李宁自己的标识。2022年,李宁宣告进军咖啡行业,3月与雀巢咖啡中国组合推出了"运动潮咖"联名——早有准备超有 Young;4月,"宁咖啡 NING COFFEE"新商标浮出水面;"五一"期间,"宁咖啡"在李宁厦门中华城旗舰店正式亮相。

做体育用品起家的李宁能否做好咖啡? 在不少人看来,李宁涉足咖啡业最大的底气源自其门店数量。2021年报显示,截至2021年底,李宁共有7137家门店。这意味着,倘若李宁的咖啡服务全面铺开,将有7000多家"宁咖啡",直接超过了咖啡头部玩家星巴克和瑞幸咖啡的门店数量。

"李宁的门店足够拓展其咖啡业务。"盘古智库高级研究员江瀚在接受记者采访时坦言,李宁有7000多家门店,其实这些门店线下的消费额在不断降低,因此,李宁将这些门店用来做咖啡馆,无疑可以有效降低市场成本,从而在短时间内实现市场扩张,不少便利店咖啡快速发展就是先例。

江瀚进一步指出,李宁的主要用户群体为年轻人,咖啡的受众也同样是年轻人,李宁有受众群体的优势。同时,李宁最擅长的就是跨界营销,特别是李宁还有老品牌的情怀优势,如果李宁做咖啡仅仅是一个噱头,配合上其跨界营销手段,李宁的确有可能玩得更好。

尽管存在上述优势,李宁毕竟是跨界入局,仍然存在不可避免的劣势。首当其冲的就是咖啡市场的竞争尤为激烈,除了居于头部的老牌星巴克、瑞幸之外,还有新晋网红 Manner、不眠海,更有众多的快餐店、便利店咖啡。江瀚指出,李宁毕竟是运动品牌,每个品牌都有属于自己的惯性和消费者固有认知,如何能说服消费者去店里喝咖啡实属不易,毕竟消费者也有路径依赖,虽然通过烧钱和营销能够在短时间内打造爆款,但是爆款之后又当如何令咖啡与品牌形象统一,仍是李宁值得思考的问题。

"醉翁之意不在酒"

各行业头部企业跨界玩咖啡屡见不鲜,李宁绝不是第一个"吃螃蟹"的。经梳理发现,一些老牌企业在近两年来先后切入咖啡赛道:中国石油在 2018 年开发了自有连锁咖啡品牌"好客咖啡";2019 年,拥有近 3 万家门店的中石化易捷便利店发布全新品牌"易捷咖啡";同年 6 月,具有 350 多年历史的老字号同仁堂推出了致力于国潮养生新主张的"知嘛健康"IP,并于 10 月在北京双井开张了第一家门店,其产品就是养生草本咖啡;2022 年 2 月,全国第一家邮局咖啡店——Post Coffee 在厦门营业,门店是熟悉的复古绿布景和标志性的邮筒,带着浓浓的中国邮政色彩;随后,天津"狗不理包子"也加入混战,成立其全资控股的高乐雅咖啡食品(天津)有限公司。仔细比对后可以发现,上述跨界者无一例外都是已坐拥数量庞大实体门店的巨头,自带渠道优势。那么,为何巨头们对咖啡情有独钟?

中国企业资本联盟副理事长、IPG 中国区首席经济学家柏文喜表示:"龙头企业钟情咖啡市场,一方面是因为咖啡行业具有较强的成长性;另一方面,自身作为实体商业服务业较具规模的网点优势与消费场景,和咖啡业有着较高的契合度和协同性,因此,咖啡才成为这些企业跨界的香饽饽。"

在中国食品产业分析师朱丹蓬看来,这些跨界玩家明显"醉翁之意不在酒",咖啡并不是这些企业的主营业务,赚钱在其次,但跨界卖咖啡可满足、匹配新生代的核心需求和诉求,是企业服务升级的一种体现,这只是一个服务体系,让消费者的黏性更强。

"咖啡成了线下场景吸引流量的关键。"江瀚称,大量的书店也纷纷把咖啡引入自己的门店,比如钟书阁、西西弗书店、诚品书店都是做咖啡的典范,咖啡只是一个引子,为的是更好地吸引用户来消费,通过咖啡厅这一场景的拓展和布局,不仅可以充分利用和发挥这些企业的既有优势,也增加了企业与年轻人对话和连接的可能。

新的市场格局正逐渐形成

随着国人对咖啡文化的逐步接受,咖啡品牌日益增多,现阶段,咖啡已逐渐由赶时髦的饮品转变为日常饮品,成为不少上班族的日常必备。

《2021 咖啡健康化趋势洞察报告》显示,在主流饮品的国民健康认可度调查中,咖啡位居前列。除了备受普通消费者青睐外,以高蛋白、植物基等为卖点的奶咖产品持续热销,爆款频出;冷萃、气泡等低脂、低热量品类更受健身人士的欢迎。

据德勤中国及穆棉资本联合发布的《中国现磨咖啡行业白皮书》显示,一、二线城市作为咖啡文化的首要渗透地,养成饮用咖啡习惯的消费者摄入频次已达到成熟咖啡市场水平,而消费者在习惯养成的过程中会不断提升咖啡摄入频次。

甚至有国际机构研究表明,人均收入的增长会促进咖啡消费,国民收入每上升 5%,咖啡日常消费会增加 2%~3%。据 Frost & Sullivan 预计,随着国民收入的增加与消费者咖啡消费习惯的逐渐培养,到 2023 年中国咖啡市场规模将增长到 1806 亿元。

不难发现,过去,我国咖啡市场主要被国外品牌主导,现磨咖啡中星巴克等咖啡连锁企业拥有庞大的粉丝群体。如今,我国咖啡市场开始进入品质化消费阶段,以瑞幸、Manner 为首的本土咖啡品牌纷纷崛起,创意层出不穷,行业竞争愈发激烈。同时,与咖啡行业有着千丝万缕联系的新茶饮玩家也没有掉队,蜜雪冰城、CoCo都可、古茗、茶百道、书亦烧仙草等知名茶饮品牌都有自己的咖啡菜单,咖啡市场的热闹程度可见一斑。

资料来源:张亚欣.李宁跨界做咖啡,行业竞争加剧.中国城市报,2022-06-13(006),引用时略有删节及调整。

■■■ 【案例思考与讨论】

1. 李宁公司"跨界"入局品牌咖啡行业属于什么性质的战略?
2. 你觉得李宁公司为什么会做出跨界做咖啡这一举动?
3. 你认为该跨界举措要获得成功,李宁公司重点需要处理好哪些事情?

6.1 公司层战略概述

6.1.1 公司层战略的含义

我们在第 1 章中提到过,公司的战略是分不同层次的,一般可分为公司层战略、业务层战略和职能层战略。需要指出的是,许多战略管理研究者认为真正意义上的"战略"只包括公司层战略和业务层战略,所谓"职能层战略"其实已经涉及公司内各职能部门的具体战略实施活动,更偏向于战略实施而非战略本身。因此,本教材接下来的两章主要讨论公司层战略和业务层战略,不对职能层战略进行集中阐述。

根据希特(Hitt)的定义,公司层战略(corporate-level strategy)是指通过选取和管理不同市场上的不同业务来赢得竞争优势的行动。区别于业务层战略和职能层战略,公司层战略主要应对的是公司整体层面上的经营思路。概括来说,公司层战略所关注的核心问题主要有两个:第一,公司应当参加哪些产品市场和业务领域的竞争?第二,公司应该如何整体管理这些不同的业务单位?对于这两个问题,公司不仅需要考虑眼下的情况,更要考虑未来的打算。在业务领域方面,我们现在是在什么产业和市场开展经营活动?我们将来应该在哪些产业和市场进行经营?在整体管理方面,我们当前拥有的不同业务单位组合情况如何?将来我们是否需要及应当如何调整业务组合?

公司层战略瞄准的这两个问题又各自包含了若干具体问题。例如,在已有的业务领域内如何扩大企业的市场份额?公司主要通过内部积累还是通过外部收购来寻求增长?企业在增长过程中是以本身的技术还是市场作为考虑的基点和核心?如何应对可能出现的不利环境变化及应对已发生的或潜在的危机?等等。

6.1.2 公司层战略的类型

根据公司层战略所针对的具体问题,人们曾经提出过不同的公司层战略分类方法。例如,根据公司发展趋向将公司层战略分为发展战略、稳定战略、紧缩战略和混合战略等。近年来,更常见的观点是根据"公司经营业务范围"和"价值链拓展"两个独立的维度对公司层战略进行类型划分。

第一,根据公司经营业务的范围大小,公司层战略可以分为单一业务经营战略和多元化战略。如图 6-1 所示,线条最左端代表公司仅经营一种单一业务,所以称为单一业务经营战略,越往右代表公司经营业务范围越广,相应的公司层面战略统称为多元化战略。例如,宝洁公司(P & G)和通用电气(GE)都同时经营着多种不同的业务,是典型的多元化战略执行者。需要指出的是,现实当中完全只提供一种产品或服务的绝对意义上的单一业务经营企业相对来说是比较少的,除了初创企业和某些专业性公司之外,多数企业都会在不同程度上涉及多种业务。因此,单一业务经营战略可以视作多元化战略的一种特殊情况,是公司多元化程度最低的一种状态。我们在后面讲到多元化战略时还会对此具体进行分析。

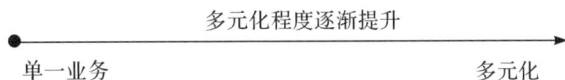

图 6-1　根据经营业务范围划分公司层战略

第二,从公司在价值链上的拓展情况来看,不同公司所涉及的价值链环节的多少是不一样的。有些公司选择一个或少数几个价值链环节进行深耕,例如专门生产汽车传动轴的公司,或是专注某类药品研发的公司。这样的战略通常称为专精化战略(specialization)。有些公司则选择从事更多的价值链环节,某些大型公司通过价值链拓展,涵盖了包括研发、制造和营销在内的大多数价值链环节,这样的拓展战略称为一体化战略。如图 6-2 所示,从左端的高度专精化到右端的高度一体化,形成了一个连续的频谱。

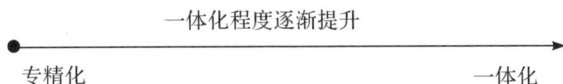

图 6-2　根据价值链环节拓展划分公司层战略

现实中的企业可以根据这两种分类方式来确定自己所采用公司层战略的定位。也就是说,公司总是可以在"单一业务——多元化"或是"专精化——一体化"的各自分类中找到自己所处的某个位置,并且,对于特定的公司来说,这样的定位并不是固定不变的。事实上,当人们提到"一体化战略"或是"多元化战略"时,通常描述的是公司的一种发展倾向或者动态,刻画的是公司调整自身业务经营范围或进行价值链拓展的思路和行动(见图 6-3)。

图 6-3　公司层战略的基本类型

6.2　多元化战略

6.2.1　多元化战略的内涵

多元化战略(diversification strategy)是指公司在现有业务基础上进入新的业务领域,使自身同时在至少两个业务领域开展经营的发展战略。多元化战略的概念最早是由著名战略学者安索夫在 20 世纪 50 年代提出的,随后六七十年代在欧美和日本的企业中迅速兴盛起来。从 20 世纪 90 年代开始,伴随着中国经济的高速增长,我国许多大大小小的企业也产生了快速开拓和扩张市场的旺盛需求,从而纷纷投入多元化经营的浪潮之中。

广义的多元化包括产品多元化、市场多元化和地域多元化[①]等,但当前人们在提及多元化时,主要指的是业务领域的多元化,也就是公司所经营产品(或服务)种类上的多元化。这里所说的产品种类,不是指源自规格、型号等方面的产品差异,而是指基本用途不同或者说顾客需求满足方式上有明显区别的产品类别。

作为公司层战略的一种重要类型,多元化战略关注的是公司参与竞争的产品市场和行业的范围,以及公司管理者如何发展、购买和出售不同的业务单元,从而使公司的资源和能力能与公司面临的机会相适应。从这个角度来看,并购、重组以及公司业务组合管理等战略性活动可以看作是多元化战略的具体操作方式。

专栏 6-1:中国企业国际化发展历程

中国企业对外投资,基本上与改革开放同时起步,经历了从无到有、从小到大的发展历程,可大致分为起步探索、快速成长、发展壮大三个阶段。

(一)起步探索阶段:从改革开放到 21 世纪初

1979 年 8 月,国务院在颁布的经济改革措施中提出"允许出国办企业",少数企业开始探索和尝试对外直接投资(OFDI);同年 11 月,北京友谊商业服务公司与日本东京九一株式会社合资,在日本东京开办了"京和股份有限公司",拉开了中国企业对外投资发展的序幕。

在起步阶段,我国对外投资主要是企业自发行为,由货物贸易带动。特点是国际化经营的企业数量少,投资规模小。1984 年前中国对外直接投资流量都在 1 亿美元以下,之后开始快速增长,1993 年和 2001 年分别成为这一时期的两个波峰,全额达到 44 亿美元和 68.85 亿美元,分别位居世界第 13 位和第 19 位。根据联合国贸易和发展会议(United Nations Conference on Trade and Development,UNCTAD)统计资料显示,中国 OFDI 存量从 1981 年末的 0.4 亿美元增加到 2001 年末的 346.5 亿美元,从位居世界第 46 位提升至第 24 位,占世界比重从 0.01% 提高至 0.48%,占国内生产总值(GDP)的比重从 0.01% 提升至 2.59%。1982—2001 年,中国 OFDI 的年均存量和年均流量分别为 117.2 亿美元和 17.3 亿美元。

这一阶段,对外投资主体仍以资金实力较强的国企和央企为主,在中国企业对外投资发展的起步期起到了关键的开拓作用。对外投资的目的地通常为与我国经贸关系较好、政治局势较为稳定的国家,主要目的是获取资源、能源和扩大外部市场。从最初的服务出口的商贸类投资、金融服务,到部分企业在海外布局矿产资源开发、基础设施建设等,中国企业通过对外投资,在一定程度上满足了国内经济发展对于资源和能源需求的

---

① 单从市场拓展的地理区域维度上看,通常所说的"国际化战略"也可视为地域多元化的一种重要形式,作为本章的拓展内容,专栏 6-1 展示了中国企业国际化发展的主要历程和特征。

快速增长,也带动了企业拓展国际市场。在此阶段,我国对外投资的目的地主要集中在非洲、中亚、中东、东欧、南美等,通过投资合作等方式,我国与东道国建立了良好的经贸合作关系,为后续深层次的经贸合作奠定了基础。

(二)快速成长阶段:从加入WTO到2012年

2001年,我国加入WTO,开启了中国企业对外投资的快速发展阶段。这一时期,我国对外投资流量高速增长,企业数量和单笔投资规模不断扩大。根据UNCTAD的统计,中国OFDI流量从2002年的25.2亿美元增加到2012年的878.1亿美元,从世界第26位跃升至第3位,占世界比重从0.51%提升至6.73%。中国OFDI存量和流量都呈现持续增加态势,年均分别增长33.4%和42.6%,均高于同期世界12.1%和10.1%的年均增长速度。中国OFDI存量从2002年末的299亿美元增加到2012年末的5319.4亿美元,从世界第25位提升至第12位,占世界比重从0.41%提升至2.33%,占GDP的比例从2.03%提升至6.23%。年均存量、年均流量分别为1888.5亿美元、373.6亿美元,显著高于起步阶段。

截至2012年末,中国OFDI覆盖了国民经济所有行业类别。存量规模超过100亿美元的产业有7个,合计比重达到92.37%,依次为租赁和商务服务业,金融业,采矿业,批发和零售业,制造业,交通运输、仓储和邮政业,建筑业。

在此阶段,随着我国加入WTO后对外开放水平的逐步提高、"走出去"战略和政策体系的构建,中国企业对外投资的积极性进一步激发,渠道逐步拓展、经验不断积累。除了早期对外投资的国企和央企之外,越来越多的民营企业也加入其中,对外投资的方式日益多元化、目的不断拓展、行业领域持续扩大,从资源寻求型向市场拓展、技术寻求等类型过渡。2008年,我国对外投资在能源资源领域的占比达到70%,与发达国家早期对外投资情形类似。此后,我国在能源资源领域对外投资占比逐步降低,到2013年我国资源能源领域的对外投资占比降至46.7%。除了能源资源领域外,中国企业对外投资主要集中在设备、轻工、纺织、家用电器、电子等行业。随着对外投资规模的不断扩大,企业的国际化经营能力和国际竞争力逐步增强。我国一些企业还与地方政府合作建设了一批境外产业园,例如泰中罗勇中国工业园、巴基斯坦海尔工业园等。对外直接投资对我国能源资源供给、对外贸易发展、产业结构升级等,逐步发挥了积极的推动作用。

(三)发展壮大阶段:从党的十八大至今

2013年秋,中国提出"一带一路"倡议,标志着中国企业对外投资进入新的时期。党的十八大报告提出,实行更加积极主动的开放战略,完善互利共赢、多元平衡、安全高效的开放型经济体系。在此后的近十年里,无论是国际化经营企业数量还是对外投资规模、质量都有了新的跃升,我国对外投资大国的地位更加稳固。尤其是近几年来,面对中美贸易摩擦加剧、贸易投资保护主义持续抬头和新冠疫情的突然暴发等严峻形势,我国积极主动应对,对外投资保持稳定增长、取得了良好成绩。

根据商务部的统计数据,2013—2019年,中国OFDI流量从1078.4亿美元增加到1369.1亿美元,分别位居世界第3位和第2位,占世界的比重分别是7.59%和10.42%;存量从6604.8亿美元壮大到2.2万亿美元,从世界第10位跃升至第3位,占世界的比重从 2.6％提高至 6.4％,占 GDP 的比重从 6.9％提高到 15.3％;年均 OFDI 存量和流量分别增长 33.3％和 24.3％,均高于同期世界 11.3％和 11.1％的年均增速。

目前,中国对外投资覆盖了国民经济所有行业类别。2019 年末中国 OFDI 的产业中,存量规模超过 1000 亿美元的产业有 6 个,依次是租赁和商务服务业、批发和零售业、金融业、信息传输/软件业和信息技术服务业、制造业、采矿业,合计占总存量的 84.8％。

截至 2019 年末,中国境内 2.75 万家投资者在境外设立 4.4 万家对外直接投资企业,比 2012 年末翻一番,分布全球 188 个国家和地区,年末境外企业资产总额从 2012 年的 2.3 万亿美元提高到 7.2 万亿美元。其中,亚洲、欧洲和非洲的覆盖率分别为 95.7％、87.8％和 86.7％。

其中,位于亚洲的境外企业数量最多,占比达到 57.3％,其次是美洲,超过 6000 家,占 13.8％。2019 年末,中国 OFDI 存量前 10 位的国家和地区分别为中国香港、开曼群岛、英属维尔京群岛、美国、新加坡、澳大利亚、荷兰、英国、印度尼西亚、德国,合计占中国 OFDI 存量的 87.9％。"一带一路"倡议提出后,中国在沿线国家的投资从 2013 年的 126.3 亿美元增加到 2019 年的 186.9 亿美元,存量从 720.2 亿美元增加到 1794.7 亿美元,年均增长 16.4％。2020 年我国对"一带一路"沿线国家投资大幅增长 18.3％,占我国对外投资的比重增至 16.2％。

这一阶段,中国对外投资发展进入了从制造业为主向与服务业并重的阶段。我国对外投资的主体类型也进一步丰富,除了央企、国企、大型民企外,越来越多的中小企业也开始向境外投资发展。企业国际化经验已经日益成熟,国家部委、地方政府和一些有实力的国企、民企为了支持抱团出海,推动与东道国(地区)合作共建了大批境外产业园。目前,"一带一路"沿线国家的境外产业园已经超过 70 个,成为承接中国企业走出去的重要纽带。除传统领域企业外,手机、智能家电、网络设备及网络游戏等企业也积极开拓国际市场,不仅在欠发达国家和地区占据较大的市场份额,在欧美等国家和地区的竞争力也日益提升。部分初创企业直接将初创公司设在境外,以充分利用国际高端人才和融资优势,实现快速成长。

经过 40 多年的发展,中国企业在对外投资和国际化发展上获得了巨大成就。

(一)中国跃升为世界主要对外投资大国

根据 UNCTAD、商务部的统计资料,1982—2019 年期间,中国 OFDI 流量年均增长 24.28％,高于同期世界 11.04％的年均增速,也高于快速发展的日本(11.15％)和韩国(15.29％),全球占比从 0.16％提升到 10.42％,世界排名从第 48 位上升到第 2 位。2020 年,在全球对外投资大幅下降 43％的情况下,我国对外投资保持 3.3％的稳定增长,全球排名跃居第一,对外投资存量从 1981 年末的 0.39 亿美元增加到 2020 年末的 2.3 万亿美元,比 2015 年末翻一番,跃升为世界主要对外投资大国。

(二)对外投资成为改革开放发展新亮点

1982—2019 年,中国对外投资流量、存量的年均增速分别为 24.3％,同期中国货物贸易出口和吸收外资的年均增速分别为 13.6％和 16.95％,分别高出 10.7 个和 7.78 个百分点。2002 年以来,中国 OFDI 流量的各年度增速呈现下降态势。除前期基数低、增速快之外,外部原因是投资保护主义加剧,国际投资政策出现分化,各国政府加严对外资进入关键领域、关键技术的审查;内部原因是我国加强了对娱乐、房地产等境外投资的规范。但整体来讲,除个别年份外,OFDI增速仍普遍高于货物出口增速。

(三)塑造了一批具有国际竞争力的跨国公司

截至2019年末,中国境内有2.75万家企业进行境外投资,境外设立企业数量4.4万家,分布在全球188个国家和地区,年末境外企业资产总额达到7.2万亿美元。在中国企业"走出去"的过程中,一批企业成长为有竞争力的跨国公司。根据UNCTAD发布的《世界投资报告(2020)》,发展中国家非金融类的100强跨国公司中,中国企业有51家。按照行业划分,我国传统的优势行业如能源、建筑类行业表现突出,在前100强中国跨国公司中,石油、矿产资源行业企业有6家,电力/天然气/水行业企业有6家,建筑行业企业有5家,金属产品加工、电子信息等行业快速发展,金属产品、运输设备行业企业有5家,通信电子计算设备、零部件及工商业机器行业企业有7家。

34家跨国企业中,中国石油天然气集团有限公司是境外资产、境外销售和境外雇员最多的跨国企业,分别达到1336.4亿美元、5959.4亿美元和12.3万人。跨国指数最高的是海航科技股份有限公司,达到74.7%;境外资产占总资产比重、境外销售占总销售比重最高的是中化集团,分别达80.4%和84.2%。

资料来源:国研网企业国际化经营研究课题组. 新时期中国企业国际化经营提升"三大能力"研究,http://d. drcnet. com. cn/eDRCNet. Common. Web/DocDetail. aspx? DocID=6219955&leafid=3007&chnid=1030.

6.2.2　多元化战略的类型

多元化战略可根据不同视角划分为不同类型。当前常见的一种分类方式是基于美国学者鲁梅尔特(Rumelt)在其经典著作《战略、结构和经济绩效》中提出的框架,即多元化战略根据公司多元化程度和业务间相关性可分为有限多元化、相关多元化和非相关多元化三种基本类型(见图6-4)。

有限多元化(limited diversification)战略又称低层次多元化战略。这种多元化包括两种类型,第一种实际上就是前面说过的单一业务经营战略,当一家公司某一业务的营业收入占比高于95%时,这家公司就近似于没有多元化了。许多只有单一产品的创业公司都属于这种情况。较大型的公司中也有实施类似战略的,例如以口香糖为主要产品的美国箭牌糖果公司、国内的贵州茅台酒厂等,都是较为典型的例子。

有限多元化的另一种类型称为主导业务型,是指公司70%~95%的收入来自某一单一业务的情况。实施主导业务型多元化战略的公司不在少数,包括以提供快递服务为主导业务的顺丰速运、空调类业务收入占比近年来一直在80%左右的格力电器等。

相关多元化(related diversification)属于中高层次的多元化。当公司任何来自单一业务的收入都不超过70%,同时,不同业务单元之间存在特定的共性或联系时,就可以被归为此类。根据业务间关联性质的不同,相关多元化可进一步分为相关约束型和相关联系型两种类型。相关约束型(related-constrained)多元化的特征是公司的不同业务单元之间存在较为直接和显著的关联。这些"约束型"的关联主要表现为公司不同业务单元之间在采购、研发、

有限多元化

- **单一业务型**：公司95%以上的收入来自某一单一业务

(A)

- **主导业务型**：公司70%~95%的收入来自某一单一业务

(A)━━━(B)

相关多元化

- **相关约束型**：公司任何来自单一业务的收入都不超过70%，且不同业务单元之间有实质性的产品、技术或销售渠道共享

(A)━━(B)━━(C)━━(D)

- **相关联系型**：公司任何来自单一业务的收入都不超过70%，且不同业务单元之间只存在有限的联系

(A)━(B)━(C)┈┈(D)

非相关多元化

- 公司任何来自单一业务的收入都不超过70%，且不同业务单元之间基本不存在关联

(A)　(B)　(C)　(D)

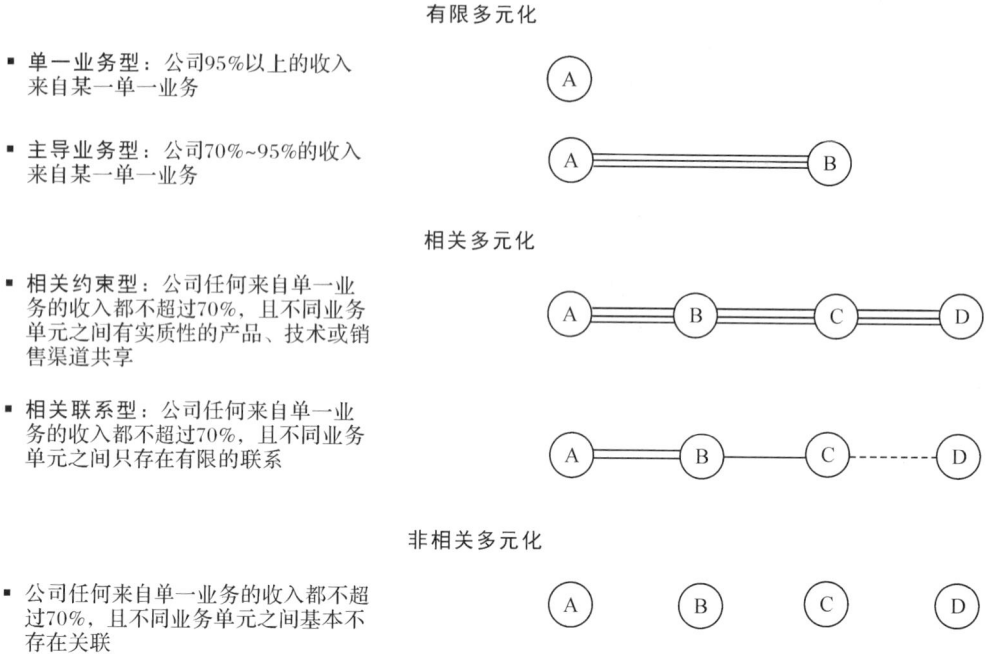

图 6-4　多元化的类型①

生产、分销和客户等方面存在着较为密切的协同和共享。例如，某家日化公司生产的婴儿尿布、口罩、湿纸巾等产品都以公司自己生产的无纺布为主要材料，那么这些业务单元之间就存在着明显的生产技术性关联。又如，美国迪士尼公司旗下的动画、真人电影、游乐场、运动用品和主题酒店等业务板块，都与该公司在动漫创作方面的核心能力及品牌资产密切相关，因而也是相关约束型多元化方面的典型案例。

相关联系型（related-linked）多元化的特征则是指公司不同业务单元之间尽管也存在联系，但联系较少或没有那么直接，业务单元之间或产品之间共享的资源通常是不成文的隐性知识和其他无形资源。有些战略分析者认为通用电气公司采用的就是这种类型的战略，因为该公司的动力、航空、能源、金融和医疗健康等业务单元之间几乎没有任何直接的技术或市场交集，但在管理模式、人员交流以及品牌形象等方面实际上还是存在联系的。如果说相关约束型多元化代表着业务之间的"有形联系"，那么相关联系型则主要表现为"无形联系"。

非相关多元化（unrelated diversification）是最高层次的多元化，指的是公司任何来自单一业务的收入都不超过70%，且不同业务单元之间基本不存在任何关联的情况。许多资金雄厚的大型企业会抓住各种投资机会，通过创业、收购或兼并等方式，把业务拓展到与现有产品、技术和市场毫无关联的行业中去。传奇性创业家布兰森（Branson）创建的英国维珍集团是实施这种战略的典型代表公司。实施非相关多元化战略的公司，多以财务投资或扩大市场影响力为出发点，本章在后面对多元化战略动因进行分析时，还会对此进行具体介绍。

---

① Barney J B, Hesterly W S. Strategic Management and Competitive Advantage: Concepts and Cases (5th edition)[M]. Harlow: Pearson, 2015: 210-213.

6.2.3　多元化战略的实施动因

前面提到过,多元化战略被提出后,在实践中得到了各类公司的极大关注。一家公司选择多元化经营的动机和诱因是复杂而多样的,有可能是基于现有优势资源和能力的业务拓展,也可能是"不把鸡蛋放在同一个篮子里"的风险规避,又或是为了抢占地盘扩大市场影响力,还有可能是对政策、市场、业绩等信号刺激的直接反应,甚至还包括了高层管理者从自身利益出发的考虑。归纳起来,我们可以将其分为以价值创造为动因的"主动"多元化和内外部环境因素刺激导致的"被动"多元化(见表 6-1)。

表 6-1　多元化战略的实施动因

动因类型	具体因素
价值创造导向	实现范围经济 提升市场影响力 促进财务经济
外部刺激因素	外部环境存在威胁 外部环境出现机会
内部刺激因素	分散总体经营风险 公司业绩持续下滑 较为激进的创新尝试 管理者个人动机

(1)价值创造导向下的多元化战略

最为合理和符合战略理性的多元化实施原因是为了提升公司的价值创造能力,提高公司整体业绩。在战略分析领域中,人们经常引用范围经济、市场影响力和财务经济这三个来自不同理论但相互间有所交叉的概念来解释多元化战略的价值创造原理。

范围经济(economies of scope)是其中最为常用和主流的理论性解释。当一个企业把不同类型的业务放在一起集中进行经营管理时,如果能够在价值创造方面产生"1+1>2"的协同效应,那么就存在范围经济现象。在这种情况下,多元化经营公司所创造的价值应该大于其所囊括的业务各自独立经营时所创造的价值之和。举例来说,A 公司是专门的平板电视制造企业,B 公司是专门的智能手机制造企业,在某个时点上这两家公司合并成立了 C 公司,此时,如果 C 公司所创造的价值比原先 A 公司和 B 公司各自创造的价值加起来要更大,那么其中就可能存在范围经济。

范围经济的核心原理是不同业务之间的协同。这里所说的协同可能包括以下方面:技术上的协同,例如不同业务之间共享某种专门的技术,或者某些技术诀窍在公司内部从一种业务转移到另一种业务;生产运营方面的协同,当不同的业务在原材料获取、研究与开发、中间件生产和产品装配、生产流程改善等方面存在资源能力共享时,就存在运营协同;营销和市场方面的协同,当不同业务下的产品或服务有着重叠的目标顾客、可共享的销售渠道,或是可以共享其他营销活动时,就存在营销和市场协同;管理协同,发生在不同业务板块的管理模式和方法可相互借鉴或移植时。

从资源观角度出发，上述带来范围经济的"协同"可以归纳为来自两种"共享"。① 对应于前面所说的两种相关多元化的类型，公司可以通过两种资源共享活动来实现范围经济并创造价值，也就是有形资源共享和无形资源共享。在有形资源共享方面，公司可以基于任何价值链环节来创造不同业务间经营活动上的协同共享。例如，不同业务共同采购，共用研发部门或分享技术成果，共享销售渠道，共享某些制造环节（如前面提到的一家公司不同产品共用无纺布原料的例子）等。由于这样的共享和协同通常会涉及共用场地、设备、人员、部门、产品等有形资源，因此可以称为有形资源共享。通过这样的方式，公司能够把不同业务的相关活动整合在一起进行经营，从而降低成本，或是促进不同业务间的资源整合来形成核心竞争力，最终在公司层面上创造更多价值。

另外，公司可以通过不同业务的共享或传递无形的知识和能力来实现无形资源共享。例如，不同业务部门间通过人员流动或相互交流来分享技术诀窍或管理经验，或是不同业务共享公司整体的品牌声誉，等等。无形资源共享可以通过以下两种途径帮助公司创造价值：第一，把一项业务已有的核心竞争力转移到另外的业务中去，可以避免重复投资带来的资源浪费；第二，相较于有形资源，无形资源是难以被竞争对手理解和模仿的，因而获得无形资源和核心竞争力传递的业务单元可以迅速形成竞争优势。

市场影响力（market power）是另一种可以用来解释多元化战略价值创造原理的分析视角。市场影响力本身是一种结果，可以通过多种途径来实现，主要表现为一家公司具有比竞争对手更强的产品定价权或是更低的经营成本。形成市场影响力的最直接途径是扩大公司不同业务产品的总体市场份额。例如，一家公司通过投资创建或收购连锁快餐、冷冻食品、罐头食品、零食、生鲜超市等多种相关业务公司，扩大了总体市场份额，从而建立在加工食品行业的较高市场影响力。

公司还可以采用多点竞争（multipoint competition）的方式来提高市场影响力。例如，谷歌、微软和苹果公司同时在搜索服务、智能手机和云计算等多个业务领域开展跨行业的市场竞争，这就是多点竞争。多点竞争除了表现为不同的多元化公司在各个对应的业务领域开展同行竞争之外，更为重要的是能够在不同业务之间形成交叉性的竞争威慑。比如，谷歌和苹果公司在智能手机及其操作系统产品领域多年来一直存在着直接竞争关系，2022年苹果公司又推出 Xcode Cloud 云计算服务，与谷歌的 Google Cloud 形成了新的业务竞争，这两种业务竞争关系使这两家公司之间形成了一种"相互克制（mutual forbearance）"效应，都不敢在其中任何一个领域贸然进攻。而站在苹果公司角度来看，公司整体市场影响力得到了提升。

除了提升市场份额和开展多点竞争之外，多元化公司还可以通过使用来自某一个业务的利润去支持另一个业务的竞争，或是使用一个业务的买方或卖方议价权来提高另一个业务的议价权等方式来提升市场影响力。本章后面在提到业务组合分析时，还将对此进行阐述。

财务经济（financial economies）是指公司通过优化配置财务资源来实现成本节约或额外价值创造，这是可用于解释多元化战略价值创造原理的第三种分析视角。其核心观点在于，

---

① 此部分参考希特，爱尔兰，霍斯基森. 战略管理：概念与案例：第12版[M]. 北京：中国人民大学出版社，2017：155-156.

公司实施多元化战略可能因实现了优于外部资本市场的财务资源配置效率而创造价值。

我们可以用一个假想的例子来说明其原理。假设有两种情形:①情形之一是现在有两家各自从事业务 A 和业务 B 的独立运营公司,作为独立实体,它们单独地在外部资本市场上通过竞争方式获取财务资源,也就是说,要么通过提供足够高的回报率来吸引投资者购买其股票,要么通过拥有足够高的现金流来偿还本金和利息,当然还可能包括其他外部融资方式。②情形之二是这两个业务都属于同一家实施多元化战略的公司,那么,这家多元化公司就要在外部资本市场上获取金融资本,而后再对内部的两个业务进行财务资源分配。也就是说,多元化公司实际上存在一个内部资本市场,公司不同业务单元在此范围内开展内部竞争。不少人认为,与外部资本市场上的投资者相比,公司内部掌控财务资源分配决策权的管理者有可能掌握更多更优质的有关具体业务经营绩效和发展前景的相关信息,因此他们在针对不同业务进行资本配置时效率更高。在这种情况下,多元化公司就有可能比分散经营的独立公司创造更多的合计价值。

当然,我们可能已经发现,多元化公司的这种内部资本配置效率取决于公司整体经营管理效率以及管理者的分析和判断能力。换言之,多元化公司并不一定能创造优于外部资本市场的财务经济,故而在这方面也是存在一定风险的。

(2)内外部刺激诱发的多元化经营

总结上文,公司实施多元化战略的动因可能是为了通过在公司层面上实现范围经济、提升市场影响力或是创造财务经济而创造更多价值。然而,在现实中,很多公司实施多元化战略的原因可能并没有那么具备审慎分析的理性和前瞻性,相反,其动机很可能来自对内外部环境中某些刺激因素的直接反应。

可能促使公司做出多元化选择的外部刺激因素主要是外部环境的显著威胁和机会。作为制度环境因素,公司所处国家或地域的政策法规常常形成多元化经营的直接刺激,其中最常见的包括反垄断条例、行业管制和税务相关政策等。例如,在世界范围内,反垄断的政策倾向在不断增加,作为应对措施,很多大型公司就会考虑采用多元化而非一体化的方式来进行扩张。与之相关,如果政府对某些行业进行政策性管制或限制,那么该行业内的企业就不得不转向其他行业寻求机会。此外,税务相关政策也会明显影响公司的经营方针。例如,在对股利征收较高税额的情况下,公司股东就有更加强烈的意愿将现金流用于购买或创建新业务。

除了政策性因素外,其他方面的外部环境威胁也可能刺激公司采取多元化战略。例如,当现有业务所处产业开始停滞或者衰退,或者竞争变得非常激烈时,企业往往会考虑进入新的行业谋求发展,寻找其他增长点。现实中有非常多的企业存在"转型"或"跨界"现象,都可以归类为这方面的例子。例如,当发现笔记本电脑产业开始进入成熟期时,宏碁(Acer)一方面开始在主业上主攻游戏生产,另一方面则向电竞椅、减轻疲劳的功能饮料等相关业务方向延伸。而当公司发现外部环境中出现了新的机会,例如快速增长的新兴行业,或是未被开发但潜力巨大的区域市场等,也有可能当机立断实施多元化战略以抢占先机。

公司实施多元化的内部刺激因素包括公司管理层面上的分散总体风险、公司业绩持续下滑、较为激进的创新尝试等,也包括管理者动机等个人层面上的因素。

首先,很多公司实施多元化的直接动机是遵循"不要把所有鸡蛋放在同一个篮子里"的告诫,试图通过同时经营多种不同业务来分散和降低系统风险。这种思路与投资组合如出一辙,由于不同业务的市场变化和周期特点并不一致,分散的多元化经营或许有助于公司应对未来环境的不确定性。

其次，很多观察和研究发现，当公司经营业绩持续下降时，会导致多元化经营尤其是非相关多元化的倾向。当公司业绩下滑但行业整体并未表现出衰退趋势时，公司战略决策者很可能将之归因为自身在当前业务方面竞争力不足或是"不适合"这些业务的经营，从而考虑另起炉灶。在这样的思考逻辑下，通常公司选择的新业务还会尽量离原先业务领域远一些，也就是实施非相关多元化。

再次，许多公司将通过并购进入多元化业务领域作为实施创新的方式之一。除了自己开展研发活动之外，很多公司尤其是大型公司经常将并购创新型的中小企业作为开展技术创新或是商业模式创新的重要手段。在新产品研发周期较长、风险较高的制药行业，这种现象十分常见，诸如辉瑞、诺华、赛诺菲等国际巨头均是此中高手。近年来，国内外的互联网企业在"创新购买""跨界并购"等领域也做得风生水起。

管理者的个人动机也可能成为公司多元化经营的动力。有研究表明，现实中许多公司高层管理人员的薪酬常常与营业收入等体现公司规模的指标直接挂钩，因此，追求个人薪酬福利最大化的管理者会以"做大公司规模"而非"提升公司业绩"为首要关注点。而多元化尤其是通过"买买买"并购手段进行非相关多元化是扩大公司规模最"短平快"的方法，此中逻辑相信不难理解。同时，降低个人业绩风险也是一些公司高管开展多元化的直接动机。其原理类似于前面所说的通过多元化分散降低公司系统经营风险，所不同的是，在个人动机下，管理者考虑的主要是个人管理绩效的风险而非公司业绩的风险问题。

特别需要指出的是，无论是作为对外部环境中威胁或是机会的回应，还是出于对风险、业绩、创新和管理者业绩等公司内部因素的考虑，以内外部刺激为直接动因的多元化在是否能为公司创造价值方面是不确定的。只有当这些"刺激—反应"式的多元化行为能够使公司资源和能力与外部环境特征相匹配，并在公司整体层面上形成足够的范围经济、提升市场影响力或是财务经济等效应时，才会带来价值。

其中，以管理者个人业绩为动机的多元化更多时候会给公司带来负面的结果，公司治理研究领域中经典的"委托—代理"理论早已说明了其背后的原因。对此，如果存在有效的内外部公司治理机制，比如能够有效约束管理者机会主义行为的公司内部治理结构、高效的资本市场、发达的管理人才市场等，此类多元化风险会得到一定的缓解。

专栏 6-2：整合内外部因素的数字创业企业多元化战略动因

近年来，以大数据、人工智能、区块链、云计算等为代表的数字技术迅速崛起，正在深刻地改变着企业创业活动的过程与方式，催生了一大批以美团、字节跳动、快手、滴滴为代表的数字创业企业。相较于传统企业，数字创业企业在创业初期利用数字技术实现跨领域的产品多元化经营，迅速建立起庞大的产品生态，实施产品多元化战略成为推动数字创业企业实现快速成长的重要手段。国内外学者从不同研究视角探究了产品多元化的前因、结果和条件因素，形成了丰硕的研究成果。早期研究认为，产品多元化是企业发展到一定成熟阶段的战略选择，创业企业受到资源匮乏的限制，因而呈现出较低的多元化水平。然而，随着数字技术的快速发展，产业边界日渐模糊，数字创业企业的成长路径呈现出了全新特点。产品多元化战略成为企业构建平台生态系统、实现横向扩张的关键举措，能够帮助企业利用网络效应和"一站式购买"效应。那么，驱动数字创业企业实施产品多元化的关键动因是什么？这些因素如何影响企业的产品多元化战略？

企业产品多元化的动因研究拥有资源基础观和需求基础观两大理论视角。早期研究主要基于资源的观点，强调在位企业在不同业务之间进行资源共享，例如技术资源、财务资源等，从而实现协同效应与范围经济。近年来，随着企业与消费者距离的缩短，消费者地位的提升，数字技术能够支撑企业快速获取和分析外部消费者的需求，进而指导企业的战略决策。因此，战略学者开始将视角转向企业外部，研究消费者需求特征，例如用户规模等对企业产品多元化战略的影响，强调企业实施产品多元化的需求侧原因是满足消费者的互补需求，帮助消费者降低购买成本和获取信息成本，从而提升消费者的支付意愿，产生需求侧协同效应。总体而言，数字创业企业产品多元化战略的形成是一个受内部资源因素和外部需求因素协同影响的复杂过程。单一的需求因素或单一的资源因素并不能直接驱动数字创业企业进行产品多元化，内部资源与外部需求的结合是数字创业企业进行产品多元化的真正驱动力。

以27家已上市的数字创业企业为样本的QCA（qualitative comparative analysis，定性比较分析方法）案例研究发现，在数字创业背景下，单纯依靠资源优势或单纯依靠需求优势都不能直接促进企业产品多元化水平的提升，团队多样性优势与用户需求优势结合或财务优势与用户规模优势结合能够提升企业的产品多元化水平。具体而言，一方面，当数字创业企业具备异质性构成的创业团队时，拥有庞大的用户需求或忠诚的用户基础能够促使企业实施产品多元化战略。另一方面，当数字创业企业拥有较大规模的用户基础时，即使在创新水平较低的情况下，强大资金基础的加持也能够帮助企业实现高水平的产品多元化。数字创业企业可以根据自身的内外部环境特征，处理好资源因素与需求因素的关系，选择适合自己的发展路径，实现高水平产品多元化。

研究结论对管理实践的启示主要体现在以下三个方面：①数字创业企业应当提升对团队结构的重视。创业团队是创业企业的灵魂和大脑，对数字创业企业尤为重要。研究结果显示，团队异质性与用户规模或用户忠诚度的结合都能引发企业实施高水平的产品多元化战略。我国数字创业企业拥有庞大的用户市场，在制定产品战略决策的过程中，一个注重差异化结构搭配的创业团队能够帮助数字创业企业全面识别商业机会，施展多类型能力，帮助企业实现多元化经营。②数字创业企业应当进一步深化对用户需求的认识。研究表明，用户的数量和质量都会影响企业的产品多元化战略。数字创业企业的日常经营不仅要重视活跃用户数等数量型指标，还应当注重利用培养忠诚的粉丝用户，提供多样化的产品满足其互补性需求，从而挖掘更大的消费潜力。③数字创业企业应当结合自身实际，综合利用内外部条件打造产品生态。企业打造新产品时，不仅要考虑可利用的闲置资源，也需要思考新产品与原有产品的叠加能否为消费者提供更大的互补价值。研究结果表明，数字创业企业产品多元化受到不同因素的共同影响，有多条实现路径。企业需要将它们与自身发展实际相匹配，制定出适合自身的发展战略，实现跨界成长。

资料来源：郭海，郭安琪，韩佳平.组态视角下数字创业企业的产品多元化驱动因素研究[J].研究与发展管理，2022(3)：94-105，文字有少量删改。

6.2.4　多元化战略的实施条件

不同公司选择和实施多元化战略的动因不同，可能带来的结果也不同。如同我们在上文所说的那样，事实上许多企业选择开展多元化，仅仅是对于内外部环境刺激的直接反应，缺乏真正意义上的战略思考。因此，从战略角度来说，公司在实施多元化战略之前，应该要进行审慎的分析，贸然开展多元化经营会给公司带来较大风险。接下来，我们从基本原则、支持条件和业务环境三个方面来分析多元化战略的适用依据和实施条件，并介绍业务组合分析这一概念工具，用于多元化战略的内部管理。

（1）多元化战略的基本原则：以创造价值为导向

从根本上来说，多元化战略的意义是要在公司层面上创造更多价值，因此，考虑公司要不要实施多元化以及选择何种多元化的基本原则或者说总体导向应该是分析多元化是否能够为公司创造价值。我们已经在前面分析了多元化战略的价值创造原理，据此，公司需要审慎分析及预先判断未来可能实施的多元化战略是否能够为公司带来范围经济、财务经济方面的优势或是提升市场影响力。

具体来说，当公司发现现有业务与潜在新业务之间存在较高的研发、生产和营销等经营环节上的共用共享可能性，或者未来的多元化业务之间在共享公司品牌声誉或是传递技术诀窍和管理经验上具有较大潜力时，就可以考虑实施相关多元化，以便通过有形或无形资源共享创造范围经济，降低总体成本或是整合拓展核心竞争力。

当公司对自身的财务资源配置能力和内部资本市场的有效性有足够信心时，也可以考虑实施相关或者非相关多元化。前提是公司拥有特别擅长投资分析的管理人才和资本运营方面的出色经验，且能够对各项多元化业务的运营绩效和发展前景进行高效分析和准确把握。

当公司所处市场集中度较高，且主要竞争对手之间竞争较为激烈时，公司也可以根据竞争对手的情况选择拓展业务范围或是开展多点竞争，以求提升公司整体的市场影响力。当然，这种以市场竞争为导向的多元化战略也还是要综合考虑不同业务间实现范围经济和财务经济的潜力，审慎选择要进入的新业务或新市场。

（2）多元化战略的支持条件：资源特征与多元化类型的匹配

多元化战略要能够真正创造价值，需要公司具备相关的资源和能力。在战略研究领域中，冗余资源（slack resources）通常被用来统称公司所拥有的能够支持多元化的额外资源，公司所拥有的不同类型的冗余资源都能够对多元化起到支持作用，但支持方式和力度是不一样的。

首先，设备、场地等实物资源能够对生产相似产品的相关多元化形成支持，在实现了不同业务间共享协同的情况下，能够通过范围经济创造价值。但实物资源的柔性有限，通常难以支持距离原先业务较远的非相关多元化战略。

其次，受到普遍关注的冗余财务资源，包括内部现金流、低财务杠杆以及融资能力等，无疑能够为多元化提供必要的资金支持，在多元化投资的资源利用方面也是最具灵活性的，但以财务资源为基础的多元化战略很容易被竞争对手察觉并进行模仿，因此较难创造持久的价值。

再次，销售能力和技术资源等相对能够支持较高程度的多元化，因为销售渠道、营销队伍、技术产权和商业秘密等资源及能力较之实物资源具有更高的柔性和延展性,可以支持较广范围的不同业务。

最后,创新能力、技术诀窍、管理经验、品牌声誉和企业文化等"软性"资源具有高度的柔性和适用范围,从而能够对更高层次的多元化形成有效支持。与此同时,以这类资源为基础的多元化战略是竞争者很难清晰界定并加以效仿的,因此可能能够给公司带来长期的竞争优势和价值。

（3）多元化战略的业务环境:波特的三大问题检验

国内战略管理学者马浩认为,可以根据波特提出的三个检验问题来评估公司多元化战略下新业务的进入环境和进入可行性。如表 6-2 所示。

表 6-2　多元化战略方向检验三大问题[①]

检验问题	问题解释
产业吸引力检验	要进入的产业是否具有吸引力? 如果现在不具有吸引力,企业进入以后是否可以使之具有吸引力?
进入成本检验	企业进入一个产业所支付的成本是否足够低从而不至于冲抵所有未来的利润?
竞争优势检验	新进入业务是否可以为现有业务带来竞争优势? 或者现有业务是否能够为新进入业务带来竞争优势?

原则上,公司实施多元化战略进入新的业务领域时,需要对该业务的环境进行这三个方面的检验。现实中大多数公司的多元化经营都会在某种程度上通过部分检验,但完全通过所有三个问题检验的公司少之又少。而当公司在实施多元化前完全未对其中一个或两个问题进行检验时,其多元化战略的结果往往是失败的。

（4）多元化战略的内部管理:业务组合分析

作为公司层战略的一种,多元化战略除了关注"要经营哪些业务领域"的问题,也要关注"如何管理这些业务单位"的问题。对于后者,波士顿咨询公司提出的著名的"波士顿矩阵(BCG 矩阵)"分析工具可以用来帮助公司对自己的多元化业务组合进行分析(见图 6-5)。

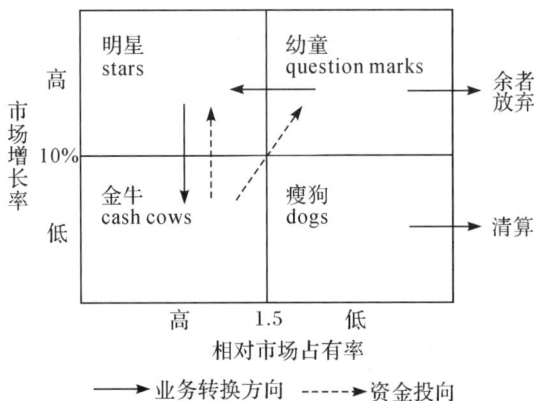

图 6-5　波士顿矩阵(BCG 矩阵)

---

① 马浩. 战略管理:商业模式创新[M]. 北京:北京大学出版社,2015:204.

BCG 矩阵由以下两个分析维度组成。

一个维度是代表特定业务发展潜力的"市场增长率"，市场增长率越高，代表特定业务的市场吸引力和获利潜力越大，计算方式如下：

市场增长率（当年）＝［（当年市场需求－去年市场需求）/去年市场需求］×100％

另一个维度是代表特定业务相对竞争地位的"相对市场占有率"，该指标数值越高，代表特定业务的利润率和现金流越高，计算方式如下：

相对市场占有率（当年）＝（经营单位的销售额/主要竞争对手的销售额）×100％

对市场增长率和相对市场占有率两个维度进行组合后得到四个象限，一家公司的所有业务单位都可以置入其中一个象限，并据此采取不同的管理方针。

金牛（cash cows）：处于该象限内的业务能产生高额利润和现金，只需要少量现金投入，因此可提供现金满足整个公司和其他业务单位的需要，对于金牛应采取维护现有市场占有率，维持其正常发展的方针策略。

瘦狗（dogs）：处于该象限内的业务单元增长潜力和现金产生能力都很低，一般应考虑对其进行清算或放弃。

幼童（question marks）：处于该象限内的业务单元当前现金产生能力较低，但具有较高的增长潜力，因此投资需求也较高，可考虑进行必要的投资扩大市场占有率以转向明星，如果无此潜力则也可以放弃。

明星（stars）：处于该象限内的业务单元增长潜力和现金产生能力都较高，需要维持其必要投资，并维护和改进现有的有利竞争地位。

公司可利用 BCG 矩阵对公司多元化业务单元进行分析，并据此进行业务组合管理。BCG 矩阵提供的业务组合管理一般思路为：①首先应当维护金牛业务的地位，但由于其低增长潜力，也要防止对其追加过多投资；②金牛业务所产生的现金流应优先用于维护和发展明星业务，剩余的资金可用于扶持部分有增长潜力的幼童业务；③通常金牛所产生的资金不足以支撑全部幼童业务的发展，因此除了关注几个有潜力发展为明星的幼童业务外，余者应当放弃；④长期来看，明星业务会随着时过境迁转变为金牛，此时业务组合管理需要进行相应调整。

此外，BCG 矩阵还用于分析多元化公司业务组合的整体平衡性，例如，一家公司拥有两三个提供稳定现金流的金牛业务作为基础，两个明星业务提供进一步发展机会，两个预期能转向明星的幼童，同时包括几个随时可以放弃或清算的瘦狗业务，那么其业务组合相对来说就是较为平衡的。

6.3 一体化战略

6.3.1 纵向一体化战略的概念和类型

尽管在传统中有过对"横向一体化"和"纵向一体化"的探讨，但由于前者与相关多元化、战略联盟和兼并收购等战略类型或战略手段有过多交叉之处，今天我们所说的一体化战略，主要是指纵向一体化战略。

纵向一体化(vertical integration)是指公司通过创建或并购价值链^①上下游环节,从而沿着价值链前后方向进行纵向拓展的战略。如同我们在本章开头所说的那样,一家公司如果只专注于较少的几个价值链环节,其一体化程度就较低。在极端情况下,某些公司可能只专精于一个或极少数几个价值链环节,有时我们会将之称为专精化战略。反之,如果一家公司所囊括的价值链环节越多,那么其一体化程度越高。

根据公司沿价值链延伸拓展的方向,纵向一体化战略又包括前向一体化和后向一体化两种具体类型,下面我们分别对之进行介绍。

(1)前向一体化

前向一体化(forward vertical integration)是指公司在特定业务范围内,以当前所从事的价值链环节为基点,沿着价值链方向向前延伸拓展,使自己的业务经营活动更加接近最终用户。例如,某纺织品生产企业原先主要从事坯布织造的业务,现投资兴建了印染厂,将自己生产的坯布印染成各种颜色和图案的面料,这就是前向一体化战略的表现。

公司实施前向一体化的目的主要包括两类:①进入附加值更高的价值链环节,前面所说的织造企业涉足印染业务,可能就是因为该类纺织品印染环节带来的产品附加值高于织造环节,前向一体化有利于公司提升利润水平。又如,手机制造企业富士康公司在2016年收购了微软旗下诺基亚功能手机业务,其战略意图十分明显,就是要从原先手机组装制造环节进入到更高附加值的品牌运营环节,为将来自有品牌手机生产奠定基础。②降低客户议价威胁或提升对于价值链下游环节的控制力。前向一体化事实上是让自己成了部分"自己的客户",因而有利于缓解客户议价威胁。更为重要的,通过前向一体化直接涉足自己产品的分销、零售和品牌运营环节,有利于公司促进产品或服务销售、降低销售成本、增强市场影响力。

(2)后向一体化

后向一体化(backward vertical integration)是指公司在特定业务范围内,以当前所从事的价值链环节为基点,逆着价值链方向向后延伸拓展,使自己的业务经营活动更加靠近价值链起点端。食品加工公司投资兴建农场,整车制造公司收购汽车零配件制造商等,都属于此类战略的例子。

公司实施后向一体化最常见的目的就是获得对供应商的更高控制权,确保原材料或零部件的供应渠道及供应质量。有些情况下,也可能是为了降低供应成本或整合优质资源。曾经有一家国内的印染企业,其拳头产品为某种特殊颜色的面料,而其染料长期从国外某供应商处采购,自己无法生产也别无二家,染料供应商因此凭借自身强大的议价权不断提升染料供应品价格。该印染企业痛定思痛,专门投资开展对这种染料的研发,终于在成功开发出可替代产品后成立了自己的染料生产部门,大大降低了生产成本,同时保证了产品质量,也提升了自己在印染方面的竞争力。

---

① 此处所说的价值链,主要指的是从原料到产品或服务再到最终用户这一完整的价值实现过程,其范围涉及整个行业内的多个企业,有些教材中也使用"产业链"或"供应链"的概念对此进行表述。

6.3.2　纵向一体化战略的实施基础

与所有战略一样，公司在考虑是否以及如何实施纵向一体化战略时，需要对其实施基础和适用情形进行分析。为做到这一点，公司首先要了解纵向一体化战略的价值创造原理，在此基础上明晰各方面的可能收益以及适用的情形。

（1）纵向一体化战略的价值创造原理

交易成本和价值链协同效应是经常用来解释纵向一体化战略价值创造原理的两个核心理论概念。降低交易成本（transactional cost）是很多公司开展纵向一体化的重要动机。根据诺贝尔经济学奖得主威廉姆森（Williamson）的交易成本理论，在外部市场上进行交易的企业会因为交易双方的机会主义行为而蒙受交易成本损失，而不确定性、交易频率和资产专用性是影响交易成本大小的三个主要因素。据此，当公司与其上游供应商或下游客户企业之间的交易环境存在不确定性较高、交易频率较高和资产专用性较强的特征时，公司就会面临较高的交易成本，此时公司可以考虑通过一体化战略对供应商（后向一体化）或客户（前向一体化）进行整合，让自己成为自己的供应商或是客户，以内部化的方式降低外部市场上的交易成本，从而在公司层面上提升价值创造。这其实就是经济学中经典的"自己做还是买（make or buy）"的问题。

我们用一个例子来说明其中原理。假设 A 是一家以豆腐馅包子闻名的小吃店，B 是为 A 提供豆腐原料的豆制品作坊。A 每天做的豆腐馅包子都必须在当天清晨到 B 处购买豆腐作为原料，因此它们之间的交易频率很高。而且 B 做的豆腐配方特殊，A 的包子只能用其豆腐才能做得好，这代表 B 对于 A 来说资产专用性很高。A 和 B 之间还达成了口头协议，希望 B 每天能够保质保量地提供给 A 豆腐原料，但时不时地 B 会因为其他顾客提出高价或是大量购买，把当天做的豆腐都提前卖完了，这就是 B 在不确定性情况下所做出的机会主义行为。在上述三个条件下，A 就可能会经常因为缺乏原料而做不出顾客喜欢的豆腐馅包子，从而在销量甚至声誉上都遭受损失。如果这样的损失经常发生，也就是交易成本很高的时候，A 就必须考虑自己开设豆腐作坊或者对 B 进行收购让其为自己打工，从而加强对豆腐供应的控制，换言之，实施后向一体化。

除了降低交易成本动机之外，如果企业能够在实施纵向一体化之后使得自己所从事的不同价值链环节之间产生良好的协同效应，并且协同效应所带来的收益高于一体化带来的成本时，一体化也能创造价值。价值链协同（value chain synergies）可能通过降低生产成本或提升产品品质的方式来为公司创造价值。具体而言，实施一体化战略的公司在将多个价值链环节囊括入公司内部之后，能够比外部市场交易更加直接有效地控制各个环节的产出并协调其前后衔接和整体组织关系，有利于减少生产工艺步骤、合理安排进度、优化库存以及促进产品改良和创新等。

（2）纵向一体化战略的可能收益

基于上述原理，纵向一体化可能为公司带来的收益包括如下方面。

①增强对价值链上下游环节的控制。后向一体化能够使公司对原材料或中间品的成本、可获得性、质量及其他条款具有更高的控制权，减少供应商的议价威胁，获取部分原本供应商获得的利润。前向一体化则有助于公司控制销售渠道，获得在产品售价、销售方式、售后服务等方面更高的掌控权，减少客户议价威胁，增加产品销售利润。与此同时，一体化总

体上可以减少市场交易环节中所需的促销、议价、洽谈等业务费用，为公司节省成本。

②强化内部协调和优化资源配置。通过将一些外部的价值链环节纳入公司内部，纵向一体化能够对这些经营活动环节开展更有效的协调。内部控制和内部协调可以动用公司的管理行政权威，因而这样的内部协调通常比外部市场交易要更加直接和高效。有效协调意味着公司可以在自己从事的经营活动环节之间进行合理的资源配置，对生产组织和流程工序等进行整体性的优化，推动各环节之间的有效衔接并减少某些不必要的环节，从而形成降低成本和提高质量的效果。

③提高信息获取和传递效率。通过将上游供应商或下游客户纳入公司内部，一体化可以使公司减少收集相关的供需信息，并且，价值链上的延伸使公司可以更加接近供应端或市场端，从而更为迅速和准确地获取相关动态信息，从而降低信息获取成本并提高信息获取效率。同时，在价值链协同的基础上，一体化可以提高供需信息在公司内部的传递效率。例如，通过前向一体化。整合了分销环节后，内部化的销售渠道经营单位可以将顾客对于产品的需求信息直接传递给生产制造单位，从而进行相应调整，反过来，后向一体化则有助于供给信息在公司内部的传递。总体来看，更高效的内部信息传递有助于公司实现供给、生产和销售等环节的前后匹配和组织协调。

④有助于创新实现和创新收益保护。完整意义上的创新是从创意形成一直到产品商业化的整体过程，一体化有助于这个过程中前后环节之间的匹配衔接，例如，整车制造公司想要开发性能优越的新款轿车，离不开高品质且技术特征相符的零部件供应，很多时候公司会采用收购高资质零部件供应商的后向一体化方式来对此加强保障。反过来，有些公司则会采用向营销和销售环节拓展的前向一体化方式以便更好地获取顾客和市场需求信息，对自己的创新活动形成支持。此外，一体化还有助于对创新资源和创新收益的保护。例如，在整车制造公司的例子中，零部件生产单位的内部化可以避免重要的零部件设计制造新技术泄露出去。总体来看，对创新过程中涉及的重要价值链环节进行一体化整合，则可以使创新带来的收益更多地被保留在公司内部。

⑤有助于提高市场影响力。公司规模扩大是一体化战略带来的客观结果之一，通常与市场份额相关。同时，大型的一体化公司如果实现了对原料供应或销售渠道的高度控制，那么公司就会相对于竞争对手在定价权、总体成本等方面存在较高的优势，同时提高潜在进入者的进入壁垒，形成较高的市场影响力。

（2）纵向一体化战略的适用情形

如前所述，纵向一体化主要通过降低交易成本和促进价值链协同效应来创造价值，并由此为公司带来若干可能的收益。而为了实现这样的价值创造和收益，公司必须符合某些情形和条件才适合实施一体化战略，主要包括下面所说的几种情况。

第一，无论选择哪种具体类型，实施一体化意味着公司要在特定产业领域内追加投资并扩大自己的规模，所以该产业应该具有较大的增长潜力，如若不然，公司将会面临较大的投资风险。同时，公司必须具备充分的资金、人力和物力等用于支持一体化的资源。

第二，当存在以下情况时，公司可以考虑采取前向一体化：①公司当前销售成本较高或者销售渠道不畅，无法满足产品销售的需要；②公司客户具有较高买方议价权，在营销端受制于人，无法提升产品利润率或是难以进入高附加值的营销环节；③公司具有较高生产能力但与终端市场缺乏直接接触，对用户需求信息了解不足而难以有效开展产品创新。

第三,后向一体化的适用情形包括:①公司当前的采购成本较高,或者供应缺乏可靠性,无法满足公司对原材料或中间件的需求;②公司供应商具有较高卖方议价权,供应品利润率较高,限制了公司提升产品附加值的能力;③公司产品创新需要高品质、强匹配性和稳定供应的原料、零部件或其他投入品,但当前供应商无法满足这些需求。

6.3.3　纵向一体化战略的潜在风险

纵向一体化战略可能为公司带来许多方面的收益,但与此同时也造成了相关的风险。公司必须明白"福兮祸所伏"的朴素辩证法,在实施纵向一体化战略之前及其过程中关注并审慎分析其可能给公司带来的潜在风险。

(1)规模增大带来的投资和灵活性风险。纵向一体化使得公司规模增大,从而也带来了相对的资产刚性。我们都知道"船小好掉头"的道理,大规模一体化公司的一大劣势在于当外部环境尤其是市场需求发生剧烈变化时,公司更换行业或是转变经营模式的"转换成本"很高,这对于很多"重资产"的传统制造业企业来说尤其如此。同时,公司实施一体化战略后,上游的供应环节(后向一体化)或是下游的营销环节(前向一体化)将由自己来从事,虽然对应环节上的采购成本或是营销成本会有所降低,但运营这些环节所需的财务资源会比原先市场交易时高得多,从而为公司带来了资金压力。在战略决策者执行一体化战略的决心非常强烈的情况下,高度的战略承诺(commitment)还会导致公司在现有投资基础上不断追加投资,进一步加剧了上述的投资和灵活性风险。

(2)结构多样化带来的管理复杂性风险。如果说一体化战略的好处之一是降低交易成本的话,其同时造成的负面效应就是增加管理成本。实行一体化战略以后,公司的管理层次与管理幅度都会增加,公司内部涉及的经营环节比以前变得更多,各个环节在组织、技术、功能乃至文化方面都存在差异。这些因素都对公司管理者的工作量、管理素质和管理技巧提出了更高的要求,大大提升了总体管理成本。

(3)链条过长带来的协调以及创新风险。我们在前面讨论一体化战略可能的收益时曾提及其优点是可能带来价值链协同和促进创新,这个判断中的"可能"二字非常重要。虽然一体化战略下公司内部的价值链环节协调在很多时候的确能够比市场交易更加有效,但这并不意味着不需要任何成本就可以轻而易举地达成。事实上,很多一体化程度较高的公司发现在协调内部很长的价值链时,其协调成本可能已经超过了各环节之间的总体交易成本,此时就给公司带来了管理风险。例如,协调不足可能导致公司内部各个经营环节之间能力不平衡,生产部门生产出大量产品,但营销部门无力承接其销售任务。体现在创新活动方面,研发部门开发的具有高创新性的产品可能因为"闭门造车"而难以有效市场化。

6.4　并购与重组

当今主流的战略管理研究领域内,人们通常不把并购和重组看作是公司层战略的基本类型,而是把它们当作公司实施多元化和一体化等战略的重要手段或途径。本章我们也对这两种公司层面上的活动及其相关概念进行介绍。

6.4.1 并购的相关概念

并购(merger & acquisition, M&A)实际上是合并与收购两种有联系但又有区别的活动的合称,指的是公司通过有偿方式获得其他企业的产权或资产的战略行为。

一般情况下,合并(merger)是指吸收合并,又称为兼并,意味着一家公司购买其他公司所有股权并完全取得其经营管理权,而被购买的公司不再存续的情况。现实中还有一种结果类似的行为,即两家或两家以上的公司在相对平等的基础上对各方产权进行整合,在此基础上成立一家新的公司,而合并各方解散,这种方式称为新设合并(consolidation)。因此,广义的合并既包括兼并也包括新设合并。

收购(acquisition)是指一家公司购买其他公司全部或部分股权,并取得其管理控制权的行为。收购与合并的主要区别在于前者实施后被收购公司通常会继续存在,而后者实施后被合并的公司将不复存在。收购的结果是收购公司取得被收购公司的控股权,从而形成母子公司关系,其中,如果母公司获得了子公司的全部股权,这种情况被称为全资收购。收购还有一种特殊类型,即被收购公司并非出于自愿,这种情况下的收购有时被称为恶意接管(hostile takeover),许多公司会建立各种防御机制以避免被恶意收购。

需要指出的是,尽管概念上存在种种区别,但现实中除非存在文书或法务上的必要性,人们一般不会刻意对这些相关概念进行非常明晰的区分,常常将相关活动统称为并购。

6.4.2 并购的动因

总体来说,公司实施并购的目的是实现战略性扩张。从战略分析视角来看,可以认为并购是公司实施多元化战略或一体化战略的重要手段。希特从七个方面归纳了公司开展并购的主要动因,如表 6-3 所示。我们可以发现,这些动因是基于不同视角归纳出来的有关公司实行并购的具体动机,它们实际上与多元化和一体化战略的最终目的是一致的,即为公司创造更多价值。

表 6-3　公司实施并购的动因[①]

序号	并购动因	核心观点
1	增强市场影响力	增强市场力量
2	克服市场进入壁垒	克服市场壁垒
3	加速产品创新市场化	提高创新效率
4	降低创新投资风险	管理创新风险
5	提高公司多元化程度	实施公司层战略
6	重构公司竞争范围	更新竞争领域
7	学习和发展新能力	避免核心刚性

---

① 根据希特,爱尔兰,霍斯基森.战略管理:概念与案例:第 12 版[M].刘刚,梁晗,耿天成,等译.北京:中国人民大学出版社,2017 中相关内容整理修改。

(1)并购可以通过购买竞争者、供应商、分销商或相关行业领域的业务,使公司获取更强的市场影响力。公司通过横向并购同行竞争者或相关业务公司,能够扩大公司规模并提高产品市场份额,形成规模经济优势。通过纵向并购供应商或分销商,可以对价值链更多环节加强控制,实现价值链协同。通过收购非相关业务的公司,则有助于开展多点竞争,或是通过延伸核心竞争力来创造价值。以上方式都有利于公司提升总体的市场影响力。

(2)有助于公司克服特定市场的进入壁垒。公司要进入特定的具有较高盈利潜力的市场,会面临种种难度和成本,这些进入壁垒可能是来自行业规制,也可能是在位企业主动设置的障碍。通过并购市场中的现有企业,公司常常可以绕开这些壁垒而迅速进入对自身而言具有吸引力的市场。例如,许多企业将收购国外企业作为开拓国际市场的"敲门砖"。

(3)加速产品创新及其市场化过程。新产品开发及其市场化可以在公司内部开展,但通常需要耗费较多资源及时间成本。产品创新也可以通过并购来实现,相较于内部开发,并购已经开发出新产品并开始对之进行市场化的企业能够帮助公司节约创新成本,快速推进产品的市场渗透,并获得更具预见性的回报。本章前面提及过的制药行业中,很多大公司就是通过收购众多新药专利研发的创业公司来加速创新过程,这几乎已经形成了一种模式。

(4)降低创新投资风险。较之复杂耗时的内部研发,通过并购开展创新的绩效更容易进行准确评估,因而许多公司也将并购作为降低内部创新投资风险的常用方法。不过,也有研究指出,长期依赖外部收购开展创新容易使企业自身的创新能力受到损害,因此公司需要平衡并购和内部研发这两种实施创新的手段,不要完全让前者替代了后者。

(5)推动多元化战略实施。并购不同业务领域的企业是公司实施多元化战略最为"短平快"的手段。我们可以在现实中找到大量通过并购来实现相关多元化和非相关多元化的案例。现实经验也表明,较之现有业务领域内的新产品拓展,通过开发全新产品进入不同业务领域的难度要大得多,这也是为什么很多公司都选择以并购方式来实施多元化战略的原因。

(6)重构公司的竞争范围。在现有产品市场竞争非常激烈的时候,有些公司会通过并购来延伸或调整自己的产品或业务范围,从而降低对现有产品或市场的依赖程度,重构竞争范围。例如,2022年吉利集团旗下的星纪时代收购魅族科技,将自身业务范围从原先的汽车制造进一步向智能手机领域拓展,同时也旨在增强智能车机技术能力。

(7)学习和发展新能力。从更长远的视角来看,公司可以通过并购来获取或发展自己相对欠缺的资源和能力,例如各类人才和技术资源等,由此拓展自身知识基础、发展核心竞争力及避免核心刚性。出于这一目的开展并购的公司,通常会寻求并购与自身既有区别又有一定相关性和互补性的公司,以更好地吸收和整合新的资源及能力。

6.4.3 并购的风险

并购可以帮助公司实现特定战略并为其带来不同方面的收益,但公司实施并购在事前、事中和事后都存在许多不确定性因素,导致了不同方面的潜在风险。

(1)组织整合风险。不同企业在经营理念、组织管理模式和组织文化方面通常存在较大差异,实施并购后企业如果不能在文化、管理系统、组织架构和职位安排等方面进行有效整合协调,就会造成极大的内部冲突,为企业正常运行和人员管理带来很大麻烦。这方面一种常见的现象是,许多关键员工会发生流失,从而大大削弱了被并购企业的能力和价值。

（2）信息不对称风险。企业在选择被并购对象时，需要对其进行事先的了解和评估。但如果通过"尽职调查"获取的信息不够准确，例如对其财务状况、运营实际情况和文化差异了解不得够清晰时，一方面会因估价不准而大大增加并购费用，另一方面也会提升并购后企业的整合运营成本。

（3）财务风险。企业实施并购所需的大量资金往往是自有资金所无法满足的，因此，很多企业会为了开展并购而进行大量债务融资，从而提高了企业的资产负债率。过高的负债会增加企业的财务风险，降低企业的信用水平并影响研发、营销和人力资源开发等方面的战略性资源投入，给企业长远发展带来危害。

（4）公司经营风险。并购给企业带来的不同业务或是不同价值链环节之间必须存在协同效应才能创造价值。如果并购后企业整体层面上无法实现规模经济、范围经济或是财务经济方面的任何协同效应，那么企业总体经营成本就会大大提升，无法达到预期的并购目的。

（5）管理者短视风险。对于很多管理者来说，立竿见影的并购可能远比长期导向的内部发展来得"有趣"，因此可能会产生过度关注寻找并购对象和开展并购交易等活动的倾向。或者，管理者在选择并购目标时，没有从长期发展战略出发，只是把并购作为扩大企业规模和提升自我业绩的手段。这两种情况都是违背战略原则的管理者短视行为，由此动机开展的并购活动将会面临极大的失败风险，给企业带来负面影响。

专栏 6-3：中国企业的逆向跨国并购与并购后整合

逆向跨国并购是指新兴经济体企业通过并购发达国家企业以获取战略性资源的国际化经营行为。随着新兴市场国家的快速崛起，跨国并购已不仅仅被发达国家企业主导，来自新兴市场国家企业对发达国家企业发起的逆向跨国并购日益显现。中国企业更是成为逆向跨国并购的主力军。从近年来中国企业海外并购的实践来看，美国、英国、德国、澳大利亚、日本等知识存量丰富、技术先进、经济发展水平高的国家或地区已逐渐成为中国企业跨国并购的主要目的地。通过逆向跨国并购，中国企业可获得诸如自然资源、技术、品牌和市场等战略性资源，快速推进国际化进程，并实现国际竞争力跃迁。

并购整合阶段被证实为并购价值创造的重要环节。并购整合模式选择是并购整合过程中的重要战略决策，不同的整合模式意味着不同的整合管理方式。根据并购双方制度逆差高低和相对资源优劣势两个维度，中国企业逆向跨国并购的整合模式可分为"无为而治"型、"轻触"型、"支持性合作伙伴"型和"重触"型四种类型。

（1）当并购双方在资源、能力、地位、愿景等方面具有显著的不对称、资源的相似性和互补性均较低、双方所在国家制度逆差较小时，中国企业逆向并购发达国家后更倾向于选择"无为而治"型整合模式，如吉利并购沃尔沃的整合案例。

（2）当并购双方在资源、能力、地位、愿景等方面的不对称差距较大，并购双方资源相似性较低而互补性较高，双方所在国家制度逆差较大，中国企业逆向并购发达国家后更倾向于选择"轻触"型整合模式，如中国一拖并购法国 McCormick France 的整合案例。

（3）当主并企业在资源、能力、地位等经济能力优于被并方、并购双方资源相似性和互补性均较高、双方所在国家制度逆差较小时，中国企业逆向并购发达国家后更倾向于选择"支持性合作伙伴"型整合模式，如海尔并购 GE 家电的整合案例。

（4）当主并企业在资源、能力、地位等经济能力优于被并企业、并购双方相似性较高而互补性较低、双方所在国家制度逆差较大时，更适合于选择"重触"型整合模式实现深度整合，如中联重科并购 CIFA 的整合案例。

资料来源：陈小梅,吴小节,汪秀琼,蓝海林.中国企业逆向跨国并购整合过程的质性元分析研究[J].管理世界,2021,37(11):159-183,11-15,引用时有少量删改。

6.4.4 重组的概念与类型

重组（restructuring）是指公司改变业务框架或者财务结构的战略性活动，通常在公司战略发生调整后进行。重组主要包括精简和收缩两种具体类型。

精简是指公司减少员工或部门数量，但通常不造成现有业务组合实质性变动的活动。公司实施精简的主要原因是希望通过降低成本来提高营利性或者开展更高效的运营。例如，当内外部环境变化导致公司面临较大成本压力时，公司可能通过裁员和压缩部门等方式来进行精简。另一种常见的情形是，公司实施并购后内部存在大量冗余资源，如多余的部门和岗位等，这时公司也会开展精简来"瘦身"。

收缩是指公司剥离一些非核心业务以更加聚焦于自身核心业务的活动。例如，华为公司在 2019 年将其从事海底光缆业务的子公司"华为海洋"51%的股份出售给亨通光电，就是属于"壮士断腕"式的公司收缩活动，其目的在于使公司更加聚焦于数字和智能产品"主航道"。有些公司会在特定时期同时开展精简和收缩，但要注意的是，无论公司开展精简还是收缩，都要避免损伤公司重要资源和核心能力，例如关键员工、重要部门等。

精简和收缩会给公司带来不同的效果。相对来说，精简更像是战术性活动，其短期效果是能够显著降低人力成本。但从长期来看，精简有可能造成人力资本流失，同时造成公司内外部声誉和投资者预期的下降，从而影响公司业绩。所以通常只有在公司面临较大成本压力或者是组织过于冗余时，才会开展精简活动。

通常来说，收缩伴随着更强的战略性目的，在短期内能够起到降低债务成本和强化对核心业务的战略控制等效果，而在长期中有利于培育公司核心竞争力，从而提高公司竞争力和财务绩效。一个值得我们思考的例子是，2004 年 IBM 将个人电脑业务出售给联想公司，曾被人解读为经营不善的被迫之举，而其后来的发展表明，当年此举实际上是战略性的业务收缩。完成出售后，IBM 将其核心业务聚焦到大型机、超级计算机、UNIX 和服务器等"高价值"业务，并在其后逐步经历了从主机、IT 服务、软件到如今的混合云和人工智能核心业务的多次转型，过程中有起有伏，但发展核心竞争力的战略意图相当清晰。

◆【篇末案例】

全球化和数字化时代申洲国际的纵向一体化战略

申洲国际是中国最大的纵向一体化针织服装代工企业。服装代工不是一个容易赚钱的行业,再加上新冠疫情的影响,很多服装代工企业 2020 年的营业收入大幅下降,但申洲国际 2020 年的营业收入仍增长 1.6%,净利润增长 0.2%,展现出了很强的抗压性。申洲国际的成长性更优秀。公司 2005 年在香港上市后,发行价只有 2.63 港元,但在 2021 年内一度突破 202 港元,总市值接近 2121 亿元人民币。申洲国际的独特价值,在于它将看似简单、低端的服装代工,改造成了一个规范的、利润率更高的、有国际竞争力的生意。

从纱线到成衣

一件衣服的诞生,以棉麻、动物毛、化学纤维等原料为起点,要经过纺纱、织造、染色、印绣、制衣等工序,最后送到品牌商手中。这是一条漫长的供应链,以往需要纱线厂、纺织厂、印染厂、制衣厂各司其职,最终的交付时效很容易受上游环节的影响。

如果将这些烦琐的步骤放在一个生产基地甚至一家企业里,便可以集中安排、调度生产,中间的沟通、物流、交接等流程一概缩短,效率因此提高。申洲国际选择的就是这种模式——从购买纱线开始,一路做到成衣,中间的所有步骤都由自己整合完成。通常,成衣制造商要至少提前一个月向面料商下单,等拿到面料再生产,交货时间起码需要三个月。而申洲国际的平均交货周期在 45 天,最快可以在 15 天内交货。

纵向一体化生产的另一个优势在于易拓宽利润空间。在纺织服装制造业链条上,越靠近上游的部分,毛利率往往越低。比如中游环节(坯布、针织和梭织面料)的毛利率就要显著高于上游环节(纱线业务),这也是申洲国际向下游拓展的原因之一。

下游集中的企业如果向上游延伸一体化生产,最大的好处是可以通过自主研发面料,提升产品的附加值,进而提高毛利率。面料坯布的制造门槛不高,壁垒在于作为原料的特殊功能纤维开发、面料结构设计和印染环节。申洲国际手握的面料研发技术,满足了运动品牌把技术概念包装成产品卖点的需求,也让客户没法轻易更换代工厂。截至 2020 年底,申洲国际申请了新材料面料专利技术 183 项,主要专利产品成果转化的有 34 个系列。和品牌共同开发的面料技术包括耐克的 Flyknit、Dri-fit、Tech Fleece、TechKnit 和优衣库的 AIRism 等。

和整个制造业一样,纺织服装业近年来也被卷入"工业 4.0"的浪潮中。为了优化每个工序的生产效率,申洲国际在上市后从来不吝在生产设备上大幅投入,最终演变为对整条生产线的数字化、智能化改造。例如,早期引入 3D 设计技术,使得申洲国际的品牌样品开发周期缩短了 60%,实际样品节约了 35%。目前,申洲宁波工厂的立体仓库可以容纳 1.5 万吨面料,每天吞吐量达到 1200 吨。每个货架、每匹布都有一个条形码,每匹布的进出都会在后台数据系统上显示。计划部门掌握每个合约需要的面料数量。

申洲国际甚至会为某一款服装定制模具,员工以前至少培训 3 个月才能上手的工序,用定制模具可以在几个小时内学会。当然,这么做的前提是:客户要为一款单品给出足够规模的订单。

巨头捆绑巨头

1997 年,申洲国际拿下了优衣库一笔 35 万元的加急订单,在 20 天内交付完毕。自此,优衣库成为申洲国际的第一个国际大客户，申洲国际也由此切入休闲服饰领域。此后，与优衣库的合作越来越紧密，实实在在地分享到了其成长红利。

20世纪中期，申洲国际开始强化与耐克、阿迪达斯等运动鞋服品牌的关系，并在2006年和2007年分别为这两大品牌建立专用工厂。事实证明，这是一个合理的转向。随后兴起的"运动休闲"潮流使得时尚品牌的概念和玩法渗透到运动鞋服领域，运动品牌突破专业体育的圈层，变成普通消费者的日常穿着，运动鞋服市场再次被刺激，进而繁荣。由于提前多年与头部运动品牌布局合作关系，申洲国际再次享受了这轮增长红利，绑定也步步深入。2020年，申洲国际来自前四大客户的收入，在公司总收入中的占比已接近85%。

耐克、阿迪达斯、彪马这些申洲国际的大客户，在市场上互为竞争对手。申洲国际给出的解决方案就是设立品牌专用工厂，保证供货的同时严格保护商业机密。这些专用工厂内还有设计和开发中心，配有常驻的设计、研发团队，制造环节可以直接对接设计环节，方便接收和反馈指令。这也是与品牌共同研发、定制Flyknit这类面料的过程得以实现的重要基础。

在品牌端，越来越多的公司倾向于将订单集中到优质的头部供应商手中——这更要求供应商有纵向一体化的生产能力。2012年，耐克就提出了"可持续发展供货指数"(SMSI)概念，通过量化精益生产能力、社会责任和环保意识，将供应商分成金、银、铜、黄、红5个等级，计划到2020年让所有供应商至少处于铜级水平。表面看来，这是跨国公司为履行社会责任义务做出的调整，实际上，这也是筛选、调整供应商的最佳手段之一。而申洲国际再次在这一轮洗牌中胜出，实现了更高程度的品牌合作和绑定。

21世纪的"下南洋"

受部分国家吸引外商投资政策和国际局势的影响，东南亚成为全球新的服饰制造业腹地。随着国内劳动力成本的持续攀升和东南亚地区丰厚的政策红利涌现，2012年起申洲国际开始加快了在东南亚投资设厂的扩张速度，在柬埔寨和越南分别投产了三家成衣厂。

在越南，申洲国际目前另有一家2014年投产的面料厂，和制衣厂设在一起，希望把国内的纵向一体化模式整个复制到海外。

资料来源：申洲国际：将服装代工做成体面生意，https://www.cbnweek.com/columns/1110#/article_detail/26818，引用时略有修改。

【案例思考与讨论】

1. 你认为申洲国际纵向一体化战略的成功基础在于哪些方面？
2. 全球化和数字化对申洲国际的一体化战略实施产生了怎样的影响？
3. 申洲国际的国际化战略可能存在哪些方面的潜在风险？

【本章复习题】

1. 什么是公司层战略？公司层战略包含哪些主要类型？
2. 什么是多元化战略？多元化战略可分为哪些具体类型？
3. 公司实施多元化战略的主要动因可能包括哪些方面？

4.公司开展多元化战略需要符合哪些基本条件？

5.什么是纵向一体化战略？纵向一体化战略包含哪些具体类型？

6.纵向一体化战略可能为公司带来哪些方面的好处？其潜在风险又是什么？

7.什么是并购？兼并和收购的区别是什么？

8.重组包含哪些具体活动？各自的优缺点是什么？

7 业务层战略

一家公司可能会从事一项或多项业务,如何针对每一项业务制定经营思路并开展相应活动,以使该项业务能够形成竞争优势从而创造更多价值,这是业务层战略需要达成的任务。业务层战略具有几种基本的方向,企业可以倚重产品或服务的增值,或是重点关注总体成本的节约,或是集中资源在较窄的市场范围内开展业务经营,在具备特定条件的时候,还可以将以上思路整合起来,争取实现赢得竞争创造价值的目标。本章在明确业务层战略基本内涵及其目的和导向的基础上,对业务层战略的基本类型、每种类型的含义与特征、价值创造原理、实施要点和潜在风险进行介绍,旨在为业务层战略的理解和分析提供思路。

■■■【开篇案例】

红松瞄准银发族

2019 年,李乔的母亲从单位退休,没有工作烦扰,轻松两三个月后,生活陷入一片沉寂之中。李乔母亲的很多同事、朋友仍在上班,没人交流互动,也没有渠道认识新朋友,她只能刷手机视频消磨时间,而且不再化妆、打扮。

"像我母亲这样一拨人,很会玩手机,但还没有专门为他们设计一个产品,解决孤独的问题。"曾担任腾讯手机 QQ 核心产品经理,先后在多米音乐、携程等任职的李乔说,从大公司离职创业过程中,他研究过很多赛道,大多已被移动互联网改造。当下 60 岁人群是处在移动互联网兴盛时代的"新退休一代",市场上并没为其提供针对性的线上产品。

2020 年 3 月,李乔团队创办中老年社交产品红松,提供线上直播、线下游学等服务,以解决退休用户的社交需求。

搭建社群

产品推出初期,红松走出与快手、抖音等短视频平台不同的道路。李乔称,市场上的社交媒体平台,是在单向进行内容消费,解决不了退休用户的孤独,真正的互动是要与人交流,"一开始我们做的方向就是直播,把短视频内容方向否决了"。

创始团队认为,直播间里,退休人员既可以与主播交流,也能与其他学员聊天,解决了交流互动难题;偏教育的直播内容,可以让他们在兴趣爱好中成就自己。虽然都是直播形式,但不像秀场直播、电商直播,红松的直播更像一个线上老年大学,有计划性与延续性。比如,在直播间学习剪纸,退休人员可按照每周更新的课程表,把退休时间安排得满满当当。

2020 年 3 月,李乔带领团队推出针对退休群体的微信直播小程序——红松学习学堂。

创业初期,平台难以找到合适的主播,于是他发动团队成员打开局面。比如,产品经理讲数码课程,四川大学华西口腔医学博士、联合创始人何嘉为开设健康课程。

在直播过程中,不管是连麦还是抽奖等,团队将这些互动点进行产品化处理。李乔等的丰富互联网产品经验,使得产品在退休人群这个垂直领域脱颖而出,很快小程序实现月活用户过百万。

"主播和粉丝的黏度做得特别好,它的 App(功能)还是很强大的。"红松声乐主播徐融冰告诉《21CBR》记者,自己曾在其他老年类平台直播过,但产品经常出现卡顿。

"85后"的徐融冰之前在繁星等平台做直播,通过朋友推荐,于2021年1月正式进驻红松平台,通过一年左右的运营,现在已有约3万名粉丝。

前三个月,她在红松上的收入仅有上千元,直到第四个月,她通过不断与粉丝互动打开了局面,月收入达数万元。与秀场主播收入主要靠单个粉丝打赏不同,中老年群体直播用户的打赏金额不大,但用户参与度高。据李乔透露,直播间打赏率能达到20%。

对于有闲、能使用智能手机的老年群体而言,通过直播寻找到同好,进入直播后搭建的微信群,也能方便之后持续交流沟通。

"我们是第一家在微信直播里面做粉丝群的,区分(不同)用户进入到不同的粉丝群。"李乔称,红松通过各种微信群,将用户关系链聚合在一起。

徐融冰在平台直播了6个月,建立了20多个粉丝群。但面对不断涌入的新用户,不管是主播还是平台方,都疲于应对数量渐长的活跃粉丝。平台需要提供更为高效的工具去管理平台用户。

聚焦小站

"产品往后升级过程,是关系链在前,而互动在后,直播是一种互动的方式。"在李乔看来,现在红松的产品逻辑不是直播,而是"小站"。曾经仅直播的"主播",则变成了多面手的"站长"——提供直播、付费课程、站内聊天,甚至线下聚会主持等服务。

所谓小站,更像是一个超级大群,聚集一群同好,有直播、空间动态,也有不同主题的聊天群。通过丰富多样的形式,更好地满足用户的社交需求。

更为复杂的产品形态,很难通过小程序实现。在微信生态低成本跑通业务模型后,红松在2021年8月推出App产品,将用户导流到自己的平台。用户注册红松App后,形成的ID称为"学号",产品首页则是用户关注的小站,包括声乐、乐器、绘画等类型。比如徐融冰主要直播钢琴课程,就被归类在声学小站。截至目前,红松学堂有数千个垂直的小站。

小站留住用户,建立黏性更高的关系链,用户变现不只靠直播打赏,衍生出付费课程、线下游学等新变现模式。"在小站里面,大家会攀比着报课程。"徐融冰表示,付费课程推出后,会在群里同步课程消息,引导他们购买。

在李乔看来,当下获得中老年用户流量并不便宜,其广告价值则远低于年轻用户。基于小站沉淀的关系链,红松提供更多付费服务维持运作,而非靠广告盈利。以"游学"产品为例,旅游是退休群体重要的消费类型。站长发动站内同学去线下边旅游边学习交流,平台方则提供门票、酒店等一系列订购服务。正是有了站内关系链,红松所提供的是不同于携程等平台的非标准化产品。

面对有着上亿用户规模的庞大市场,红松渴望提供更多中老年群体个性化服务。

于2021年5月发布的第七次全国人口普查数据显示,目前我国60岁及以上人口有2.6亿人,占总人口的8.7%;老年人口质量不断提高,该群体中拥有高中及以上文化程度的有3669万人,比2010年增加了2085万人。

李乔认为,若加上旅游等,退休人群赛道将是一个万亿级市场。他坦言,行业仍处在发展初期,需要各家探索新的商业模式。

对红松而言，"拥有自己产品的供应链能力、服务能力，建立的是一个中老年社交服务平台"，李乔说。

资料来源：杨松.红松瞄准银发族.21世纪商业评论，2022(Z1)：88-89，引用时略有删节。

【案例思考与讨论】

1. 红松在当前业务范围内所实施战略的主要特征是什么？
2. 红松为什么会选择这样的战略？它可能给红松带来怎样的收益？
3. 如果你要在同样的行业领域内创建一家公司，你会选择什么样的战略？

7.1 业务层战略概述

7.1.1 业务层战略的概念

业务层战略(business-level strategy)是指在某一专门的产品市场上，公司用来开发核心竞争力以获得竞争优势的一系列相互整合、协调的约定和行动。[①] 不同于公司层战略，业务层战略聚焦于公司所经营的单个产品市场或业务范围，是关于公司如何在特定产品市场上开展竞争的一整套行动思路和行动选择，并且作为"战略"，这些选择都围绕着同一导向。

例如，一家公司可能同时经营智能手机生产和空调生产两种业务，那么，这家公司必须针对每种业务制定各自的业务层战略。以其中的智能手机业务为例，公司必须事先考虑确定为谁生产、如何生产以及如何竞争等问题。具体来说，公司所生产的手机主要面向哪些范围内的顾客？手机是主打性价比还是高品质，或是另外某种与众不同的能够吸引顾客的特征？与竞争对手的产品相比，本公司生产的手机具有哪些相对优势，有利于在局部或全局范围内赢得竞争？对于这些问题的回答和相应的设想及行动，就构成了该公司在智能手机业务方面的业务层战略具体内容。

非常重要的一点是，公司在考虑以上每一个问题时，都面临许多选择，而这些选择都是相互影响和关联的。举个反例，如果某一公司选择了生产高品质的高端产品，但又将目标顾客确定为低收入人群，那么这两个决策之间就产生了矛盾，最终的行动结果可想而知。因此，对于一家公司的一种业务或一种产品而言，把所有相关的行动选择整合起来，并让对应的决策都围绕同一个导向，才可能形成真正意义上的业务层"战略"。

专栏7-1：最失败的 iPhone 产品

在苹果公司诸多产品中，iPhone 5C 被称为是"最失败的 iPhone 产品之一"。这款发布于2013年的产品，试图开拓针对学生和收入相对较低的年轻顾客群体市场，因此一改

[①] 希特，爱尔兰，霍斯基森.战略管理：概念与案例：第12版[M].刘刚，梁晗，耿天成，等译.北京：中国人民大学出版社，2017：92.

iPhone 产品以往风格，机身外壳使用了成本更为低廉的聚碳酸酯也就是塑料材质，同时提供多彩配色的可选版本，并且在功能上去掉了当时作为 iPhone 技术强项的指纹识别。然而，令人困惑的是，该型号产品的价格却并不像人们此前预期的那样比同期推出的 iPhone 5 低许多，并且使用了与 iPhone 5 同样的分销渠道。产品发布之后，这款原本被苹果寄予厚望的机型，实际的顾客口碑很差，当时在消费者之间流传着一句话，"我想买 iPhone，但是贵的又买不起，只能买个 iPhone 5C 了。"最终，iPhone 5C 发布不到一个月就出现了 iPhone 系列产品有史以来最大幅度的降价，并且即便在降价后也鲜有人购买。

　　资料来源：根据苹果唯一失败的手机 iPhone 5C，https://baijiahao.baidu.com/s? id=1683535402607584065&wfr=spider&for=pc 等编写。

　　那么，对于一家公司而言，如何为其特定业务选择合适的总体导向？概括来说，就需要结合公司所处内外部环境的特征分析来确定了。本书第 3 章和第 4 章有关内外部战略环境分析的内容，可以帮助公司来开展这样的分析。

　　在为特定业务制定了专门的业务层战略之后，公司就可以根据战略来统筹、整合和分配企业资源，从而生产产品、创造价值并形成竞争力。这实际上已经涉及业务层战略执行的问题，我们会在本章对各类型业务层战略的讨论部分对此进行思路上的解释，并在本书第 9 章对其进行更加详细的探讨。

7.1.2　业务层战略的目的

　　波特指出，业务层战略的目的是要创造出区别于竞争对手的差异化定位，从而获得竞争优势。而根据希特的观点，差异化定位可以通过采取与众不同的行动，或是与众不同地采取行动来获取。

　　在现实中，采取与众不同的行动或是与众不同地采取行动有无数种可能的具体方式，相对来说，前者通常更加看重"独树一帜"的开创式活动，后者则通常以"别出心裁"为核心思路，旨在采取与竞争对手或同行企业不一样的行动方式。

　　例如，商业史上那些敢于做"第一个吃螃蟹的人"的公司，都是在采取与众不同的行动。在它们推出自己独树一帜的产品，或是进入鲜有人问津的市场的时候，它们就创造了与竞争对手截然不同的差异化定位。今天我们所熟知的许多明星企业，其中不少就是凭借这样"敢为天下先"的方式获取其早期的竞争优势来源的。

　　另外一种方式的例子或许更多。在竞争激烈的流媒体音乐平台行业中，QQ 音乐和网易云音乐就采用了非常不一样的经营思路。QQ 音乐主要依托母公司腾讯强大的营销推广渠道和海量的用户资源，同时通过获取更多独家音乐版权来扩张业务，而网易云音乐则将其战略重心放在打造创新性的音乐社交功能及定制化的海量歌单方面。尽管从事的业务基本相同，但两者的行动重心都是"与众不同"的。

　　如果从价值链视角来看，采取与众不同的行动可能意味着进入新的产业（新的价值链）或是选择与现有行业中大多数竞争对手不同的价值链环节组合，而与众不同地采取行动则可能意味着用创新的方式开展与竞争对手类似价值链环节的活动，或是以更有效的方式整合价值链环节。当然，我们只是用这种说法来帮助说明这两种思路，在实践中，它们之间的区别是相对的而不是绝对的。

7.2　业务层战略与顾客价值

7.2.1　顾客价值与顾客价值导向

成功的业务层战略带来有效的差异化定位，最终创造独特的顾客价值。成功的企业都深谙一个道理，企业良好持续的收益和回报本质上来源于对顾客需求的更好的满足。早在20世纪90年代，许多战略管理领域的研究就已经明确提出，创造卓越的顾客价值是确保公司成功的关键因素。[1] 而随着奉行这一策略的成功企业的日益增加，越来越多的人笃信，审慎考虑制定并执行业务层战略从而更好地满足某些顾客群的需求，由此创造更多的顾客价值，是公司在经营特定业务时要处理的首要问题。

对于特定公司来说，其某种产品或服务的顾客价值（customer value）是该产品或服务给顾客带来的价值感知，本质上代表的是该产品能够满足顾客需求的程度。涉及量化测度时，人们一般用货币来衡量顾客价值，简单来说，顾客愿意为某个产品支付多少价格，就代表了这个产品顾客价值的大小。在此基础上，顾客价值导向（customer value orientation）是企业以创造顾客价值为重心的业务经营或战略思维方式，指的是企业基于顾客特征分析不断更新改进自身的产品和服务，从而动态适应顾客不断变化的需求的业务经营发展导向。

当今数字化时代，顾客能够通过互联网信息渠道更为便捷及低成本地获取所需商品和市场相关信息，买方控制力大大增强。与此同时，数字技术也使企业能更有效地实施定制化和个性化生产，企业间竞争方式更加多元。在此背景下，单纯针对竞争对手动向的竞争者导向（competitor orientation）战略制定方式已经不能适应时代需求，企业需要从顾客价值角度重新考虑业务层战略的制定，对特定业务面向的顾客范围、顾客对于产品和服务的可能需求以及自身相应的资源和能力情况进行仔细评估，并将此作为业务层战略制定的最重要依据。

7.2.2　顾客价值导向下的业务层战略

以顾客价值为导向制定业务层战略，要求公司对目标顾客进行深入审慎的分析。这一任务包含三个相互关联的方面：第一，确定顾客范围，也就是公司的产品或服务打算提供给谁。第二，识别顾客需求，也就是公司的产品或服务应满足顾客哪些方面的需求，包括产品本身的品质和特征，也包括附着于产品的服务，例如增值服务、快捷性和便利性等。第三，公司打算如何利用或开发自身的资源和能力来执行价值创造战略，或者说开展业务经营，从而满足目标顾客的需求，这就涉及企业如何确立自身核心能力的问题（见图7-1）。

---

[1]　Salem K A. Customer value：A review of recent literature and an integrative configuration[J]. Management Decision，2004，42(5)：645-666.

图 7-1　顾客价值导向的三个方面

（1）确定顾客范围

由于资源和能力的局限，一家公司通常很难做到某个产品或某类业务的市场全覆盖，触及所有的潜在顾客，所以需要对目标顾客群进行明确定位。顾客范围的确定主要是通过市场细分来完成的，基本思路是根据事先设定的某些标准对整体市场中的潜在顾客进行分类，并从中选择一个或多个顾客群作为业务层战略的服务对象。

市场细分的标准有许多种，我们首先要了解的是，通常所说的"顾客"实际上包括购买并使用消费品的个人消费者，也包括购买中间产品或最终工业品的组织客户，针对这两大类顾客的市场细分标准不太一样，需要分别讨论。

对于消费者市场，胡利（Hooley）等①归纳了三个维度来囊括现实中常用的各种市场细分标准，分别是：①消费者基本特征维度，包括人口统计特征、消费者生命周期特征、性格和生活方式等心理因素特征。②消费者态度维度，包括消费者利益追求点、感知和偏好等。③消费者行为维度，包括购买行为、消费者行为、信息交流行为、对营销活动的反应、关系导向特征等。表 7-1 的上半部分展示了这三个维度及具体的细分变量。

对于组织客户市场，常用的细分标准包括客户所处产业分类、客户产品特征、地理区域或区位、组织规模等。表 7-1 的下半部分列举了这些细分标准。

这些归纳出来的市场细分维度和标准为公司提供了参考依据，公司可以从中选择或是自行寻找合适的细分标准对自己的产品市场进行细分并确定目标顾客范围。在此过程中，公司必须不断提醒自己的是，不管采用哪些标准进行市场细分，最终目的都是为了从整体市场中找到最适合自己的那些顾客。因此，有效的市场细分应该要做到：①找到最能够区分顾客特征的"重要"标准，"于关节处分割自然"；②划分出来的细分市场之间有较为明显的区别，这样才能战略性地从中选择目标市场并投入资源；③最终选择的目标市场或者说目标顾客群应该是能够找到有效方法进行需求分析和价值评估的，这是顾客导向下业务层战略制定的基本要求和前提条件。

值得一提的是，近些年来许多人在研究和实践中发现，以往许多常用的市场细分标准例如性别、年龄、收入等人口统计变量甚至性格、生活方式等心理因素虽然易于使用，但这些描述性的特征与消费者行为的关联有时候并不那么清晰。例如，同样是年轻消费者，对于手机的利益诉求可能很不一样。相比之下，态度和行为方面的细分变量尽管在数据上较难获取，

---

① 胡利，皮尔西，尼库洛，等.营销战略与竞争定位：第 6 版[M].楼尊，译.北京：中国人民大学出版社，2019：154-164.

但似乎更能有效区分顾客的需求差异。可能正是因为这个原因,很多企业开始更多地使用诸如消费者利益诉求、行为特征等因素来进行市场细分,很多时候还把消费者基本特征、态度和行为等方面的不同指标组合起来使用,以求更好地评估和挖掘顾客需求。

表 7-1　消费者市场与组织客户市场的常见细分标准①

	市场细分维度	具体细分变量
消费者市场	消费者基本特征	▪ 人口统计特征(性别、年龄、地域、民族、宗教、收入、职业、教育程度、社会阶层等) ▪ 消费者生命周期特征(单身、新婚、满巢、空巢等) ▪ 心理因素特征(性格、生活方式等)
	消费者态度维度	▪ 消费者所寻求的利益点(消费者对产品的利益诉求) ▪ 产品感知(消费者对产品特性的感知) ▪ 利益偏好(消费者看重的产品特征)
	消费者行为维度	▪ 购买行为(购买时机、品牌忠诚度等) ▪ 消费行为(使用方式、使用率、使用量等) ▪ 信息交流行为(信息发布行为、信息寻求行为) ▪ 对营销活动的反应(如价格敏感者、易受广告影响者等) ▪ 关系导向特征(希望与商家建立的关系类型和密切程度)
组织客户市场	产业分类	▪ 根据组织客户所在产业类型进行细分
	产品细分	▪ 根据组织客户所生产产品的技术差异或产品用途等进行细分
	地理细分	▪ 根据组织客户所处地域或是地理区位进行细分
	规模细分	▪ 根据组织客户的规模大小进行细分

(2)识别顾客需求

在确定主要顾客对象范围之后,公司紧接着的任务就是要识别这些顾客需要怎样的产品或服务,并使自身产品的特性能够与顾客利益点相匹配。如前所述,有些企业在进行市场细分时采用了顾客利益诉求和顾客偏好等指标,实际上已经是在开展顾客需求分析了。不过到了这个阶段,公司所要做的应该更加深入,要更有针对性地对选定的顾客群体进行市场调研和持续沟通,把顾客的现实或潜在需求落实到具体的产品和服务特征上。例如,"小天才"电话手表把目标顾客定位为 5～12 岁的儿童,针对其特点和需求强化了产品的独立通话、GPS 定位、家长守护等功能,并在便携性、外观和功能精简等方面进行专门设计,从而使产品特性和顾客需求有效地匹配起来。

当今时代,顾客需求日趋多面、多元,且不断地发生着变化。顾客在考虑购买某种产品时,很少只看重其单一方面的特征,而是会综合考虑外观、品质、价格以及附加服务等多方面带来的感受。例如,年轻消费者们在选择饮料时,不仅会考虑其口味,也会看重颜色、包装、是否健康等因素,还会关注附加功能、品牌形象、流行程度、销售渠道甚至购买该饮料给自己

① 根据胡利,皮尔西,尼库洛,等.营销战略与竞争定位:第 6 版[M].楼尊,译.北京:中国人民大学出版社,2019 和希特,爱尔兰,霍斯基森.战略管理:概念与案例:第 12 版[M].刘刚,梁晗,耿天成,等译.北京:中国人民大学,2017 中相关内容整理。

带来的群体参与感等,所有这些因素交织在一起,给消费者带来了关于该饮料产品的整体体验。同时,顾客对于产品的需求也因不断分化而变得越来越多元。例如,前文提到的儿童电话手表,尽管主要用户都是学龄期儿童,但有的看重通话功能,有的看重视讯功能,还有的偏好其社交功能。此外,顾客的这些需求偏好会比以往更快地发生变化,这就给企业在顾客持续沟通和顾客需求信息监测方面提出了更高的要求。

另外,很多成功企业的案例都告诉我们,识别顾客需求并不仅仅意味着被动地"收集"和"发现"顾客的现有需求。顾客对于自身的需求并不总是完全清楚的,例如,在触屏手机推出之前,恐怕没有顾客会想到未来的生活方式会被这种产品完全改变。因此,除了迎合现有需求外,企业还可以更为主动地去"捕捉"和"挖掘"顾客的潜在需求,这对于那些有心通过创新性业务层战略来创造卓越顾客价值的企业来说尤其重要。

互联网和数字技术的发展为企业识别顾客需求提供了前所未有的技术机遇。今天,很多公司能够利用自己开发或第三方所提供的大数据分析和人工智能等工具,精确地掌握和预判顾客需求,强有力地支持了自身顾客导向下业务层战略的制定和执行。在这方面,亚马逊、淘宝、微信和高德地图等都是个中翘楚。

(3)确立核心能力

在确定了所要服务的顾客的范围并明确自身产品/服务应满足的顾客需求之后,公司下一步就要前瞻性地考虑生产相应产品/服务所需的资源和能力,以支持相应的业务层战略。这个步骤仍然是战略层面而非执行层面上的,也就是说,公司需要在这个阶段制订有关资源和能力配置的战略计划,明确在接下来相当长的一段时间里重点要调用或开发哪些资源和能力,如何使之相互协调和有效整合,从而为有效满足顾客需求、创造顾客价值持续提供支持。

本书第4章详细讨论了核心能力的概念和特征,总体来说,核心能力是能够在相对较长的一段时期内为顾客创造独特价值的多种资源和能力的组合体,需要企业通过有计划的长期培育才能整合形成,是企业持续竞争优势的内部基础。因此,为了使特定业务或产品的未来经营能够创造顾客价值,从而让自己在与对手的竞争中脱颖而出,公司必须在一开始就要想好应该培育何种核心能力以及如何培育。例如,腾讯公司在开发微信这一社交软件时,就依托了早期同类型产品QQ所积累起来的海量信息双向沟通能力和信息技术的快速迭代开发能力,并在微信的发展过程中持续培育和发展这些核心能力,从而支持了微信的巨大成功。

核心能力对于业务层战略的支持并不局限于单一业务范围内,有时公司在开辟新业务时,也可以调用已有的核心能力来满足新的顾客需求。例如,著名的户外运动服饰品牌哥伦比亚在早年进军运动服饰领域时,很大程度上就是借助了最初的雨具产品研发和制造能力。

7.3 业务层战略的基本类型

7.3.1 业务层战略的分类

综合本章前面所述,业务层战略是为了形成差异化定位从而创造独特的顾客价值,以此为目的,现实中很多企业会根据自身资源能力以及所处环境的特征,开发制定出自己的业务层战略。本质上来说,这个世界上有多少家企业,就有多少种具体的业务层战略。然而,我们还是可以从中找到共性并归纳出一些"一般"的业务层战略类型。

迄今为止,比较有影响力的一种观点是根据"竞争优势来源"和"市场范围"两个维度的组合,对业务层战略进行类型划分。据此划分出来的四种基本业务层战略包括:成本领先战略、差异化战略、聚焦成本领先战略和聚焦差异化战略,如图 7-2 所示。公司可根据自身特定业务的内外部环境特征,选择其中一种基本的业务层战略并对之进行细化,从而形成相较于竞争对手的差异化定位。

竞争优势来源

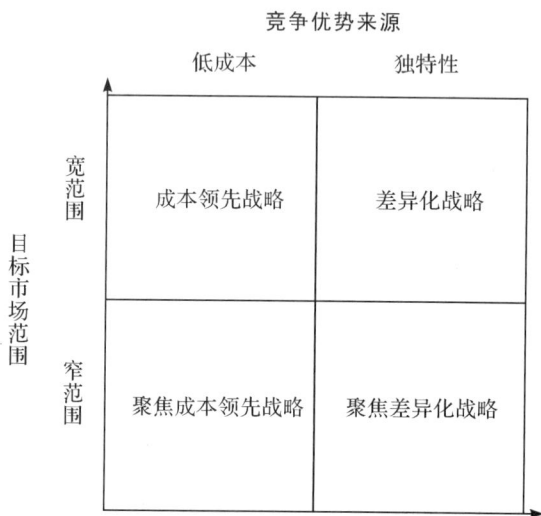

图 7-2　业务层战略的基本类型

具体进行选择时,公司需要根据自身情况,针对图中的两个维度进行审慎评估。

一方面是特定业务未来可能的竞争优势来源,也就是公司的产品/服务较之竞争对手的产品/服务主要存在何种优势,包括低成本和差异化两种倾向。选择以低成本为竞争优势来源,意味着公司在业务经营时要把战略重心放在"产品成本比绝大多数竞争对手更低"的思路上。而选择以差异化为竞争优势来源,则意味着公司需要专注于"创造与竞争对手截然不同的产品"这一经营思路,成本当然也很重要,但相对优先程度在创造差异化之后。

另一方面是要考虑目标市场的范围大小。本章在"确定顾客范围"部分提到过,为了更好地满足顾客需求,公司需要通过市场细分来框定特定业务所服务顾客的范围。对此,有些公司会选择较宽的市场范围来提供产品和服务,而有些公司会选择较窄的市场范围来进行深耕。前文所提及的"小天才"电话手表就是窄细分市场的典型例子,在众多同行企业选择面向所有可能的潜在顾客生产智能手表时,该公司则专门针对 5～12 岁的儿童群体提供产品和服务。

需要明确的是,这四种基本的业务层战略本身并无优劣之分,我们可以在现实中找到大量各自类型业务层战略的成功案例。其中的关键在于公司是否能够根据自己业务所处的内外部环境综合特征选择与之相匹配的业务层战略类型,并在战略执行时不断调整各方面的具体活动以保持这种匹配性。

除此之外,近年来实践中许多企业的业务层战略还体现出不同程度的整合特征,它们的产品/服务可能同时体现出一定程度的成本领先和差异化特征,同时所服务的细分市场也很难明确判断其宽窄。这些可称为成本领先—差异化整合战略的涌现和成功,在很大程度上挑战了传统战略分析的主流观点,是非常值得探究的现象。本章接下来的内容,将对以上每一种类型业务战略的价值创造原理、实施要点和潜在风险进行讨论。

7.3.2　成本领先战略

（1）成本领先战略的内涵

成本领先战略(cost leadership strategy)也称为低成本战略,是指公司通过采取一系列相互关联的行动,以低于竞争对手的成本,为顾客提供能够满足其需求的产品或服务,从而获得竞争优势。成本领先战略有以下三个特征:第一,实施这种战略的公司通常提供的是相对标准化的产品。因为标准化产品可以通过规模化的制造来降低平均成本,工业史上经典的福特 T 形车就是最好的案例。第二,成本领先战略的产品属性通常以能够满足市场上大部分目标顾客的需求为特征。奉行成本领先战略的公司不会将产品重心放在为少数顾客服务的定制化或是高度创新属性上,但至少要让产品对于大多数顾客来说是可接受的,有时候还有必要创造一定程度的产品差异性来满足目标顾客的需求。第三,虽然执行成本领先战略并不意味着公司必须使自己的产品或服务达到市场上最低的价格,但至少要使价格比大多数竞争对手更低,这也是成本领先战略创造"差异化定位"的本质要求。

实施成本领先战略的公司可能会有两种情况。一种是公司成为行业内绝对成本领先者,此时,公司产品通常拥有极高的市场占有率。例如,重型装备制造领域的振华重工,凭借高效率制造技术带来的成本领先优势,在全球港口机械市场中占据了 70% 以上的市场占有率。另一种是相对成本领先者,在这种情况下,公司具有相对于多数竞争对手明显的成本优势,同时对其产品进行竞争性差异化以更好地满足顾客需求并创造顾客价值。现实中这样的案例很多,典型的如小米公司,旗下主要产品均以较高性价比为主要特征,在低成本制造的大方向下,也通过密切的客户沟通和参与始终保持着一定程度的差异化特色。

（2）成本领先战略的价值创造原理

成本领先战略创造顾客价值的核心原理在于以更低的成本满足目标顾客的特定需求。从企业视角来看,成本领先的这种价值创造功能是通过帮助公司化解外部环境中的威胁或是利用外部机会来实现的。这里主要运用第 3 章中提及的波特五力模型来分析成本领先对于竞争威胁的缓解作用,从而说明成本领先战略的价值创造原理。

成功实施的成本领先战略有助于缓解直接的同行竞争威胁。处于成本领先地位的公司在产品或服务定价方面具有优势,能够获得高于市场平均水平的收益。同时,因为同样原因,竞争对手不敢轻易开展价格竞争,从而使得行业利润水平能够得到相对维持。

作为行业内在位企业,成本领先地位也构成了对于新进入者的进入壁垒,从而减轻进入威胁。无论在位企业的成本优势是来自规模经济、先发者优势、技术领先还是管理经验,新进入者都必须进行大量投资才能克服此种壁垒,与在位企业进行竞争。通常情况下,当在位企业成本领先优势特别明显时,新进入者除非拥有特别优越的资源,例如掌握了突破性的新技术,一般很难在短期内形成与在位企业势均力敌的成本竞争。

替代品威胁主要来自其价格和性能较之行业内现有产品对顾客更有吸引力时。例如,高铁在出现后由于其便捷、快速和相对低价的特点,就对航空业形成了较大的替代品威胁。在这种情况下,成本领先者可以通过低价策略来缓解替代品带来的威胁,从而在一段时期仍然获得正常或是高于正常的利润。可以明显看到,面对高铁等替代竞争时,廉价航空公司所受冲击是最小的,不少航空公司也因之而进行了低成本转型。

供应商可以通过提高供应品价格或是降低供应品质量对公司形成议价竞争威胁。成本领先企业在应对供应商涨价时具有较大的弹性空间,在一定程度上可以吸收供应品价格上涨带来的成本并仍然获取正常利润。如果公司的成本领先地位来源于规模经济,那么较大的采购量使得公司相对于供应商存在较高的议价权,直接减轻了供应商的议价威胁。

与上述原理类似,成本领先地位也有助于减轻买方威胁。当具有较高议价权的买方要求降低价格或是提高产品质量时,成本领先企业具有较大空间来承受降低价格带来的利润削减或是提高质量带来的成本上升。同样,如果公司的成本领先地位是建立在大量生产的基础上,那么公司作为买方的重要供应商就具有较高的议价能力。

(3)成本领先来源与战略实施要点

要想成功实施成本领先战略,首先要了解低成本源自哪里。公司的成本领先地位可能有多种来源,根据巴尼和赫斯特利(Hesterly)的总结,成本领先的来源主要包括规模经济、学习效应、特殊的低成本生产投入来源、与规模无关的技术优势以及公司的方针选择等。[①]公司可以根据自身情况,考虑从中着重选择并获取相应的成本优势。

规模经济(economies of scale)是指单位生产成本随着企业生产规模的增加而下降的现象,在几乎所有行业中都不同程度地存在。公司如果在某种产品或服务方面形成了较大的生产规模,且处于如图 7-3 所示靠近最优规模点的位置,而其竞争对手却由于资金或其他方面资源的限制而无法达到这样的生产规模,那么公司就获得了成本领先优势。在全球化时代,公司的国际化拓展有利于公司达到这样的规模经济状态,前文所述的振华重工正是最好的例子。此外,当今许多与互联网相关的行业中,规模经济效应也特别明显。

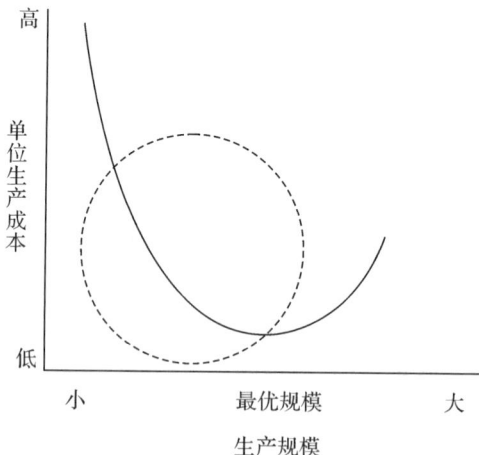

图 7-3　规模经济曲线

另一个常被用来解释成本领先来源的概念是学习曲线经济(learning-curve economies)(见图 7-4)。随着企业产品的生产量越来越多,技术和管理方面的经验日益累积,从而使得

① Barney J B,Hesterly W S. Strategic Management and Competitive Advantage:Concepts and Cases (5th edition)[M]. Harlow:Pearson,2015:124-132.

生产效率日益增加,成本逐渐降低。例如,格兰仕公司从1992年开始生产微波炉产品,至今30余年的生产经验使得这家公司在微波炉生产方面具有明显的成本领先地位,尽管行业内后起之秀层出不穷,但格兰仕微波炉一直占据着50％左右的市场份额。一般来说,技术要求越高、工艺流程越复杂的行业中,学习效应越为明显。不过,凭借学习曲线经济获得成本领先地位也具有局限性,一方面,对于进入成熟期行业的企业而言,学习效应带来的成本降低会逐渐趋缓,另一方面,当今许多行业中技术的快速革新部分抵消了单个企业"经验中学"的成本效应。

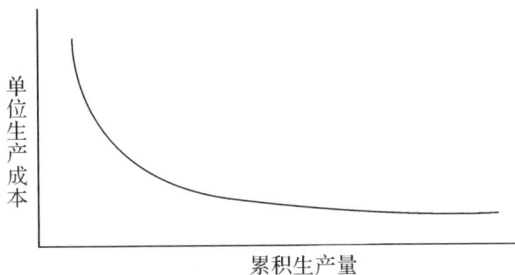

图 7-4　学习曲线经济

拥有某些特别的生产要素获取渠道也可能给公司带来成本领先优势。这里所说的生产要素可以是公司用于开展业务活动的任何投入品,包括原材料、劳动力、资本和土地等。与竞争对手相比,如果公司能够以更低成本获取其中一种或多种要素,那么就可能带来成本领先。这种要素渠道优势可能来自历史性原因,例如某些公司在合适的时机和地点首先创立起来,或是首先进入某个市场,就有可能因先发者优势而获取比后来者更低成本的要素来源。也可能来自资源禀赋,典型的如某些掌控了石油、煤炭、矿产等原材料低成本渠道的公司。在这方面,除了自然资源之外,人才资源对于很多公司而言也是至关重要的。例如,在著名的科技创业圣地美国硅谷,当地公司能够相对容易地获取技术人才资源,从而存在人才成本优势。

另一个成本领先优势的可能来源是与规模无关的技术优势。这里所说的技术,既包括机器设备、生产工艺和数字化工具等"硬"技术,也包括管理诀窍、组织文化、创新思维等"软"技术。就前者而言,拥有先进技术的公司能够大大提高其产品或服务的生产和提供效率,从而使自身具备相较于同等规模甚至规模更大的竞争对手的成本优势。而在管理诀窍和组织文化等方面具有过人之处的公司,则在协调和配置公司各方面资源和能力上存在优势,很多时候也能够带来成本节约的效果。众所周知,华为是一家在技术积累和技术创新方面存在明显专长的公司,但其在发展过程中形成的高效管理模式和独特组织文化,也极大地支持了其在多个业务领域内的成本领先地位。

在此基础上,对于试图占据成本领先地位的公司,确定低成本导向的总体方针是非常重要的。降低成本应该成为公司进行业务经营时的核心导向,与该业务领域相关的所有职能和所有活动,都应围绕这一导向来开展。

为此,根据波特的价值链模型,旨在实施成本领先战略的公司应当在各价值链环节活动上有所侧重。例如,在价值链基本活动方面,供应链管理环节可以侧重通过与供应商建立良好关系来保证供应品的准时保质获取;在生产运营环节可以着眼于规模经济效应,重点提高生产效率;在营销环节注重利用最节约成本的分销渠道,关注交付效率,并减少可能带来的高成本的广告投入，主要以性价比口碑来提升销售，售后服务以降低退货率为主要策略导向；等等。在价值链辅助活动方面，财务管理通常以低资产负债率为努力方向；人力资源管理方面，以提升员工工作效率为重点，尽量降低员工离职率；管理信息系统方面，则以引进或开发有助于提高生产和管理效率的系统为主要方向。此外，非常重要的一点是，所有价值链环节活动应该能够相互协调匹配，共同指向该业务成本领先的总体方针。

（4）成本领先战略的风险

成本领先战略存在潜在风险，主要包括过度专注成本、竞争者赶超和顾客需求变化。首先，许多宣称实施成本领先战略的公司可能会过度专注于降低成本而忽略了产品/服务应具有的基本顾客需求特征。在这种情况下，公司提供给市场的可能是"大路货"甚至"低质低价"的产品，在当今买方权力日益增长，顾客对产品品质要求日渐升级的背景下，这样的产品会被市场淘汰，从而使企业蒙受巨大损失。

其次，无论公司业务的低成本是来源于规模、经验、要素渠道还是技术，现有的成本领先地位都不可能是一劳永逸的，总是有大量的竞争对手试图通过模仿或创新来开展成本竞争。如果公司在此竞争过程中被赶超，就会失去其产品的成本领先地位。尤其在近年来技术变革不断提速的情况下，这类风险在现实中屡见不鲜。

最后，实施成本领先战略的公司还可能因为顾客对产品的需求总体发生转变而面临困境。例如，随着人们收入水平和生活方式的变化，近年来，"消费升级"的现象在许多领域受到关注。当目标顾客群对于产品/服务的总体需求从"价廉"更多地转向"物美"时，成本领先公司就必须考虑转变自身战略了。

7.3.3　差异化战略

（1）差异化战略的内涵

差异化战略（differentiation strategy）是指公司采取一系列整合行动，以顾客看重的差异化方式来生产及提供产品或服务的业务层战略。与成本领先战略不同，差异化战略所瞄准的顾客群是更重视产品/服务独特性而非看重低价格的人群，主要思路是通过满足顾客独特性需求来创造顾客价值。

实施差异化战略的公司所提供的是非标准化或是标准化程度较低的产品，其核心在于产品或服务的创新。因此，较之成本领先战略，差异化战略对于顾客需求分析和挖掘的要求更高。为了保证产品或服务对顾客具有吸引力，实施差异化战略的公司必须使自身产品或服务展现出足够的独特性和新颖性。例如，苹果公司生产的 iPhone 手机在操作系统和应用提供商生态方面都在行业内独树一帜，形成了自己的差异化地位。并且，为了保持产品对于顾客而言的差异化特征，实施该战略的公司必须持续地更新其产品，以免因顾客的"审美疲劳"或是竞争对手的模仿而失去特色，这也是为什么许多电子产品不断更新升级的原因。

（2）差异化战略的价值创造原理

差异化战略因满足顾客独特需求而创造价值。当顾客认为公司的差异化产品比其他同类产品更加"好用"或是"优秀"时，就愿意为此承担更多溢价。从竞争视角来看，差异化战略的价值创造原理同样可以从缓解五力威胁的角度加以阐述。

产品或服务的差异化能够大大减少了竞争者之间的同质竞争。实施差异化战略的公司会把焦点放在开发自己独特的产品上,因而在很大程度上可以减轻因产品同质化导致的激烈价格竞争。当然,同行业企业面对的是一个共同的潜在顾客群体,相互之间不可避免地还是会存在竞争,但差异化战略有利于提高公司的品牌忠诚度,从而减少自身与竞争者之间顾客群的交叠程度。品牌忠诚度还有利于降低顾客的价格敏感度,从而减少竞争者的价格竞争威胁。

产品差异化也能够帮助公司缓解新进入者威胁。新进入者如果要与已建立起较高产品差异化优势的企业开展竞争,不仅需要克服成本壁垒,更加需要进行巨大的投资来追赶在位企业的差异化优势。在过去的几十年历史中,可口可乐和百事可乐两大品牌不乏面临许多后来者的挑战,但迄今为止没有一例新的"可乐"产品真正成功,正是因为积累了百余年的品牌差异化优势,它们始终能够在与新进入者的短兵对接中胜出。

差异化战略对于替代品威胁的缓解作用,原理类似于竞争者威胁和新进入者威胁。当在位企业具有足够的差异化优势时,面对替代品的性能或是价格威胁,通常可以通过强调或增加其产品对于顾客的差异化特性,从而提高顾客的心理转换成本。

产品差异化可以减轻供应商带来的威胁。当供应商提高供应品价格时,成功实施差异化战略的公司可以凭借顾客较高的忠诚度和低价格敏感性,通过提高产品价格的方式将上涨的成本转嫁给顾客。

与之相对应,差异化战略也有助于减少买方议价威胁。提供高度差异化产品的公司在市场上处于"准垄断"的地位,因为顾客无法从其他竞争者那里买到同样的产品,从而买方议价权较低。在这种情况下,顾客对公司的要求主要体现在对于产品的独特需求方面,而这正是差异化战略实施公司业务经营的重点。

(3)差异化来源与战略实施要点

如前所述,差异化战略的关键在于满足顾客的独特需求。公司可以从很多方面来塑造产品或服务的差异化特征,例如特别的外观或风格、优越的品质和性能、及时到位的顾客服务、创新的技术特征、快速的更新升级、良好的品牌形象和声誉等。原则上说,几乎任何与产品乃至公司相关的因素都可以成为差异化的来源。相较于竞争对手的产品,实施差异化战略的公司必须使自己的产品在一个或多个方面更好地满足顾客需求。

波特在其《竞争优势》一书中对差异化战略进行阐述时,对产品差异化的可能来源进行了精辟的归纳,时至今日仍然是适用的。如表 7-2 所示,公司在实施产品差异化时,可以着眼于产品属性、顾客关系和企业内部或企业间关系三个方面进行考虑。

表 7-2　产品差异化的可能来源[①]

产品属性方面	顾客关系方面	企业内部或企业间关系方面
▪ 产品特色	▪ 产品定制化	▪ 企业内部职能间的联系
▪ 产品复杂性	▪ 顾客营销	▪ 与其他企业的联系
▪ 引入时机	▪ 产品声誉	▪ 产品组合

---

① Barney J B, Hesterly W S. Strategic Management and Competitive Advantage: Concepts and Cases (5th edition)[M]. Harlow: Pearson, 2015: 153-155.

续表

产品属性方面	顾客关系方面	企业内部或企业间关系方面
▪ 选址		▪ 分销渠道
		▪ 服务与支持

首先,实施差异化战略的公司可以从产品属性角度考虑,通过形成产品或服务本身特色来建立产品差异性。其中较为直接的思路,是对产品风格或性能特色进行打造。例如世界闻名的 Ovation 电箱吉他,采用了与众不同的葡萄孔设计;又如国内空调品牌领域中,格力空调以高品质和低能耗特色著称。提高产品复杂性也是从产品属性角度进行差异化的可行思路,如集成了多种功能的瑞士军刀,在消费者心目中就是独树一帜的产品。有时公司还可以在这方面反其道而行之,例如在复杂设计风盛行的时装服饰领域,日本品牌"三宅一生"以其极简的风格奠定了自身的独特地位。从产品属性角度开展差异化,还可以通过产品引入时机和地点来达成,前者如各种第一个进入特定市场的创新性产品,后者如专门开设在加油站的超市,或是坐落于某风景名胜地的旅游服务公司等。

专栏 7-2:数字技术助推顾客定制和产品差异化

浪潮集团有限公司基于工业互联网打造 JDM(joint design manufacture,联合设计开发)模式下的产业协同。JDM 模式是一种敏捷供应链的实现方式,是以客户需求为出发点对传统产业链的升级改造。传统的 IT 产业链,从芯片供应者、整机厂商、软件开发商到用户,价值传递是单向线性的,客户是产品价值的被动接受者。

JDM 模式将客户需求引入每一个产业环节,价值传递从单向线性关系变成多维协同、多向传递的关系,是符合智慧计算时代的产业模式。在这种模式下,客户可以获得更符合自己需求的产品方案,不同产业环节的厂商都可以更好地理解客户需求,提升产业效率。在 JDM 模式的帮助下,浪潮集团在互联网市场乃至全球服务器市场上进一步奠定了全球领先的产品技术优势,业务覆盖了 113 个国家和地区,8 个全球研发中心、6 个全球生产中心以及 2 个全球服务中心,在美国、欧洲、韩国、日本等区域市场增长十分迅速。

资料来源:摘自国资委 2021 年 3 月发布的《2020 年国有企业数字化转型 100 个典型案例》。

其次,产品差异化可以从开发企业与顾客间的关系来建立。面向顾客的定制化与个性化生产是其中典型的方式,例如许多专业的信息咨询公司会为客户专门提供定制化的管理信息系统和整体解决方案,对于其顾客来说,这些公司的服务就是独一无二的。公司的各种营销活动本质上也是从顾客关系角度出发营造产品差异性,例如,"怕上火喝王老吉"广告语的成功传播使得这款凉茶饮料建立了自身独特的市场定位。与此相关联,公司还可以通过树立某种品牌声誉来创造产品差异性。例如,传统老字号企业"五芳斋"近年来通过互联网推出了大量创意短视频,甚至其营销部门还创立了"五芳影业"工作室,专业化和系列化制作创意短片,在许多年轻消费者心目中形成了有别于其他传统食品公司的"有趣""潮"的品牌

形象。此外,今天许多公司也通过积极参与公益活动和展现社会责任感等方式来赢得顾客好感。

最后,公司可以通过建立企业内部职能间关联或是企业间关系的方式来营造差异化特色。有些公司能够将不同职能部门和不同专长的人员整合起来,从而更有效地促进产品或服务创新。有些公司通过与其他行业企业开展合作,为自身产品或品牌附着差异化特色。例如,许多运动服饰品牌对各大赛事的冠名,或是当前很流行的"跨界联名"产品等,将来自不同公司但技术或应用场景上有所关联的不同产品进行组合销售,也是这方面的思路之一。许多电信运营商门店内经常会销售其他品牌的手机,或是近年来在家居、药品、农产品等专业产品领域备受关注的"一站式"购物商场等。除此之外,公司还可以通过与特定分销渠道或是与特定服务供应商建立专门关联来塑造产品差异性。例如,国内的"租租车"平台与国内外许多汽车租赁公司建立了长期合作关系,消费者可以较为方便地通过该平台直接获取远在外地的汽车租赁相关服务。

参考上述差异化的可能来源,同时根据内外部环境特征选择产品差异化的着力点之后,公司就需要对自身资源和能力进行配置,确定业务经营活动的重点方向了。我们同样借用价值链工具来对此进行说明。

在价值链基本活动方面,实施差异化战略的公司应在供应链管理环节同样需与供应商保持良好的关系,但与成本领先战略不同的是,重点是要保证高质量的供应品获取。此外,除了原材料和中间产品供应之外,公司也应重视市场信息和顾客数据的采购,在数字化时代,这些供应品是挖掘顾客需求和开展产品创新的宝贵资源。生产运营环节的重点则在于生产出高品质的产品,同时,由于产品差异化与顾客独特需求密切相关,运营系统需要具备能够快速响应客户变化需求的灵活性特征。在营销环节,分销的重点是要做到准确及时的商品交付,同时特别要关注顾客关系投资,一方面有利于更有效地在顾客心目中建立产品差异化特色,另一方面也有利于通过顾客沟通和顾客参与获取顾客需求信息,用于产品的持续改进和创新。在促销和广告投入方面,应秉持塑造产品差异性为效果导向,通常不能过于吝啬。此外,高水准的顾客服务也是差异化战略下公司需要非常重视的方面,以此来保证及不断提升顾客满意度。在价值链辅助活动方面,财务管理策略需有效支持新技术研发和创新产品开发,以及各类有助于塑造差异化的营销活动,包括广告以及卓越顾客服务等方面的长期投资。在人力资源管理方面,则应以选、用、育、留高素质技术和管理人员为重心,以支持差异化战略的人才需求。在管理信息系统建设方面,与成本领先战略下以提高生产效率为中心的原则不同,差异化战略要求的是购买及开发能够高效支持及整合该战略下各项职能活动的系统,对于大数据分析、人工智能等功能模块的要求更高。

(4)差异化战略的风险

公司实施差异化战略面临的潜在风险主要包括顾客需求焦点转变、可感知差异化下降和竞争者模仿等方面。首先,差异化战略的适用前提是目标顾客群更为看重产品差异性而非低成本,但顾客的这种需求焦点并非一定是稳固不变的。顾客在进行购买决策时,始终会进行收益和成本之间的权衡。许多公司为了保持或提高产品差异化程度会进行越来越多的投入,从而导致产品价格不断上升,当其价格与竞争对手产品的价格差距过大,超出了某些顾客的价格敏感性阈值时,这些顾客很可能会流失。这种情况尤其可能发生在经济不景气的环境中,例如,我们可以看到,经济低迷时期很多精品酒店会因顾客流失而被迫打折或降价,面临很大的经营压力。

其次,顾客所感受到的产品差异化特征是建立在新颖性基础之上的。对于实施差异化战略的公司来说,面对顾客不断变化的需求,保持产品差异化程度如同逆水行舟,不进则退。再新颖的产品,也会在顾客的重复体验中变得令人习以为常,在这种情况下,如果公司不能有效捕捉顾客变化的需求并成功创造出新的差异化特征,顾客就不再愿意为之买单。例如,曾经风靡一时的手机游戏"旅行青蛙",由于在内容更新上后继乏力,很快淡出了人们的视野,"蛙儿子"流落天涯。

最后,产品差异化特征的另一感知基础是独特性,但成功的差异化产品总是会面临竞争者的模仿,此时顾客对该产品的独特性感知就会大打折扣。此外,差异化产品还经常遭受被仿冒的风险,无论顾客是否了解其买到的是不是赝品,都会对差异化产品的价值产生负面影响。

7.3.4 聚焦战略

(1)聚焦战略的内涵

聚焦战略(focus strategy)也称为集中战略,是指公司选择较窄范围的细分市场,针对其顾客需求提供特定产品或服务的战略。从本章业务层战略分类部分的内容可知,聚焦战略的主要区分维度是市场范围,当引入图 7-2 中另一个维度"竞争优势来源"时,聚焦战略可以进一步划分为聚焦成本领先战略和聚焦差异化战略。

"聚焦"意味着实施该种战略的公司会就特定业务选择"窄范围"的目标市场或者说顾客群体,这样的细分目标市场可以是基于人口特征划分出来的,如儿童顾客群体或老年人顾客群体;也可以根据地理区域划分,如中国北方农村或是沿海城市;或是根据产品供应链环节划分,例如汽车零部件环节;还可以根据某种专门需求来划分,例如厨师专用的刀具。不管采用怎样的细分方法,聚焦战略所面向的市场,一定是相对于该行业主流产品市场更小范围的市场。通常情况下,实施聚焦战略的公司会专注于这样的一个小范围的细分市场,或是以成本领先为导向,或是以差异化为思路开展业务经营,力图在该聚焦领域内形成超越广域市场内竞争对手的竞争力,从而获得超过行业平均水平的收益。

(2)聚焦战略的价值创造原理

总体来看,聚焦战略创造顾客价值的核心原理在于实施该种战略的公司能够在特定细分市场上较之其他竞争对手更好地满足其顾客需求。为此,公司必须以更具竞争力的方式来开展业务经营,这可以通过前面所说的在细分市场范围内谋求成本领先或是差异化经营来实现。而无论采用何种具体的经营导向,公司必须在该细分市场中占据准垄断地位(quasi-monopoly),才能从中创造并获取更高的顾客价值。

我们可以从外部竞争、资源、能力和专业性等角度来具体阐述聚焦战略的价值创造原理。首先,宽范围市场中通常会存在一些被人忽略的却又存在价值开发潜力的细分市场,这样的市场也被称为"利基市场"(niche)。有意采取聚焦战略的公司可以在仔细评估后选择进入利基市场,从而避开广域市场中的激烈竞争,尤其那些具有丰厚资源和强大竞争力的大公司。聚焦于大企业的"战略盲区"是许多成功企业的发家经验。

其次,聚焦战略一般更适用于初创企业或是中小企业,这些企业通常缺乏在宽范围市场上开展竞争所需的资源,将现有资源应用于小范围的细分市场,能起到"好钢用在刀刃上"的资源聚焦效果。同样原理,有些公司将自身业务聚焦于产品供应链的特定环节,例如,德国汽车制造行业中存在许多专门生产汽车零部件的"隐形冠军",在汽车零部件研发和生产方面,这些公司具有整车制造企业不具备的强大的专业能力和竞争优势。

最后,聚焦战略帮助许多公司以"深耕细作"的方式为细分市场内的目标顾客提供更好的产品和服务。例如,在激光唱片和数字音乐载体早已成为行业主流的背景下,捷克的 GZ Media 公司专门生产优质黑胶唱片,满足了一部分小众音乐发烧友的特殊需求。

（3）聚焦成本领先战略

聚焦成本领先战略(focused cost leadership)是指公司在特定窄范围细分市场上以成本领先为主要导向开展的业务层战略。成立于 1984 年的上海蜂花日用品有限公司,曾经是"70 后""80 后"的国民洗护发用品品牌,时过境迁后在当今已经是典型的小众产品,但该公司始终坚持"低价保质"的路线,在江浙沪地区中老年顾客群中维持着良好口碑,新近还借助"国潮"复兴之势吸引了不少年轻消费者的目光,可以看作是聚焦低成本战略的典型案例。

前面的内容已经阐明了市场聚焦创造顾客价值的基本原理。实施聚焦成本领先战略的公司在价值链环节活动要点和应对五种竞争力量威胁的特征方面与一般成本领先战略基本类似。不同之处在于此类战略的成本领先竞争优势主要限于其聚焦的细分市场范围之内,凭借这种优势,公司需要占据细分市场内较高的市场份额,从而获取价值收益。

（4）聚焦差异化战略

聚焦差异化战略(focused differentiation)是指公司在特定窄范围细分市场上以差异化为主要导向开展的业务层战略。较之聚焦成本领先,在聚焦市场上实施差异化战略的公司似乎更多一些,因为许多公司正是先发现了"利基市场"上为人所忽略的顾客独特需求才决定采用此类战略的。现实中人们常常把实施聚焦差异化战略公司所提供的产品通俗化地称为"小众产品"。前面提及的 GZ Media 黑胶唱片,音响设备行业中被称为"胆机"的电子管功放,汽车行业中某些高端轿车品牌,以及会员制的高档餐厅等,都是此类战略下的典型案例。需要注意的是,公司想要成功实施聚焦差异化战略,除了发现细分市场上独特的顾客需求之外,非常重要的一点是要评估这些小众顾客是否愿意且能够支付差异化产品的高水平溢价,确保从细分市场上获得的价值收益高于公司用于创新和产品定制化的较高成本。

（5）聚焦战略的风险

在聚焦性的细分市场范围内,公司采用成本领先战略和差异化战略会面临与一般化成本领先和差异化战略类似的风险。除此之外,实施聚焦战略还存在额外的潜在风险。

第一种风险可称为"失焦"的风险。聚焦战略最大的特点在于发现并掌握了一个细分市场领域的顾客需求,但竞争者很可能会凭借更为极致的成本领先或差异化手段对此市场进行渗透,甚至会在该细分市场内找到更窄范围的利基市场,此时公司就面临"失焦"的威胁,原本就为数不多的目标顾客逐渐流失,收益水平下降。

第二种风险是吸引竞争的风险。聚焦战略的成功实施会给公司带来良好的收益,与此同时也会吸引竞争者的关注。原本作为"战略盲区"和"遗忘之地"的利基市场,可能招致行业内外部竞争者的进入威胁,试图从中分一杯羹甚至全面抢占市场。如何巩固自身在细分市场上的成本领先或差异化优势,对于聚焦战略实施企业而言常常是一个难题。

第三种风险与顾客偏好改变有关。我们在成本领先战略和差异化战略部分内容中都提到过,顾客需求不是一成不变的,其偏好的重心会随着时间的推移而不断发生变化。一旦细分市场中顾客的"小众"需求逐渐消散,聚焦战略也就成了无本之木,无源之水。

7.4 整合式业务层战略

7.4.1 整合式业务层战略的特征

本章前面的内容基于波特经典的分类视角,把业务层战略根据两个维度的组合分成了四类。在竞争优势来源的维度上,波特特别提醒,一家公司在经营某种业务时要么以成本领先为导向,要么以差异化为导向,如果想要两者都兼顾,则会面临"陷入中间(stuck in the middle)"的窘境,成本不见得多低,产品差异性也体现不出来。然而,随着技术、市场和管理观念等方面环境的变化,这种观点被越来越多的实践现象证伪了。不少企业展现出产品总体成本较低,同时又存在相当程度差异化特征的现象。例如,华为公司所提供的运营商网络、云计算等商用产品,在成本和性能两方面都具有相当出色的表现。又如,宜家(Ikea)家居的业务层战略在过去常常被定义为成本领先战略,然而随着该公司在产品设计和特色服务方面的不断创新发展,许多人对此定义打上了问号。

总体来看,在业务层面上展现出这种战略特征的企业,通常具备三个特征:①能够对技术和其他外部环境的变化做出快速调整;②同时专注于两种竞争优势的开发,即成本领先和差异化;③在多个价值链环节活动中都兼具竞争力和柔性。今天,有些战略研究者主张把这种兼顾了成本领先和差异化的业务层战略称为整合式业务层战略(integrated strategy)。

7.4.2 整合式业务层战略的实施条件

整合式业务层战略之所以在近年来出现并被不少企业成功实施,其核心关键点是"柔性(flexibility)"的增强。在传统中,企业在生产和管理方面的柔性有限,公司要么通过规模化实现低成本,要么通过定制化创造差异性,两者很难兼顾。而随着技术和市场的变化,尤其是数字化技术、柔性制造系统和全面质量管理等的发展,这种情况就被完全改变了。例如,"尚品宅配"公司在大规模标准化和模块化配件生产基础上,为客户提供定制化的家居成品设计,从而实现了"大规模定制(mass customization)",兼顾了成本与差异性。在另外许多行业领域内,这样的案例如今也已不再鲜见。

公司实施整合式业务层战略所需的柔性可能来自三个方面。

第一是技术柔性,主要源自技术进步带来的生产自动化和智能化,例如,当前很多企业已经开发或引进了柔性制造系统(flexible manufacturing system,FMS),能够支持"多品种,小批量"的生产模式,同时应对客户的定制化需求。更为广义的"智能制造(intelligent manufacturing,IM)"概念则将更多智能化生产模式囊括在内,持续推进着企业技术柔性的发展。

第二,在管理层面上,技术进步尤其是数字技术的迅速发展支持了"精益生产(just in time,JIT)""全面质量管理(total quality management,TQM)""模块化生产(modular production,

MP)"等兼顾效率和质量的生产组织管理模式的涌现和发展,使得管理和技术相得益彰。除此之外,企业业务经营的柔性还与近年来创新管理实践和观念的发展有关。如前所述,传统视角下低成本和差异化两种战略倾向似乎天然存在冲突,如果企业选择差异化,那么必然要投入高于行业平均水平的成本,力图创造出"先进"的创新产品。然而,近年来基于许多成功企业案例的研究表明,这种观念未必在所有情况下都是正确的。在商学研究领域内,挑战性的理念和概念陆续被提出并得到了实践领域内较高程度的认可。其中,较为典型的如"朴素式创新(frugal innovation)"和"颠覆式创新(disruptive innovation)",这两种理念的共同点是都强调产品创新应以顾客实际需求为重心,尤其要避免不计成本地创造出许多看似"高大上"但对于顾客没有太大实际用途的"创新"产品,从而在一定程度上实现了企业创新管理时成本导向和差异化导向的调和。

第三,近年来企业在技术和管理层面上柔性的普遍增强还与市场环境和营销管理理念的演化有关。上面所说的技术和管理方面的变革主要是从企业本身角度出发的,而这些变化实际上都以市场环境和顾客需求的变化为前提。科特勒(Kotler)所提出的"顾客让渡价值(customer delivered value)"可以较好地概括说明当今市场与顾客需求的变化特征。这一概念指出,在较为成熟的商业环境中,顾客越来越重视商品的"性价比"。也就是说,越来越多的顾客会同时关注所购买商品的收益和成本,并且以获得两者之间尽可能大的差额作为购买决策的主要依据。顾客让渡价值概念提醒企业管理者们,传统观念下大部分顾客要么更关注价格,要么更关注品质的市场环境特征在今天已经发生了很大的改变,以顾客为导向的企业战略,也可据此进行调整。综上,市场环境和顾客总体特征的如是变化,与企业在技术和管理模式上的变革相互匹配,为企业实施整合式业务层战略提供了基础。

专栏 7-3:传音手机的朴素式创新

传音公司成立于 2006 年,是一家专业从事移动通信产品研发、生产、销售和服务的高新技术企业,2008 年提出以自有品牌聚焦非洲市场,创建了手机品牌 TECNO、Itel、Infinix 等,配件品牌 Oraimo,家电品牌 Syinix,以及售后品牌 Carlcare。至今,传音已在40 多个国家和地区设立办事处,在尼日利亚、埃塞俄比亚等国设立工厂,并在法国巴黎、中国上海和深圳拥有设计和研发团队,每年为非洲市场提供很多可负担、足够好的产品,并连续多年入选《非洲商业杂志》"最受非洲消费者喜爱的品牌"百强榜单,占据非洲市场第一的地位。截至 2018 年 1 月,传音非洲市场功能手机市场份额占比为 60.8%,智能手机市场份额占比为 39.2%。

探索阶段(2006—2010 年)

朴素式创新(frugal innovation)是指企业在资源约束情境下仍然能够提高效率,提供足以满足金字塔底部需求的"足够好"和负担得起的产品或服务的创新模式。在高度内外部资源约束情境下,传音通过朴素式创新成功进入非洲市场。从企业内部来看,传音在母国市场存在产品更新速度慢的劣势,在非洲东道国也因缺乏当地市场知识而不能快速、精准识别其独特需求;从企业外部来看,因售后服务差、语言过于丰富等造就的多样化市场需求环境,低效的营商环境,以及相对落后的基础设施,非洲市场在较长一段时间内被发达国家跨国企业所忽视。在这样的内外双重约束下,传音却用朴素式创新在非洲市场获得成功,例如,传音推出的双卡双待手机从功能和价格两方面满足消费者的使用便利性,并针对非洲气候炎热、电力基础设施短缺等普遍性问题推出防高温防汗防尘功能、手电筒功能以及超长待机电池,深受非洲消费者喜爱。TECNO品牌销量在2010年便跻身非洲手机市场前三名。

资源束缚下的传音决定提高设计敏捷性,用产品征服新市场。为了给设计敏捷性提供足够的资源支持,传音开始创造性地组合潜在资源。传音通过组织国际市场开发人员与本地员工组建市场调研小组,延展调研半径;成立单独售后服务品牌Carlcare,拓展标准化服务渠道,延长产品生命周期的同时获取更直接有效的反馈信息;与当地经销商、运营商展开合作,在非洲多个国家建立销售网络和信息获取渠道,扩展调研视角;联合国内与尼日利亚、肯尼亚的研发团队,构建合作研发网络等多种线下市场感知渠道。迅速发现当地消费者还有很多基本需求未能得到较好满足,如不同运营商之间相互通话费用高,非洲消费者倾向于办理多张SIM卡,却没有能力消费多部手机等,传音决定针对此需求开发双卡双待手机,通过合作研发迅速推出后,受到非洲消费者的喜爱和好评。

传音在较高程度的内外部资源约束情境下,充分利用现有资源创造性地组合本地市场信息,建立多条线下市场感知渠道,提高了市场需求识别速度和精确度;组织合作企业研发资源对非洲消费者未能得到满足的基本需求问题展开针对性设计,一方面快速帮助消费者解决产品使用过程中遇到的具体问题,延长产品生命周期,另一方面快速推出突破本地使用环境限制的本地化、低成本产品。综上,传音通过顾客导向型资源组合,创造性地组合潜在资源,为企业寻求新的可能,并以"线下渠道感知—企企合作研发—针对性设计"的设计敏捷性,促使企业提供价格可负担、功能满足基本需求的产品,实现了聚焦"可负担性""核心功能"的朴素式创新。

快速发展阶段(2011—2018年)

经过探索阶段,已占据一定市场的传音仍面临着高度外部资源约束,需持续升级朴素式创新。在企业内部,传音的运营模式是在母国生产后销往非洲市场,运输成本高,延误产品在非洲上市。在企业外部,一方面,竞争对手的运营成本因信息技术的快速发展而整体降低,传音却因母国劳力成本大幅提高而逐渐失去成本优势,另一方面,非洲市场消费者人均收入较低,购买力水平有限。在不断升级的资源束缚下,传音决定升级朴素式创新。例如,传音针对黑肤色人群美拍需求专门研发黑肤色美拍技术;针对非洲人热爱音乐的特点推出专业音乐App,以及可在低端功能机、安卓和苹果手机系统上兼容的即时聊天工具Palmchat等。截至2018年1月,传音非洲市场智能手机市场份额占比为39.2%,功能手机市场份额占比为60.8%。

一系列资源约束下的传音在进一步提升设计敏捷性基础上,着手构建制造敏捷性。一方面,建设跨平台信息系统实现供应链上不同企业的信息共享,保障信息准确、及时传递,通过这些更加便捷的感知渠道,传音迅速发现消费者还有很多核心需求未得到满足。如黑人兄弟也酷爱自拍,但是那时各大厂商的手机在自拍时通常以面部进行定位,不适用黑肤色,传音察觉到需求机会,迅速成立研发小组,很快将黑人美拍成为现实。同时,通客户服务中心允许并鼓励消费者对手机过外部造型、硬件设备以及软件配备提出建议，有效提升了消费者的参与度和体验感。另一方面，传音在埃塞俄比亚建厂，实现本地生产，快速将产品创意输送上市的同时，降低人工成本。为了能够给设计敏捷性、制造敏捷性提供足够的资源支持，传音充分利用现有资源。例如，建立专门的市场研究部门MICI，融入信息技术，调研方式与时俱进；充分利用企业资本、生产设备在目标市场本地建厂，借鉴成熟的管理经验和方法提升本地工人的生产水平，提高生产效率等。

传音在较高程度的外部资源约束情境下，重新组合和充分利用现有资源和易获取的潜在资源，引入专业线上线下调研资源和本地研发资源，建立专业的市场感知渠道和顾企合作研发模式，为企业带来更精确的市场偏好信息，实现模块化设计的结构基础，升级设计敏捷性。重新组合现有资源，在目标市场本地建立组装工厂，对低成本、易获得的本地劳动力进行专业培训，同时以制造敏捷性快速为消费者提供低成本、足够好、满足潜在核心需求的产品。传音通过机会导向型资源组合，进行资源重组和完善，充分利用已有机会，以"线上线下渠道感知—顾企合作研发—模块化设计"的设计敏捷性，和"模块化生产—零距离组装"的制造敏捷性，在快速、低成本的基础上更强调生产性能水平，实现了聚焦"可负担性""核心功能""性能水平"的朴素式创新。

资料来源：许晖，刘田田，张超敏."以少博多"：资源约束情境下CMNEs如何实现朴素式创新——双案例对比研究.研究与发展管理，2020(3)：136-151，引用时有少量删改。

7.4.3　整合式业务层战略的风险

公司就特定业务实施整合式业务层战略的核心风险，仍然是波特警告的"陷入中间"的风险。实施这种战略的企业，需要在成本导向和差异化导向之间维持微妙的平衡，这对技术柔性和管理柔性的要求非常高，对公司高层的战略管理能力也是很大的考验。如果公司不具备足够的能力，选择实施整合式业务层战略的结果就会是"高不成低不就"，这其实跟未能成功实施成本领先战略或是差异化战略企业的境况类似。不同之处在于，整合式业务层战略实施者可能面临成本领先战略和差异化战略固有的所有潜在风险。现有的一些研究表明，在大多数行业领域内，单纯采用成本领先战略或差异化战略的公司比采用整合式业务层战略的公司在公司业绩和财务绩效上通常更好一些。[①]

不过，从现实情况来看，随着数字化和全球化进程的不断深入，整合式业务层战略正在被越来越多的企业采用，尤其是在电子产品、家具、服饰、食品等许多顾客个性化需求较为旺盛的消费品领域，这一趋势更为明显。尽管争议仍然存在，但至少可以明确的是，在当今环境中，整合式业务层战略已经成为可供公司选择的又一种业务层战略基本类型。

①　以下两篇研究文献中有相关方面的描述：Thornhill S，White R E. Strategic purity：A multi-industry evaluation of pure vs. hybrid business strategies[J]. Strategic Management Journal，2007，28(5)：553-561；Khedmati M，et al. Business strategy and the cost of equity capital：An evaluation of pure versus hybrid business strategies[J]. Journal of Management Accounting Research，2019，31(2)：111-141.

◆【篇末案例】

吉利颠覆性创新跃迁路径

进入期(1997—2001年)

1997年,汽车产业"三大三小"一统天下的局面被打破,出现吉利等若干新进入者。最初,吉利通过"买壳"的方式获得准轿车生产资质,2001年改目录制为公告制度,真正获得轿车生产资格。吉利汽车从对所定位车型的市场需求量出发开始投资建厂,刚开始具备一年2.5万辆的生产能力,避免了一次投入几十亿或上百亿元的资金浪费。

吉利汽车最早的汽车团队共有7人,其中只有3人从事技术工作。第一辆"豪情"车身设计依靠最传统的图板铅笔方法,连完整的图纸都没有。在这样的背景下,1998年,吉利"豪情"汽车以2.39万元的指导价格成为国内最便宜的轿车,几乎是对手近1/3的价格,彻底打破了中国汽车高价格局,打造"老百姓买得起的车"。

吉利最初造车采用"模仿性"进入方式。吉利"豪情"和"美日"就是源自夏利轿车的溢出效应,约有2/3采用了夏利的零部件,因为夏利是中国最大的微轿生产基地。就人才溢出而言,吉利还聘用了很多国企工程师,不断夯实人才队伍建设。

这个阶段吉利将产品属性定位于经济实用,成本模式采取低端低价低利率模式,并基于低端高效率价值网络实现。主要体现在以下几个方面:①基于产业模块化和外溢效应,采用组装式生成模式(类似于OEM)。产品基本沿袭了夏利原有的内饰和底盘,外购丰田8A发动机,大量采用夏利汽车配件,利用成熟技术,极大地节约了研发成本。②构建低价高效的供应链配套体系。以"老板工程"和"父子配套"形式构建配套商网络,供应商对吉利极其忠诚,往往以远低于市场价的价格为吉利供货。20世纪末,台州汽车零部件工业已具有一定规模,台州生产的零部件价格约为进口产品价格的1/3~1/2。③民营企业机制优势。吉利构建了良好的激励机制和约束机制,以此杜绝回扣问题。④合理投入固定资产且采用国内设备,不断提升产量,规模效益逐渐凸显。

重点突破期(2002—2007年)

吉利在短期内迅速抢占低端市场,然后开始在价值网络上寻求新突破。由于核心部件外购始终不是核心竞争力且企业所受牵制较大,吉利开始进一步加大研发,在汽车发动机、变速箱等重要模块方面重点突破。同时,在全国进行布局,陆续在各地建立生产基地。

2002年,优利欧上市,价格7万元左右,配置达到中级轿车水平,表明吉利开始挑战10万元级别的中级轿车市场。随着2001年上海通用推出10万元赛欧轿车,2003年桑塔纳跌破10万元,吉利汽车开始与主流市场中的中低端轿车正面交锋,随后陆续推出美人豹和华普并对中端发起挑战。2005年,吉利向中低端较高价和较高利率模式升级。自由舰和华普系列价格攀升至5万~7万元,且占吉利汽车销量的35%,豪情系列则由50%降至29%。2006年,吉利金刚和远景系列相继推出,继续向中端延伸,豪情系列低端车型销量占比下降到10%。2007年在近20万辆的销量中,豪情、美日等低端车型总计不足2万辆。

吉利汽车销量虽然不断上升,但其外购的丰田8A发动机反而加价。同时,面对激烈的价格战,迫使民营整车制造企业对整车模块化设计集成技术及核心模块研发技术进行自主创新,而不是依靠"拿来主义"。首先,吉利对外购模块进行自主创新,对动力总成各模块进行自主研发,主要包括发动机、变速箱及电动助力转向系统。其次,通过国际合作大幅提升产品开发和架构设计能力,如与韩国大宇集团开展技术合作,与意大利马吉奥拉公司合资设计具有世界一流水平的家用轿车系列,与欧洲著名车身设计公司德国吕克合资开发新车型等。2004—2007年间,吉利共投资27亿元进行产品升级改造。2005年,临海新建的研发中心缩短新车研发时间高达90%。从自由舰开始,吉利质变性地走上科学化、计算机图纸化精细生产,促使吉利迈出与在位企业竞争的第一步。

此阶段,吉利突破技术性壁垒,产品完成向中端的挑战,并逐步向中低端较高价格较高利润率模式转变。但是,因为较高价格产品属性与主流中低端产品属性发生部分重叠,吉利开始侵入主流市场,与在位者通过价格战正面交锋,借助资本市场,快速扩大产品规模。另外,通过国际合作,实现技术研发的重点突破,完成模块化创新能力和价值网络升级,成功应对在位者反击,并进军本土主流企业市场。吉利于2005年首次进入国内汽车企业前10名,占据市场份额的4.8%,2007年销售量更是突破20万辆大关。

挑战期(2008—2013年)

在完成低端市场积累后,吉利开始在战略转型阶段发力,主动挑战在位者。2009年,帝豪的上市意味着吉利出击的开始,从而进入B级车市场。吉利不仅侵占了主流市场,而且还石破天惊地完成了对沃尔沃的收购,实现了"蛇吞象"的壮举。

2008年,远景、金刚、自由舰新三样已占总销量的76%,吉利开始逐步淘汰老三样汽车(豪情、美日和优立欧,三者总销量占比只有5%,2009年停产),并引入多品牌战略,即定位于小型车的全球鹰品牌及较大型车的上海英伦和帝豪两个品牌。2009年,帝豪上市,正式进军B级车市场,到2013年已经代替新三样成为主力车型,占总销量的35%,而远景、金刚、自由舰只占总销量的22%,平均出厂销售价格提升至每台50646元,相比2008年有大幅提升。这表明,吉利产品沿着更陡的升级曲线继续向主流市场进攻,完成产品第二次升级。2013年出口量已近12万台,形成了一定的国际化生产和销售能力。

在此阶段,帝豪系列成为挑战主流市场最成功的产品。后续经过不断升级,该产品成为吉利的"常青树",到2018年累计销售超过200万台,一直处于轿车销售榜的前10位,且是其中唯一的国产车型。该车型的成功充分说明,吉利在该阶段具备了基于模块化的整车设计研发能力。这个时期吉利还实行了基于平台战略的多品牌战略,构建了5大技术平台、15大产品平台且衍生出42款新产品技术研发体系,通过打造品牌进行产品快速升级。然而,品牌打造非一日之功,需经过长期积累和沉淀,从后期对三品牌的重新整合看,此次品牌战略只是一次尝试,因此本阶段类似于ODM。

收购沃尔沃对吉利技术创新能力提升产生了长远的效应。2012年,吉利与沃尔沃签署谅解备忘录进行技术转让,并在绿色环保系列发动机、小型车平台及电动车动力总成系统技术领域合作开发战略专案。2013年9月,吉利在瑞典哥德堡成立研发中心(CEVT),致力于为未来C级轿车开发新一代模块化架构及相关部件,由此成为吉利整合沃尔沃汽车尖端技术资源的开端。同时,吉利还在不同地点设立了数个研发中心,包括上海研发中心(专注于新能源绿色和清洁燃料、混合动力和电能以及经典车型设计及开发)及宁波研发中心(主攻动力系统开发研究),于2009年新建吉利杭州技术研发中心,进一步增强了研发能力。

2008年,吉利重组汽车零部件供应商,包括引入一套全新的供应商评估及管理系统,淘汰不符合吉利品质要求的供应商并建立吉利核心供应商群。除保用索偿数量及产品损坏率作为评估指标外,新增顾客满意度指标。与此同时吉利又引入 69 家新供应商,其中有 37 家位居国际前列。逐步建立战略同盟,获得稳定低价供货,进军国际市场,打造一定的国际竞争力。比如,在帝豪车系列中,参加合作的零部件供应商包括法雷奥车灯、美国李尔座椅、博世最先进版本的 ABS+EBD、德国西门子的组合仪表、美国天纳克的消声器、意大利科博莱的倒车雷达、瑞典奥托立夫的安全气囊、荷兰英纳法的天窗等。

2012 年,吉利第一次跻身于财富世界五百强企业榜单,成功实现了对在位者的挑战。产品属性与主流产品属性排序相融合,通过两次国际并购完成了向中端较高价格较高利润模式的转变,价值区间已经上升到 20 万元。

颠覆期(2014 年至今)

吉利 2014 年较 2013 年汽车总销量下降了 16.8%,市场占有率从 4.9% 下降为 3.4%。2015 年虽然销量增加,但是 SUV 没有竞争力车型推出,所以整体市场占有率下降到 3.3%。这两年销量徘徊主要是因为 2014 年吉利着手对其销售及分销系统进行大规模重组,将先前三个产品品牌在两年内逐步整合为一个单一品牌——吉利,并提出"造每个人的精品车"的品牌战略,开始打造新品牌。

从 2015 年开始,吉利整合沃尔沃的推力不断释放,助力吉利完成产品又一次升级。2015 年,吉利利用 CEVT 及沃尔沃汽车的新能源汽车领先技术,加快投放新能源汽车产品,由纯电动汽车(EV)逐渐转至插电式混合动力电动汽车及汽油混合动力电动汽车(HEV),同年推出首款新能源汽车帝豪 EV,实施"蓝色吉利"行动。借助沃尔沃升级平台,推出博瑞,开始进攻 B 级中型车市场,并荣获 2016 中国年度车殊荣。2016,推出博越和远景 SUV,使得 SUV 增长近两倍。同时,完成品牌整合,销量较 2014 大涨近 85%,平均出厂价格也从 2014 年的 51536 元上升到 2016 年的 68993 元,完成产品第三次升级,吉利迈进"精品车 3.0 时代"。2018 年吉利销量达到 150 万辆,是 2014 年的近 4 倍,蝉联自主车冠军,位居车企总销量第四,正式进入在位者行列。

吉利投巨资 110 亿美元在沃尔沃搭建了全新的 SPA 模块化架构和 VEA 平台,并投资 200 亿元历时三年打造了全新的 CMA 模块化架构。另外,还打造了领克(LYNK & CO)品牌,并于 2017 年 8 月成立"宁波时空方程技术有限公司",整合吉利和沃尔沃所有存量核心技术,专门负责下一代新技术研发和零部件联合采购。经过近八年漫长的融合,吉利最终完成对沃尔沃技术资源的整合。2017 年,后领克系列的陆续推出,标志着吉利中高端国际化品牌产品的诞生。其中,2017 年,领克 01 在德国柏林发布,2018 年 3 月,领克 02 在荷兰阿姆斯特丹首发,2018 年 10 月,领克 03 在日本富士国际赛道正式上市,2020 年 3 月,领克 05 发布,标志着吉利向全球化迈进。基于 CMA 架构,吉利打造了 BMA 架构,并基于此陆续推出缤瑞和缤越系列。同时,2017 年全面启用吉利汽车(杭州湾)研发中心,将其打造成为吉利汽车研究院总部和研发大本营。研发中心汲取全球资源和技术,打造国际一流标准,并推出首个技术品牌 INTEC。

随着对沃尔沃的整合,吉利价值网络得以实现全球化拓展,最直接的体现就是实现了对沃尔沃、领克、吉利三个品牌零部件的联合采购,吉利因此能够以低成本获取全球中高端供应商资源,从而全面提升价值网络质量和管理水平。在与沃尔沃融合推动下,吉利进一步展开全球性布局和全球资源整合,价值网络同步在全球扩张。2015 年 3 月,吉利宣布投资 2.5

亿英镑,为伦敦出租车公司建设一座高技术、现代化的全新工厂,用于生产下一代具有零排放能力的伦敦出租车。2015 年 7 月,吉利与碳循环国际公司在冰岛签约,投资 4550 万美元,成为其重要股东并派驻董事会成员。2017 年 6 月,吉利收购马来西亚 DRB-HICOM 集团旗下宝腾汽车(PROTON)49.9%的股份以及豪华跑车品牌路特斯(LOTUS)51%的股份。2017 年 11 月,吉利完成对美国 Terrafugia 飞行汽车公司的收购。2017 年 12 月,吉利从欧洲基金公司(Cevian Capital)手中购得沃尔沃集团(AB Volvo)8.2%的股份,从而成为沃尔沃第一大持股股东。2018 年 2 月,吉利耗资约 90 亿美元收购全球著名的戴姆勒股份公司9.69%的股份,继 2010 年收购沃尔沃后,吉利又一次创下中国汽车产业海外收购最大标的。通过一连串的密集性国际收购,吉利完成了全球化价值网络布局和升级。

资料来源:张枢盛,陈劲,杨佳琪.基于模块化与价值网络的颠覆性创新跃迁路径——吉利汽车案例研究.科技进步与对策,2021(4):1-10,引用时有删改。

◆【案例思考与讨论】

1.吉利汽车从起步至今,业务层战略发生了怎样的变化?

2.你认为当前吉利汽车的业务层战略可以归类为哪种战略?

3.你觉得哪些因素实际导致了吉利汽车业务层战略的变化?

4.基于以上案例,你认为影响一家公司业务层战略演化的原因主要有哪些方面?

◆【本章复习题】

1.什么是业务层战略?业务层战略的主要目的是什么?

2.业务层战略包括哪些基本类型?其各自特征是什么?

3.什么是成本领先战略?成本领先战略如何创造价值?

4.公司实施成本领先战略需要注意哪些要点?其潜在风险有哪些?

5.什么是差异化战略?差异化战略如何创造价值?

6.公司实施差异化战略需要注意哪些要点?其潜在风险有哪些?

7.什么是聚焦战略?聚焦战略如何创造价值?其潜在风险有哪些?

8.什么是整合式业务层战略?整合式业务层战略的适用条件有哪些?其潜在风险又有哪些?

8 合作与生态战略

合作是企业获取竞争优势的重要战略途径。合作与竞争通常是并存的，且在持续互动中演化发展。之前的公司层战略和业务层战略等介绍的主要是企业的竞争战略，本章将阐述企业合作战略内涵与模式，并介绍合作战略的主要形式——战略联盟。作为合作关系演化发展的新阶段，生态战略是近些年兴起的一种战略思维，越来越多的企业采用生态战略来拓展业务与经营范围，逐步建立起包含多种合作伙伴的生态圈，并形成了生态竞争优势，如小米、阿里巴巴等。本章将阐述商业生态系统的内涵与演化过程、生态战略的内涵及生态战略实施过程。

■■■【开篇案例】

沃尔玛和京东结盟，零售行业酝酿巨变

2016年6月21日凌晨，来自京东和沃尔玛的消息几乎同时到达：京东和沃尔玛宣布达成深度战略合作。京东以5%的股份换取沃尔玛旗下电商平台1号店的大部分资产，双方还将在供应链端展开紧密合作，并将在线上线下融合、物流配送等方面展开全面合作。

5%的占股比例使沃尔玛立即跻身于京东排名靠前的大股东之列。自从2015年夏天阿里和苏宁联姻，京东的日子就过得不太顺心。在阿里的庇护下，苏宁很努力地扮演着马前卒的角色，每每高调向京东叫板，在"双11""6·18"之类的重要促销季更是直接跑到京东的家门口叫阵。如今，京东转身和世界上最大的零售商结盟，在气势上已然高出一筹。业内人士指出，京沃未来若能很好地融合，双方的战略深度合作有望产生巨大效应。

线上线下巨头闪电结盟

京东和沃尔玛同时宣布，双方于2016年6月20日达成一系列深度战略合作，通过整合双方在电商和零售领域的巨大优势，为中国消费者提供更优质的商品和服务。双方的合作协议将涉及广泛的业务领域，并覆盖线上线下零售市场。

作为此次协议的一部分，沃尔玛将获得京东新发行的1.4亿余股A类普通股，约为京东发行总股本数的5%。同时各方将在以下多个战略领域进行合作：京东将拥有1号商城主要资产，包括"1号店"的品牌、网站、App；沃尔玛将继续经营1号店自营业务，并入驻1号商城；沃尔玛将借助其全球供应链优势向消费者提供更加丰富的商品；"1号店"将继续保持其品牌名称和市场定位，并且京东和沃尔玛将携手支持"1号店"不断加强其品牌影响力和业务增长。

山姆会员商店将在京东平台上开设官方旗舰店，山姆会员商店将使用京东的仓配一体化物流服务，从而能够在中国更大范围地推广其高品质进口商品，并为其顾客提供全中国最高效的商品配送服务。

京东和沃尔玛将在供应链端展开合作，为中国消费者提供更丰富的产品选择，包括扩大进口产品的丰富度。沃尔玛在中国的实体门店将接入京东集团投资的中国最大的众包物流平台"达达"和O2O电商平台"京东到家"，并成为其重要合作伙伴。通过线上线下融合，包

括吸引更多线上客流到沃尔玛实体门店,以及为"京东到家"的用户提供沃尔玛实体门店极为丰富的生鲜商品选择,为更广泛的用户群体提供 2 小时超市生鲜配送到家的服务。

1 号店有多大价值

沃尔玛旗下的 1 号店是京东和沃尔玛合作协议中的第一项内容。根据协议,京东将拥有 1 号店包括品牌、网站、App 在内的大部分资产,但 1 号店自营的部分将仍旧由沃尔玛负责运营。也就是说,未来京东只负责 1 号店第三方平台 1 号商城的运营,而 1 号店最核心的自营部分的运营权依然掌握在沃尔玛手中。

对此,有业内人士认为,1 号店本身对京东所起的作用非常有限。1 号店本身没有多少价值,无论是经营的品类还是区域局限性都太大了,优势不多,却亏损不断,对于非常关注盈利的沃尔玛而言,现在是必须卖出 1 号店的时候了。

现在京东并不参与 1 号店的所有经营,对扭转 1 号店的颓势所起的作用本来就不大。此外,相对于京东庞大的交易额,1 号店的营业收入和交易额对京东的整体经营也产生不了多少影响。因此,京东没必要花大代价用股权换 1 号店。凡是京东和阿里收购的网站,到目前为止还没有一个能够以既有品牌存活得很好的案例,这次京东换购 1 号店也一样,实质上,1 号店就是沃尔玛搭售给京东的不良资产。

重点是双方深度合作

京东最主要的目的是和沃尔玛在物流、供应链以及金融、信息等方面的深度合作。刘强东曾透露,2011 年 5 月沃尔玛收购平安手中的 1 号店 20％股份前,其实也曾与京东进行过谈判,历时半年多,估值等已经谈妥,唯一无法达成一致的条款是沃尔玛要求最终控股京东商城,直到全盘收购。刘强东当年的坚持使京东得以在他的掌控下飞速壮大。如今,沃尔玛用 1 号店和全方位的合作换得京东 5％的股权,成为京东的股东之一。刘强东也想通过这种深度合作使京东从沃尔玛得到更多。

京东业务结构单一,很难和品类丰富的对手抗衡。沃尔玛经营品类丰富,供应链优势明显,拥有强大的全球采购资源,这些都可以弥补京东的短板。京东有巨大的物流潜能需要释放,而沃尔玛的 O2O 业务也非常需要强大的物流支持。沃尔玛的强项在 B 端,京东的强项在 C 端,双方合作是非常好的选择。通过和沃尔玛合作,京东获得了沃尔玛的强大供应链优势,沃尔玛也有望在电子商务方面依托京东,从而补齐自己在中国市场的短板。

京东和沃尔玛合作最重要的部分是金融和信息。沃尔玛已不仅仅是零售公司,更是金融和信息公司。沃尔玛拥有在 28 个国家 63 个品牌下的 11527 家门店,其中在中国开设了 400 多家门店,客流巨大。沃尔玛早已开始建立自己的客流数据分析体系,成立了专业的数据公司对各种客户数据进行研究,单在美国本土,沃尔玛就详尽拥有将近 1.45 亿美国客户数据,大约是美国成年人的 60％数据。与此同时,沃尔玛强大的供应链优势也为其供应链金融带来了巨大机会。这些都有可能在未来和京东的战略融合过程中产生更大的效益。

资料来源:张涛.沃尔玛京东结盟零售行业酝酿巨变.中国商界,2016(7):78-79,引用时稍有修改。

■■■【案例思考与讨论】

1. 京东与沃尔玛是以什么样的方式开展合作的?

2. 促进京东与沃尔玛合作的因素有哪些?

3. 通过合作能够给双方带来哪些好处?

8.1　合作战略

8.1.1　竞争与合作

自 1776 年斯密(Smith)的《国富论》出版以来,西方经济学与管理学理论都以"竞争"为主线。例如,波特的五力模型,此模型的前提是组织经济学的竞争性假设,它强调了竞争而忽视了合作。从五力模型来看,企业如果观察周围环境,发现上下游企业、替代品企业及潜在进入者都是竞争者,并以此来制定竞争战略,其结果就是整个产业中的每个企业都将注意力放在竞争上,这将导致整个产业陷入红海之中,而不是产业的共同发展。抢夺市场份额以获取最大利益成为企业生存法则,商场如战场的理念让企业之间陷入了价格战的恶性循环,这种过度竞争不仅导致竞争者两败俱伤,也造成了企业与社会资源的浪费。

在实践方面,可以回顾一下我国彩电行业的发展历程。我国彩电行业在 20 世纪 90 年代经历过辉煌时期,然而,在长达数年的激烈的价格战之后,整个行业陷入了衰退。由于长期的价格战,整个行业都没有利润可赚。当彩电从模拟制式转型为数字制式时,各企业也没有足够的资金用于研发新技术,等到发达国家以数字技术取代模拟技术之后,我国彩电业由于没有掌握先进技术,在新的技术轨道上再次成了跟随者,未能抢占发展先机。这个案例说明了固守竞争思维、缺乏合作理念的弊端。

1994 年之后,美国战略管理学者安文尼(Annemi)等识别出企业间的竞争呈现动态性、互动性等新特点,为竞合(即竞争性合作)战略学说的形成奠定了基础。哈佛大学商学院教授布兰登勃格(Brandenburger)和耶鲁大学管理学教授内勒巴夫(Nalebuff)在 1996 年提出了合作竞争的理念,他们认为竞合理念是网络经济时代企业价值创造和获取的新思维。竞合理念克服了传统战略思维过分强调竞争的弊端,强调了合作的重要性。同时他们指出,企业间的竞争与合作关系取决于它们所处的市场阶段。在市场创建阶段,企业间的关系表现为合作关系,而在市场分配阶段,企业间的关系则表现为竞争关系,两者是可以相互转化的。这一概念将竞合行为的研究范畴从企业与竞争对手间的竞合扩展到企业与供应商、互补企业、顾客等多主体间的竞合关系。同时,学者们对于企业竞合行为的本质有了更加深入的认识,如美国学者奥佛尔(Afuah)将企业的合作竞争者视为组织创新、互补性产品、核心资源学习等的关键来源。[①]

事实上,商场如"战场"具有两层含义,一层含义为竞争,另一层含义是合作。战场上的对手在不同时间或情境下可能会成为合作伙伴。事物是在不断变化的,企业与各相关方的关系也在互动中发展,有时表现为竞争,有时表现为合作,有时可能是竞争与合作并重,竞争对手间既存在利益分割的矛盾,也有做大蛋糕、共创市场与价值的互惠可能。

数字化时代数字经济、共享经济及社群经济等新模式、新业态的特点决定了企业间的竞争与合作无法完全孤立分开。企业间的竞争与合作可能在不同时期会发生转换,即在一个

---

① Afuah A. How much do your co-opetitors' capabilities matter in the face of technological change? [J]. Strategic Management Journal,2000,21(3):387-404.

时期可能表现为合作,而在另一个时期就可能表现为竞争。数字化时代,开放是大趋势,合作多于竞争,基于数字化的竞合关系更易于把两个甚至多个企业的内在优势更好地整合起来,形成行业的核心竞争优势。

8.1.2 合作战略的内涵

合作战略是一种通过多家企业间的合作来促进多方共赢并实现共同目标的战略。通过采用合作战略,合作各方能够更好地为用户创造价值,进而获得竞争优势或价值增值。例如,IBM 通过与 Sun 公司的合作为消费者提供了更好的服务器技术,让 IBM 在与惠普的全球服务器竞争中占据有利位置。

合作共赢是企业间开展合作的重要目的。合作一般也不会以完全牺牲一方的利益而开展,这样的合作也不会持久,因此,合作共赢是一个重要选项。在任何市场环境中,合作共赢都具有一定的必要性,尤其是在寡头或垄断市场中,寡头垄断企业具有较强的竞争力,寡头企业之间的恶性竞争往往会对双方都产生严重的消耗,所谓"两虎相争,必有一伤",这种竞争也不利于企业的健康发展,即使消灭了竞争对手,只要行业有吸引力,就会有新进入者,新进入者可能比原竞争对手具有更强的创新力与竞争力,企业可能会面临更为激烈的竞争态势。如果企业能够转变思路,采取"强强联合"的举措,往往会产生"1+1>2"的效果,更有可能找到互惠发展的机会,如通过共创市场与价值、共同维护市场秩序及争取更多的社会资源等方式实现共同发展与价值增值。

企业间的合作能够规避风险。价格战、恶性资源争夺、侵权等不良竞争行为能够给行业内的企业带来严重损害。为此,企业间可以通过采取风险规避型的合作来抵御可能出现的风险或解决共同面临的问题。这种风险规避型的合作模式通常存在于同行业内的企业之间,如为了应对行业内产生价格战的价格同盟,为了应对国外反倾销惩罚而结成的应诉同盟等。此外,有的企业为了降低经营风险,会将一些非核心业务外包给其他更具优势的企业,进而更加专注自身的核心竞争优势。在进入新业务领域或全球化扩张进程中,企业可能通过并购其他领域或国外本土企业来实现经营风险最小化。由于行业内的企业合作是针对特定时期的特定问题的,像行业协会、产业联盟这样的合作形式也是非强制性的,并购的企业也可能会因业绩、文化等原因而再次重组,这种分分合合的过程就是动态竞合过程,这样的合作具有动态协同的特点。

不同企业的资源或能力具有互补性是能够开展合作的前提。当单个企业的资源或能力不足以支撑实现创新或经营目标时,企业会寻求能够弥补其不足的合作伙伴的帮助。这种合作模式主要有以下几种。

一是企业与产业链上下游(如供应商、顾客等)的资源整合与互补,供应商需要具备提供相应要求零部件的能力,才能保证企业提供满足顾客需求的产品与服务;企业的产品与服务若要实现使用价值,需要顾客掌握相应的使用技巧或技能。因此,企业与供应商、顾客等通过合作实现资源与能力的互补,进而实现价值。

二是企业与互补品生产企业的资源互补与能力协同,一种产品或服务往往需要一种或多种互补品才能实现价值最大化,如电动车是用动力电池替代传统燃油发动机实现行驶功能,而动力电池一般通过充电桩进行充电,因此,电动车企业需要与作为互补品企业的充电桩生产商的资源互补与能力协同,才能让顾客获取最大价值。

三是大企业与中小企业间资源和能力的互补,由于资源禀赋,大企业往往掌握更多的资源且更具规模优势;中小企业通常会在某个细分行业或市场表现得更有活力,如"隐形冠军"企业,同时高科技中小企业也会在某个专业领域更具创造性。大企业通过提供资金、平台等实现对中小企业赋能,中小企业为大企业提供零部件、互补品等,在这种互动中实现了资源与能力的互补,也完成了资源的优化配置,共同创造更大的价值。

四是企业与高校、科研院所及金融机构等的资源整合与能力协同,高校与科研院所擅长创造新知识,企业需要新知识实现技术创新,并将其转化为新产品与服务,而这种知识发现、共享、转化及产业化应用过程需要高校与科研院所和企业的协同合作。

进入 21 世纪以来,随着数字技术的指数式更迭,产业技术创新与技术进步不断加速,市场日益全球化,顾客需求显现多元化与个性化,企业所面临的内外部环境的动态性与不确定性增强,正确认识竞争与合作的关系尤为重要。企业需要与顾客、供应商、社会组织及竞争对手等建立合作伙伴关系。企业应该在正确分析内外部环境的基础上,根据自身目标,灵活地选择竞争与合作。环境是不断变化的,企业与伙伴间的互动关系也不是一成不变的,企业需要关注的是何时采取合作策略、与哪些企业建立合作伙伴关系及如何能够建立持续的互惠互利合作关系等问题。

8.1.3 合作战略的模式

商业环境中有很多案例能够说明企业间的合作对保持各自的竞争力与持续发展具有的重要作用,如美国可口可乐公司与百事可乐公司间的合作、阿里巴巴与苏宁间的合作等。一方面,企业间的过度无序竞争对双方的长远发展都不利;另一方面,单个企业会受限于资源与能力禀赋,很难拥有研发设计、生产制造、销售服务及管理创新所需的足够资源与能力,而通过与其他企业或机构的合作能够弥补这种不足,同时,各参与方也都能够从这种互惠合作中得到各自所需的紧缺资源,进而实现合作多方的共赢。

企业之间保持合作关系,一方面是为了从中获益,另一方面是为了规避风险,当然风险与收益是相对的,规避风险也是为了能够保障收益。企业间的合作关系具体还可以分为涉及产权或资金的模式和不涉及产权或资金的模式,具体可分为四种模式,如图 8-1 所示。

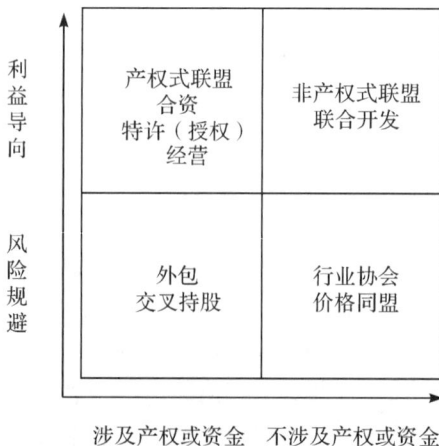

图 8-1 合作战略的四种模式

一是基于利益导向的涉及产权或资金的模式,包括产权式联盟、合资、特许(授权)经营等,一般是通过产权或资金交易实现各方利益最大化。二是基于风险规避的涉及产权或资金的模式,包括外包、交叉持股等,通常是通过产权或资金交易来缩小经营范围,专注发展核心竞争力,进而降低企业承担的风险。三是基于利益导向的不涉及产权或资金的模式,包括非产权式联盟、联合开发等,一般是通过合同或契约等形式建立企业间合作网络。四是基于风险规避的不涉及产权或资金的模式,包括行业协会、价格同盟等,通常企业间或企业与其他机构间通过契约形式建立联盟关系来降低行业或企业的经营风险。

对企业而言,合作是出于利益的考量,具体涉及长远利益和短期利益的平衡、局部利益和整体利益的平衡、利益导向和风险导向的平衡,并通过资源和能力互补来实现。合作的目的不外乎收益最大化或者风险最小化,或者两者兼有。收益最大化,即通过合作获取最大利益。对任何一家企业来说,资源与能力都是有限的,当进行一种产品或服务创新时,企业很难具备创新过程所需的全部资源与能力,与其他企业合作可以通过利用异质性资源帮助企业突破限制。风险最小化就是共同承担风险,增强市场可控能力。无论是竞争还是合作,本质上都是为了企业的利益。

尤其是在当今数字化与全球化背景下,企业的研发设计、生产制造及销售服务等环节可能分布在不同的国家,因此也会涉及更多的竞争者与外部利益主体。企业要想获得持续竞争优势,更需要与各利益相关者建立良性的合作互动关系,实现各方的价值增值、合作共赢,以及用户效用最大化。

8.2　战略联盟

战略联盟是合作战略的主要表现形式,是指具有共同利益的企业之间以契约形式联结形成的战略共同体,不同企业之间通过资源或能力的互补获取各自的最佳利益。企业之间建立战略联盟的动机主要有以下几个方面:一是获取互补性资源与能力。例如,咨询企业通过与信息技术企业的合作能够获取计算机与信息专业技术,同样的,后者可以在这种合作中取得管理咨询方面的专业技能,实现资源与能力的共享与优化配置,进而双方共同受益。二是拓展新市场。为了能够快速进入一个新市场或拓展新业务,企业会选择合适的合作伙伴建立战略联盟。特别是在全球经济一体化背景下,通过与国外企业建立战略联盟关系向国外市场渗透是一种有效的市场拓展方式。三是规避风险。几家企业可以通过联合投入相似的资源,能够起到减少重复工作,并以较小的代价达到共同的目的。例如,为了帮助 Java 给计算机联网制定一个新标准,IBM 公司、Sun 公司、康柏公司、Cisco 公司、网景公司、甲骨文公司和其他公司共同投资设立了风险投资基金以改进 Java 技术。此外,促进技术创新、克服贸易壁垒、避免恶性竞争、增强联盟成员各自的竞争力等也是部分企业进行战略联盟的动因所在。

坎特(Kanter)认为要形成战略联盟除了要有合作动机之外,还需要遵循三个基本条件:一是合作能够为各成员带来利益增量。联盟组织是一个有机系统,系统内各参与方建立起良好关系,并在此基础上,合作实现各自利益的增加。二是合作能够创造新的价值。系统内各参与者之间不仅仅开展资源的交换，更重要的是通过各要素资源的整合能够产生新知识、创造新价值。三是合作需要具备相对稳定的组织。战略联盟需要以相对稳定的组织网络关系为保障，这样才能保证联盟作用的发挥。

8.2.1　战略联盟三种形式

战略联盟的形式有很多种，下面主要介绍三种典型的战略联盟。

（1）合资企业

合资企业是指由两家或两家以上的企业共同出资建立具有独立法律地位的企业，从而实现风险共担、资源与收益共享。合资双方将各自的优势资源投入合资企业中，从而实现更大的效益。合资双方通常拥有相同的股份，并共同承担经营责任。合资企业通常是为了加强企业在不确定性环境中的竞争力，同时在建立长期合作关系及转移并吸收隐性知识方面也非常有效。

隐性知识很难用文本形式记录下来，只能通过经验进行传递，例如合资双方员工在合资企业的共事过程中能够学习到对方在管理与技术等方面的经验和技能，这种知识的传递对于企业竞争力的提升具有较大的作用。因此，当企业想要整合外部资源来创造新的竞争优势，或者想要进入具有高度不确定性的新市场时，合资企业是一个较好的战略选择。

■■■ 案例

一汽—大众汽车

自1972年中德建交以来，双边经贸科技合作取得举世瞩目的成就。50年间，中德贸易规模扩大数百倍，德国成为欧盟对华投资和输出技术最多的国家。改革开放以来，中德两国在汽车领域进行了卓有成效的合作，德国几乎所有汽车整车和零部件企业，都在中国投资设立了合资企业。而大众汽车则是最早拓展中国市场的德国企业之一，也是首家在中国建立合资汽车企业的德国公司。

中国第一汽车集团（以下简称"一汽集团"）在1991年与德国大众合资建立一汽大众汽车有限公司（以下简称"一汽—大众"），中德双方股权比例为中方60%，德方40%，合资期限25年，于2016年之前到期。2012年4月，一汽集团与德国大众汽车集团签署意向书，将一汽—大众合资期限延长25年，有效期至2041年。

德国大众汽车与中国汽车工业相互成就，大众汽车在华合资企业推动了中国汽车工业的发展，而中国也成为大众汽车最重要的产品销售市场。

多年来，中国市场销量占大众汽车全球总销量的三分之一以上，大众汽车投资中国，实现了和中方伙伴的合作共赢。

从第一台捷达的诞生，到如今旗下形成了三大品牌（捷达、VW、奥迪），一汽—大众在过去的30余年里，积累了2200万用户，布局了全国五大生产基地，三大品牌，现有30余款产品在产，实现了细分市场的全面覆盖，工业总产值已达3.5万亿元，上缴税金超过了5600亿元。

大众汽车集团管理董事会主席迪斯（Diess）博士、奥迪汽车股份公司管理董事会主席杜思曼（Duesmann），在一汽—大众30周年之际表示了祝贺，同时还描绘了一汽—大众的未来蓝图："一汽—大众正加速推动绿色高效益转型增长，力求将电动化、数字化打造成企业在未来真正的核心竞争力，不断为用户打造超越期待的高品质出行体验。同时，一汽—大众也正积极地参与大众汽车集团应对全球气候变化的行动中。大众汽车集团致力于到 2050 年实现碳中和，而在中国，一汽—大众会发挥极其重要的作用。”

资料来源：李璐娟.对中国汽车工业合资模式的研究——以大众汽车在华发展为例.公关世界，2022(6)：59-61.

（2）特许经营

特许经营是指两家在法律上独立的企业通过合约确定，授权企业允许被授权企业在一定时期内使用授权企业的品牌、专利、专有技术或销售其产品与服务。企业通过特许经营能够与合作伙伴共享资源和能力，不仅可以提高市场份额，获取到更多的收益，还可以利用规模优势加强自身品牌或技术的宣传推广。

特许经营是一种被广泛采用的战略，在美国等发达国家非常普及，美国在 2021 年新增了 26000 多家特许经营企业，多数是在零售、食品及服务业。[①] 肯德基、麦当劳、希尔顿国际等都是典型的采用特许经营战略的成功案例。同时，特许经营在新兴经济体中也占据了越来越多的份额，如中国借助于大规模市场优势，近些年来特许经营取得快速发展，且在教育培训、洗衣服务、汽车后市场服务等领域已走在世界前列。[②] 特许经营在细分行业中是一种非常具有吸引力的战略，例如零售业、餐饮业、酒店业等，因为这类行业大部分是中小企业，它们相互竞争但没有一家企业可以控制市场，它们可以通过契约关系联合以获得更大的市场份额。

特许经营的成功取决于授权企业如何以更低的成本将本企业的资源与能力成功传递给联盟内的合作方。对大多数成功的特许经营而言，需要所有合作伙伴的紧密合作。一方面，授予特许者需要发展完备的系统以向特许经销商传递其在当地竞争成功所需的知识和技巧。另一方面，特许经销商需要向授予特许者反馈关于如何提高其经营效率的信息。通过有效的合作，授予特许者和特许经销商共同提高了企业品牌的知名度与竞争力，而品牌正是特许经销商在当地获得成功的最关键因素。

数字化时代，特许经营呈现出了一些新特征。一是连锁总部利用数字技术能够更快地触达消费者，与消费者的关系更加密切，进而能够更好地满足消费者需求。二是数字技术便利了连锁总部对被授权企业的管理，连锁总部能够实时获取其经营数据，并为经营决策提供支撑，这使得过去连锁经营的重要岗位——督导变得不那么重要了。此外，服务类业态的培训课程也可以通过数字化工具直接传递给消费者。

■■ 案例

麦当劳特许经营模式

麦当劳（McDonald's）是全球大型跨国连锁餐厅，成立于 1955 年，在世界上大约拥有 3 万间分店。主要售卖汉堡包，以及薯条、炸鸡、汽水、冰品、沙拉、水果等快餐食品。麦当劳因

① IFA. Economic outlook for franchising[EB/OL]. (2021-07-14)[2022-06-27]. https://www.sgpjbg.com/baogao/45127.html.

② 第三代特许经营应用数字化工具 直接触达消费者[EB/OL]. (2018-05-15)[2022-06-27]. http://www.ce.cn/cysc/newmain/yc/jsxw/201805/15/t20180515_29130453.shtml.

其食品质量高、价格低廉、供应迅速、环境优美等特点迅速发展,在中国的餐饮业市场也占有重要地位。

麦当劳公司的前身是麦当劳兄弟1937年在美国的加利福尼亚州开设的一家汽车餐厅。1948年,兄弟俩对餐厅业务进行了大胆的改革,包括增加压缩食品的品种、引进自助式服务、把厨房操作改为流水线作业、研发新的汉堡包加工设备和工艺等,这些举措形成了麦当劳餐厅独特的"快速服务系统",相当于福特汽车的自动化大规模生产系统,大大降低了经营成本,显著改善了顾客体验。为了使生意做得更大,麦当劳兄弟产生了以特许加盟的方式经营连锁店的想法。

麦当劳兄弟餐馆的快速服务系统在美国知名度大增,参观学习者络绎不绝,麦当劳兄弟意识到他们已经开发出了可以进行特许经营的运营系统Know-how。麦当劳让加盟商在固定租金和按销售额比率租金中支付较高的一个,固定租金金额是麦当劳支付给土地建筑拥有者租金金额加价20%~40%,同时需要向麦当劳支付7500美元的保证金。加盟商也可以支付销售额的5%作为月租金,后来有所提升。麦当劳邻近股票市场上市时,房地产租金收益占其净利润的90%,以至于后来麦当劳被视为地产公司。

在这个新的三方交易模式下,大多数特许经营者赚取了丰厚的收益。吸引了更多愿意投入100%精力的加盟者,麦当劳成了餐饮食品业发展最快的特许经营授权者。创造了现在普遍流行的餐饮特许经营模式。麦当劳也因此走得更远,实现了持续扩张。

根据麦当劳公布的截至2022年3月31日第一季度财务报告数据显示,麦当劳第一季度收入为56.66亿美元,同比增长11%。麦当劳的收入包括其经营餐厅的销售额,以及由特许经营商、开发许可证持有者和附属公司经营的餐厅的费用。其中,麦当劳直营餐厅营业收入为23.02亿美元,同比增长7%;特许经营餐厅营业收入为32.63亿美元,同比增长13%。截至2022年3月31日,特许经营餐厅占麦当劳全球餐厅的93%。

正是麦当劳的特许经营制度使其成为快餐连锁领域巨头。原因主要有五点:麦当劳总部要亲自派员选择地址,组织安排店铺装潢;受许人要定期缴纳特许权费,最大限度地降低财务风险;特许合同中公司对受许人负有培训、咨询、宣传等责任;保证麦当劳特许经营制度得到稳定的贯彻,同时达到标准化管理的目的;内部货物的分销与专业供应商签订合同,使麦当劳把更多的精力用于企业发展战略的决策上。

资料来源:谭智佳,魏炜,朱武祥.商业模式升级与持续发展:麦当劳案例.管理评论,2016(2):119-229,引用时稍有修改。

(3)价格同盟

价格同盟(或价格联盟)是指提供同类商品或者服务的厂商为了避免价格竞争,以合同、协议等方式共同商定商品或服务价格,以避免同行企业间的价格战。价格同盟可以是统一提高价格,也可以是统一降低价格。

价格同盟行为首先需要考虑不违背价格法等反垄断法律法规,仅考虑共谋协议这种合作形式成功的可能性,有关垄断竞争的理论表明,共谋协议具有易形成、难实施的特点。与同行企业建立价格同盟时需要分析成功的可能性,若是联盟参与企业多、产品同一性高、信息成本高、顾客需求变化快、新进入者多,共谋协议被破坏的可能性会加大,从而导致联盟的失败。

8 合作与生态战略

案例

三次彩电价格联盟

我国从 1998 年开始，一些行业内开始制定行业自律价格。随后，一些行业的企业开始成立价格联盟。其中，引起许多经济学家关注的有彩电价格联盟。

第一次彩电价格联盟。

1996 年，中国彩电业掀起了一股降价狂潮，这一次的价格血拼对中国彩电业产生了很大的影响。1999 年 7 月，国内八大厂商因不堪忍受彩电价格的竞相跳水而组成了"涨价"同盟，联合宣布产品涨价。但 44 天之后，价格联盟瓦解。

第二次彩电价格联盟。

2000 年 6 月 9 日，康佳、TCL、创维、厦华、海信、乐华、熊猫、金星、西湖等九大彩电生产商在深圳开会，并签署了有关"彩电同盟"的协议。协议的核心内容有两个方面：第一，制定了一个时期各类彩电产品的最低价限制，共同遵守协议和相互监督。第二，同盟企业之间将进一步加强行业合作，共同开发推进彩电和网络技术的融合，同时合力开发国际市场，将国内供大于求的彩电生产能力转移到国际市场，扩大出口。这九家彩电企业占国内市场的份额接近 70%，康佳、TCL 和创维充当了联盟的"首领"。联盟的直接动机是：在销售淡季尽管联盟企业都知道提高价格是一件很困难的事，但通过联盟给出的信息可以让消费者产生"彩电将要涨价"的预期，这样可以将潜在的消费转变为现实的消费。

随后 2000 年 8 月，国家计委正式宣布"价格同盟"不合法，中国彩电企业价格同盟全线崩溃。

第三次彩电价格联盟。

连锁卖场为了吸引人气，打压竞争对手，往往采取单方面推"惊爆价"，对彩电企业的产品进行低于成本价销售，有的连锁卖场宣传广告中号称有若干台"惊爆机"，但事实上不是卖给自己人，就是有价无货，反而造成消费者对厂家的诚信产生怀疑。

为了应对上述情况，2006 年 9 月 21 日，占沪上国产平板彩电市场份额八成以上的六家企业——海信、创维、长虹、康佳、TCL、新科再次坐到"一条板凳"上。六大彩电厂商宣布，国庆黄金周期间，"联盟"中任何一家企业都不得将 32 英寸液晶电视打到 4999 元以下，37 英寸液晶电视打到 7999 元以下的"价格生死线"，如果家电连锁企业单方面以"惊爆价"形式宣传低于这一"价格生死线"的上述品牌彩电，各品牌供货商将以缺货或者不补差价的形式相抵抗。

但仅仅一周之后苏宁电器在上海宣布，已经有数款 32 英寸和 37 英寸的国产液晶电视突破这一价格防线，其中就有上述几家彩电企业的特供机型。国产彩电价格联盟又一次失败。

资料来源：田华.中国彩电行业价格战与价格同盟研究.天津：天津商业大学，2014：20-22；吴卫群.六大彩电厂商再结"价格联盟".解放日报，2006-09-22(009).

8.2.2 战略联盟的优势与不足

战略联盟相对于纵向一体化或横向并购的优势体现在以下三个方面：一是战略联盟通过促进资源与能力的共享和风险分担降低联盟各成员的投资成本及风险。尤其是当投资成

207

本大、不确定性高时，与合作伙伴建立联盟关系的优势较为明显。二是战略联盟的组织形式更加灵活，能够及时做出反应以应对不断变化的外部环境。此外，当技术以及外部环境快速变化时，战略联盟可以促进各合作方动态能力的提升。三是战略联盟的配置速度更快。当速度最重要时，这是一个关键因素。联盟成员需要对市场变化做出快速反应，并迅速整合优势资源。

战略联盟也存在一些不足：一是可控性较差。由于联盟各方的经营理念、管理风格、规章制度、企业文化等各不相同，难以统一管控。二是预期收益可能无法实现。由于联盟成员之间的资源与能力组合等方面的不匹配，或是对联盟的协同效应过于乐观，可能导致达不到预期收益。三是存在核心机密信息泄漏风险。在合作过程中，合作伙伴可能会获取到企业的专有知识库、技能或商业机密等核心信息，因而削弱企业的核心竞争优势，当与同行业内竞争对手开展合作研发时，这种风险最大。

8.2.3 战略联盟的成功要素

管理者需要注意的是何时采用战略联盟，以及选择哪种形式来实现目标，这取决于每种形式的相对优势及其适用条件。战略联盟取得成功的要素通常有以下几个方面。

首先，选择适当的合作伙伴。适当的合作伙伴具有两个要素，一个是要有合作诚意的，另一个是要能够带来互补性资源与能力的。联盟成员之间拥有的优势资源异质性越大，潜在的协同作用就越大。此外，一个好的合作伙伴通常能够分享其对联盟整体目标的看法，并为联盟制定与企业目标相匹配或互补的具体目标。

第二，创建规范的联盟管理的制度与流程。对联盟的有效管理，就像管理企业其他部门一样，需要建立相应的制度与流程来规范从合作伙伴选择到联盟终止程序的全过程联盟管理的各个方面，明确联盟各成员的权利与责任，以确保联盟各成员遵守例行程序。同时，建立监督机制掌控联盟的运行情况，以保证联盟目标的实现。

第三，与合作伙伴建立充分的信任关系。与联盟各成员建立牢固的人际与信任关系是战略联盟顺利运行的关键要素，这些关系有助于成员之间的沟通、协调及利益调整。当联盟成员相互做出值得信赖的承诺时，它们就有更强的积极性去履行。合作关系必须保持坦率和信任。如果任何一方在合作中缺乏信任，或者试图欺骗对方，那么由此引起的摩擦可能很快就会破坏进一步合作的可能。富有成效的合作关系需要双方开诚布公，赋予对方充分的信任。

第四，建立保障措施来避免机会主义行为。联盟成员可采取非竞争条款的合同等方法来保护企业避免被不值得信任的合作伙伴利用，或者防止失去对关键资产的控制。为了产生预期收益，合作双方必须履行他们对联盟的承诺。工作分工必须是双方均觉得是公平的，双方需要在合作中共同受益。

第五，对不同的文化持包容态度。企业之间的文化差异可能使企业间的员工难以进行有效的合作。尤其是当合作伙伴来自不同的国家时，文化差异问题更为明显。有效的合作关系需要组织成员之间相互尊重各自的文化。

第六，构建高效的决策流程。在多数情况下，企业需要对外部竞争环境的快速变化及时做出反应，这就需要同样快速的决策流程。如果合作者之间经常陷入争论不能达成一致，或者等待获得内部高层同意的时间较长，这种低决策效率会导致联盟缺乏竞争力。

第七,管理学习过程,并不断调整优化联盟架构以适应新环境。注重培育企业的动态学习能力,将学习纳入企业实践的方方面面,在联盟合作中持续地向合作伙伴学习,增加组织学习能力及企业的知识储备。同时,持续对联盟的构架进行调整优化,以适应不断变化的外部环境、新兴技术要求和客户需求。

实际上,许多联盟是为了实现特定的短期目标而成立的,可能只持续几年的时间,当最初的目标实现,联盟可能会解散。然而,长期合作可能会带来更大的战略收益。当联盟中合作各方不存在正面竞争,已经建立了信任关系且各方均认为持续合作符合各方利益时,联盟更有可能长期存续。

8.3 生态战略

8.3.1 商业生态系统

(1)商业生态系统的概念

生态概念起源于生物学,自然生态是生物之间以及生物与环境之间的相互关系和存在状态,生物体与其周围环境共同构成了生态系统,系统内部的生物及其所处的环境可以相互作用、相互影响,促进系统的演进。后来,学者将自然生态理念引入商业分析中,研究企业与其周围环境之间的相互作用关系,商业生态系统就是一种重要的表现形式。

穆尔(Moore)在1993年首次提出商业生态系统的概念,认为商业生态系统是由生产商、供应商、消费者等利益相关者构成的动态结构系统。[①]商业生态系统表现为一种具有开放性、包容性和自组织性特征的价值网络形态,通过发起、识别及整合利益相关者创造价值来给系统内的参与者带来竞争优势。

数字技术推动了企业间的连接与信息流动,且让企业边界变得越来越模糊,进而推动了商业生态系统的快速发展。特别是在基于数字化平台的商业环境中,核心企业能够积累非常多的供应商与顾客,并与多个互为补充关系的利益相关者共同创造价值。核心企业对其提供的平台起着支配作用,牢牢掌握着平台技术并持续创新,不断地吸引新的中小企业加入共享平台,如阿里巴巴的淘宝平台将供应商、用户、物流商等连接起来形成了一个庞大的商业生态,平台上聚集了数以万计的商家,世界各地的顾客可以在平台上随时随地与商家沟通下单买到需要的产品或服务。这类企业具有共同特征:在核心业务外的多个相关领域开展互补业务,汇聚各类合作伙伴和要素,形成一个有着共同蓝图、相互依赖的网络,可谓之为生态。[②]

(2)商业生态系统中的价值网络

布兰登勃格和内勒巴夫(Nalebuff)提出的价值网模型可用来解释所有商业活动参与者之间的关系。在两位教授提出的价值网中,商业活动增加了互补者这一新要素,互补者是指

① Moore J F. Predators and prey: A new ecology of competition[J]. Harvard Business Review,1993 (3):75-86.

② 侯宏,石涌江. 生态型企业的非线性成长之道[J].清华管理评论,2017(12):33-38.

那些提供互补性产品而不是竞争性产品和服务的公司。与强调价值分割的价值链不同,价值网既强调价值的分割,同时更加强调价值的创造。企业要与顾客、供应商及互补者等合作共同创造价值(即做大蛋糕),同时它也要同顾客、供应商、互补者竞争以便获得价值(即分好蛋糕)。

价值网络理论认为价值网络是通过网络内不同主体之间的互动作用关系而形成的网状的价值交换关系。知识、信息、数据等多种要素可以按照不同路径在网络中流动,各个网络节点上的个体或组织可以获取到这些要素,并在与其他个体或组织的互动中创造更多的价值。

数字化时代,传统的以企业为中心的竞争逻辑向以消费者为中心转变,围绕消费者构建起包含生产商、供应商等多种参与者的价值网络。商业生态系统中的价值网络具有以下三个方面的基本特征:一是异质多样,商业生态系统参与者的异质性与多样性能够增强系统活力。二是开放协同,开放协同是生态系统的重要特征,系统内各参与者通过开放各自组织边界实现资源与能力在各参与者之间的共享,通过协同合作促进参与者之间的紧密连接。三是互惠共生,互惠共生体现在价值创造与分配过程中,互惠性是生态系统持续稳定发展的必要条件,系统内各参与者获取到了各自的利益才能激发其合作的动力。系统内各参与者在共同创造价值过程中形成了利益共同体,"一荣俱荣,一损俱损",这也必然带来了各组织的共生发展。

(3)商业生态系统的演化过程

在商业生态系统情境中,企业领导者需要对商业生态系统有深入理解,并创造性地将系统内各要素资源连接起来,选择适当的合作伙伴建立利益共同体,共同创造新的价值。商业生态系统内各参与者是共同演化的,演化过程可分为形成阶段、成长阶段、主导阶段及迭代阶段四个阶段,如表8-1所示。

表8-1 商业生态系统演化过程[①]

	合作网络	竞争挑战
形成阶段	与顾客、供应商等围绕着一种创新合作定义新的价值主张	建立竞争壁垒,保护创新不被竞争对手获取到;与重要客户、关键供应商和渠道商保持密切联系
成长阶段	通过与供应商及合作伙伴合作,将新产品投入更大的市场以实现最大的市场覆盖率	防止替代品的潜在威胁;通过占据关键细分市场的主导地位,确保企业的产品/技术成为市场标准
主导阶段	提供具有吸引力的未来愿景,鼓励供应商与顾客共同合作来持续改进产品与服务	保持相对于生态系统内其他参与者(包括关键供应商与顾客)的较强议价能力
迭代阶段	不断开展创新或与创新主体合作,以给现有生态系统带来新理念与新想法	保持较高的进入壁垒以防止新进入者建立替代的生态系统,保持高客户转换成本以争取时间将新理念并入到产品与服务中

---

① Moore J F. Predators and prey: A new ecology of competition[J]. Harvard Business Review, 1993
(3):75-86,引用时有修改。

第一阶段是生态系统形成阶段。企业要确立生态系统的共同目标,明确目标市场,与顾客、供应商等围绕着一种创新合作定义新的价值主张,并整合系统各参与者的资源和能力,合作创造出满足市场需求的产品和服务,并不断完善产品和服务。此阶段面临的竞争挑战是要建立竞争壁垒,保护创新不被竞争对手获取到,防止竞争对手出现相似的产品或服务,并与重要客户、关键供应商和渠道商保持密切联系。企业要引领系统所有参与者共同构建系统和有序的共生关系,实现生态价值的最大化。

第二阶段是生态系统成长阶段。企业通过提供共享的产品或服务建立合作框架,吸引其他参与者加入生态系统中,使系统的规模和范围不断扩大,同时与其他参与者要建立稳定的合作,关系。企业通过与供应商及其他合作伙伴的合作,将新产品投入更大的市场以实现最大的市场覆盖率,同时也要防止替代品的潜在威胁,通过占据关键细分市场的主导地位,确保企业的产品/技术成为市场标准。在这一阶段,企业要巩固系统各参与者之间相互依赖的共生关系。

第三阶段是生态系统主导阶段。企业引领系统的创新,为系统提供技术和产品基础,引导并协调系统内各参与者的协同发展,成为系统领导者。系统领导者要提供具有吸引力的未来愿景,鼓励供应商与顾客共同合作来持续改进产品与服务。系统领导者要在引领生态系统整体发展方面发挥重要作用,在所建立起来的商业生态系统中保持权威,保持相对于生态系统内其他参与者(包括关键供应商与顾客)的较强议价能力。这一阶段要进一步深化系统各成员的共生关系,更加紧密系统内成员之间的关系,形成利益共同体。同时要确保生态系统内各成员之间资源与价值的共享,保持生态系统的持久稳定发展。

第四阶段是生态系统的迭代阶段。外部环境变化或产业生命周期会导致生态系统衰退,生态系统需要不断注入新的元素以保持活力。创新是保持生态系统活力的重要举措,系统领导者可通过内部创新或寻找外部创新源给现有生态系统带来新理念与新想法,促进生态系统的迭代升级,通过这种持续的自更新、自迭代过程来防止衰退,保持相对于其他生态系统的竞争优势。这一阶段面临的竞争挑战是新进入者建立替代的生态系统的威胁,因此,要保持高进入壁垒与高客户转换成本,使得企业在将新理念嵌入到产品与服务的过程中,客户不会转向竞争对手。

自穆尔首次提出商业生态系统概念以来已有30年的时间,得益于数字技术的发展,商业生态系统的理论与实践均取得了快速发展。早期的商业生态系统强调的是一种由生产商、供应商、互补者、消费者等多种参与者组成的合作网络,通过这种合作网络实现多种要素资源的流动,进而为顾客创造价值。[①] 数字化时代,信息与知识的传递更加便利,商业生态系统更容易形成。企业可利用数字技术联结不同群体,围绕自身构建商业生态,并不断扩展生态的边界与范围。同时,数字技术转变了商业生态系统的价值创造逻辑,价值共创成为数字化商业生态的重要特征,参与者之间共享资源、共创价值并获取价值与收益。[②] 商业生态系统中的竞争与合作受到越来越多的关注,尤其是基于数字化平台的多边竞合。多边主体间的竞合关系存在动

① Iansiti M,Levien R. Creating value in your business ecosystem[J]. Harvard Business Review,2004(3):68-78.

② Amit R,Han X. Value creation through novel resource configurations in a digitally enabled world[J]. Strategic Entrepreneurship Journal,2017,11(3):228-242.

态复杂性,不同参与者之间可能是互补关系或替代关系。在全球化背景下,商业生态系统理论打破了传统的以行业或区域划分为前提的战略管理理论制约,企业需要在全球范围内构建商业生态系统,寻找最优资源与能力,嵌入全球价值链的最佳位置,以获取全球竞争优势。

8.3.2　生态战略的内涵

随着数字技术的快速发展、区域经济一体化进程的提速及全球市场竞争的加剧,当今的竞争不再是单个企业或商业模式之间的竞争,而是由一群企业及其链接的动态商业模式组成的生态与生态之间的竞争。企业如何在数字化时代保持自身的竞争优势？一些综合实力较强的大型企业开始实施的一项策略就是,围绕自身的核心产品或业务构建一个生态系统,通过与生态系统内其他参与者之间的合作互动来为用户创造更多价值;而综合实力相对较弱的中小企业通常会将自己嵌入到一个与自己拥有共同价值主张的生态系统中,通过与系统内其他参与者的交互来共同做大蛋糕、拓展生存空间。本书主要讨论前者,即大型核心企业的生态战略。

生态战略是一种将生态学观点应用于企业战略的新兴理论,是一种企业通过与生态系统中合作企业进行用户共享、价值创造的战略思维,体现共赢的理念。与竞争战略的资源争夺观不同,生态战略强调了业务协同,生态中的每个业务都能对其他业务进行赋能,使得各业务之间相互促进、协同发展,让个体利益最大化,与生态发展之间达到一种平衡,并通过业务之间的跨界融合创造新的价值,改进用户体验。[①]

生态战略是服务于公司战略与业务战略的,它需要支持公司战略或业务战略目标的实现,因此,在战略规划过程中,要将生态思维全面渗透到各业务模块中去。生态思维的精髓在于把创新发展的资源与能力从企业内部拓展到生态层面,在系统动态演进中既能够通过扩张生态边界来捕获更多的外部资源,又能够抵御外界威胁并巩固生态稳定性。[②]

生态战略涉及公司战略层面制定的一系列有关生态构建与治理的关键过程与活动。例如,核心企业利用数字技术构建包含多种参与者的商业生态系统;在生态系统全生命周期的各个阶段,核心企业通过施行一系列治理举措,实现资源与能力的优化配置;核心企业推动生态系统成员间的组织共生与价值共创共享等。综上所述,生态战略是指核心企业为获取持续的生态竞争优势,对生态构建与布局、生态价值创造,以及生态系统全生命周期过程的治理机制、战略举措等方面进行的系统性规划设计。

8.3.3　生态构建与价值创造过程

(1)生态构建

上部分内容已经提到,本书关注的是核心企业的生态战略,因此,生态构建是由核心企业主导来搭建生态架构,即联合供应商、互补企业、中介机构、顾客等多种参与者,整合各类子系统,形成生态系统架构,以实现整体系统的共同愿景与目标。

在构建生态时,核心企业需要吸纳具有相同价值主张的参与者。价值主张是指组织向

① 于晓宇,王洋凯,李雅洁.VUCA 时代下的企业生态战略[J].清华管理评论,2018(12):68-74.
② 侯宏.未来已来:产业空间下的生态竞争与演化[J].清华管理评论,2021(Z1):83-92.

顾客做出的价值允诺,不同生态系统的价值主张通常存在差异,为参与者提供的价值也不尽相同。例如,美国苹果公司开发的 iOS 操作系统和谷歌公司开发的 Android 操作系统形成了两种不同的价值主张:前者采用的是技术闭源来保证参与者对于价值的独占;后者则通过技术开源实现现代码共享,以获取最大的公共价值。生态成员具有相同的价值主张才能够为顾客创造更多的价值,更好地满足顾客需求。

　　数字化时代,核心企业利用先进的数字技术能够更好地完成生态的构建与治理。数字技术的连接属性便利了多种参与者进入生态系统,因此,一个生态系统可能包含大量的参与者。例如,快手应用程序能够连接内容生产方、广告商、电商、服务提供商(如技术服务、数据技术支持等)、物流商、用户等数以亿计的机构与用户。生态系统内,不同参与者占据着不同的位置、扮演了不同的角色,采用不同的策略,获得在系统内的持续成长,生态系统内存在既相互依存又相互竞争的复杂竞合关系。图 8-2 表明了围绕核心企业构建的生态系统的主要组成部分及其相互之间的关系。

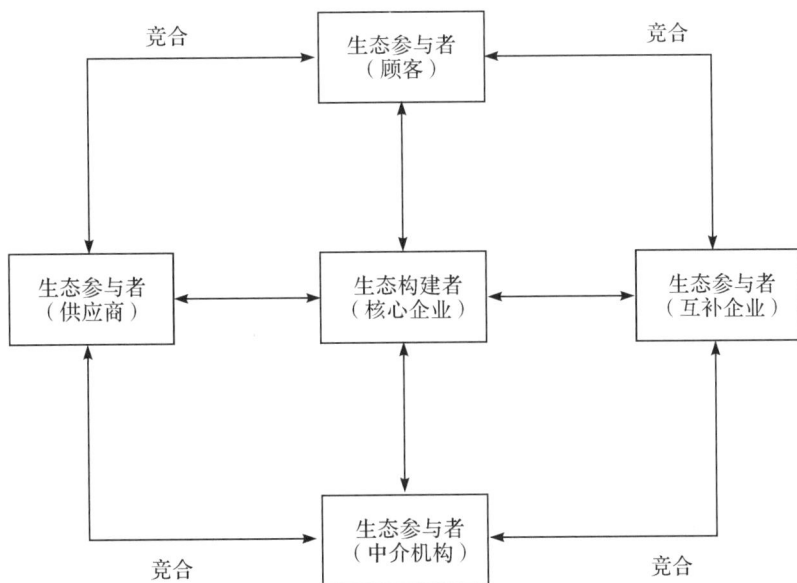

图 8-2　生态系统的构建

　　为了简化种类划分,本书将生态系统内的各类主体分为生态构建者和生态参与者两类。核心企业充当生态构建者的角色,它提供数字基础设施或数字平台及相关服务,负责系统治理与维护,建立支撑生态系统持续演化的底层技术基础与系统运行的规则制度。为了更好地适应数字化时代的竞争规则并创造更多的价值,生态构建者会对生态参与者进行赋能,为参与者提供互补创新的机会,更好地参与到价值创造系统中,同时,生态构建者与参与者之间也存在着竞争,如通过收取租金或直接竞争的方式来维护自身利益。

　　生态参与者是利用生态构建者提供的数字基础设施实现价值过程及开展互补式创新的各类主体,通过获取并整合生态系统中的多种资源与能力,实现自身的能力提升和价值创造。因此,生态参与者需要具备对多种资源与能力进行整合与重组的动态能力和创新能力。生态参与者又可进一步分为互补企业、供应商、中介机构及用户。互补企业是指利用核心企业所提供的数字基础设施开展互补式创新的组织,这里的创新包含技术创新、产品或服务创新及商业模式创新等。供应商是为核心企业及互补企业提供原材料与零部件的生产商。中介机构是指为系统内各参与者提供技术支持及服务的组织。对于生态参与者来说,既要与其他参与者合作实现价值过程,也要与系统内与其处于同一生态位的参与者展开竞争,这种竞合关系能够帮助参与者突破自身资源与能力制约,实现与生态系统内其他参与者的价值共创。

■■■ 案例

奇瑞依托海行云平台构建汽车产业生态

海行云是由海尔卡奥斯COSMOPlat携手奇瑞共同打造的汽车行业首个大规模定制工业互联网平台,是大规模定制模式在汽车行业的首次应用,可全面提升汽车产业链协同效率。该平台的建立,为工业互联网+汽车制造业"数实融合"探索出了一条智造转型新路径。

该平台主要依托海尔卡奥斯COSMOPlat业务模式、技术能力、生态资源和品牌效应,以及奇瑞成熟的汽车制造体系和产业链带动优势,通过"1+4+6+X"的模式,赋能主机厂、上游零部件企业、下游经销商、其他离散制造四大类用户,沉淀出个性化定制、平台化设计、智能化制造、网络化协同、服务化延伸、数字化管理六大能力,复制推广到X个汽车产业细分领域,加速汽车产业数字化转型升级。

为满足用户对汽车消费日趋个性化、多样化和品质化的需求,海尔卡奥斯COSMOPlat将大规模定制模式创新应用在汽车行业。目前,海行云平台聚焦行业痛点,已探索出产品研发设计、生产制造、营销和服务等全流程全生命周期的13个典型解决方案,覆盖24个场景、服务372家企业,为产业链中小企业数字化转型提供了方法论。

海行云平台针对汽车制造中普遍存在的生产及物流过程不透明、设备物联程度低等问题,通过智能制造解决方案,规范生产制造执行业务,建立产品的生产质量追溯模式,对相关行业的生产管理、工艺管理、过程管理、质量管理、设备管理等平台进行综合管理,规范各生产制造流程。

未来,海尔卡奥斯COSMOPlat将继续携手各方共同发力智能制造,助力区域制造业互补、协同、融合发展。

资料来源:海尔卡奥斯深耕智能制造,海行云在世界制造业大会获高度认可,http://k.sina.com.cn/article_7517400647_1c0126e47059023c2u.html.

(2)生态价值创造过程

网络效应是基于数字化的生态系统的重要特征[1],这决定了一个产品或服务的经济价值与扩散速度不仅取决于产品或服务的价值过程,也在于互补品的可获得性。[2] 因此,基于数字化的生态系统的价值创造过程的实质是通过数字技术连接价值过程的各个参与者,包括核心企业、互补企业、供应商、经销商、零售商、用户、高校与研究机构、政府及金融机构等,实现各参与者的交互,为用户创造更多的价值,如图8-3所示。

[1] Rietveld J, Schilling M A. Platform competition: A systematic and interdisciplinary review of the literature[J]. Journal of Management,2020,47(6):1528-1563.

[2] Kapoor R, Furr N R. Complementarities and competition: Unpacking the drivers of entrants' technology choices in the solar photovoltaic industry[J]. Strategic Management Journal,2015,36(3):416-436.

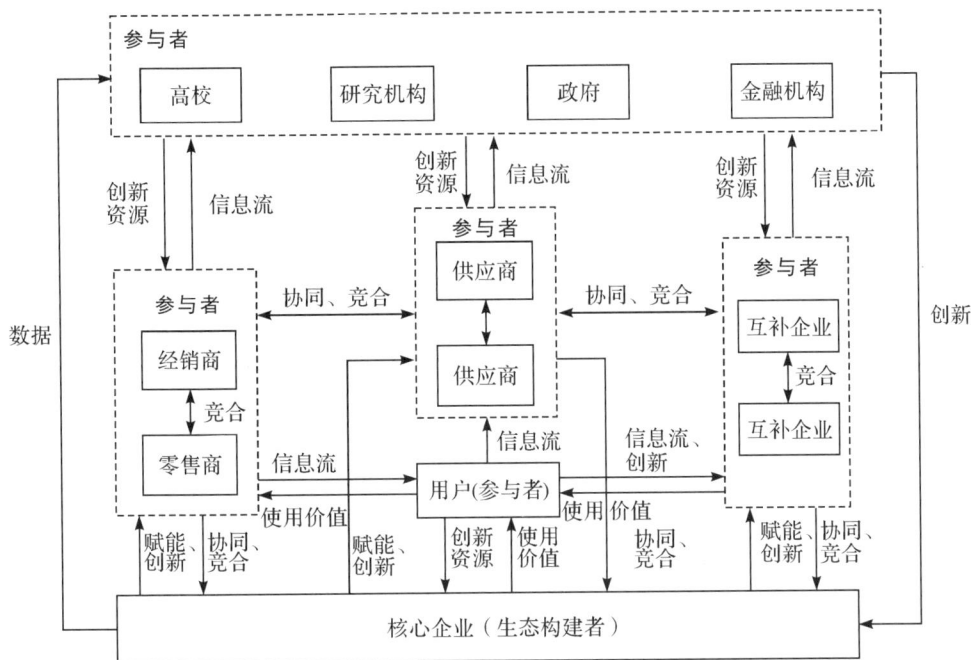

图 8-3　生态价值创造过程

①生态构建者在价值创造过程中的角色

作为生态系统的构建者,核心企业除了要对生态系统进行治理以提高系统的价值创造能力,掌控生态系统的演化方向外,还要对不同的参与者进行赋能与让利,以更好地激发生态系统的活力。

核心企业提供的数字基础设施是整个系统得以高效运转的前提条件,核心企业及其搭建的数字基础设施对参与者的赋能作用主要体现在以下几个方面:一是核心企业通过对数字基础架构的模块化与接口的标准化设计,降低了不同组织间的跨边界沟通成本,提高了参与者间的合作网络强度。二是为参与者提供了开展数字化运营与创新的资源。中小企业通常缺乏搭建底层技术架构所需的资源与能力,借助于核心企业提供的数字化平台、操作系统与软件、交互界面等数字基础设施,中小企业参与者能够实现自身产品/服务在研发设计、生产制造及销售服务等全过程的数字化转型。三是数字基础设施便利了知识流动,使得不同参与者更易于在系统内搜索、获取、转移知识与信息,进而取得互补性资源与能力并促进创新。四是核心企业也会培育系统内其他参与者能力,如数字化能力、创新能力等,帮助它们更好地利用数字资源,更敏锐地捕捉市场机会,更快地搜寻合作伙伴,以及更准确地触达客户。

为了抢占有利的市场位置,吸引更多的参与者进入生态系统内,在生态系统发展的初期,核心企业通常会采取市场渗透定价等策略,甚至自掏腰包进行价格补贴。例如,移动打车平台滴滴出行在初期就曾使用"烧钱"模式来争夺用户,拿出数百亿元补贴司机与乘客,有一段时间乘客甚至可以实现"零元打车",司机也能够在抢单中获取相应补贴。

作为生态构建者的核心企业与生态参与者间也存在着竞争。首先,核心企业会向参与者收租来获取收益,倘若收取的租金不适当,可能会遭遇参与者的反抗。例如,印度喀拉拉邦的一些餐馆发起了退出外卖平台的抗议活动,原因是在当地运行的 Zomato 等外卖平台对它们收取的佣金过高，且一些线上活动和优惠政策对用户的补贴成本也被转嫁到商家身上，导致这些餐馆无钱可赚，商家们不得不揭竿而起。

核心企业也会识别生态系统内的潜在威胁，如果参与者与核心企业业务存在重叠，形成竞争关系，且有可能撼动核心企业的中心地位，就很有可能遭到封杀。核心企业会通过一系列措施手段，在保证参与者整体盈利的基础上，重点制约这些挑战者的发展，甚至会将其驱逐出生态系统。

当核心企业看到参与者背后的市场有利可图时，也可能表现出侵略性的姿态，与参与者抢占市场。由于核心企业在生态系统中具有其他参与者无法匹敌的资源，倘若核心企业直接与参与者展开竞争，会让生态系统内的成员萌生退意，也会打消准备加入生态系统的潜在成员的积极性，影响整个生态系统的平衡。

②生态参与者在价值创造过程中的角色

竞合体现在生态参与者的参与全过程，一方面，它们需要协同合作来推动整个生态系统的有序运行，共同创造价值；另一方面，它们为了自身的生存与发展也要与其他参与者展开竞争。

如前所述，基于数字化的生态系统的价值创造逻辑发生了变化，其实质是通过数字技术连接价值过程的各个参与者，实现生态系统的共生与价值共创。系统内的竞争规则不再是零和博弈的竞争，而是共同做大蛋糕，形成核心企业、供应商、用户等利益相关者互动合作的协同创新网络。生态系统的价值创造与价值获取活动高度融合，系统产生的价值也将反馈给参与者，因此，参与者不再仅仅关注个人利益的获取，开始转向系统整体价值的创造。

生态参与者之间也存在竞争。参与者利用数字化资源与能力实现产品/服务创新、管理创新及商业模式创新，对外部市场变化做出快速响应，更好地满足用户需求。例如，小米为生态链企业建立了适度竞争机制，鼓励创新、效率、质量以及实行一定程度的内部竞争和优胜劣汰，这也在一定程度上促进了小米生态的活力。还有的参与者在发展壮大后，试图建立自己的生态系统，以摆脱现有系统的束缚，与原合作伙伴展开直接竞争。

核心企业在生态系统形成阶段发挥了不可替代的作用，在系统成长阶段，参与者在决定生态系统能否持续繁荣的过程中扮演了更为关键的角色。参与者需要在以下三个方面更好地发挥自身作用。

首先，匹配生态系统的价值主张。参与者需要选择与自身价值主张相匹配的生态系统，才能够更好地与合作伙伴共创价值。

其次，明确自身在生态系统中的独特定位。同质化竞争并不能让参与者在生态系统中长期立足，参与者需要在系统中形成独特定位，构建自身的核心竞争优势，这种优势包括功能、质量等产品属性上，也包括数据、算法及市场分析预测等数字资源与能力上。

再次，遵守生态系统规则制度。数字化的生态系统具有自组织特征，多数治理规则是生态成员间在持续互动过程所形成的，具有高度认知共识。因此，在生态系统内不守规矩的代价是合法性的丧失，经常破坏规矩的企业会遭到系统内其他参与者的抵制。

■■■ 案例

小米与生态链企业的共创共生

小米成立于 2010 年 3 月，位于北京市海淀区，拥有小米手机核心产品，以及 MIUI、米聊、小米电视和小米路由器四大自有产品。2013 年底，小米成立生态链部门，通过"投资＋孵化"生态链企业的模式向手机周边、智能硬件和生活耗材产品延伸。小米将高效率的小米模式复制到其他产品领域中，开发了近百种产品。小米以"投资＋孵化"的方式培养了一批生态链企业，逐步创建了以自身为平台的生态系统。其产品涉及智能、家居等 15 个领域、2700 多个细分种类。小米以手机为核心向外圈层辐射孵化超过 290 家生态链企业，合作伙伴超过 400 家。

小米对生态链企业的孵化一般遵循这样的模式：①一开始寻找潜在的生态链企业；②输出小米"新国货"和"极致性价比"的理念，保持和小米一致的商业认知；③小米与生态链公司共同定义产品、主导设计、协助研发，给生态链企业背书供应链并进行品质控制；④用自己的品牌、流量、电商渠道帮助生态链产品成为"爆品"。

小米生态链是以手机为中心，发展趋势为万物互联。"连接和智能"是小米发展硬件的逻辑。首先，研发连接模块，实现产品连接：小米开发了一个嵌入一套通信协议的 Wi-Fi 模组，硬件产品嵌入该模组可以和云端连接并被手机控制。由此，雷军明确了物联网战略不是做硬件，而是做一个平台。通过平台入口，将标准应用于现有的硬件厂商。2014 年 3 月，小米成立 IoT 部门，负责研发 IoT 的连接模块、嵌入式系统和控制中心，实现产品互联互通。同年 11 月，上线小米生态云，实现不同产品间的数据交互和共享，其他企业可以将自有云通过生态云接入小米 IoT 平台，并纳入"米家 App"，实现统一控制。其次，研发智能模块，产生和收集数据，优化产品功能。2014 年，小米投资绿米，开发智能家居模块套装，包含网关和传感器。嵌入该模块，可以感知识别用户状态和环境信息，不仅实现了产品智能化，还能与其他智能设备联通。最后，制定 IoT 战略，产品互联互动。2015 年，围绕"以手机为中心连接所有智能设备"的 IoT 战略，小米对外发布了标准化 IoT 模组，赋予产品感知识别性和连接性，并从手机周边产品开始实施，实现单品连接。例如，"华米"手环嵌入 IoT 模组，与小米手机配合使用，用以监测用户行为并形成相关运动方案。基于手机周边产品，小米进一步向智能硬件延伸，实现物物联动。例如，加湿器和空调配合，保持环境温度和湿度的适宜。

小米生态链价值模式为通过向合作企业提供资源支持和资源共享以孵化其成长，待合作企业成熟后可对小米进行资源反哺。

小米合作的生态链企业得到的资源支持可以分为两类：①来自小米的资源支持；②小米吸引来的资源支持。来自小米的资源支持又可分为两类：可以循环用于其他生态链孵化的资源和加入某家特定生态链企业的资源。随着小米的成长和自身声望的积累，小米吸引集聚了大量专业人才，并有很多投资机构加入，成为生态链企业成长初期快速扩张的重要力量。小米的资源（文化、理念和对市场的认知等）起到了很好的架构资源支持作用，而外部吸引来的资源则起到了专用资源的作用，解决了小米自身体量的约束。

生态链企业孵化的成功同时也给整个生态链带来了资源的反哺。孵化过程中生态链企业积累了人才、技术，理清了供应链，这些资产都可反哺生态系统，为进一步的孵化带来高质量资源。由于资源反哺扩大了平台边界，提高了再次孵化中资源支持的数量和质量，也归为架构资源的范畴。高质量架构资源的反哺使新孵化生态链企业得到的资源支持强度上升，也进一步增加了对外部资源提供者和创业企业的吸引力。

值得注意的是，小米只吸引认同其价值观的创业者，即坚持做感动人心、价格厚道的好产品。在经营过程中，生态链企业如果违背小米价值观就会退出小米生态链。例如，小蚁科技忽视相机质量造成恶劣影响，小米逐渐减少与其合作，最终小蚁科技退出小米生态链。

资料来源：陈凌子，周文辉，周依芳.创业孵化平台价值共创、动态能力与生态优势.科研管理，2021(12)：10-18；张化尧，薛珂，徐敏赛，等.商业孵化型平台生态系统的价值共创机制：小米案例.科研管理，2021(3)：71-79；谭智佳，魏炜，朱武祥.商业生态系统的构建与价值创造——小米智能硬件生态链案例分析.管理评论，2019(7)：172-185；曹鑫，欧阳桃花，黄江明.智能互联产品重塑企业边界研究：小米案例.管理世界，2022(4)：125-142.

生态构建之后，核心企业还需要记录生态动态以及构建常态化的生态监测体系，促进生态内外部成员间的互动，加速创新，以实现生态"时空"范围内组织间的关系与资源的最优配置，以及生态价值最大化的目标。"时"是指时间维度，即生态的全生命周期过程；"空"是指空间维度，即生态边界范围之内。那么，这一生态目标如何实现？本书下面内容将重点阐述核心企业在生态全生命周期的不同发展阶段需采取的治理机制与战略举措。

8.3.4 生态战略实施过程

数字化时代，企业间的一对一竞争已转变为生态系统之间的竞争。那么，生态系统如何保持持续的竞争优势？之前的内容探讨了如何构建一个生态，并从生态系统内部探讨了核心企业与其他参与者之间的竞争与合作，及其实现的系统价值共创与共享。本部分内容基于商业生态系统全生命周期视角，分别从构建阶段、成长阶段、成熟阶段及迭代阶段，探讨生态战略实施过程。如图 8-4 所示。

（1）生态系统构建阶段：打破在位生态系统壁垒，构建新生态

越来越多的企业开始转变传统的以企业或产品为中心的竞争思路，选择通过构建一个自己主导的生态系统来提升竞争优势。生态系统构建是由核心企业主导来搭建生态架构，即联合供应商、互补企业、中介机构、顾客等多种参与者，整合各类子系统，形成生态系统架构，以实现整体系统的共同愿景与目标。在生态系统构建阶段，系统构建者首先考虑的竞争挑战通常来自在位生态系统的挤压。在位生态系统通常已形成稳定的价值创造模式，而新构建的生态系统往往发展前景不明朗，因此不能够对参与者产生足够的吸引力。因此，在生态系统构建阶段，系统构建者的主要任务是打破在位生态系统壁垒，争取到一定数量的参与者。企业主要通过采取释放生态价值信号、降低参与者进入壁垒的策略来构建新的生态系统，并设计合理可行的系统架构，或是通过模仿/参与其他生态系统的方式获取竞争优势。

①释放生态价值信号，降低参与者进入壁垒

系统构建者在初期应向潜在参与者传递自身生态系统相对于在位生态系统具有的独特优势，应侧重其自身的核心资源与能力，例如先进的数字基础设施、友好且安全的操作界面、预期流量等，让潜在参与者认为它们能够从加入生态系统中获益。利用企业自身资源与能力获取竞争优势及利用生态系统来获得竞争优势是相互促进的，那些具备核心资源与能力的企业更有机会构建起自己的生态系统，以进一步夯实自身的行业与生态地位。

同时，系统构建者需要拥有具备竞争力的产品或服务，可能是知识产权保护、庞大的用

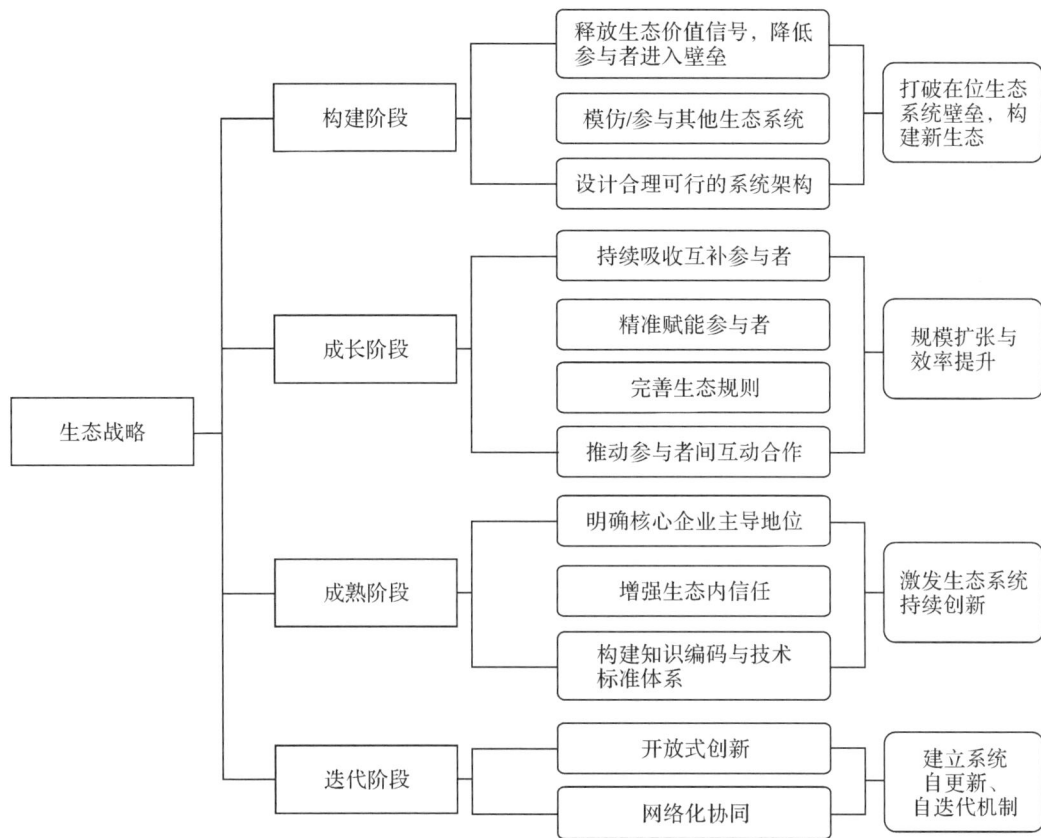

图 8-4　生态战略实施过程

户群体或强大的品牌效应等。例如,脸书和推特为用户提供了非常友好的应用程序与操作界面,使其在全球范围内积累起了庞大的用户网络。

系统构建者需要采用多种方法来保证潜在参与者能够充分获取并使用生态内资源与能力,否则生态系统的吸引力也会下降。由于生态系统内不同参与者的知识结构与能力存在差异,系统构建者需要以易被参与者获取并吸收的形式开放自身资源与能力,来帮助参与者更快地进入生态系统并更好地利用系统资源与能力。

②模仿/参与其他生态系统

在位生态系统经营模式等方面相对成熟,一些生态构建者会选择走捷径,直接模仿在位生态系统的做法来快速达到目标。因此,一些企业会选择直接瞄准在位生态系统的市场,通过吸引其目标参与者来构建自己的生态系统。然而,选择此战略的企业需要明晰自身能够为潜在参与者提供的更好的条件,否则仅依靠模仿在位生态系统的商业模式很难体现自己的相对优势。例如,美团在 2010 年成立初期就选择与已建立起完善生态系统的大众点评展开直接竞争,并在轰动一时的"百团大战"中取得成功,与大众点评均分了团购市场。之后美团不断蚕食大众点评的生态系统空间,2015 年大众点评选择与美团合并,至此,美团实现了向团购市场生态领导者的转变。

系统构建者还可以通过参与其他生态系统来利用其他生态系统的资源与能力巩固自身的竞争地位。一方面,参与其他生态系统能够让企业获取到自身缺乏的资源与能力,补足短板;另一方面,参与到其他生态系统能够接触到其参与者网络,有利于搜索并吸引更多的潜在参与者。采取这一竞争战略的企业需要充分了解自身相对于在位生态系统存在的不足,评估其他生态系统所聚集的资源与能力,确保加入此系统能够有效弥补自身短板。当然,企业也要能够为所加入的生态系统提供其所需的附加价值,共同获益才能建立稳固的合作关系,通过合作加强自身竞争力并加速自身生态系统的建立。

③设计合理可行的系统架构

生态系统架构是实现生态内协作的形式,是对系统构建者与参与者之间、参与者之间协同关系的结构性安排,规定了参与者之间如何通过资源与能力的互补实现系统价值。满足生态组织效率要求的架构设计通常需要同时符合不重叠、不遗漏两项基本原则。首先,要清晰划分利基空间,避免不同利基空间在价值创造方面的重叠。利基空间业务的重叠可能会导致过度竞争,进而带来效率损耗,这种重叠也不利于不同利基空间的参与者协作。其次,要保证利基空间划分的完整性。这要求系统构建者充分掌握系统价值实现所需的全部资源与能力,并确保所需的价值过程与活动都能被分配到适当的利基空间。当然,随着生态系统的持续演化,系统构建者需要对原有架构进行调整或重新设计,以提升系统效率。

(2)生态系统成长阶段:规模扩张与效率提升

生态系统建立初期通常竞争力不强,核心企业需要采取一些措施来促进生态成长,发挥生态优势。生态系统的竞争优势在很大程度上取决于其规模,因此核心企业需要努力扩大生态系统的规模。生态系统的价值创造通过松散耦合的参与者网络的紧密配合实现价值共创。随着参与者规模的扩大,协调成本增加。因此,在生态系统成长阶段,系统构建者需要兼顾生态系统的规模与效率,措施主要包括以下四个方面。

①持续吸收互补参与者

在生态系统成长阶段,需要有针对性地吸引潜在参与者,实现生态系统内参与者之间资源与能力的互补。此外,在这一阶段,已经加入生态系统的参与者可作为筹码来吸引其他潜在参与者。因此,在成长阶段,合理布局参与者网络有利于进一步提升生态吸引力,让生态系统获得持续成长。例如,腾讯通过吸收应用软件开发公司、第三方电子合同平台企业及协同办公领域的头部企业等互补的不同种类参与者,生态系统规模大大提升,帮助客户实现了效率提升与业务增长。同时,多样的参与者也进一步提升了腾讯云生态系统的吸引力。

②精准赋能参与者

通过为参与者赋能,能够提升参与者的能力基础,使参与者能够与系统构建者及其他参与者高效协作,进而保持生态运行效率。生态内各成员是价值共同体,生态内各参与者发展得好,整个生态的价值才能更好地体现。赋能的形式有业务合作、资源投入、人员培训等多种形式。业务合作是指系统构建者优先将协作开展某类业务的机会分配给特定参与者,使它们能够以干中学的方式通过反复参与某些业务积累经验。资源投入是指系统构建者将财务、市场等资源直接投放给一些参与者,使它们快速获取关于特定业务的资源与能力。人员培训则是聚焦于人力资源这一要素,通过培训等方式帮助参与者的员工获取相关的知识与技能。

③完善生态规则

随着越来越多的参与者进入到生态系统,并从中汲取养分,加入系统创新活动中,生态治理的难度会不断加大,若治理不恰当,系统的价值创造能力会受到影响。核心企业要建立并不断完善生态规则,营造公平、公正、公开、透明的竞争环境。在对参与者赋能过程中,参与者不仅担心在嵌入数字基础设施过程中会发生核心数据泄露等数据安全问题,还担心会越来越被核心企业所控制,进而丧失自主权。此外,参与者还担心收益分配的不平等,考虑到核心企业在资源、权力等方面的优势地位,参与者在最终收益分配时的话语权较小,因此,参与者在参与生态创新时可能会有所保留。要解决这些问题,核心企业需要建立具有高度共识的生态规则,确保所有生态成员都在规则约束下有序竞争,营造一个公平、公正、公开、透明的生态环境。

④推动参与者间互动合作

推动各参与者之间的协同互动。生态系统内的不同参与者扮演着不同的角色,都是系统价值创造不可或缺的环节,通过互补及网络价值关系形成了整个生态系统。要提高系统的价值创造能力,需要推动各参与者能够在现有生态基础架构上实现业务的协同互动。

(3)生态系统成熟阶段:激发生态系统持续创新

这一阶段生态系统中聚集的资源及体量都已很丰富,生态系统已经具备了一定的规模优势。成熟期的生态系统除了维持规模与效率外,促进生态系统内的持续创新是生态系统保持竞争优势的另一重要源泉。系统构建者可通过明确核心企业主导地位、增强生态内信任、建立知识编码与技术标准体系等途径来激发生态系统的创新活力。

①明确核心企业主导地位

核心企业的引导对生态系统的创新具有重要作用。核心企业的主导地位不仅体现在其拥有整个生态系统发展所需的核心资源与能力,还体现在它对外部市场的敏锐洞察力以及对生态系统内部资源与能力分布的掌握。核心企业的主导地位与生态系统内的协作创新是相互促进的,有利于推动生态系统的持续创新发展。

②增强生态内信任

增强生态系统内各成员间的信任有利于开展创新。信任缺失会阻碍生态系统价值共创过程中的知识共享,同时,对合作伙伴的信心不足也会打消参与者协同创新的热情。系统构建者可从声誉和机会主义行为惩处两个方面来建立生态系统内的信任。系统构建者可通过跟踪参与者能力与诚信记录并定期进行披露,由此构建参与者声誉体系;参与者可通过这些声誉信息选择值得信赖的合作伙伴,声誉体系也有利于减少参与者的机会主义行为,进而提升整个系统的诚信水平,这也有利于生态系统内的知识产权保护,进而激励生态系统创新。

③构建知识编码与技术标准体系

成熟期生态系统参与者的多样性增加了生态系统内知识的异质性,知识的高度异质性会导致参与者之间协作出现困难,进而阻碍生态系统创新。因此,生态系统内应建立统一的知识编码结构与术语体系,以及规范的技术标准体系,以推动生态系统内新产生知识的流动与转化,及产品与技术在整个系统内的兼容,这也有利于生态系统内的创新。

(4)生态系统迭代阶段:建立系统自更新、自迭代机制

面对数字技术的冲击及产业技术的快速发展,生态系统需要不断迭代升级,即颠覆式的创新、技术轨道的跃迁及组织的变革等,以应对外部的不确定性,更好地满足用户需求,并保持生态竞争力。建立系统自更新、自迭代机制是生态系统迭代升级的有效举措。本书从开放式创新与网络化协同两个方面搭建系统自更新、自迭代机制。

①开放式创新

创新是生态系统迭代升级的内生动力源,采取开放式创新能够更好地整合系统内外部的资源与能力,进而促进创新。生态系统开放式创新可能有以下三种方式。

· 基于知识扩散与学习的自发创新。系统内各参与者间的紧密协作有利于知识(包含显性知识与隐性知识)在系统内的扩散,这种知识扩散是生态系统创新的驱动因素之一。

· 重组已有资源与能力产生的创新。系统内各参与者在协作过程中可能会发现资源与能力的新的组合形式,从而产生新理念、新想法。

· 系统构建者主导的创新。系统构建者基于对外部市场机会和系统内部与外部各参与者的资源及能力的掌握,通过调整系统结构等方式重置系统内外各参与者之间的协作关系,以更好地实现创新并利用外部市场机会。

②网络化协同

生态系统的迭代需要系统内各参与者的协同合作。系统内各参与者之间的资源或能力存在互补关系,因此,要运用各参与者之间的自发协同关系,促进生态系统内各主体之间的互动,实现生态系统的共创共生与迭代升级。

◆ 【篇末案例】

小米生态的建立与演化

你印象中的小米是做什么的?大多数人可能会回答是手机,可能还有部分人会想起手环或是智能电视。实际上,小米目前累计投资的各类型企业已有 400 多家,它们有共同的名称——小米生态链企业。这些企业围绕小米手机主业和 IoT(物联网)业务不断衍生,纵横交错组成了一个庞大的小米生态帝国。

相比腾讯海量流量的资本变现、阿里围绕主营业务的生态补全等,小米生态链投资有着独特鲜明的内在逻辑和外在表现,小米的投资主要是产品和供应链投资。紫米的充电宝和华米的手环等属于前者,芯片和自动驾驶技术等属于后者。所有这些投资最终都清晰地指向小米掌门人雷军的一个构想和目标:着力打造一个万物互联的小米生态圈,在这个生态圈里方便地互联互通,涵盖智慧家居、出行等方方面面。

爆品逻辑:从"米粉"开始,快速复制

作为互联网手机的典型代表,小米手机正是沐浴着"互联网+"的春风茁壮成长起来的。这种模式特色鲜明:借助互联网砍掉线下渠道和中间商,几乎以"成本价"来迅速走量收获"米粉",再依靠手机上的预装 App、广告运营等互联网增值业务盈利,实现雷军"硬件+新零售+互联网服务"的铁人三项构想和"专注、极致、口碑、快"的互联网七字诀。

小米高性价比的品牌形象已深入人心,且集聚了大批"米粉"。据小米方面的数据,仅在2019 年"米粉节"期间,参与小米米粉节活动的总人数就达 9806 万人。除了互联网,小米和雷军开始思考和构想更大的蓝图:以小米手机等为核心打造一个覆盖家居、出行等的万物互联的小米生态产品圈。因此,小米生态链的目标渐渐清晰:先用"互联网+"改造升级传统细分领域,再围绕小米手机和生态链产品打造一个智能互联的小米生态帝国。

2013 年底,小米启动生态链计划。小米投资的生态链企业自有一套标准,即投资市场上有潜力并认同小米价值观的企业,然后再找最牛的团队,遵循"技术为本、性价比为纲、做

最酷的产品"三大铁律,用小米的品牌、技术、供应链、资本来为生态链企业全面赋能,确保投资孵化的企业和产品成为行业翘楚,这就是小米生态链模式的爆品法则。

为了更好地为生态链企业提供支持,小米还创立了谷仓爆品学院,用于给生态链企业带去创业、经营的经验分享,这种手把手的"传帮带"和团队支撑,为爆品的持续输出提供了人力支撑。

竹林生态:确保小米生态链的可持续发展

生态链企业和产品越来越多,问题也随之而来。这么多类型的产品,是否会削弱小米品牌本身的形象价值? 同时,这些生态链企业在产出爆品后自然会向相关领域拓展,小米公司和这些生态链企业以及这些生态链企业间如何避免产品交叉及内耗,小米公司与生态链企业之间的权责如何平衡?

对此,小米给出的解答是"竹林生态",通俗地说,就是生态链企业内部是一个协调共生的竹林大生态,在这之中,小米作为母公司和地下根部,给予生态链企业足够的养分,最终竹子成林,相互赋能增值,确保小米生态链的生生不息。

2015年前后,小米曾提出"两年内独家赛道"的承诺,就是刚投资的前两年,各生态链企业可以放心、专心地研发,没有人和你竞争,但两年后会引入适度竞争。鼓励创新、效率、质量和实行一定程度的内部竞争与优胜劣汰,是小米"竹林生态"保持活力的题中之义。

小米还归纳了生态链企业的三个特征:共生、互生与再生。共生是指在整个生态系统中容纳了众多特征相近的独立个体;互生是指各个体间有着相互竞争,又相互合作的复杂依存关系;再生是指在大生态系统中,每个个体都需接受环境的考验与筛选,个体唯有进取创新,才能生存发展。

多入口聚合乘数效应

不过,目前小米面对的挑战依然不小,内部而言,随着生态链产品的越来越多,统一协调管理的难度与日俱增。外部来说,智能物联网(AIoT)的巨大市场空间,同样吸引了众多企业的前赴后继和全力深耕,其中不乏像华为这种IT巨头的AllinOne全屋智能解决方案,也有像海尔、格力这种家电巨头的智慧家居等。小米生态链又何以脱颖而出?

首先小米生态链产品涵盖手机、电脑及周边产品、智能家居、出行等各方面,各产品间相互提供入口,共享米家App大脑,在设计风格、技术标准、营销推广等方面相对一致,再加上小米品牌的背书,形成生态完整度、品牌认知、用户体验等方面的聚合优势和差异化竞争力,带给消费者更为安心、一致的用户体验。

同时,更多的生态链产品不断推动自我迭代与创新,强势爆品带动新爆品,形成聚合乘数效应,这也回到小米生态链构建之初的"竹林模式":小米这个根部不断培育竹子形成大片竹林,底部根系蔓延不断,彼此间相互扶持、共同成长,并能实现内部的新陈代谢和自我迭代更新。

梅特卡夫定律认为,随着网络节点的增长,网络价值会呈现平方增长。各类智能终端数量持续提升,智能产品矩阵实现智能互联协同,最终催生出真正意义上的"智慧家庭",引发的将是乘数效应,也就是小米2020年提出的"小米＋AIoT"转向"小米×AIoT"。

生态的自我调节

在速生的背后,小米生态链的丛林当中开始出现了一些博弈,小米生态链公司为了争取到更多的资源,开始横向竞争,出现压价、内卷行为,小米基于自身的发展考虑,对生态链公司提出了更多的要求,整个生态出现了变化,小米意识到企业间内耗的严重性。

一个完整的生态体系,自然有着强大的自我调节能力。很快,小米生态链踩了一记紧急刹车。"按照营业收入排资论辈,互相拆台、提防,这不是我们想要的。"现任生态链负责人屈恒在2020年下半年一场小米生态链年会上表示。

从2019年底到2020年初,小米内部把产品品类重新梳理了一遍,明确了生态链后续一定要做的几个方向:一是与手机主业相关的,比如充电宝、可穿戴设备。二是围绕全屋智能,对小米IoT布局是有帮助的。三是酷玩类的,这些产品或许当下并不赚钱,但却是小米所有核心技术的整合产品。很快,小米生态链的SKU从1500多个砍到了600多个,产品质量也被重新提上议事日程。

种种调整表明,小米生态链逐渐从原来的散养走向有管理、有机制的体系化模式,并开展了专项行动,如重组供应链和项目团队;让生态链公司签订公约,不允许恶意挖角;制定了质量和供应链公约,让生态链公司把焦点重新聚焦回效率提升和产品创新上。

在这场大会之后,一切都在拨乱反正。一位生态链公司CEO表示,恶意竞争的案例在逐渐减少,而生态链公司也得以不再过分追求项目成本,而是重新重视产品打磨、尊重项目的正常成长。

资料来源:吴清.起底小米生态帝国.中国经营报,2021-09-06(B11);小米生态链八年②:凡是过往,皆为序章,https://baijiahao.baidu.com/s? id=1724727841173020245&wfr=spider&for=pc,引用时稍有修改。

◆ 【案例思考与讨论】

1.请结合以上案例思考小米是如何构建生态的?

2.请结合以上案例分析小米及其合作伙伴的价值创造逻辑是怎样的?

3.通过分析小米案例,请总结小米生态的演化过程包括哪几个阶段?

4.请详细分析小米在不同的演化发展阶段采取哪些竞争策略以保持生态竞争优势?

◆ 【本章复习题】

1.什么是合作战略? 合作战略类型有哪些?

2.合作战略的意义有哪些?

3.什么是商业生态系统? 其演化分为哪几个阶段?

4.生态战略的内涵是什么?

5.生态构建者和生态参与者在生态系统内分别发挥着什么样的作用?

6.生态价值创造过程是怎样的?

7.生态战略实施过程包含哪几个阶段? 每个阶段包含哪几种战略?

9　战略实施与控制

　　企业战略制定之后,需要一系列战略实施要点来推动战略目标的实现。不能够有效落地的战略就如同纸上谈兵,因此,战略实施与控制是将战略转变为行动并最终实现战略目标的重要环节。战略实施要点包含构建相匹配的组织结构、配置所需的资源、提升组织学习能力以及打造相适应的制度环境与企业文化等系列举措。考虑到组织建设、战略资源配置及文化变革在战略实施过程中的重要作用,本章将阐述如何构建与战略相匹配的组织结构、如何以战略为导向进行资源配置以及如何通过文化变革来促进战略目标的实现。除此之外,本章还将介绍战略评价的内容与方法,明晰战略控制类型、过程及方法。

■■■【开篇案例】

中国移动:打造卓越的战略执行力,保障高质量发展

　　中国移动通信集团有限公司(以下简称"中国移动")成立于2000年。伴随着我国经济的快速发展,中国移动目前已成长为全球网络规模最大、用户数量最多、品牌价值和市值排名位居前列的电信运营企业,在国有资产管理委员会(以下简称"国资委")经营业绩考核中连续16年获得A级结果。20余年来,中国移动始终将"对标世界一流"作为最重要的管理工具,嵌入到战略、市场、财务、人力、供应链等各领域,全面提升公司的经营管理水平。

　　中国移动以2004年整体上市为契机,建立并逐步完善了各项企业制度和管理模式,其中最有代表性的是"战略—预算—考核—薪酬"闭环管理体系,有效解决了战略落地的执行力问题。时至今日,经过近20年的不断优化完善,"战略—预算—考核—薪酬"闭环管理体系已经成为中国移动落实战略、配置资源、引导发展最为有效的抓手,在持续发展过程中发挥着重要的作用。

对标提升,战略引领发展

　　中国移动高度重视战略对企业发展的引领作用,始终以成为"世界一流企业"为目标,深刻理解行业"规模制胜"规律,敏锐洞察环境趋势,聚焦主业,做出适应时代的战略选择。

　　中国移动持续开展对标工作,把握全球领先趋势,精进业务技能,实现专业技术能力升级。中国移动以国际对标工作服务于公司战略为指导思想,并按照战略导向、改进提升、滚动调整三大原则开展国际对标工作。战略导向是指国际对标始终以公司战略为出发点,根据战略需要选择国际对标标杆,依据战略要素构建对标指标体系。改进提升是指通过国际对标发现公司存在的各种短板和不足,以此制定并实施相应的改进措施。滚动调整是指国际对标要逐年滚动调整,每五年根据公司战略变动进行包括项目定位、标杆企业、指标体系甚至对标方法等方面的调整。同时,每年要在既有对标体系下适时滚动优化标杆企业和部分指标,确保对标工作的有效开展。

　　为有效落实五年发展战略,中国移动每年滚动制订三年战略规划。三年战略规划基于内外部环境分析,提出规划期战略落实思路,细化阶段发展目标、分解年度重点工作任务,切

实将战略转化为战术,形成可量化、可执行、可考核的行动计划,指导年度工作计划、预算资源配置和业绩考核计划的制订。

资源保障,预算为战略落地明确路径

战略管理与全面预算管理的衔接是战略落地的重要保障。战略和预算接口的关键衔接点在于三年战略规划明确的年度战略工作计划。中国移动的全面预算管理基于战略工作计划进行合理的资源分配,一方面实现了战略到预算的落实,另一方面让预算资源分配与公司战略方向相匹配,更有战略指向性。

首先是建立完善的全面预算管理组织。设立总部、二级公司(包括省公司、各专业机构)和三级公司(包括地市公司、各专业机构所属单位)的三级预算管理机构,县营业部原则上作为地市公司的预算责任中心(单元)进行管理。各层级各司其职,以组织形式有力保障预算管理工作的有效落地。

其次是建立协同的预算管理流程,强调目标与资源匹配。全面预算管理流程具体包括横向流程和纵向流程,横向流程涉及各级预算管理组织的各预算管理机构,主要是各级公司内部各部门之间的流程,纵向流程涉及各级预算管理组织,主要是集团、省公司、地市公司之间的流程。随着规模的不断扩大、管控要求的日益细化和深化,中国移动越来越强化对横向闭环、纵向贯通、横纵向的协同关系。

激励与约束并重,考核为战略落地提供抓手

战略与考核的衔接,是战略管理驱动业绩管理的关键,能够保障各部门各项业务工作不偏离战略方向,使战略重点得以真正落实。中国移动基于三年战略规划对目标措施进行分解,通过将规划形成的战略目标体系与所有实体运营单位的业绩考核紧密衔接,推动各单位的战略执行行动与战略目标紧密结合,并通过强化制度约束来确保战略执行责任落实。战略管理体系与考核管理体系的有效衔接,推动了企业战略的有效落实和实施评估。

首先是构建科学的业绩考核体系,精准分解战略任务。中国移动自成立以来,始终结合发展的需要,不断优化业绩考核管理体系,以充分贯彻公司发展战略为导向,建立了以价值创造、质量提升为核心的立体化、多层级、全覆盖的业绩考核体系,形成了完善的业绩考核组织流程、配套机制,为提升公司经营业绩提供了有力保障。

管理体系上,中国移动建立了公司级、专业级和部门级相结合的立体化业绩考核管理体系,以公司级业绩考核作为集团层面的战略导向,以专业级和部门级业绩考核作为进行全方位管理、多层级监控和全流程指导的目标,实现对业绩的精准把控。

战略衔接机制上,中国移动以战略目标为导向,根据公司业务特点,全面梳理公司KPI业绩体系价值树,从经营结果、关键管理流程、客户价值等方面设计考核指标体系框架,并结合平衡计分卡筛选关键指标,构建了以效益及价值为中心、以结果指标为主、以客户感知为导向、长短期指标相结合的多维度考核指标体系框架。

绩效兑现,薪酬分配使战略落地实现闭环

中国移动将业绩考核结果与下属公司薪酬、业绩评价和管理层考评挂钩,保证业绩考核对下属公司的激励效用。下属公司整体人工成本以及领导人员薪酬与业绩考核结果挂钩,体现"业绩升、薪酬升;业绩降、薪酬降"的管理导向。下属公司管理层考评与业绩考核结果挂钩,业绩考核结果作为公司管理层考评的重要组成部分。

中国移动按照"业绩导向、结构合理、配置高效"的管理思路,持续推动薪酬激励机制改

革,基本建立起市场化、差异化的薪酬激励体系,探索和运用多种激励管理手段,让想干事的有舞台、能干事的给机会、干成事的有回报。

　　企业的成长与发展是一场马拉松,加强管理是企业运营中面临的永恒主题。用好对标"世界一流企业"这个高效工具,利用"战略—预算—考核—薪酬"闭环管理体系,打造卓越的战略执行力,推动企业做出正确的战略选择,并将战略扎实落地,从而实现高质量发展,最终成为具有全球影响力的世界一流企业。

资料来源:陈静.对标世界一流管理提升 打造卓越的战略执行力——中国移动的管理实践.中国管理会计,2021(2): 52-60,引用时稍有修改。

■■ 【案例思考与讨论】

　　1.请结合案例思考战略制定与战略实施之间的关系。

　　2.请结合案例讨论战略实施的路径。

　　3.请结合案例分析战略实施过程中的关键要素有哪些?

9.1　战略实施要点

　　数字化与全球化时代的战略实施具备一些新特征,且对战略执行者提出了新的要求。例如,战略领导者需要具有相应的数字化素养与全球视野,战略执行者也需要具备一定的数字化技能;组织结构与业务流程需要进行变革以支撑企业的数字化转型,并出现了以网络结构、生态结构等为代表的新型组织结构;资源配置过程也需要考虑数据资源等新型要素资源的配置与利用;同时还要注重建设与数字化时代特征相匹配的企业文化等。这些对战略的顺利实施起到至关重要的作用,因此,战略领导者需要关注这些新特征并满足新要求,以推动企业在数字化与全球化时代获取竞争新优势。

　　战略并不是一成不变的,而是需要随着外部环境的变化而不断地进行调整,战略的变化调整需要高效的组织及资源的再分配,在战略实施过程中通过不断地纠偏和迭代,保证最终战略目标的实现。

　　战略实施要点通常包含以下几个方面:①培育战略领导力;②构建与战略相匹配的组织结构;③配备战略实施所需资源;④建立支撑战略实现的制度与流程;⑤建设信息系统并推进数字化转型;⑥建立支撑战略的企业文化;⑦对标最佳实践并持续改进。如图 9-1 所示。

9.1.1　培育战略领导力

　　战略领导力是战略领导者带领其他战略管理者和全体员工共同实现战略目标所需具备的能力,按照本书第 1 章的定义,战略领导力通常包含战略决策能力、统筹全局能力、推动变革能力及数字化素养等几个方面。全球化进程中的不确定性因素增多,战略领导者需要具备在不确定环境中预测未来趋势,并对组织成员产生有效影响的能力。

　　战略领导力的核心是持续保持企业的高效运营和高绩效,而吸引与管理人力资本并为其提供有利环境的能力在这个过程当中是至关重要的。战略领导力对于企业运营、战略实

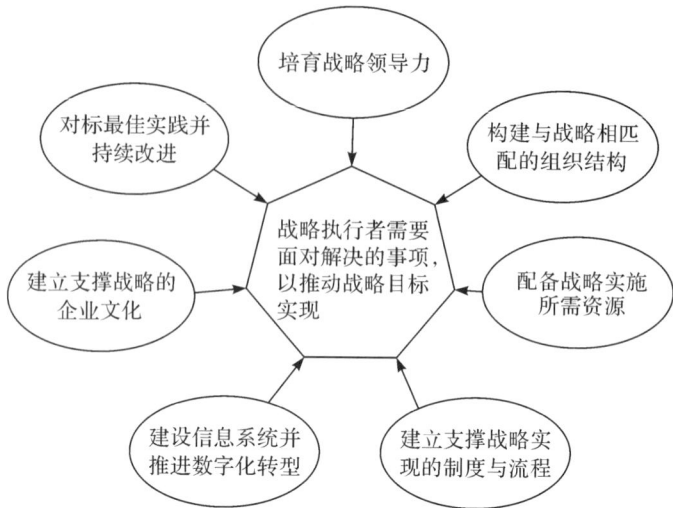

图 9-1　战略实施要点

施及获取持续竞争优势是非常关键的。不同类型的领导在战略推进过程中的表现也不相同,领导风格与其管理经验和业务知识、人际关系、解决问题能力、权力大小及个性化领导风格等有关,战略领导者在这些方面的差异可能会带来管理思路与风格的不一致,导致战略实施过程受阻。因此,培育管理者的战略领导力成为战略实施的重要一环。

9.1.2　构建与战略相匹配的组织结构

组织结构是战略实施的载体,组织结构与战略的匹配度越高就越有利于战略的顺利实施。构建与战略相匹配的、有竞争力的组织结构需要重点关注以下两个方面的组织建设活动:一是选择与战略相匹配的组织结构。企业应综合比较各种组织结构特征,选择能够支撑战略的组织结构,通过价值链分析和业务流程重组,使组织更好地适应战略需要。二是建设与组织核心能力相匹配的核心团队。建设核心团队并为关键岗位配备适当的人员是组织建设的重要一环,战略执行者要建立与组织核心能力相匹配的核心团队以确保战略顺利实施。

9.1.3　配备战略实施所需资源

为战略实施配备足够的所需资源是战略推进的重要一环。在战略实施的早期阶段,战略执行者必须确定所需要的资源,以及这些资源在企业内不同组织单元间的分配。

例如,为关键战略活动配备所需的人力资源,具体体现在企业人力资源管理全过程中,包括组建管理团队、人员招聘与培训、人员激励等方面。资金预算分配主要涉及有形资源中的财务资源和实物资源,资金的分配通常采用预算的方式。另外,战略执行者应能够识别出战略实施过程中需要哪些数据作为支撑,并明确数据资源的获取方式与应用场景。战略执行者还要开发与提升支撑战略目标实现的企业核心能力,把企业独特的资源与能力配置到构建核心竞争优势的要素中去。

9.1.4　建立支撑战略实现的制度与流程

好的制度与流程能够支持战略实施,相反则会阻碍战略执行。首先,要制定公司政策与规章制度等规范性文件,包括决策制度、激励制度等。企业管理者应仔细审查现有规章制度是否能够支撑战略实施,制度需要按照规定的程序来制定。好的规章制度通常会以四种方式促进战略执行:①自上而下地引导企业所有人员共同向着战略目标的方向前行,促进管理者及员工的行为与战略成功实施的要求保持一致。②确保关键战略活动的管理方式的一致性,推动个人与集体间的协同。③调动组织成员的工作积极性,激发员工的工作主动性和创造性,以提高工作绩效。④推动形成有利于战略实施的良好工作氛围,以提高组织的效率。

其次,要优化业务流程。为了满足企业战略要求,需要具备客户导向思维,充分运用数字技术,建立健全系统完整、适用高效、责权明晰及动态优化的业务流程体系,实现质量、成本、服务及效率等方面的改善。业务流程再造与优化的具体实施步骤在不同企业可能存在差异,总体来说,可包括以下四个步骤:①流程诊断,以发现现有流程存在的问题。在查找出流程存在的问题之后,要分析每个具体问题产生的原因。②框架策划。基于数字技术优化组织定位与管控模式,输入企业战略目标,对企业流程体系进行整体策划。③流程设计。可以采取以下策略:一是借助数字技术加强各业务环节之间的链接,将可以合并的流程合并,以降低管理成本并提高效率。二是用同步工程思维将原来串行的流程转变为并行。④组织实施与持续改善。随着企业内外部环境的变化及数字技术的不断迭代,业务流程也要进行持续改善与优化,以适应新形势要求。

当企业战略调整或想要提高其战略执行力时,需要对原有的制度与流程做出相应的调整与变化。企业管理者应当仔细审视现有制度与流程是否适应新的战略,并修改或废止那些不适合的制度与流程。

9.1.5　建设信息系统并推进数字化转型

制度与流程制定好之后需要搭建相应的信息系统来提供支持,提高业务运行效率。信息系统的建设需要系统规划,避免信息系统与业务流程不匹配、信息孤岛等现象,要能够实现不同系统之间、系统与物理设备及管理软件之间的数据即时传递,以及研发设计、生产制造、销售服务等过程的数据贯通。例如,多数企业已使用企业资源计划系统(enterprise resource planning,ERP)进行企业内外部资源的综合平衡与优化管理;利用产品生命周期管理系统(product life cycle management,PLM)支持产品全生命周期信息的创建、管理、分发和应用等。信息系统不仅提高了企业内部的信息流动与运行效率,也便利了企业与其合作伙伴之间的沟通与信息传递。

随着新一代信息技术的快速发展,企业的数字化转型成为趋势,并将数字化视为重塑企业竞争优势的重要举措。在战略实施中,数字化转型能够推进企业创新和升级,有利于战略目标的实现。数字化在以下三个方面呈现出不同于传统信息化的重要特征:①更先进的数字基础设施。当今的数字化是以互联网、人工智能、区块链、云计算、大数据等新一代信息技术为基础构建的更加开放融合的信息物理系统。②生态思维。数字化是从生态视角,更加系统、全面地进行顶层设计,将多种参与者包含到系统设计中来。③数据驱动决策。新信息技术使得数据的获取、传递、共享及处理更加便利,基于数据的经营管理与决策制定成为数据价值的重要方式。

在全球经济一体化的背景下,企业面临着来自世界各地的竞争对手的挑战,同时,由于全球产业链供应链逐步形成,企业需要嵌入到全球价值链中,这也对企业的经营管理等方面提出了更高的要求,不仅要提高企业内部运行效率,也要加快企业间的信息传递速度。因此,推进企业的数字化转型是当今全球化背景下企业保持竞争优势的内在要求。

9.1.6 建立支撑战略的企业文化

企业文化体现了企业独特的文化环境、经营哲学、价值观念、道德规范、行为准则、做事方式及人际关系等,是企业内所有成员的共同价值观。企业文化对于战略的制定与实施起到了至关重要的作用,优秀的企业文化能够有效地促进战略执行,有利于战略目标实现,例如高绩效文化、适应性文化等。高绩效文化强调个人主动性,整个企业从高层管理者到一线员工所有人员都为了共同目标去努力工作,勇于承担责任,并迅速解决问题,全力以赴实现目标。塑造高绩效文化需要企业管理者采用一种纪律严明、注重绩效以及结果导向的组织管理方法,以激发公司内所有人员的高度忠诚度和奉献精神。适应性文化的特征是所有组织成员都愿意接受变革并努力做出改变。具备适应性文化的企业会积极地识别问题及新的市场机会,做出评估并找到解决方案,企业可能会对战略与管理方法进行调整,以适应不断变化的外部环境。

9.1.7 对标最佳实践并持续改进

对标行业最佳实践有利于促进战略实施并改善内部运营管理。对标是指企业将自身产品、技术、服务及管理等方面与行业内外先进实践(标杆企业)进行比较分析,找到差距与问题,寻找、确认、借鉴并吸收标杆企业的成熟经验,通过模仿学习及再创新实现持续改进。对标通常包括以下三种类型:①企业内部对标。这种对标方式适用于跨国、跨地区经营的大型企业集团,其内部各子公司之间可能存在具有相同功能职责的组织单元或部门,绩效较差的部门就可以向最佳绩效部门开展对标学习。②行业内部对标。对行业内竞争对手进行调研分析,找出企业自身与竞争对手在产品、技术、流程及经营管理等方面差距所在,并制订方案持续改进。③行业外部对标。企业需要跳出行业与区域限制,寻找高绩效组织与经营管理方式,行业外截然不同的观念与做法更易于激发企业的创新性想法,促进运营方式的转变。

对标通常包括以下六个步骤:①发现问题。企业开展对标之前应首先对自身业务进行检视,找出存在的问题。②明确对标对象并细化指标。对标对象要选择行业最优企业或3~5年内要超越的竞争对手,在此基础上对指标进行细化,指标应尽可能量化。③实施对标。通过实地调研走访与资料收集,深入了解对标企业技术应用、业务开展、产品提升等方面,找出与对标企业的差距。④制订改善计划。针对问题与差距提出改进提升计划,改进提升计划要具有可操作性。⑤落实改善。依据改善计划进行工作推进,要对计划执行情况开展监督、检查,确保对标工作按计划进行。⑥总结评价。改善计划实施一段时间之后,需要进行阶段性总结并开展绩效评价,检查对标工作实施效果。企业应建立系统性、常态化的对标工作机制,推进各项业务的持续改进。

以上七个要点是战略执行者在战略实施过程中需要重点解决的事项,以推动战略目标的实现。战略类型、战略变革程度及内外部环境等因素都会对战略的实施过程产生影响,同时,不同组织的学习能力及其管理人员的战略执行能力存在差异,因此,战略实施过程及其管理方式需要依据企业的具体情况进行具体分析。

在战略实施的七个要点之中,组织结构是战略实施的载体,高效的组织能够有效推动战略目标实现;资源配置为战略实施提供了必要保障,尤其是数据资源等新型资源的利用有助于决策效率与质量的提升;同时,企业文化变革对战略目标实现也起到了重要的支撑作用。因此,本书将重点阐述如何构建与战略相匹配的组织结构、战略导向的资源配置过程及企业文化变革。

9.2 构建与战略相匹配的组织结构

随着企业战略的变化调整,现在组织结构中的正式报告关系、程序机制、决策过程及治理机制都不能有效支撑新战略的实施,战略领导者需要一个新的组织结构来帮助其获得有效整合内外部资源的新知识,推动战略实施及战略目标实现。例如,当企业实施产品或业务的多元化发展战略时,就会通过设立新的研发机构、技术部门、生产企业,或其他的组织机构来支撑新产品或新业务发展,与战略匹配的组织设计对于企业战略实施至关重要。

9.2.1 组织结构设计过程

企业组织结构的设计要与战略相匹配,组织结构设计过程主要包括四个方面:分析价值链、设计组织结构、责权划分及建立与外部伙伴合作的组织机制。如图 9-2 所示。

(1)分析价值链

分析整个产品价值链,决定哪些价值链活动在企业内部开展以及哪些进行外包。将部分价值链活动外包给具备专业知识外包服务的企业,不仅能够起到降本增效的作用,还能使企业聚焦战略重点,集中精力从事处于战略核心的价值链活动,从而创造独特的价值并提高竞争力。企业经常外包的是那些不具有战略重要性的活动,如提供技术支持、维护车队车辆、运营公司网站、员工培训等。

(2)设计组织结构

设计与战略相匹配的组织结构。组织结构是任务、职责、权限和沟通渠道等方面的正式和非正式的安排,它规定了组织各部分的联系、报告关系、信息流的方向以及决策过程。组织结构影响管理者协调和控制复杂活动的方式,因此是战略执行的关键要素之一。企业应通过价值链分析及业务流程优化,并综合考虑各种组织结构特征,搭建更适应战略需要的组织结构。同时,组织与流程也要随着战略的变化不断地进行调整与优化,使其既能适应战略的需要又具备有效性和可行性要求。

(3)责权划分

组织结构设计好之后,要明确各个机构及其内设岗位的职责及享有的权利。在不同类型的组织结构中,高层管理者对下属管理者和员工的授权程度差别较大。在战略实施过程

```
┌─────────────────────────────────┐
│          分析价值链              │
│  明确哪些价值链活动在企业内部开展  │
└─────────────────────────────────┘
                │
                ▼
┌─────────────────────────────────┐
│          设计组织结构            │
│    设计符合战略需要且有效可行的   │
│            组织结构              │
└─────────────────────────────────┘
                │
                ▼
┌─────────────────────────────────┐
│            责权划分              │
│    明确各个机构及其内设岗位的      │
│        职责及享有的权力          │
└─────────────────────────────────┘
                │
                ▼
┌─────────────────────────────────┐
│    建立与外部伙伴合作的组织机制    │
│   与外部合作伙伴建立有效的合作关系  │
└─────────────────────────────────┘
```

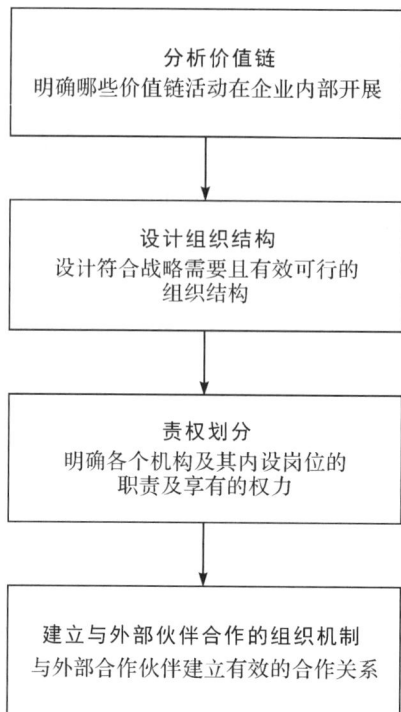

图 9-2　组织结构设计流程

中,企业需要明确每个组织单元管理者(包括事业部、职能部门、工厂或其他运营单元的负责人等)的管理职责及赋予其多少权力,组织单元中每个岗位的职责,以及给予每个员工多大的决策参与度。

(4)建立与外部伙伴合作的组织机制

组织机制要能够确保企业与战略实施过程中每个重要的外部合作伙伴建立有效的合作关系,例如,要想与供应商保持密切合作,组织结构设计时就需要考虑供应链管理问题;如果经销商、零售商等渠道商对于企业战略实施至关重要,那就需要设立专门的机构,配备相应的人员来管理与这些渠道商的关系。此外,"关系经理"与网络结构是两种用来管理外部合作伙伴的有效机制。"关系经理"有助于与外部合作伙伴建立好关系,促进交流与合作,通过任命"关系经理",可以搭建与外部合作伙伴及战略盟友的组织纽带。网络结构将参与某个任务的多个独立组织连接到一起,有利于推动外部合作伙伴之间的密切合作与协调。运行较好的网络结构中往往会有个"带头人"来对网络进行管理,包括选择合适的合作伙伴、协调网络活动等。

设计好之后的组织结构也不是固定不变的,而是随着战略调整或战略实施过程中出现的管理协调问题不断地进行优化调整,以保证战略目标的实现。

9.2.2　组织结构的新形式

传统的组织结构有职能化、组织区域化、战略业务单元化、矩阵结构等组织形式,这些在其他教材中已有介绍,这里就不再重复。随着企业战略的创新,以及近期出现的生态战略、数字化转型等发展战略,企业组织结构呈现出新的发展趋势。

（1）柔性化组织结构

美国学者迈尔斯（Miles）和斯诺在 1986 年提出了"新竞争组织"的概念，其核心是利用信息技术与企业内外部建立广泛联系，并应用市场机制糅合一些主要职能，以实现更广泛的战略目标。后来，人们从这样的组织形式中延伸出柔性组织的概念。柔性是指连续地做出调整以保持适应性。柔性组织的特点是结构小型化与简单化，结构小型化更能让人感到与工作关系密切，易于发挥个人作用，便于领导下放权力，有利于调动员工的工作积极性。

组织是建立在组织内外部个体、群体之间的动态合作以及与外部环境的资源及能力互补基础之上的，因此，柔性是企业在不确定性环境中生存与发展不可或缺的。特别是在数字化与全球化背景下，要求企业组织更具灵活性，以适应数字化转型及外部环境的不确定性。柔性化组织结构具有灵活性，对组织成员没有过多的限制，而是通过开放的结构来调动员工的积极性。柔性化组织打破了传统结构中人与人之间的等级观念，在这种组织中，人与人之间的等级差异较小，权力较分散，更易于组织成员之间的沟通。

（2）网络结构

进入 21 世纪后，信息技术发展迅速，经济全球化趋势明显加强。企业组织需要一个更加灵活、敏捷的结构，以应对不断变化的外部市场环境。互联网时代对企业提出了更高的要求，包括更加了解客户需求、对市场的快速响应、敏捷创新、客户导向的产品开发设计以及改进客户体验等，因此，网络结构逐渐兴起。网络结构包括管理控制中心和柔性立体网络，管理控制中心分别承担了战略管理、人力资源管理、财务管理、审计与风险控制等职能，柔性立体网络通过合同契约的形式，根据业务发展需要组成班子。

网络结构具有以下四个方面的优点：一是灵活性更强，使高效率得以保证；二是减少了行政层级，可以降低信息失真；三是网络组织的控制是间接控制，且保持单向的责任权力，一个中心只有一个经理，通过合同管理，避免多头领导；四是网络结构能够充分发挥员工的自主意识，同时有利于协调与合作，调动员工的工作积极性。

（3）生态结构

企业组织本身是一种复杂的系统，具有系统性、动态性等特征，数字化时代使得组织系统更具开放性及边界模糊性，这要求企业组织的研究方法由传统的静态思维转向演化思维及生态视角，在企业组织结构设计与变革中融入演化经济学、生态学等思想，企业组织与环境的互动及组织结构的动态演化成为发展趋势。

生态结构由生态构建者与生态参与者两类角色构成，相关内容在本书第 8 章已有论述，这里就不再重复。生态结构具有以下优点：一是更具开放性与灵活性。生态结构组织机制是以创新为核心，基于信任与合作，通过生态成员间的互动与合作实现价值共创和共享。二是加强资源共享与协同创新。生态的数字基础设施极大地便利了生态成员之间的信息流动与资源共享，系统构建者会向参与者赋能，帮助其更好地创新，同时生态成员间通过资源与能力的互补能够实现互补创新。通过资源共享，支撑生态吸引和释放更多的组织资源，使生态环境不断优化并扩张。生态的价值会随着生态规模的扩大而增加，并实现协同创新和能力进化，促进生态的可持续发展。

9.2.3　学习型组织

建立学习导向的具有竞争力的组织是战略实施及战略目标达成的基本保障。随着经济全球化发展,企业不断向纵向及多元化方向延伸业务领域。一方面,这种业务领域的延伸对企业管理的要求越来越高,企业需要新的管理方式、新的信息沟通与控制系统以及新的组织结构来适应更复杂的管理。另一方面,在战略实施过程中,企业的战略也是依据内外部环境进行动态调整的,这也需要组织结构的相应调整来支撑新的战略目标的实现。因此,如何开展组织创新来适应新形势及战略调整的需要,是战略实施过程中的重要内容。

学习型组织是为了培养组织内部的学习氛围、激发员工的工作积极性与创造性而建立起来的一种有机的、柔性的、具有持续学习能力、可持续发展的组织。构建学习型组织的目的是通过培育组织的学习能力,提高组织对外部环境的适应能力。总体来说,学习型组织具有以下几个方面特征。

一是营造全员学习氛围,倡导终身学习理念。从组织的管理层到一线员工,所有人都能全身心投入学习,形成良好的学习氛围,并促使组织成员养成终身学习的习惯。企业的高层管理者决定着企业的发展方向,更要注重学习。其他成员则应把自己的学习行为贯穿于组织系统运行的整个过程之中,坚持干中学、学中干,实现理论学习到实践应用的良性循环。

二是建立知识管理体系,促进组织内及组织间的知识共享。注重对企业运营过程中组织与个体产生的显性知识和隐性知识的积累及管理,通过知识共享平台等形式建立跨团队、跨组织的信息沟通机制。同时,企业应建立完善的知识管理体系,实现知识的抽取、管理、计算、演化及应用的全面系统集成。

三是打造人本化组织,创造宽松的环境。人本化的组织关注员工个人的成长,不断为员工创造愉快的工作环境,正确界定好组织和个体之间的关系。组织成员可以自己发现工作中的问题,自主选择伙伴组建团队,制订对策方案并组织实施。组织应秉持以人为本的管理理念,如让员工丰富的家庭生活与充实的工作相得益彰,实现家庭与事业之间的平衡。

四是形成组织共同愿景,倡导求同存异。组织的共同愿景是组织中所有员工共同愿望的描述。共同愿景能将不同个性的员工凝聚在一起,使其朝着组织共同的目标前进,同时又尊重员工的个性,能让员工的个性在组织中得到充分发挥。

五是构建开放包容的组织系统。建立并完善相应的制度,鼓励组织成员积极参与组织内外部的学习与交流,促进组织内各要素以及组织与外部环境之间的互动,提高组织对内外部环境变化的应变能力。

数字化时代,数字技术重塑了企业的价值创造过程。数据与知识资源在企业组织中变得越来越重要,同时,个性化定制、网络化协同等新模式和新业态的出现对企业组织提出了越来越高的要求。因此,在全球化与数字化时代,企业如何根据战略发展的需要来变革组织形式,成为支撑战略实现的关键,企业组织结构需要不断变革以支撑全球化与数字化时代企业的创新发展。

■■ 案例

加特可（广州）的组织学习循环

日产汽车控股的加特可（Jatco）株式会社是世界最大的自动变速箱生产厂家之一。加特可（广州）自动变速箱有限公司（以下简称"加特可（广州）"）为加特可株式会社100％独资企业，于2007年4月在以高科技制造业为主导的广州经济技术开发区科学城成立。

加特可（广州）是国内学习型组织实践的成功范例。全员围绕"以世界一流的工作创造世界一流的产品"这一愿景持续学习，并获得了明显成效。加特可（广州）的组织学习循环包括学习准备、学习执行、学习反馈三个阶段。组织目标是学习型组织生成的"因"，组织学习循环是学习型组织生成的核心环节，价值实现是学习型组织生成的"果"。

学习准备阶段

加特可（广州）坚持用最好的人实现技术和管理本土化。首先，秉承此人才认知，根据企业战略确定岗位需求，在语言和学历等方面制定入职门槛。其次，人力资源部根据工作分析和员工特征，将人才细分为适用"人财"、现地"人财"、潜力"人财"、国际"人财"四类，确定每个岗位师傅（上级）应该带多少名徒弟（下属）。同时，在人才盘点过程中实施继任计划，由上级选择继任者并进行排序，搭建人才梯队。进入继任计划的员工要进行六个月到一年的岗位实践、课题发表等培训，合格者方能继任相应岗位。最后，加特可（广州）搭建并完善人才梯队，通过继任计划为员工提供个性化职业规划和发展路径，提升员工的学习能力。

学习执行阶段

加特可（广州）为员工开发培训课程：新员工入职培训；全员基础培训（胜任力和专业技能）；为适用"人财"、现地"人财"、潜力"人财"、国际"人财"设置初级、中级、高级和专家级课程培训；全员语言、异文化、办公软件和户外素质拓展等选修课程。在培训体系运行中提供师徒传承制和跨边界协作两种训练方式，老员工对新员工进行辅导，打破部门和职能界限，提升团队协作能力。

加特可（广州）有内部讲师制和课题制两个特色学习通道：内部讲师制是学习外扩路线，从讲师选拔、培训、评价到晋级，推动个体"隐性知识"向组织"显性知识"外扩。加特可（广州）根据条件选拔内部讲师，经培训认证后正式授课，根据学员反馈对讲师评定等级。内部讲师共有五个等级，授课评价达到标准方能晋升。课题制是学习内化路线，从课题提出、组队、跟踪、答辩到成果固化，推动组织"显性知识"向个体"隐性知识"内化。加特可（广州）有业务改善型和目标达成型两种课题，员工经培训后进行组队，在"课题银行"实时登记更新课题，通过答辩的课题成果建立档案并付诸实施。全员先"学"后"做"，"学"源于"做"，知识在个人、团队和企业层面转化与传递。

学习执行阶段是组织学习的核心环节，知识在组织不同层次创造、转化和传递是学习执行的本质。实现"个体隐性知识——群体显性知识——多个个体隐性知识"的螺旋演进，这是学习型组织的重要标志。讲师制与课题制构成学习型组织的双环驱动，促成了知识转化与业绩提升，同时还成就了员工的个人成长。

学习反馈阶段

加特可（广州）根据多个指标对员工进行考核：业绩评价考评本职工作；能力评价考评胜任能力、跨部门合作等；课题评价考评课题完成数量和质量；加减分项考评内部讲师等级情况。绩效面谈包括下属优缺点及 3～5 年的职业发展规划，记录绩效结果为绩效分析提供数据支持，同时反馈给培训部门，针对成员共同弱项开发课程完善培训体系。加特可（广州）形成了一套激励机制：员工考核达标有相应的物质及精神奖励，突出者依据晋升条件晋职晋级，开始新一轮人才选择；考核未通过或连续处于末位者将受到调岗、降级惩罚，返回培训体系进行完善。学习反馈将讲师制代表的培训体系与课题制代表的实践体系紧密联系起来，形成了环环相扣的齿轮咬合机制，促使员工想学、能学、又不得不学。这是学习型组织自发驱动、持续循环、知识积累、能力提升的内在成因。

资料来源：郝英奇，曾靖岚，留惠芳.学习型组织是怎么炼成的——基于加特可（广州）的扎根研究[J].当代经济管理，2021，43(6)：58-63，引用时略有修改。

9.3 战略导向资源配置

9.3.1 战略导向资源配置的意义

企业资源是指用于战略推进所需的有形资源与无形资源，企业资源的合理分配能够支撑企业战略目标的实现。同时，在战略实施过程中，企业的战略会随着外部环境变化进行调整，企业资源的总量与结构也可能会发生变化，因此，基于战略导向的资源配置是非常重要的。

企业资源合理配置的目标是要达到推动战略目标的实现，且随着战略目标任务的调整或企业资源的变化，也要进行资源的有效调配与整合，以保证新的资源配置能够支撑新的战略目标实现。企业资源的重新配置通常是系统性的，在公司层面进行总体分配与优化。在具体操作中，也常会涉及资源在不同部门之间的调配，例如，由于战略目标调整，企业的组织结构及相关业务会进行调整，可能就会将某个部门的人员、资金等资源调整到其他更具战略意义的部门中去。

9.3.2 战略导向资源配置的过程

战略导向资源配置的过程主要包括人力资源配置、资金预算分配、数据资源管理、核心能力培育与提升、资源共享五个方面。如图 9-3 所示。

大力资源配置	资金预算分配	数据资源管理	核心能力培育与提升	资源共享
• 组建管理团队 • 人员招聘 • 人员发展培训 • 人员激励 • 绩效考核	• 资金预算 • 设备设施 • 办公用品	• 数据采集 • 数据存储 • 数据流通 • 数据分析与应用	• 核心能力配置 • 核心能力开发 • 战略执行能力	• 企业内部资源共享 • 企业与外部合作伙伴共享资源

图 9-3 资源配置框架

第一是人力资源配置。为关键战略活动配备所需的人力资源,具体体现在企业人力资源全过程中。首先是组建一支有能力的管理团队,可能是从内部提拔合适的员工,或从外部引进经验、才干和领导风格更适合企业当前环境的人才。其次是为组织配置能力、素质与各个岗位相匹配的人员,可能是从企业内部或外部招聘。再次是为管理者及员工提供培训,不断开发其潜力、提升其能力,以更好地适应岗位工作,并打通员工晋升通道,为员工提供畅通的职业发展空间。最后是提供有竞争力的薪酬福利,通过绩效奖金、股票期权及其他福利方式留住人才,并结合员工绩效管理帮助业绩一般的员工提高其技能,营造融洽的工作环境和员工关系。

第二是资金预算分配。这里的资金预算分配主要是指战略实施所需的资金,资金的分配通常采用预算的方式。企业管理者需要对预算提案进行审查,对增员、引进新设备设施等要求进行仔细筛选,确保预算能够保障战略实施。如果企业内部现金流不足,管理层需要通过银行借款或增发股票等方式来筹集所需资金。此外,还需要为战略实施配备必需的办公用品等其他实物资源。

第三是数据资源管理。数字化时代,人工智能、区块链、物联网、云计算及遍布全球的传感器网络,都是数据来源或承载的方式。数据成为比土地、资本、劳动力等更为核心的社会基础资源及经济活动要素。企业已将数据资源的竞争视为企业保持核心竞争优势的一部分,数据资源的配置与管理是战略实施过程中的重要环节。企业管理者应能够识别出战略实施所需的数据资源,并明确数据资源的获取方式与应用场景,如通过企业内部传感器网络与设备设施进行数据采集,应用公有云或企业内部私有云存储数据,以及利用"深度学习+大数据"等方式实现数据驱动决策,更好地挖掘数据价值。

第四是核心能力培育与提升。核心能力培育是指要培育支撑战略目标实现的企业核心能力。首先,为关键战略活动配置独特技能与能力。基于价值链分析,寻找关键战略环节,为其配备有特殊技能或技术专长的人员,构建竞争对手难以模仿的竞争优势。其次,培育核心能力,把企业独特的资源与能力配置到构建核心竞争优势的要素中去。

核心能力开发与提升通常有以下三种途径:①内部开发。从组织内部开发能力是一个循序渐进的过程。首先要培养组织及个人的能力,选择拥有相关技能与工作经验的员工,提升员工的个人能力素质,通过团队的共同努力,形成组织能力。其次要积累知识与经验,在持续的业务流程改进与实践学习中积累知识,并将其转化为创造性的问题解决能力。再次要不断地进行能力的更新,随着外部环境的变化及战略的调整,企业要对现有的资源与能力进行整合进而形成新的能力。②合作开发新的能力。企业通过与供应商、用户、竞争者等建立合作伙伴关系来获取有价值的资源与能力。例如,与在资源或能力上具有互补性的企业通过建立合资企业或战略联盟的合作关系,实现合作双方的互利共赢。③外部获取能力。通过并购另一家企业来获取所需的资源与能力具有速度优势。当企业能力不足以支撑其在内部开发相应能力,或时间是竞争关键要素时,企业可采用并购方式来从外部获取能力。然而,由于能力包含很多隐性知识与组织惯例,支持系统与流程可能不兼容以及管理体系的差异,并购获得的能力可能会被削弱,不能够取得预期效果。

同时,战略执行能力对于战略实施及战略目标的实现也是至关重要的。卓越的战略执行能力使公司能够从它们的其他资源和竞争能力中获得最大收益,从而有助于公司商业模式的成功。但战略执行的卓越性也可以成为更直接的竞争优势来源,因为更有效的战略执行可以降低成本并使得为客户提供更多价值成为可能。卓越的战略执行能力还可以使公司更快地对市场变化做出反应，并通过新产品和新服务击败新进入者，这可以使公司保持市场支配地位并从中获利。

由于战略执行能力是公司通过长期经验发展起来的一种具有复杂性的社会能力，因此难以被模仿。好的战略执行无可替代，因此，它们可能与驱动企业战略的核心竞争力一样，是持续竞争优势的重要来源。实际上，在战略能够较容易地被竞争对手复制的情况下，战略执行力可能就是获得竞争优势的更为重要的途径。在这种情况下，要获得持续的竞争优势，唯一的方式就是比竞争对手将战略执行得更好。

第五是资源共享。在为关键战略活动配置资源的过程中应采取资源共享来提高资源利用效率。一方面，企业内不同组织、不同部门之间存在多种资源共享方式，如不同部门之间共享数据或服务、不同事业部之间共享工厂生产能力或销售网络等。企业通常会采取征收管理或服务费用的方式来促进资源的共享，如由集团总部向分支机构、职能部门间接收取管理费用，由部门向其他共享其资源的部门直接收取服务费用，或将待共享资源委托给某个部门进行管理等。另一方面，企业也可以通过与外部合作伙伴的资源共享来获取互补性的资源与能力。

此外，战略的调整通常伴随着资源的转移。战略调整之后，不同部门的重要性会发生变化，资源也会倾向于那些在新战略中更加重要的部门，会投入更多的人员、设备设施，其运营预算也会相应增加。管理者在战略调整过程中需要发挥积极的作用，坚决消除不合理的项目与活动，并为新战略实施配置足够的资源，以保证新战略取得成功。

9.3.3　战略导向资源配置的方式

战略导向资源配置主要是在企业内的子公司或不同部门、事业部之间进行的。根据企业总体资源变动情况，可将资源配置方式分为以下三种类型：一是企业整体资源有所增长情况下的资源配置；二是企业整体资源不变情况下的资源配置；三是企业整体资源有所下降情况下的资源配置。

（1）企业整体资源有所增长情况下的资源配置

在企业整体资源有所增长的情况下，通常会将新增资源有选择性地进行分配，具体有两种方式：①倾向优先发展领域，由企业高层管理者依据企业战略目标确定优先发展领域，并优先给这些领域分配资源。②企业内部公开竞争分配资源，各部门竞价要求获得额外资源，但通常要在企业制定的约束范围内。

（2）企业整体资源不变情况下的资源配置

企业整体资源没有发生变化，各子公司或职能部门、事业部在支持企业战略目标实现过程中也不需要做资源的调整，这种情况下可以采用公式化的分配方式或讨价还价的分配方式：①公式化的分配方式，是指利用公式来计算资源的分配额度，如营销预算可能是销售收入的 7%。但是，公式的适用性与公正性存在一些问题，尽管可以使用加权等方法对公式进行修正，但这会使分配更为复杂。此外，公式化的分配方式不够灵活，当战略目标进行调整时，这种方式不能有效地应对变化。②讨价还价的分配方式，即各职能部门、事业部与总部之间通过讨价还价来确定资源配置额度。这种方式在资源变化程度不大的情况下比较有效。但同样是由于资源配置的刚性，这种方式也会降低组织的灵活性。

要克服上述资源配置方式的不足，企业在资源配置时需要适当放松项目规划预算，给各部门设定一个可控的上下幅度,给各部门更多的自由,企业在整体层面进行控制。

（3）企业整体资源有所下降情况下的资源配置

在企业整体资源有所下降的情况下,要保证战略重点领域的资源供给或支持新领域发展,就需要减少一些领域的资源配置。这种情况下的资源重新分配方式有两种:一种是由企业高层依据战略目标调整指定资源的重新分配,例如企业经营亏损,需要对产品线进行调整,高层管理者要决定关闭一些工厂。另一种是以公开竞争的方式进行资源重新分配,如企业通过开展内部竞聘来实现人员流动,在这种情况下,资源会从一个部门转移到另一个部门。

9.3.4 战略导向资源配置的实施

以上三种资源配置方式可归纳为图 9-4。当战略调整程度较高,资源控制程度也较高时,企业会采取指定战略优先级的资源配置方式;当战略调整程度较低,资源控制程度较高时,企业会采取公式化的资源配置方式;当战略调整程度较低,资源控制程度也较低时,企业会采取讨价还价的资源配置方式;当战略调整程度较高,资源控制程度较低时,企业会采取公开竞争的资源配置方式。

战略调整程度

	低	高
资源控制程度 高	公式化	指定战略优先级
资源控制程度 低	讨价还价	公开竞争

图 9-4　战略资源分配思路①

在我国的国企改革及大中型企业改制过程中都会遇到资源再分配的问题,在组织资源重新配置实践中通常有以下几种方法:①将相关领域或活动合并,以减少资源消耗,这在一定程度上也可消除重复利用。②在其他领域获得的资源基础上,设立新的组织单元,再将这一组织单元整合到企业主体结构中,以完成资源的再分配。③通过撤销某个机构或关闭组织的某一部分进行资源再分配,这种形式在组织面临生存危机或开展组织变革情况下常被使用。

在战略资源配置过程中应使用资源共享来实现资源利用最大化。企业的各子公司或职能部门、事业部之间需要以多种方式进行资源共享,如生产设备、办公场所、数据、服务等的共享。企业需要更多地引导部门之间的资源共享,以加强部门之间的战略协作意识。

为了解决组织或部门间资源共享意愿不强等问题,通常可采取以下措施:①由企业总部向各子公司或部门间接收取管理服务费用,以解决资源共享。②由组织或部门直接向共享此部门资源的组织或部门收取服务费。③将资源管理责任委托给指定的一个部门,由这个部门向其他组织或部门收取共享资源的费用。其中,第二种和第三种方法将资源管理责任放在一个部门内,可能会产生资源管理收费官僚化的风险,因此,许多企业将收费领域限定为能真正按"供应商—客户"关系管理的内部服务领域。

---

① 魏江,邬爱其,等.战略管理[M].2 版.北京:机械工业出版社,2021:351.

9.4 企业文化变革

9.4.1 企业文化变革的意义

全球化让企业面临的外部环境不确定性增强且竞争日趋激烈,企业需要不断调整甚至变革战略,以适应外部环境的变化并保持竞争优势。企业文化是战略变革的一个重要影响因素,战略调整之后的新战略可能需要新的企业文化来支撑,因此,企业文化变革有助于战略目标的实现。同时,数字化带来了新的组织形式、业务流程及工作方法,这也相应需要新的做事方式与行为规范。总而言之,在全球化与数字化时代,企业文化是影响企业经营成败的关键要素,企业应把文化建设与文化变革作为一项战略来推进,形成一种支撑战略的且适合自身的企业文化,并通过文化变革来助推组织与战略变革。

不健康或不匹配的企业文化会阻碍战略实施,因此需要开展文化变革,消除不健康或不匹配的文化,并嵌入新的行为与观念,以保障战略实施。冰冻三尺,非一日之寒,员工的工作态度与行为方式是长期以来形成的,很难改变,员工也会排斥这种改变。因此,企业需要采取一系列措施来用新的更有效的做事方式取代原有文化。其中,文化变革成败最关键的因素之一是高层管理者的领导,需要领导的强大力量来克服员工对企业文化变革的顽强抵制。同时,新文化的塑造还需要整个管理团队的积极参与,包括中层管理者与业务主管等,他们在促进员工支持并接受变革、应用新的工作方法与做事方式及贯彻执行新的行为规范等方面发挥着至关重要的作用。

9.4.2 企业文化变革的实施过程

企业文化变革通常包括以下三个步骤:一是识别现有文化中阻碍战略实施的因素,指出现有文化的问题,明确指出新文化的典型特征,为企业文化变革找到理由;二是与员工充分沟通,特别是一线管理者和员工意见领袖,并获得大多数员工的支持;三是采取强有力的措施,以形成一套新的做事方式与行为规范。

(1)找出企业文化变革的原因

管理者向员工阐述采用新的行为准则和工作方式的必要性,是其对企业文化进行重大重塑的途径。管理者要提出令人信服的理由,说明变革文化符合组织的最佳利益,以及员工需要全心全意参与到企业文化变革过程。这可以通过以下几种方式进行:①解释现有文化中的某些行为和工作实践为什么以及如何阻碍战略执行。②解释新的行为和工作实践如何有利于产生更好的结果。有效的企业文化变革领导者善于讲故事和描述新的价值观和期望的行为,并将其与日常实践联系起来。③如果由于战略调整而需要进行文化变革,则需要解释当前战略必须改变的原因,这包括解释新战略将提升公司的竞争力和业绩的原因,以及企业文化变革有助于新战略执行的方式。

(2)与员工沟通并获得支持

首席执行官/总经理和其他高层管理者必须亲自与员工讨论改变工作实践和文化相关

行为的原因。为了使企业文化变革能够成功,需要争取一线管理者和员工意见领袖的支持,这就要让他们相信在组织的各个层级实行新的文化规范是有价值的。如果员工理解文化变革能够使公司利益相关者(特别是顾客、员工和股东)受益,那么新的做事方式与行为规范会更容易被接受。要想让大多数员工接受新文化并同意执行不同的工作实践与行为,需要做更多的工作以向员工灌输企业文化变革的理由,并向员工说明为什么新的工作实践、操作方法和行为对公司利益相关者有利,以及对公司未来的成功至关重要。

(3)开展企业文化变革行动

企业文化变革行动包括实质性的企业文化变革行动和象征性的企业文化变革行动。实质性的企业文化变革行动强调,高层管理者必须采取一系列的行动举措来推动企业文化变革,向员工释放企业文化变革的强烈信号。企业高层管理者要在全公司范围内开展企业文化变革行动,向员工传递管理层开展当前企业文化变革的严肃性与坚决性。由高层管理者采取的这一系列行动必须引起全体员工的注意,快速启动变革,并在工作中坚决贯彻新的工作实践、行为规范及运作方式等,并努力使其成为企业新的标准。

象征性的企业文化变革行动对于改变问题文化、推进文化变革具有重要作用。最重要的象征性行动是高层管理者以身作则,例如,如果企业目标是降低成本,高层管理者就需要在行动中体现出勤俭节约,包括严格审核预算、降低津贴、办公室简约布置等。在沃尔玛,所有管理人员的办公室装饰简单,管理者保持节俭的作风并致力于控制成本和提高效率。员工会观察高层管理者的言行是否符合文化规范,因此,管理者必须确保决策和行动与新的价值观和文化规范保持一致。此外,高层管理者要经常在公开场合表扬遵守新行为规范的个人和团队,并阐明新文化的优点、举例说明新的工作方法产生的良好结果,以强调新的价值观、道德准则和文化规范。

改变有问题的文化不是一项短期工作,新文化的出现和扎根需要时间。新文化需要更长时间才能深深嵌入组织中,组织规模越大,支持战略执行的匹配度所需要的文化转变越大,所需时间也就越长。在大型组织,改变有问题的文化和塑造一套新的态度及行为可能需要2~5年。实际上,改变现存的文化比塑造新的企业文化更艰难。

专栏:实质性的文化变革行动与象征性的文化变革行动

表9-1 实质性的文化变革行动与象征性的文化变革行动

实质性的文化变革行动	象征性的文化变革行动
[1]撤换抵制或阻碍文化变革的高管 [2]提拔文化变革的拥护者及忠实践行者 [3]任命具有理想文化特质的外部人士担任高层职位 [4]将符合新文化作为新职位招聘的必备条件 [5]要求所有员工参加新文化培训,使其更好地理解与文化相关的新行动和新行为 [6]明确薪酬激励机制,提高表现出所需文化行为的团队和个人的薪酬 [7]修订制度与流程以更好地推动文化变革	[1]高层管理者以身作则 [2]举行对符合新文化要求的员工的奖励仪式 [3]宣传符合新文化要求的员工事迹

资料来源:根据汤普森,彼得拉夫,甘布尔,等.战略管理:概念与案例:第21版[M].于晓宇,王家宝,等译.北京:机械工业出版社,2020相关内容整理。

9.4.3　组织动态学习文化

组织文化对企业战略的制定与执行都会产生重要影响,优秀的组织文化可以指导企业制定有效的战略,并成为企业战略目标实现的重要驱动力。组织动态学习文化的形成是构建学习型组织的关键。具有动态学习文化的企业能够不断学习新知识,并将企业核心能力转化为顾客价值,向顾客提供满足其需求的高质量产品,获取顾客忠诚并维持持续竞争优势。特别是在当今全球化的市场竞争环境下,企业需要对快速变化的顾客需求做出敏捷反应,并在新产品开发中快速学习并积累技术能力以建立起持续相对优势。

组织动态学习文化是支持企业核心能力转化为顾客价值需要的必要条件。具有组织动态学习文化的企业,能够快速持久地向顾客提供较竞争者性价比更高的产品,以维持其"超级竞争地位"。当今企业的成功需要依靠对不断变化的顾客需求做出快速反应,通过快速应变能力建立起企业在关键性活动和技术能力上的持续相对优势。这里主要从四个方面提出企业提高动态学习文化的对策建议:①构建战略基础,主要包括两个方面:一是建立学习导向的企业战略,强调的是战略的动态性,这就需要各个组织及个体的主动学习。二是建立灵活敏捷的组织结构,这是战略实施与动态调整的基本保障。②培育学习氛围,包括学习型组织文化、全员自我发展与学习文化等方面。③内部制度保障,企业需要动态地对企业内部管理制度与业务流程等进行改进,以适应企业战略发展的需要。④建立学习机制,包括企业内部个体间学习机制、企业间学习机制等。这些机制的建立和完善,可以促进个体与组织向外部学习,提升企业适应环境变化的能力。

■■■ 案例

科大讯飞的文化变革

1999年,科大讯飞由中国科学技术大学的博士生刘庆峰创立于安徽合肥,是一家专业从事智能语音及语言技术研究、软件及芯片产品开发、语音信息服务及电子政务系统集成的国家级骨干软件企业,公司在智能语音技术领域有着长期的研究积累,并在语音合成、语音识别、口语评测等多项技术上拥有国际领先成果,牵头制定了中文语音技术标准。

在科大讯飞发展的各个阶段,主导性文化表现不同。

在创业整合阶段(1999—2003年),主导性文化为活力型文化。在这一时期,科大讯飞的主要目标就是要实现中文语音核心技术的突破,战略上以核心技术为导向。研究团队对技术的研发极其热衷,研究氛围比较活跃,处在一个充满活力和创造性的环境中,提倡员工的主动性和自主权。个人的创造力可以极大程度地发挥,一切好的想法都可以去尝试实施。在追求革新的工作环境和文化氛围中,团队对于技术钻研的热情高涨,有利于核心技术的突破。

在转型发展阶段(2004—2007年),公司领导层认识到仅仅依靠技术的突破还远远不够,必须基于核心技术开发出完善的产品,才能更好地满足市场需求,实现产业化价值的最大化。在这一时期,科大讯飞的战略导向重点转向为市场导向,组织文化表现为团队型文化。团队型文化使得科大讯飞像一个有家规的大家庭,开发出一个完善的产品需要各部门之间顺畅的沟通和通力协作,而这种团队型文化塑造了一个友好的工作环境,员工之间相互沟通,强调凝聚力和士气,激励团队合作、参与和协商,有利于在核心技术的基础上开发新产品和服务。组织还重视员工的职业发展,把人才视为组织最大的资源,认为组织的成功在于人力资源的发展。

在加速发展阶段(2008年之后),移动互联网浪潮下人机交互革命的兴起为智能语音技术的发展与应用创造了良好的时代机遇。公司领导层在新形势下,强调要抓住发展机遇,以目标为导向,追求技术和市场的协同创新,力争成为全球最大的中文语音技术提供商,追求高市场份额和高市场地位。在这一时期,科大讯飞的组织文化主要表现为市场型文化,强调员工之间的竞争,以目标和结果为导向。在市场型文化下,只要员工有好的想法,具备一把手的素质,公司就可以为其提供机制,以该人才为"生长点",形成新的金字塔。员工有多大本事,科大讯飞就提供多大的舞台,真正做到人尽其才。这种模式一方面解决了员工职业发展的瓶颈问题,激发了员工的工作热情和创新激情,另一方面也让更多的优秀人才能够脱颖而出,为科大讯飞技术的持续突破和市场的不断开拓注入了动力。

在不同阶段的主导性文化影响下,企业的技术创新模式不同。反过来,企业技术创新模式的选择也会对组织文化提出要求,组织文化也在企业发展的过程中不断变革调整以适应技术创新的需要。在创业整合阶段,以探索性创新为主,追求核心技术的突破,要求企业和研发部门有研发活力和创新诉求,组织文化也表现为极具创造性和技术探索冒险精神;在转型发展阶段,在探索性创新基础上注重开发性创新,形成完善的产品,这要求组织各部门全面协作,在新产品开发的过程中不断沟通、调适、完善,形成友好、家庭式的团队型文化;在加速发展阶段,探索性创新和开发性创新并存发展,技术和市场两手都要抓、都要硬,要求组织时刻关注外部市场动态,同时也要保持组织内部的稳定性,强调竞争和实现组织的目标愿景,形成了市场型创新文化,关注组织的声誉和目标的实现。

资料来源:刘志迎,俞仁智,何洁芳,等.战略导向视角下组织文化变革与双元能力的协同演化——基于科大讯飞的案例研究[J].管理案例研究与评论,2014(3):195-206,引用时略有修改。

9.5 战略评价与控制

9.5.1 战略评价

战略评价是检验战略实施进展,评价战略实施业绩,以真实反映战略实施进程与战略目标的差异。本书第1章提到,汤普森运用三个测试来检验一个战略是不是成功有效的战略,包括匹配性测试、竞争优势测试、绩效测试。这里主要介绍战略绩效评价,即对战略目标完成情况的分析、评价及预测。

(1)战略绩效评价内容

确定战略绩效评价内容必须依据评价目标而定,战略绩效是一种多维的复合变量,是科技水平、制度安排、营销管理、市场环境等一系列组织内外因素耦合作用的结果。战略绩效的考评对象是公司,通过评价结果来调整公司战略。

（2）战略绩效评价标准

绩效标准必须具有战略一致性,需要与企业战略目标相匹配。绩效评价标准的最主要目的是检验企业战略实施的有效性。通过绩效评价能够找到工作中需要加强的地方,提高工作业绩,激发员工的工作积极性,以及进行人力资源的开发与优化配置。

绩效标准的设计应同时具备准确性、可靠性及可操作性。①准确性,要求评价指标的含义和传达的信息准确无误,评价指标能够准确反映企业绩效情况,有效支撑评价目标的达成。②可靠性,要求考评标准与实际业绩高度一致,各评价指标之间相互衔接且保持较高的一致性。③可操作性,要求评价指标尽可能量化并可测量,尽量排除主观因素对评价产生的影响,用真实的数据反映实际业绩与战略目标间的差异。例如,投资收益率、全要素生产率、单位产品能耗、产品市场占有率等。

（3）战略绩效评价方法

在企业实践中,常用的战略绩效评价方法有两种。①关键绩效指标（key performance indicator,KPI）。KPI 是把企业的战略目标进一步细化分解为部门和个人工作目标的工具,是对部门和个人工作具有导向作用的引导性指标体系,常常应用于目标管理体系中。KPI通常具有两个方面的特征:一是可操作性,即 KPI 应是量化的指标,便于衡量;二是关键性,即 KPI 是对战略实施关键成功因素的提炼和归纳,由此形成绩效沟通和量化标准或行为标准体系。②平衡计分卡（balanced score card,BSC）。BSC 是从财务、内部运营、客户、学习与成长四个角度,将公司战略细化分解为可操作的衡量指标,建立四维综合平衡的绩效考评体系。

考评完成之后,需要根据评价结果进行纠偏,并通过战略调度会等形式重新设计资源的分配方式。具体的纠偏措施在战略控制内容中有提及,这里不再展开。

9.5.2 战略控制类型

战略控制是战略管理者依据战略目标来对战略实施过程进行评估,采取纠偏措施,保证企业内部各项活动及其与外部环境之间的平衡,确保战略目标的实现。战略控制可以按照时间与空间进行分类。

根据控制涉及的层次和范围可分为战略控制、业务控制和作业控制三类。战略控制是战略管理者依据战略目标与实施方案,全面审查战略实施状况,及时发现偏差并采取纠正措施。战略控制以企业高层管理者为主体,以企业整体运营流程为对象,关注的是企业整体绩效。业务控制是以战略经营单位的高层管理者为主体,以战略经营单位的运营流程为对象,关注的是战略经营单位在实现各自战略目标时的绩效。作业控制是对具体作业人员的控制,关注的是其职责履行情况和任务目标完成情况。

战略控制的目的是通过在战略实施全过程中的信息反馈、发现偏差并分析原因、采取纠偏措施等活动,保证战略目标的实现。在实际控制过程中,由于"时滞信息"的存在,在信息反馈和采取纠偏措施之间常会出现时间延迟,因此,需要做好事前、事中和事后控制。

（1）事前控制

事前控制是指在活动成果尚未实现之前,分析系统输入与干扰因素对系统输出的作用,对结果进行预测,将预测结果与既定目标进行比较分析,发现偏差并提前采取纠偏措施,保证战略目标的实现。事前控制的一个重要特点是克服了"时滞信息"所带来的缺陷,采取预防式控制措施,使战略实施始终不偏离正确的轨道。事前控制往往是对问题产生的原因而非结果进行控制,因此,它较复杂且难度大,需要输入影响战略实施的各种变量,以及影响这些变量的多种因素和那些无法预料的或意外的因素。

事前控制的关键是预判未来结果是否偏离战略目标,若有偏离,则及时采取相应措施进行纠偏。事前控制要求管理者分析以下三类预测因素:①投入,投入要素的种类、数量和质量将影响活动业绩;②早期成果,依据早期成果来预测未来结果;③内部环境和外部环境以及它们的变化趋势,这是因为内外部因素对战略实施进程乃至战略目标会产生重要影响。

(2)事中控制

事中控制是指战略管理者在战略实施过程中依据绩效评价标准对战略实施情况进行评估,及时发现偏差并采取纠偏措施。这种控制方法,就像开关的开启与关闭一样,及时确定进程继续或停止。

事中控制一般适用于实施过程标准化的战略控制,包括标准化作业、标准化成果等方面。标准化作业是对日常规范化工作制定的操作流程、作业指导等,以控制并指导执行者行动,以及对从事某些专业性较强的工作所必备的知识能力、技术、经验等做出标准化规定,定期检查,确保实现控制目标。标准化成果是明确战略实施过程中的阶段性成果输出,不对具体方法、手段、途径等做出规定,只要成果符合标准,那么战略实施过程就符合战略目标要求。此外,管理者也可通过现场亲自检查、监督、指导下级活动进行控制,及时发现偏差并采取纠偏措施。

(3)事后控制

事后控制是指将结果与预期目标进行比较,采取纠偏措施,以确保战略的正确方向。事后控制的特点是控制监测的结果,通过结果与预期目标的差距分析,找出问题产生的原因,据此进行资源的重新配置,引导人们的战略行动。由于事后控制往往纠偏不及时,会给企业带来一定的损失,它通常适用于企业经营环境较稳定情况下的战略控制。

9.5.3 战略控制过程

对于任何的控制类型,战略控制的过程基本相同:比较分析实际测定的绩效与绩效评价标准,如果两者的偏差在容许范围之内,则不采取纠偏措施;如果两者的偏差超出了规定的界限,则进一步找出差距产生的原因,并采取纠偏措施,以使战略实施进程回归到预定的轨道上。战略控制过程如图9-5所示。

在控制过程中,预期结果是在战略制定中明确的战略目标,包括长期、中期或短期目标。评价标准是用来衡量企业的实际绩效是否达到了预期目标。标准是测定业绩成果的尺度,每项标准通常都需要设定一个容许范围,且标准不应只关注结果,还要关注过程。评价工作业绩,就是业绩评价者根据评价标准,按照预定时间和频率测定企业实际绩效,并用测定的实际绩效与预定的目标和标准进行比较,确定是否存在战略偏差。业绩评价者在进行业绩评价时要谨慎,避免由于主观因素而影响企业战略控制过程的有效性。当评价结果是正偏差时,表明实际绩效优于预期目标;当偏差很小时,表明实际绩效与预期目标基本一致;当评

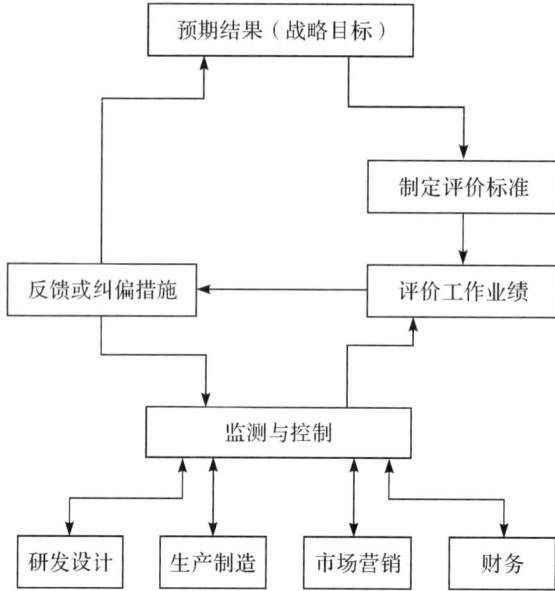

图 9-5　战略控制过程

价结果为负偏差时,表明实际绩效没有达到预期目标,这种情况下需要进一步判断产生的偏差是否超出容许范围,如果超出范围,就必须采取纠偏措施。

对于工作业绩评价中发现的问题,必须分析问题产生的原因,并采取纠偏措施,这是战略控制的目的。这时需要考虑以下问题:①偏差是否只是临时性波动? ②战略执行过程是否有误? ③是否因内外部环境的重大变化导致目标偏离? 如果偏差是随机的偶然因素导致,这种情况下可以暂时不做处理,继续观察。如果偏差是因为某些做法不正确或操作失误,甚至根本没有按照战略要求去做,那就必须重新建立共识,改进运作方法。如果偏差是因为企业内外部环境发生变化,导致原有战略与内外部环境不匹配,那就需要对战略进行调整或再设计。

战略控制是一个相当复杂的系统工程,涉及战略实施全过程中的各种因素,因此,战略控制必须遵循适度控制原则、适时控制原则和例外控制原则。①适度控制原则。它是指对战略进程控制宽严适度,既严格又有弹性,切忌过度频繁,要尽可能少地干预实施进程中出现的问题,否则,控制过多会抑制创新活力与自主性。②适时控制原则。它是指要掌握适当时机进行战略修正,尽量避免在不该修正时采取行动,而在需要纠正时没有采取行动。③例外控制原则。它是指进程控制还需应对准例外事件的发生,在实施进程中出现偏差很正常,要有容偏范围,要特别关注那些非常态的例外事件,并采取控制行动。

9.5.4　战略控制方法与控制系统

(1)战略控制方法

常用的战略控制方法有预算、审计、目标管理、经济增加值、平衡计分卡五种。

①预算。预算通常是将战略目标明确为财务指标,即为完成战略目标所需的财务预算。通过对财务指标的考核来评估战略实施情况。由于预算是以财务计划的形式来表明有关的预算成果(控制标准),从而其本身就具有可度量性和可考核性,因而便于用来衡量和评定绩

效,为战略控制提供控制标准。通过对预算执行情况的分析,查找战略实施绩效与预算目标之间的差距及其产生的原因,并采取措施,消除差距,以达到战略控制的目的。

②审计。审计是指通过对获取到的企业经营过程中的相关备证资料进行客观评价,进而得出资料与标准之间符合程度的结论与报告。通过评估找到战略执行状况与标准之间的差距,分析差距产生的原因,并采取纠偏措施。

③目标管理。目标管理是以企业战略目标为导向,将战略目标细化分解为部门和个人目标。目标管理要求员工积极参与到目标制定、实施、控制过程中,通过员工的自我管理促进个人目标达成,进而实现企业战略目标。

④经济增加值。经济增加值(economic value added,EVA)是组织业绩评价的一种财务指标,表示一个组织的资本收益与资本成本之间的差额,其核心思想是:组织只有在资本收益超过全部资本成本时,才实现了资本的增值,才创造了额外的价值。

⑤平衡计分卡。平衡计分卡方法从财务、内部流程、学习与成长、顾客四个维度体现其对战略的支撑,并从这四个维度来审查自身业绩、实现绩效改进、促进战略实施及战略目标实现。平衡计分卡反映了财务与非财务衡量方法之间的平衡、长期目标与短期目标之间的平衡、外部和内部的平衡、结果和过程的平衡、管理业绩和经营业绩的平衡等多个方面的平衡关系。

(2)战略控制系统

越来越多的企业利用信息系统来控制企业内的各项活动,例如通过管理信息系统及时获取准确的企业经营数据,以准确、全面地掌握实际绩效水平。目前,世界各地的公司都采用先进的技术生成实时数据。例如,许多零售公司拥有自动化在线系统,为每一家商店生成日销售报告,并且保存每个项目的实时库存和销售记录;制造厂商会编制日生产报告,追踪每个班组的劳动生产率;交通运输公司拥有精良的信息系统,可提供公共汽车和火车的实时到达信息,并且这些信息会被自动发送到信息系统。

数字化与全球化背景下,战略控制系统的重要性更加凸显。一方面,新一代信息技术使得数据的获取与应用更便利,数据驱动也让决策更加科学合理,有利于战略的实施与控制。另一方面,全球发展增加了企业管理的难度,需要高效的控制系统来实现信息跨区域的即时获取、传递及处理,以保证战略一致性及战略目标达成。例如,西门子医疗(siemens healthcare)是医疗保健业最大的供应商之一,它采用基于云计算的业务活动监控系统,在190多个国家持续监控并改进该公司的流程。

数字化时代,战略控制系统需要满足以下几个方面的要求。

第一,控制系统应当是用户友好且易于操作的。尽管随着企业规模的扩大及业务的拓展,控制系统可能会变得更复杂,但控制系统提供给战略执行者的信息与数据应当是清晰易懂的,且应当具备用户友好型的人机交互界面,易于操作。

第二,控制系统应能够实时获取数据并跟踪关键战略绩效指标。控制系统需要收集包括客户数据、运营数据、员工数据、供应商/战略合作伙伴数据、财务绩效数据等在内的多种数据,使得战略执行者能够管控战略实施过程及企业日常运营,跟踪关键战略绩效指标,快速识别和诊断问题,并在战略目标偏离既定轨道时进行干预。

第三,控制系统应能够为业务决策提供支撑。控制系统不应仅停留在数据汇总与数据可视化等初级阶段,更重要的是利用数据为战略执行者的决策提供有效支撑,例如,利用商务智能推动业务数据在线分析与处理;通过大数据与深度学习技术的结合实现智能决策等。控制系统中充分利用大数据、人工智能等技术能更快地发现问题,从而有助于迅速采取行动解决问题。

第四,控制系统应具备较强的兼容性、可扩展性及灵活性。控制系统应能够与企业内不同的数据接口、硬件设备、智能终端等相兼容,能够读取文字、图片、音频等多种数据类型;控制系统功能应能够依据业务发展及战略执行者的需求进行扩展;控制系统应是一个开源开放的系统,具有较强的灵活性,以满足不断变化的内外部环境。

◈【篇末案例】

华润集团的管理体系变革与战略控制

华润(集团)有限公司(以下简称"华润集团")是一个拥有七大战略业务单元、超过20家一级利润中心的多元化大型企业集团,经营范围包括消费品、医药、电力、燃气、地产、水泥、金融等。该集团由国务院国资委直接监管,被列为国有重点骨干企业,并荣获"业绩优秀企业"的称号,同时在《财富》杂志公布的全球500强排名中位列第86名。

6S管理体系

为了应对多元化带来的挑战,华润集团于1998年引入6S管理体系,后来为了倡导6S的战略化导向,强化战略评价,2003年对其进行了修改。新版本的6S管理体系强调战略导向,结合审计、评价与战略。该体系的变化标志着华润集团将管理控制系统的定位从财务管控模式转变为战略管控模式。财务管控模式关注财务结果,战略管控模式则聚焦于战略,在关注财务结果的基础上兼顾综合竞争优势。华润集团早期版本的6S管理体系和新版本的6S管理体系的基本内容如表9-2所示。

表9-2　早期版本和新版本的6S管理体系基本内容

早期版本的6S管理体系(2003年以前)	新版本的6S管理体系(2003年以后)
利润中心编码体系	战略规划体系
预算体系	全面预算体系(2003—2007年)/ 商业计划体系(2007年以后)
管理报表体系	管理报告体系
评价体系	战略评价体系
审计体系	战略审计体系
经理人考核体系	经理人评价体系

战略地图与平衡计分卡

2003年,华润集团开始在SBU(strategic business unit,战略业务单元)和利润中心推广平衡计分卡,并分为图(战略地图)、卡(计分卡)、表(管理报表)三种形式应用,以补充6S管理体系。平衡计分卡在6S管理体系中的应用如表9-3所示。

表 9-3　平衡计分卡在 6S 管理体系中的应用

6S 管理体系	平衡计分卡应用
战略规划体系	能够独立制定、执行并衡量战略的 SBU 或利润中心,可以根据自身的竞争战略编制并实施独立的战略地图和计分卡
全面预算体系/商业计划体系	在利润中心实施全面预算管理,通过年度预算将战略地图和计分卡中所要实现的中长期财务和非财务目标值分解为年度、季度和月度指标,并最终分配到利润中心各个部门的管理者与员工手中
管理报告体系	管理报告对战略地图和计分卡进行追踪、回顾,以使集团总部和利润中心及时地监测战略目标与行动计划的执行情况
战略评价体系	利润中心的绩效评价指标来源于战略地图,并使用计分卡,根据财务、客户、内部流程、学习与成长四个维度 KPI 指标的完成情况来评价利润中心的战略绩效
战略审计体系	集团和各利润中心可以通过审计来保证战略地图、计分卡和管理报表数据的真实性,检查预算完成情况
经理人评价体系	基于平衡计分卡体系设定经理人的绩效评价标准。经济增加值(EVA)和资源的有效利用是绩效评价的核心,评价结果与其薪酬激励关联

管理会计变革过程

新版本 6S 管理体系中的六个子系统构成了闭环的战略管理体系,正式包含战略规划、战略实施、战略控制和战略评价的功能。进一步观察可以发现,战略规划体系中正式包含了战略目标、衡量指标、目标值三个要素。

自 2007 年起,6S 管理体系中的全面预算体系被更新为商业计划体系,华润集团有意识地淡化预算,使之与行动方案成为商业计划体系的一部分。

2009 年,华润集团的管理层逐渐意识到,之前的投资决策过于关注业务战略,没有充分考虑财务资源的约束,于是引入 5C 价值型财务管理体系,和 6S 管理体系被并称为华润集团的"管理之道",是华润集团另一套成体系的管理办法。5C 价值型财务管理体系以资本、资金、资产管理为主线,分为资本结构、现金创造、现金管理、资金筹集、资产配置五个核心模块。

管理控制系统实施效果

2003 年,华润集团开始引入战略地图和平衡计分卡作为其管理工具。至 2017 年,华润集团旗下东阿阿胶和华润河北医药等专业化业务单元已经开始运用。然而在集团层面,华润集团并没有开发涵盖集团整体战略目标和评价指标的战略地图和平衡计分卡。针对这一现象,华润医药财务管理部受访者这样解释:"战略目标具有很强的专业性,这就意味着战略地图应该在一个很小的范围内运用,在华润医药集团和华润集团层面,目前还没有一个整体的战略地图。"

不同业务单元的战略目标存在差异,因此用来衡量战略目标的绩效指标及对应的目标值也不尽相同。因此,对比两个及以上业务单元的平衡计分卡,可以识别出两者的共性指标和个性指标。然而,对于多元化程度较高的集团来说,由于其下属各个业务单元之间战略目标存在较大差异,这些业务单元的平衡计分卡会有较多的个性化指标。非财务指标更多地反映了业务单元自身的业务特点,而在相似的财务报告要求下,业务单元之间财务指标的共性比非财务指标更高。

华润集团内部资料显示,2008 年金融危机后,相对于资本价格,华润集团能够获取的财务资源较以往更加有限,实施战略会消耗包括财务资源在内的企业资源。因此,华润集团需要新的管理工具以筛选战略。为了满足这种需求,华润集团引入了 5C 价值型财务管理体系,该体系中的"资本结构"和"资本配置"提供了筛选机制,两者分别通过行业标杆的财务杠杆率和商业标杆的投资收益率,决定哪些投资提案能够获得财务资源,以及能够获得多少财务资源;"现金创造"被用来在投资后评价和管理项目的现金创造能力;"现金管理"和"资金筹集"则是为了促进财务资源的使用效率。

在给定企业总体战略目标的前提下,战略地图和平衡计分卡能够促进企业实施战略。然而,它们并不能帮助回答"企业应该或不应该选择实施什么战略"。在这种情况下,企业需要新的管理工具以补充战略地图和平衡计分卡。战略边界控制能够为企业搜索战略机遇的活动划定范围。具体地说,财务指标可以为企业的投资活动划定边界,防止管理者做出低效率的投资决策。

华润集团通过引入 6S 管理模式,形成了正式的战略规划流程,继而又形成指标体系,体系中的指标被划分为不同层面(财务、客户、内部流程、学习与成长),不同层面的指标或同一层面的不同指标之间都存在着因果联系,这种联系的典型表现形式即为战略地图。战略地图和平衡计分卡与正式战略规划流程的匹配加强了预算及企业战略的相关性,将战略目标转化为具体的行动方案和预算,通过完成预算目标可最终实现战略目标。为了解决在发展过程中受到的条件和资源制约,华润集团引入 5C 管理体系作为 6S 管理体系的补充,基于财务指标设定战略边界,辅助管理者进行战略选择,配置稀缺的财务资源。

资料来源:安娜,李鹤尊,刘俊勇.战略规划、战略地图与管理控制系统实施——基于华润集团的案例研究[J].南开管理评论,2020(3):87-97,引用时稍有修改。

◆【案例思考与讨论】

1.结合案例谈谈华润集团的管理体系经历了哪几个发展阶段,每个阶段的特点又有哪些?

2.请结合案例讨论管理体系变革与战略控制的关系。

3.华润集团采用了哪些方法进行战略控制?效果如何?

◆【本章复习题】

1.战略实施要点包含哪些?

2.如何构建与战略相匹配的组织结构?

3.组织结构有哪几种新的发展形式?学习型组织的特征是什么?

4.战略资源配置包含哪几个方面?如何进行配置?

5.制度与流程优化包括哪几个步骤?

6.文化变革包括哪几个步骤?

7.如何开展对标学习?

8.战略评价内容与方法有哪些?

9.战略控制类型分为哪几种?战略控制的实施步骤又是怎样的?

10 企业数字化转型战略

在数字技术快速发展和广泛应用的大趋势下,数字化成为全球重要的共识,各国政府纷纷部署国家数字战略、开启或加速数字化进程、推动数字经济发展。在此背景下,数字化转型已成为企业生存与发展的必然选择。本章首先引入数字化的相关概念,进而介绍企业数字化成熟度模型及其在数字化转型方案设计中的应用,在此基础上提出企业数字化转型的愿景和目标设计,重点分析数字化转型战略规划的主要内容,最后探讨企业数字化转型战略的实施要点。

■■■ 【开篇案例】

美的集团数字化转型

2021年9月,美的集团旗下微波炉顺德工厂成功入选2021年度全球"灯塔工厂",至此,在全球90家"灯塔工厂"名单中,美的集团拥有2家。何以如此?答案就是数字化转型。美的集团凭借数字化转型走到了中国制造发展变革的前沿,成为一家数字化、智能化驱动的科技集团,拥有数字驱动的全价值链及柔性化智能制造能力。

美的集团从1968年一个乡镇企业起步,2016年收购东芝白色家电业务,2017年收购KUKA和高创,成为一个多品类、多产业的全球化运营科技企业集团。2021年,在《财富》世界500强企业排名中上升至第288位。

美的集团包含五大业务板块,一是智能家居事业群;二是机电事业群;三是暖通和楼宇事业部;四是机器人和自动化事业部;五是美的独有的数字化创新业务。

随着业务的发展和壮大,2012年美的集团和事业部级的大规模IT系统共有100余套,但由于缺乏顶层设计以及主数据建设,导致大量"烟囱式"系统的存在,各领域口径不统一,出现信息孤岛,无法拉通集团整体运营,更无法实现集团管理透明化。

痛定思痛,美的集团自2013年开启数字化转型1.0进程,构建"632"数字化战略,在集团层面打造ERP、SRM、MES、APS、PLM、CRM六大运营系统,数据分析、财务管理和人事管理三大管理平台,以及两大门户网站和集成开发平台,逐步实现了业务、流程及信息系统的一致性,即"一个美的、一个体系、一个标准"。"632"变革统一了整个美的集团的标准,对集团级的流程、数据系统都进行了整体梳理和规范,实现了流程的一致性、数据的一致性和系统的一致性。ToB业务实现了数据的集成和部门间的协同,内部五大流程即LTC(从线索到合同)、OTC(从订单到收款)、P2P(从采购到付款)、IPD(内部集成开发)和ICT(内部关联交易),都实现了端到端拉通。"632"变革为美的集团数字化转型奠定了坚实的基础,在此之后,美的并购相关产业链企业时,可以将整套系统推进下去,实现无差别管控。

2015—2016年,美的引入"互联网+"技术布局的数字化转型2.0,着手打造移动化、大数据和智能制造平台,形成云端数字化产业链,实现全价值链透明化运营。为实现快速响应需求的柔性供应链,以数据驱动的C2M客户定制,发展出了"T+3"卓越运营模式,即以客户为中心,牵引营销、制造、物流、服务四个周期在内的整个体系,实现一体化运营。从传统的"以产定销"转型为"以销定产",让消费者数据驱动企业的经营生产。2015年,美的集团在洗衣机事业部试点"T+3"模式,获得了初步成效,2016年,"T+3"模式在整个集团全面推广。

2018年,美的集团开始尝试、深耕工业互联网。通过引入工业互联网体系,美的空调广州南沙智慧工厂的劳动生产效率提高28%,单位成本降低14%,订单交付周期缩短56%,原材料和半成品库存减少80%,自主开发的注塑平面库自动配送系统让物流周转率提升2~4倍,每月产能从30万套增长到90万套,成为工信部第一批工业互联网试点单位。2020年以后,美的提出"全面数字化、全面智能化"战略,实现100%业务运行数字化、70%决策行为数字化。

从2012年至今,美的集团累计投入超过120亿元进行数字化变革,成就了美的集团的全面数字化。截至2020年,美的集团通过数字化转型取得了阶段性成果,运营效率明显提升,营业收入从当年的1341亿元上涨至2800多亿元,净利润从67亿元增加到275亿元,资产总额从926亿元上涨至3604亿元,存货占比则从17.6%下降至8.6%,资金周转天数从26天变成2.3天。美的集团之所以能取得如此好的成绩,在于美的集团将"数智驱动"四个字写进集团战略,真正融入战略主轴当中。从产品技术的"科技领先"、业务布局的"全球突破"到市场营销的"用户直达",都归因于"数智驱动"。具体见图10-1。

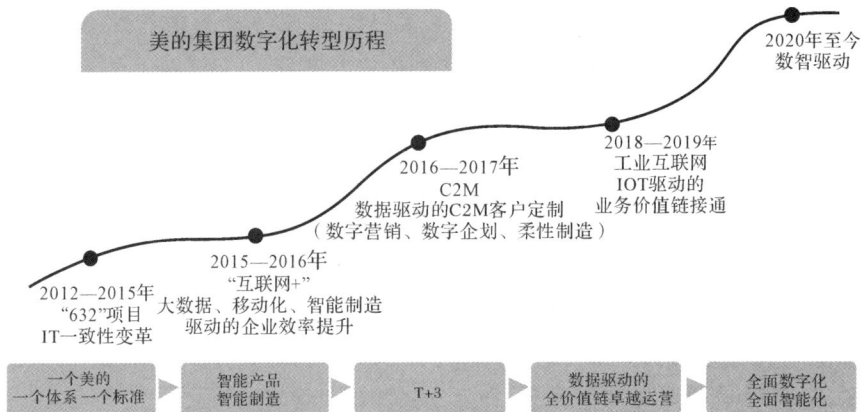

图 10-1　美的集团数字化改革①

【案例思考与讨论】

1.美的集团的数字化经历了怎样的过程?

2.美的集团的数字化转型特点是什么?

3.企业为什么要数字化转型?数字化转型能给企业带来什么收益?

---

① 方敏.美的集团:10年120亿,成就全面数字化[J].冶金管理,2022(2):37-40,引用时有修改。

10.1　数字化相关概念

10.1.1　数字经济

数字经济(digital economy)这一名词最早出现在 20 世纪 90 年代,1995 年,泰普斯科特(Tapscott)在《数字经济:网络智能时代的承诺与危机》一书中首次描述"数字经济"的含义,并详细阐述了其可能为全球发展带来的改变和挑战。随着全球接入互联网人数的不断上升,互联网使用量和在线交易量呈现出指数增长的趋势。美国商务部在 1998 年、1999 年和 2000 年连续出版了三部与数字经济有关的报告,即《浮现中的数字经济》(Ⅰ、Ⅱ 和 Ⅲ)。三份报告聚焦于互联网对经济增长的影响,更多地关注信息技术产业和电子商务,同时对数字经济时代下的消费者保护、劳动力市场和电子政府等方面的案例进行初步探讨。事实上,数字经济区别于传统信息经济,是互联网时代的产物,全球互联网的发展,为数字经济萌生提供了前提条件。

当前,数字经济正在成为促进全球互联互通、推动全球经济合作、增进全球文化交流的重要突破口,其发展速度之快、辐射范围之广、影响程度之深前所未有。随着新一轮科技革命和产业革命的深入发展,数字经济正推动生产方式、生活方式和治理方式的深刻变革,成为重组全球要素资源、重塑全球经济结构和改变全球竞争格局的关键力量。

我国数字经济起步较早、发展速度非常快。2016 年,G20 杭州峰会通过了《二十国集团数字经济发展与合作倡议》,首次将"数字经济"列为 G20 创新增长蓝图中的一项重要议题,并定义了数字经济的概念。2017 年政府工作报告首次提及数字经济,指出要推动"互联网＋"深入发展、促进数字经济加快成长。近年来,党和国家高度重视数字经济的发展,党的十九届六中全会审议通过的《中共中央关于党的百年奋斗重大成就和历史经验的决议》提出"壮大实体经济,发展数字经济"。习近平总书记提出,发展数字经济意义重大,是把握新一轮科技革命和产业变革新机遇的战略选择。[①]

2021 年 12 月国务院印发了《"十四五"数字经济发展规划》,在规划中对数字经济有明确的定义:数字经济是指以数据资源为关键要素,以现代信息网络为主要载体,以信息通信技术融合应用、全要素数字化转型为重要推动力,促进公平与效率更加统一的新经济形态,是继农业经济、工业经济之后的主要经济形态。

数字经济具体包括四大部分:一是数字产业化,即信息通信产业,具体包括电子信息制造业、电信业、软件和信息技术服务业、互联网行业等;二是产业数字化,即传统产业应用数字技术所带来的产出增加和效率提升部分,包括但不限于工业互联网、两化融合、智能制造、车联网、平台经济等融合型新产业新模式新业态;三是数字化治理,包括但不限于多元治理,以"数字技术＋治理"为典型特征的技管结合,以及数字化公共服务等;四是数据价值化,包括但不限于数据采集、数据标准、数据确权、数据标注、数据定价、数据交易、数据流转、数据保护等。[②]

---

① 习近平.不断做强做优做大我国数字经济[J].先锋,2022(3):5-7.
② 中国信息通信研究院课题组.中国数字经济发展白皮书[C].北京:中国信息通信研究院,2021:1.

专栏10-1：国家"十四五"数字经济发展规划提出的我国数字经济发展目标

到2025年，数字经济迈向全面扩展期，数字经济核心产业增加值占GDP比重达到10%，数字化创新引领发展能力大幅提升，智能化水平明显增强，数字技术与实体经济融合取得显著成效，数字经济治理体系更加完善，我国数字经济竞争力和影响力稳步提升。

——数据要素市场体系初步建立。数据资源体系基本建成，利用数据资源推动研发、生产、流通、服务、消费全价值链协同。数据要素市场化建设成效显现，数据确权、定价、交易有序开展，探索建立与数据要素价值和贡献相适应的收入分配机制，激发市场主体创新活力。

——产业数字化转型迈上新台阶。农业数字化转型快速推进，制造业数字化、网络化、智能化更加深入，生产性服务业融合发展加速普及，生活性服务业多元化拓展显著加快，产业数字化转型的支撑服务体系基本完备，在数字化转型过程中推进绿色发展。

——数字产业化水平显著提升。数字技术自主创新能力显著提升，数字化产品和服务供给质量大幅提高，产业核心竞争力明显增强，在部分领域形成全球领先优势。新产业新业态新模式持续涌现、广泛普及，对实体经济提质增效的带动作用显著增强。

——数字化公共服务更加普惠均等。数字基础设施广泛融入生产生活，对政务服务、公共服务、民生保障、社会治理的支撑作用进一步凸显。数字营商环境更加优化，电子政务服务水平进一步提升，网络化、数字化、智慧化的利企便民服务体系不断完善，数字鸿沟加速弥合。

——数字经济治理体系更加完善。协调统一的数字经济治理框架和规则体系基本建立，跨部门、跨地区的协同监管机制基本健全。政府数字化监管能力显著增强，行业和市场监管水平大幅提升。政府主导、多元参与、法治保障的数字经济治理格局基本形成，治理水平明显提升。与数字经济发展相适应的法律法规制度体系更加完善，数字经济安全体系进一步增强。

展望2035年，数字经济将迈向繁荣成熟期，力争形成统一公平、竞争有序、成熟完备的数字经济现代市场体系，数字经济发展基础、产业体系发展水平位居世界前列。

10.1.2　数字技术与数字化

数字技术的发展与普及应用使得数字经济跨入了新的创新阶段，这一阶段就是以物联网和人工智能等数字技术为核心的数字化、智能化。

数字化(digitalization)是一个难以用单一含义或定义来全面阐释清楚的术语，类似"机械化""自动化""工业化"等术语，它更多地表现为数字技术发展及其应用的一种社会趋势和过程状态。可以说，数字化是信息化的升级，是互联网时代的信息技术发展和应用的高级阶段，是数字经济的主要驱动力。在信息化时代，人们把各种信息输入计算机，然后用计算机处理相关信息。但随着互联网、人工智能、云计算、大数据和智能终端的普及,数据能自动产生并被集中处理,使得数据的利用程度大大提高,改变了人们的生产和生活,这就是从信息化到数字化的转变。

■■■ 案例

数梦工场助推政府/城市/产业数字化

在过去的二十多年,消费互联网突飞猛进,逐渐发展出了先进的数字技术应用与数字化架构。而现在,政府、城市、产业数字化转型已经陆续进入高速发展阶段。数梦工场是一家新型互联网公司,凭借其核心数字技术能力,助力政府、城市、产业领域的数字化转型。

数梦工场创立于 2015 年 3 月,总部位于杭州云栖小镇。通过名字就可以理解数梦工场要做的事情,"数"是大数据的"数","梦"是数据强国梦,"工"是工程师,"场"就是创新科技战场。数梦工场以"数据智能助力治理现代化,助力产业数字化"为使命,坚持"国产化、数字化、一体化、智能化"的技术发展路线,研发创新方向涵盖数据服务链平台 DTSphere DSC、数据智能平台 DTShpere Insight、指标体系运行平台 DTSphere IFP 等方面,为客户提供行业大数据产品及行业数据智能综合解决方案。

在政府领域,数梦工场广泛服务于应急管理部、生态环境部、国务院普查办、农业农村部、教育部、水利部、民政部等多个国家部委,服务于北京、上海、浙江、江苏、广东、四川、陕西、湖南、广西、新疆等近 20 个省区市政府,基于 DTSphere DSC 构建一体化、智能化数据平台,助力政府数字化转型。

在城市领域,数梦工场广泛服务于深圳、杭州、重庆、青岛、丽水等 80 余个城市,提供以一体化、智能化公共数据平台为支撑,以指标体系运行中心和协同数治中心为抓手的一网统管解决方案,助力城市管理从冗余到高效、从模糊向精准、从定性到定量、从经验到科学的转变,推动城市数字化转型。

在产业领域,数梦工场助力煤矿企业打造产业一体化、智能化数据平台,构建全域数字化共享能力中心,同步实现多个应用系统的实时监控和预警治理。此外,数梦工场孵化了数知梦、数跑科技等企业,深度服务智慧公交、数字化营销等大数据行业场景,深度赋能产业数字化转型。

目前,数梦工场已是国家高新技术企业、CMMI V2.0 L5 软件认证企业、ITU/DONA 成员单位、浙江省数字工厂标杆认定企业,是数字中国研究院副理事长单位、长三角数字联盟副理事长单位等,并加入全国信标委、全国信安标委。在大数据、人工智能等核心技术方面累计授权发明专利 150 多项,参与制修订各类标准 50 多项,牵头或参编白皮书 30 多项。

数字化转型已是大势所趋。数梦工场将以数据为关键生产要素,以大数据、人工智能等新一代信息技术为使能技术,助推政府、城市、产业数字化转型发展,实现"用最卓越的数据技术,助力实现数据强国梦"的愿景。

目前数字化仍处于发展过程之中,将在未来相当长的时间内成为经济社会最活跃、最具创新力的部分,不仅会催生一批新型的公司,而且还会大幅改变传统行业,促进传统行业的数字化转型。

10.1.3　数字化转型

关于数字化转型的概念,学术界从不同角度对数字化转型的定义和内涵进行了探讨,揭示了用户行为、企业和行业在面对数字化动态影响时所引起的变化。罗杰斯(Rogers)在《智慧转型:重新思考商业模式》中认为数字化转型(digital transformation)体现在客户、竞争、数据、创新和价值五大领域。凯恩(Kane)在麻省理工学院《斯隆管理评论》发文指出,目前对于数字化转型有两种解释:一是尖端技术的实施和使用;二是组织使用技术通过新的和不同的方式来开展业务。虽然,前者被大家普遍接受,但他认为第二种解释与第一种相比更好但是仍然不完整,他对数字化转型的理解是采用业务流程和实践来帮助组织在日益数字化的世界中有效竞争。

借鉴国内外学者的研究成果,本书认为数字化转型是指企业、行业和社会等组织在数字技术赋能下的组织变革和运行模式创新的过程。本书重点介绍企业层面的数字化转型,并认为企业数字化转型是以创新发展为导向,利用数字技术打造数字化能力,推动传统业务创新,构建数字时代商业模式,探索价值创造新路径等的系统性变革。其不仅仅是数字技术的应用,更重要的是重新定义了战略、运营、商业模式、治理机制、组织流程等企业要素,是整个组织数字化创新过程。

企业数字化转型具有战略性、系统性、长期性和创新性等特征。

(1)战略性。数字化转型需要在顶层设计的指导下,思考数字化转型在企业发展中的战略地位和引擎作用,要从企业发展的全局来深刻理解数字化转型,推动企业从传统的工业经济时代的范式向数字经济时代的范式转型,构建一整套适应数字经济时代的商业逻辑和运作模式。①

(2)系统性。国务院正式印发的《"十四五"数字经济发展规划》中关于"加快企业数字化转型升级"部分指出:"引导企业强化数字化思维,提升员工数字技能和数据管理能力,全面系统推动企业研发设计、生产加工、经营管理、销售服务等业务数字化转型。"

(3)长期性。数字化转型是一个复杂的系统工程,涉及内容广泛、专业性很强,不可能一蹴而就。企业要在顶层设计下,按照一定的步骤分阶段实施,逐步提高企业数字化成熟度水平,并形成新的竞争优势。这是一个动态的、长期的、循序渐进的过程。

(4)创新性。企业数字化转型需要创新驱动,前面提到数字化转型是全面系统的,涉及企业各项职能和活动的转型,转型过程也是企业系统的创新过程,不创新不可能进行有效的转型,所以基于数字技术融合应用的创新贯穿在数字化转型的全过程。相对于数字化转型的系统性,数字化创新更体现在数字技术影响组织的各项活动中,包括管理活动、生产活动、研发活动和经营活动等的具体融合创新,其可以是单点突破。企业就是通过一系列的单点创新、多点创新和系统创新,驱动着全面的数字化转型。

---

① 朱宏任:企业数字化转型是一场系统性变革创新[EB/OL]. (2019-02-20)[2022-06-10]. http://www.cinn.cn/gyrj/201902/t20190220_206935.html.

专栏 10-2：数字化创新

　　伴随着数字化转型实践的出现，西方学者开始关注企业数字化创新，并对此进行了一系列研究。在 2010 年前已经有学者关注到数字技术对创新的影响。柳（Yoo）等在 2010 年将数字化创新定义为实现数字资源和物理组件的新组合以生产新产品，同时指出了数字化创新下企业在组织逻辑、战略、基础设施上的变化，将数字化创新提升到了企业战略的层面，掀起了一轮关于数字化创新的研究热潮。此后，数字化创新研究逐渐受到学术界的关注，以巴雷特（Barrett）等为代表的学者们相继展开了对数字化创新的深入探讨。单方面从创新结果或创新流程的视角似乎难以涵盖数字化创新的丰富内涵，越来越多的学者认识到数字化创新不仅仅包括基于产品的创新，也包括基于流程的创新。菲克曼（Fichman）等认为数字化创新可广义地定义为一种新的产品、流程或商业模式，更强调采纳者相应地做出一些重大的变革，并且组织被数字化所赋能。阿布雷尔（Abrell）等从创新结果和创新流程综合的角度出发，认为数字技术主要从两方面来影响企业创新：第一，利用数字工具以改善企业创新过程绩效；第二，通过数字技术为现有的非数字产品和服务添加新属性。因此，数字化创新是在创新过程中使用数字技术以生产新颖的产品和服务的过程。

　　资料来源：谢卫红，林培望，李忠顺，等. 数字化创新：内涵特征、价值创造与展望. 外国经济与管理，2020（9）：19-31.

10.1.4　企业数字化转型战略以及分析框架

　　在数字经济时代，企业数字化转型已经成为所有企业的必然选择。当企业进行数字化转型时，首先要回答"转什么"和"如何转"的问题。这两个问题就是企业在实际工作中提到的数字化转型的"顶层设计"，包括企业数字化转型的目标、方向、工作重点以及实现手段与路径等，也就是企业数字化转型战略。

　　企业数字化转型战略是对企业数字化转型的愿景、目标、实现模式与路径所进行的系统性规划，其涉及公司战略层面制定的一系列有关数字化变革的关键决策活动。例如，企业数字化转型实现什么目标；如何建设企业数字基础设施；采用什么样的数字技术应用方案；如何利用数字资源开展业务流程变革、产品服务与商业模式创新等活动；如何建立适应数字化转型的敏捷组织；等等。所以，面对数字化转型这样一项涉及组织系统重构、业务流程再造以及数字技术全面融合推动企业升级的非常复杂的创新活动，企业需要从战略高度进行科学规划与设计，有效协调和推进转型过程中的各项工作。

　　以数字化转型战略为指引推动企业数字化转型，将大大提高企业转型效率与成功率，使企业能够有效获取数字化效能，同时，数字化转型战略也决定了数字化转型的深度和广度，具有十分重要的现实意义。

　　本章接下来将从以下几个部分详细介绍数字化转型战略。第 2 节介绍数字化转型战略的愿景与目标；第 3 节介绍企业数字化成熟度评估，应用企业数字化成熟度模型可以评估企业的数字化水平,并为数字化战略设计和实施提供依据;第4节介绍数字化转型战略规划的主要内容以及企业如何实现转型升级;第5节介绍数字化转型战略的实施。具体如图10-2所示。

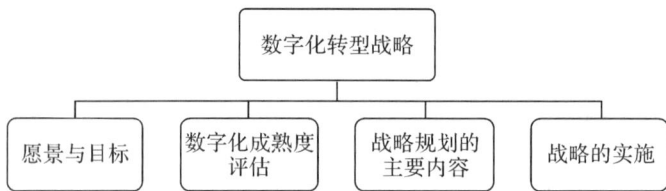

图 10-2　企业数字化转型战略框架

10.2　数字化转型战略的愿景与目标

10.2.1　企业数字化转型战略愿景

正如前文描述的,企业数字化转型不是简单的 IT 变革或技术升级,而是战略问题,具体涉及企业的组织、产品研发、市场营销、人力资源、供应链、制造、财务等的全方位变革。面对这一复杂的系统工程,必须有一个明确的愿景和目标作为指引,因此,制定数字化转型战略的第一步就是建立清晰、合理的愿景,为公司数字化发展绘制出"蓝图"。

数字化转型战略愿景不仅为企业数字化转型提供方向,而且可以从认知角度改变全体员工的想法,告诉大家转型成功会是怎样的情景,给企业带来了什么样的成果,从而激励企业员工为企业数字化转型和创新而努力奋斗。

数字化转型战略愿景需要阐述在数字化的影响和推动下,从长远发展看,企业自身的组织体系、价值主张、运行效率、竞争优势、社会责任等方面希望达成的景象。

以下是一些企业的愿景。

·国泰君安:国泰君安在"三个三年三步走"战略路径构想的引领下,首次清晰地、成体系地提出了打造"Smart 投行"的全面数字化转型愿景,致力于将公司建设成为超级的(super)、基于数据和算法驱动的(math-driven)、敏捷的(agile)和持续变革的(revolutionary)科技投行(tech ib)。未来,国泰君安将秉持"人人数字化、处处数字化"的理念,进一步聚焦"增长、效率、体验、安全"四大维度,全集团、全领域、全方位地推动建设"Smart 投行",加快把传统信息技术基础转化为全面数字化经营能力,持续打造面向未来的战略竞争优势,以全面数字化转型引领驱动公司高质量发展。[①]

·立邦:立邦中国数字化转型的愿景,就是打造数字化供应链,为客户提供在线的优质产品和交付服务。从全方位数字化转型、以客户为中心关注客户的全生命周期需求、全链路管理数字化。立邦中国数字化转型设计有三个原则:借鉴标杆企业数字化案例全面规划端

---

① 国泰君安. 打造 SMART 投行! 国泰君安发布集团全面数字化转型发展愿景[EB/OL]. (2021-12-31)[2022-06-12]. https://www.gtja.com/content/events/video/smart-ib-211231.html.

到端数字化平台;结合立邦业务情况量体裁衣规划项目及实施路线图;专注于应用成熟有效的数字化技术,保证项目的成功交付与落实。包括供应商协同、智能计划、智能制造、智能物流,立邦建立了供应链大数据平台,实现了从全国视角通过可视化方式呈现立邦产销和物流信息。[①]

10.2.2　企业数字化转型战略目标

数字化转型战略愿景明确了企业数字化转型的方向和前景,但其实现要靠具体的目标设计进行落实。因此,数字化转型行动前需要进行目标定位,即企业通过数字化转型达成什么样的具体目标。

企业数字化转型目标的设定,要依据当前的数字化成熟度水平和期望达成的阶段性成果,目标是有时限性的,数字化转型目标包括长期目标(如 5 年及以上),以及为了达成长期目标而制定的短期目标。例如,某企业当前数字化成熟度是二级水平,希望通过 2～3 年的转型达到三级水平,5 年达到四级水平,最终达到数字化转型"最佳实践"水平。

其中,企业数字化转型最佳实践意味着企业在数字化发展过程中进入了最高级别阶段,已经成为全面数字化企业或者称为"智慧企业",其不仅仅是数字技术全面应用和融入企业各项活动中,更重要的是基于数字创新优化了企业的组织体系和商业生态、改造了企业的业态与流程,形成了企业的创新文化。可以说,企业数字化转型战略其实是公司层战略的组成部分,是从数字化创新视角去规划公司的发展。

企业数字化转型战略目标一般是通过建立其目标体系来表达的,这个目标体系包含的内容大致有以下几个方面。

(1)完备的数字化基础设施

企业数字化基础设施的完备性是实现数字化转型的前提条件。从现阶段看,其目标就是实现数据互联互通、大数据与云平台等数字技术的全面支撑、基础通信设施与数字安全防护体系建设等满足数字化企业的需要。

(2)数字化业务普及

数字化转型重要的标志是实现各类业务的数字化。为了适应数字时代需要,企业应重新定义业务,建立基于数据和技术强化的业务模型和高效的业务流程,并逐步实现数字孪生。

专栏 10-3:数字孪生

数字孪生概念源于"digital twin"一词,也被称为数字镜像、数字化映射或数字双胞胎。真正提出数字孪生思想的是美国密歇根大学的格里夫斯(Grieves)教授,他于 2003年在探讨产品全生命周期管理时提出"与物理产品等价的虚拟数字化表达"的概念,并给出了具体定义:用于虚拟表达、描述真实存在的一个或多个特定设施的数字复制品,并以此进行真实环境、条件和状态的模拟仿真测试。2003—2005 年,数字孪生被称为"镜像空

---

① 立邦愿景是成为世界第一! 涂企数字化转型赋能未来[EB/OL].(2022-06-08)[2022-06-12]. http://www.27580.cn/news/80838.html.

间模型"（mirrored spaced model），2006—2010 年，被称为"信息镜像模型"（information mirroring model）。尽管名称有所区别，但其内涵本质、组成要素与概念模型却与数字孪生基本一致，成为它的理论前身。2012 年，美国航空航天局正式给出了数字孪生的技术路线图与概念模型，并给出明确定义：数字孪生是指充分利用物理模型、传感器、运行历史等数据，集成多学科、多物理量、多尺度、多概率的仿真过程，在虚拟信息空间中对物理实体进行镜像映射，反映物理实体行为、状态或活动的全生命周期过程。随后，该理念与思想于2014年被西门子、通用电气、PTC、达索公司等企业所接受和推广，并迅速引起了国内外学术界、工业界的广泛关注与重视。2017 年，美国 Gartner 公司将数字孪生技术列入当年十大战略技术趋势之中，认为它具有巨大颠覆性潜力，未来 3～5 年内将会有数以亿件的物理实体以数字孪生状态呈现。最近几年，数字孪生在理论、技术与应用方面取得巨大进展，应用领域逐渐由航空航天、军事等领域向工业制造、模拟仿真、虚拟/增强/混合现实等领域转移，应用范围逐渐由物理实体的设计规划阶段向建模加工、设计制造、管理维护等阶段转移。随着大数据、云计算、物联网、移动互联网、虚拟/增强/混合现实等新兴数字技术的飞速发展，以及深度计算、机器学习、人机交互等理论与算法的不断涌现，使得企业各种动态数据的实时采集、可靠与高速传输、存储、处理、分析、建模、决策与预测等成为现实，为企业生产制造物理实体和虚拟空间之间的实时关联和交互融合提供了重要的理论与技术支撑。

资料来源：秦晓珠，张兴旺.数字孪生技术在物质文化遗产数字化建设中的应用.情报资料工作，2018（2）：103-111.

(3)建立生态竞争优势

在数字化浪潮中，企业建立数字化商业生态或择机嵌入到数字化商业生态系统中成为数字化转型的战略目标，对企业竞争优势重构起到至关重要的作用。一般来说，规模大实力强的企业，如海尔、小米等，往往以自己为核心构建一个数字化商业生态；而规模小实力不强的企业往往会成为数字化商业生态的参与者。这种产业和企业运行方式的变化，同时也需要企业对组织结构和流程做出相应的调整，并争取在商业生态中建立新的竞争优势。

(4)全员具备数字化素养

为了适应企业数字化转型的需要，全体员工应具备数字化素养，使员工能理解数字化转型战略，具有与岗位相应的数字化能力，并能积极投身到企业数字化变革和数字化运行中去，成为数字化转型的推动者和执行者。

(5)完善的创新文化和机制

数字时代带来了更多的创新创业机遇，企业要形成积极进取和鼓励创新的企业文化与机制，在数字化生态中，利用不断涌现的新数字技术，使其深度融入企业业务和运行系统中，实现组织体系自我迭代并与动态环境保持匹配。同时，这种创新文化和机制也能促进企业在各个方面进行数字化创新，使企业在数字化进程中取得领先地位。

(6)实现数字化绩效

企业数字化转型的根本目的是提高效益，包括经济效益和社会效益。例如，通过数字化转型提升了各项工作的效率，降低了成本，提高了产品和服务的质量；数字化带来了客户满意度、品牌影响力；通过数字化绿色低碳发展彰显了企业的社会责任等。

10.3 企业数字化成熟度评估

数字化转型是企业数字化程度逐步提高的过程。在这个过程中,企业要清楚当前的数字化状态以及转型后希望达成的数字化水平,并在此基础上正确地选择数字化转型的路径与策略,以保证企业数字化转型取得成功。因此,运用科学、合理的评价体系,正确评估企业自身所处的数字化水平和阶段,是保障企业数字化转型正确实施、实现数字化战略愿景的重要前提。对数字化成熟度的评估需要用科学的理论与方法,数字化成熟度模型为此提供了理论指导和解决方案。本部分将介绍企业数字化成熟度模型,以及应用此模型来评估企业数字化成熟度的方法。

10.3.1 企业数字化成熟度模型

企业数字化成熟度就是对企业的数字化水平和数字化创新程度的科学测度,用于描述企业在数字化转型过程中的完成程度。数字化成熟度评估和分析有助于指导组织如何系统地准备从而适应持续的数字化变革。

本书作者团队从 2016 年起对数字化以及数字化成熟度的国内外有关文献进行了跟踪分析,在深入研究企业数字化转型内涵、本质和路径的基础上,构建了企业数字化成熟度概念和分析框架;通过多轮专家评审和讨论,提炼和筛选出关键过程域和具体评价指标,开发了数字化成熟度模型(digital maturity model,DMM),见图 10-3。该模型全面反映了数字化商业生态下企业的数字化水平,与目前国内外相关评价模型相比,此 DMM 更能体现数字化商业生态下企业运行模式的变化和数字技术的全面融合与系统应用。[①]

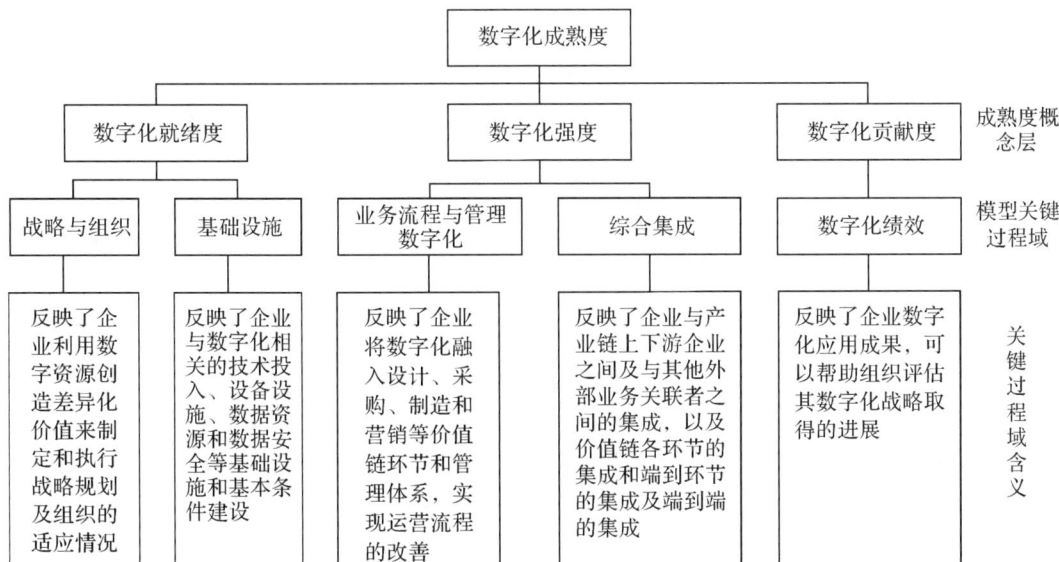

图 10-3 企业数字化成熟度概念模型

---

① 王核成,王思惟,刘人怀.企业数字化成熟度模型研究[J].管理评论,2021(12):152-162.

数字化成熟度模型的应用为政府和企业提供了数字化水平的评估方法和数字化转型中诊断问题的工具,有助于建立数字化转型的战略目标和实施方案。

10.3.2 企业数字化成熟度评价指标体系

本书作者组织专家共同起草、中国标准化协会发布的《企业数字化成熟度评价指南》(T/CAS 558—2021)中,将企业数字化成熟度概念细分为三个层面:数字化就绪度、数字化强度和数字化贡献度。在此基础上,设计了具体的评价指标体系,包括战略与组织、基础设施、业务流程与管理数字化、综合集成和数字化绩效五个方面的关键过程域;每个关键过程域下面又分了若干个具体评价指标,该体系共计有 21 个一级指标,具体指标内容如下。

(1)战略与组织

• 数字化战略

数字化战略反映企业的数字化战略规划和基于数字化生态的商业模式创新等方面的内容,主要体现在:规划系统性与目标先进性;规划内容科学合理性;数字化战略规划与企业总体战略规划匹配度;数字化商业生态的建立或嵌入;基于数字化的商业模式创新等。

• 组织适应性

组织适应性反映企业数字化建设机制、组织机构匹配度、业务流程与风控体系及变革文化等方面的内容,主要体现在:数字化建设动力机制;数字化建设保障机制;组织架构与数字化创新的匹配度;业务流程架构体系优化;数字化风险与内控体系;数字化变革文化建设等。

• 数字化人才配备

数字化人才配备反映企业的数字化人才队伍建设和激励机制等方面的内容,主要体现在:数字化人才数量与结构;全员数字化理解程度;数字化人才培养与激励机制的建设等。

(2)基础设施

• IT 基础能力

IT 基础能力反映企业 IT 基础设施的建设情况及 IT 系统架构能力等方面,主要体现在:服务器、存储、网络等(云)资源;基础设施的运维能力及服务等级协议;基础工具软件应用情况;系统业务架构与技术架构策划实施等方面。

• 安全防护体系和合规

安全防护体系和合规反映企业数字化安全体系的建设情况和数字化安全防护能力及数字化合规情况,主要体现在:信息安全体系框架;终端、主机、网络、系统、数据库等方面的安全防护情况;数据备份和异地容灾建设情况;满足法规和行业监管的安全要求及审计流程等。

• 数据治理

数据治理反映企业的数据能力和数据治理标准建设情况,主要体现在:数据收集、存储、建模与场景应用;数据治理标准及数据质量管理等。

(3)业务流程与管理数字化

• 营销数字化

营销数字化反映企业在市场与品牌研究、用户体验管理、客户关系管理及销售与售后管理等方面的数字化程度,主要体现在:数字技术在市场和品牌研究方面的应用;营销过程数据采集与分析;用户体验管理数字化;销售管理(包括订单、渠道、促销活动、销售后勤等)数字化;客户运营(拓展、交互、服务)数字化等。

- 研发数字化

研发数字化反映企业的研发手段和工具数字化程度、研发数字化应用能力及创新协同数字化等方面,主要体现在:产品设计的数字化工具或平台运用;产品的数字化建模;工艺设计数字化集成;数字化仿真系统或数字孪生技术和平台的应用水平;研发过程数据采集的数字化程度;研发过程中诊断工具的数字化水平;研发信息共享和协同数字化平台;研发与用户体验的数字化融合等。

- 采购数字化

采购数字化反映企业采购规划与体系、采购过程管理及采购分析和优化等方面的数字化程度,主要体现在:采购主数据与溯源数据的管理;采购过程中数字化工具的应用及生态协同;采购作业的数据测量、分析与优化。

- 物流数字化

物流数字化反映企业物流规划和布局、调度与配送及物流优化等方面的数字化程度,主要体现在:物流规划仿真;物流布局和运营数字化规划;物流调度数字化;出入库作业自动化;物流配送及服务数字化;物流过程测量及物流分析数字化等。

- 生产制造数字化

生产制造数字化反映企业制造过程的数字化管理水平、基于数字化制造协同水平及数字化生产监控等方面,主要体现在:生产类主数据库建设;生产计划、调度数字化水平;生产过程数据自动采集与处理;生产设备的故障预测与预防性维修;生产作业在线监测、控制与工艺流程优化;数字孪生等技术在制造过程中的应用;生产作业的内外部协同创新。

- 质量管理数字化

质量管理数字化反映企业质量体系数字化、质量业务数字化管理、质量设备数字化管理及质量数字化监控与决策等方面,主要体现在:质量指标体系与模型知识库;质量管理标准数字化;新品研发、生产过程等质量控制的数字化水平;外协件质量控制数字化水平;质量缺陷及溯源的数字化管理水平;实验与测量设备联网覆盖率和数据采集率;实验与测量报告自动判定与识别能力;质量自动监测和 PDCA 预警和自动处理;质量人工智能应用水平等。

- 财务管理数字化

财务管理数字化反映企业在财务核算、管理会计、投融资等方面的数字化程度,主要体现在:财务软件的应用范围;财务软件内部集成程度;财务软件与外部集成程度(税务、银行、审计);核算报表、合并报表、管理报表等的出具能力;成本管理、预算管理、合同管理的数字化程度;投融资管理的数字化程度;大数据应用能力及智能财务等。

- 人力资源管理数字化

人力资源管理数字化反映企业人力资源管理职能活动数字化程度及相关软件的应用等方面,主要体现在:人力资源管理软件对业务的覆盖率;招聘、考勤管理、薪酬管理、考核与培训开发等数字化程度;人力资源管理系统与其他系统的协同;大数据在人力资源管理的应用等。

- 办公数字化

办公数字化反映企业在行政管理、党务管理、监察管理、资产管理等方面的办公协同与流程数字化,主要体现在:企业日常公文审批、信息发布、档案管理、法务合同、文化宣传、对外接待、审计监察、保密管理等日常办公管理等方面。

（4）综合集成

• 横向集成

横向集成主要解决企业外部要素的集成,反映企业与产业链上下游企业之间以及与其他外部业务关联者之间,通过数字技术实现各项经营活动的信息共享和业务协同,主要体现在:供应链协同;企业与其他外部业务关联者,如政府、研究机构、金融机构等的协同等方面。

• 纵向集成

纵向集成主要解决企业内部要素的集成,反映价值链各环节,如研发设计、生产制造、营销与服务等全业务链的信息共享和业务协同,主要体现在:信息系统之间的集成、信息系统与物理设备之间的集成;价值链各环节间的协同等方面。

• 端到端集成

端到端集成主要解决面向客户的集成,反映客户驱动的产品全生命周期中各端点的集成程度,利用数字技术整合各端点,优化价值链,实现从产品设计到使用维护的全生命周期的协同,主要体现在:各端点的网络化连接情况;以客户需求为导向的端到端的流程闭环优化情况等方面。

（5）数字化绩效

• 效益测度

效益测度反映企业通过数字化创新在成本收益、产品及服务、客户满意、企业生态系统地位等方面水平的提升,主要体现在:近年来数字化建设的投资回报;产品与服务数字化创新程度;产品与服务的效率提升程度;数字化带来的客户满意度提升程度;企业品牌影响力与行业排名;绿色低碳可持续发展;在商业生态系统中的影响力等方面。

• 效率测度

效率测度反映企业通过数字化创新在经营效率与决策效率方面的提升,主要体现在:对市场响应速度和质量的影响程度;对研发效率的影响程度;对生产效率的影响程度;管理者的决策能力提升程度等方面。

• 数字化变革测度

数字化变革测度反映企业数字化转型下运行模式、业务模式等变革及其对企业发展的系统性影响程度,主要体现在:数字化项目的实施覆盖度;数字化新型能力促进传统业务、组织体系与流程的变革程度;新业态与新模式发展情况等方面。

10.3.3 企业数字化成熟度等级与评估程序

依据《企业数字化成熟度评价指南》,企业数字化成熟度可划分为五个等级,每个成熟度等级在数字化就绪度、数字化强度、数字化贡献度三个维度均有不同的表现。

（1）初始级（Ⅰ级）

企业以传统方式经营运作,对数字化转型具有初步认识,但没有转型规划,信息化基础较弱,作业过程基本依靠手工操作,对过程数据的管理水平和效率较低。在效益方面企业没有受到数字化的影响。

（2）成长级（Ⅱ级）

企业管理层开始重视数字化转型或进行初步规划，培养企业的数字化素养和创造力，有一定的信息化基础，局部应用新一代信息技术支持部分业务运转和内部管理，实现领域或部门的数据管理。在效益方面企业还未从数字化转型中获得收益，属于投资阶段。

（3）提升级（Ⅲ级）

企业已经制定和初步落实了数字化转型战略，数字化素养较高，数字技术应用于企业各层面，具有较为完善的数字基础设施，已在较多领域应用云计算、大数据、人工智能等新技术，并初步建立或融入产业互联网平台，实现核心业务数据的有效衔接，能够对采集的数据进行分析以支撑相关业务开展。在效益方面，企业数字化转型以后逐渐获得效益。

（4）优化级（Ⅳ级）

企业从生态视角实施数字化转型战略，紧跟领先企业或进入行业先进行列，数字技术不断升级，应用云计算、大数据、人工智能等新技术及产业互联网平台，实现企业内部、企业与生态系统内其他主体之间数据的全面集成，通过对生态系统内大量数据的即时共享与分析，为系统内各主体业务开展提供支撑，实现业务效能提升与精细化管理。在效益方面，企业数字化转型效益明显。

（5）引领级（Ⅴ级）

企业通过构建产业互联网平台打造数字化生态系统，引领生态系统内其他企业开展数字化创新，广泛运用云计算、大数据、人工智能等新技术，实现数据的自动采集、分析与决策制定，推动系统内企业的技术、管理和商业模式的协同创新，以及生态系统的迭代升级。数字化效率极大提高，数字化转型成功并引领行业发展。

为了便于对比，把以上五个等级的特征列表，如表10-1所示。

表10-1　数字化成熟度模型特征

等级	数字化就绪度	数字化强度	数字化贡献度
初始级	转型意识淡薄，没有数字化转型的规划	数字技术应用没有普及，掌握IT技能的员工少，数字化应用范围窄	没有受到数字化效益的影响
成长级	重视数字化转型，或初步做出了转型规划	初步应用数字技术，掌握IT技能的员工增加，开始重视数字化人才培养 加深数字化技术应用程度，拓宽数字化应用范围，但数字基础设施仍未实现集成	未从数字化转型中获得收益，属于投资阶段
提升级	转型战略初步落实	大量数字化技术应用于企业各个层面，基础设施较为先进，有大量掌握IT技能的员工 管理层积极引进数字化人才，企业数字化素养高	逐渐获得效益
优化级	转型理念得到普及和落实	企业数字化技术不断改进，应用基础设施先进，积极引进和应用其他新兴信息技术，企业数字化人才较多 数字化技术应用程度和应用范围都较高	效益明显
引领级	数字化企业的示范作用	企业数字技术先进，基础设施先进 企业数字化技术应用程度和应用范围处于领先	数字化转型成功并带动其他企业

基于以上的数字化成熟度等级分析,企业在制定数字化转型战略过程中,应以"企业数字化成熟度模型"和《企业数字化成熟度评价指南》为标准,准确评估企业自身数字化现状,并以数字化成熟度的更高等级为目标,进一步细化下一阶段的转型战略计划和时间进度,让数字化转型过程更加可靠、更加精准,避免数字化转型的"陷阱"和"弯路",顺利实现数字化转型的目标。

企业数字化成熟度的评估程序一般由四个阶段组成,分别为专家调研分析、成熟度评价、等级确定、评价结论应用。

(1)专家调研分析

专家对企业进行实地调研,依据数字化成熟度评价标准和具体评价指标体系,分析企业数字化现状和问题。

(2)成熟度评价

对照数字化成熟度评价标准和行业标杆企业实践,对成熟度水平进行逐项评估。评估过程用定量和定性相结合的方法,准确分析企业数字化程度和水平。

(3)等级确定

与企业数字化成熟度等级表进行对照,得到企业数字化成熟度的评价等级。

(4)评价结论应用

以上评价结果明确了企业数字化的全面情况,同时在评价过程中也掌握了企业整体经营情况。在此基础上,可以初拟企业在一定时期内要达到的数字化转型的目标和数字化转型的发展方向,为企业数字化转型战略规划和实施路径设计提供科学依据。如图10-4所示。

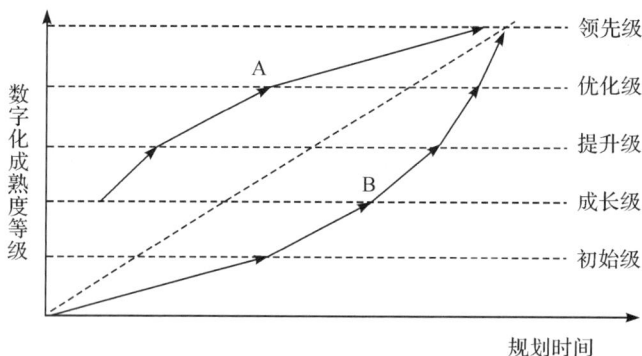

图 10-4   企业数字化成熟度发展路径

10.4   数字化转型战略规划的主要内容

企业数字化转型是一项复杂的多层次变革,几乎涉及企业的全部环节。本书结合前文所述的企业数字化成熟度模型,将企业数字化转型战略规划的内容划分为三个层面:数字化生态构建与商业模式层面、组织体系与企业文化层面、业务流程与管理层面(见图10-5)。

```
                                      ┌─ 数字化商业生态构建
                        数字化生态与 ─┤
                        商业模式        └─ 商业模式创新设计

                                      ┌─ 组织体系规划：构架、流程
                        组织体系与 ────┤
        数字化转型      企业文化        └─ 数字化创新文化
        战略规划 ──────┤
                                      ┌─ 研发系统数字化规划
                                      │
                                      ├─ 生产系统数字化规划
                                      │
                        业务流程 ─────┼─ 营销系统数字化规划
                        与管理          │
                                      ├─ 职能管理数字化规划
                                      │
                                      └─ 综合集成和平台规划
```

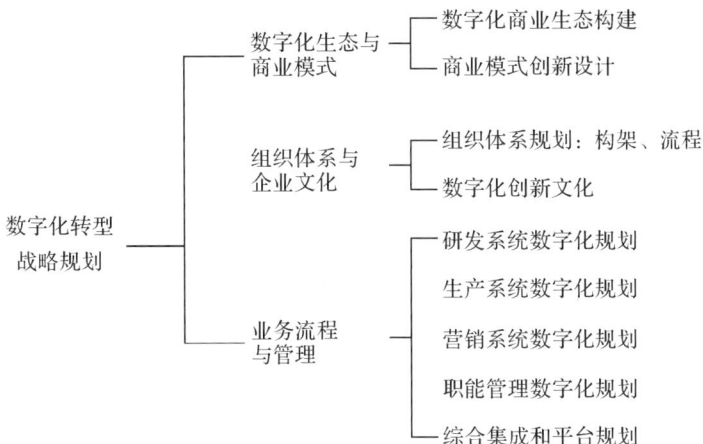

图 10-5　数字化转型战略规划的主要内容

考虑到本书前面的内容已经论述了在数字化背景下生态战略和企业战略实施过程中的企业文化建设等，这里就不再赘述。本节重点讨论企业数字化转型过程中的商业模式创新与组织变革，以及业务流程与管理方面的规划。其中，关于各类业务活动的数字化转型，本书从企业价值链活动视角，认为可以从营销数字化、研发数字化、采购数字化、物流数字化、生产制造数字化、质量管理数字化、财务管理数字化、人力资源管理数字化和办公数字化等维度来探讨全方位的业务数字化转型。鉴于企业数字化转型的整体性与系统性，在实际工作中还要充分考虑数字化综合集成问题，为了方便讨论，本节分为"研发系统数字化规划""生产系统数字化规划""营销系统数字化规划""管理职能数字化转型规划"等。

10.4.1　商业模式创新与组织变革

数字技术的快速迭代和广泛应用，正在引发产业变革与生产方式的重塑，产生了新业态、新模式。数字技术也催生出新的商业模式，并推动着组织的变革。

（1）数字化转型下的商业模式创新

管理学大师德鲁克曾说过："当今企业之间的竞争，不是产品之间的竞争，而是商业模式之间的竞争。"竞争优势不仅来自技术和产品，还来自商业模式设计。商业模式创新是针对价值创造方式的基本逻辑和思维进行创新的过程，伴随着价值定位和价值体系的不断调整，目的是获得可持续的竞争优势。

从外部环境看，数字化商业生态发展为企业商业模式创新提供了前提和条件，领先企业通过互联网平台连接各个生态主体和资源要素，重构价值链和创新价值网络，获取生态竞争优势；同时也倒逼后进企业进行数字化转型、融入新的商业生态中去，并调整自己的商业模式。数字化转型能够加速商业模式的创新进程，为企业成长与价值创造提供明确的方向，也正在重新塑造整个行业格局。

作为企业数字化转型战略规划的重要内容，商业模式创新设计要结合社会商业生态的发展趋势以及企业产品与技术等特色，以用户价值创造为导向，来确定个性化的商业模式。

①明确价值创造范式

商业模式设计首先要考虑如何有效地创造价值。数字技术从本质上改变了传统的价值创造范式,例如数字化转型促进了企业与用户之间的互动关系和用户体验场景,为重塑价值创造和价值主张开辟了新路径。企业应以用户为中心,基于数字化商业生态思维,注重用户对产品与服务的体验及深度参与,与用户积极互动共创价值;同时要推动多主体互惠共赢,通过网络协同优化资源配置,提升价值创造效率。

②重构业务结构

业务结构是指企业和所有利益相关者之间的关键活动和交易结构的安排。针对商业模式的核心要素进行划分和组合,可以使商业模式各个业务单元能够通过一个或多个标准模块的"互补性组合"实现结构层的模块化解构。数字化时代,越来越多的要素开始互联网化,用户的需求特征也趋向个性化、快速、便捷[①],因此,优化业务结构以匹配数字化时代商业发展趋势是获得竞争优势的根本。

此外,数字化时代的商业模式创新还涉及价值传递、价值获取等活动,以及企业和利益相关者之间的交易结构等,这里不再一一展开论述,而用现实的成功案例进行辅助说明。

■■ 案例

数字化运营下的千亿美金独角兽 SHEIN 模式解析

SHEIN(希音),一个主打快时尚性价比女装的电商公司,将其目标市场定于海外,以行业罕见的 B2C 形式存在,拥有自己的独立网站和 App,被称为"中国版 ZARA"。

1. 专注海外独立网站,创建全球新扩张点

SHEIN 在 2008 年建立之初,就建立了独立运营网站 SHEINside.com。大多数电商选择以第三方平台为渠道,而 SHEIN 选择 D2C 电商赛道,2010 年起加大力度建设独立电商站点,先后在西班牙、法国、俄罗斯、德国、意大利等国上线,起家于欧洲,发展于美洲,壮大于印度和中东。

SHEIN 业务覆盖全球超过 200 个国家和地区,超 2000 万用户,拥有 2 个自营国际站点 SHEIN、ROMWE,以及 16 个小语种站点、IOS 移动端、Andriod 移动端。在移动端,SHEINApp 于 2013 年上线,到 2015 年其手机客户端的订单比例迅速超过 15%。目前,SHEINApp 在德国、法国、中东等国家或地区的购物类 App 中位于前 10,实现了 1 亿的下载量,活跃用户达到 4000 万人,超过 Wish、沃尔玛、eBay,位于美国市场购物榜第 2 名。

2. 数字化全面赋能敏捷供应链,"小单快返"的模式领先全球

SHEIN 在业务早期就确定自主开发自有供应链的基本模式,后随着业务规模的扩大开始搭建自有柔性供应链,以全程数字化为核心竞争力进行数字化转型,构建集商品设计、仓储供应链、互联网研发、数字化建设及线上运营为一体的平台。

2015 年,SHEIN 收购深圳库尚,完善移动互联领域的布局,并与中小供应商共同建立基于 MES 的供应链管理系统为核心的高黏性、高信任的合作平台,全部供应商统一使用 MES 供应链系统。经过多年的迭代与优化,MES 已变得相当成熟。SHEIN 的所有代工厂和供应商均可使用其中的 MES 订单跟进功能,对每个订单的各个环节实现实时和可视化的跟踪。一旦 SHEIN 在系统内发布订单需求,系统将会根据算法自动派单,或让供应

---

① 李鸿磊.商业模式设计:一个模块化组合视角[J].经济管理,2019(12):158-176.

商在线抢单,从而控制产销效率。这套 MES 系统在追踪生产的同时,也完成了对供应商的高效管理。SHEIN 通过对工厂采购金额、急采及时率、备货及时率、上新成功率、次品率等指标的监测,对供应商由高到低分成了 S、A、B、C、D 五个级别,并采取末位淘汰机制确保供应商质量。

所谓"小单快反",即品牌先根据趋势,快速生产小批量新品,比如 100 件,并投放到市场,再根据销售情况快速决定追加订单还是停止生产。ZARA 同样采取"小单快反"的生产模式,只是,在供应链数字化方面,SHEIN 更为彻底,因此也更为敏捷。至 2021 年,SHEIN 已与 4000 多家工厂建立了线上快捷合作关系,其中核心工厂也有约 200 家。

3.营销全面数字化,精确打造爆款

如今回头看 SHEIN 的成功之路,不难发现其对于数据的运用一直贯穿其中,SHEIN 的决策背后,都有客观数据的支撑,这也让 SHEIN 在不确定的市场中多了几分增长的确定性。

SHEIN 有一个百人以上规模的 AIDC 数字智能中心,主要职责之一就是 SHEIN 的个性化推荐算法。类似抖音的算法,SHEIN 通过数据挖掘和机器学习算法对用户画像建模,精准地为用户选择其喜欢的内容,增加用户的打开频率,促进用户浏览更多的内容,以深度解读物料供应来源、款式、材质、色系的终端消费数据,准确预判下一阶段的流行趋势。其实,SHEIN 很早就采用了推荐算法,通过自建独立网站和 App 积累了大量的一手数据,并借助 Google 的 Trend Finder 实时追踪商品的当季流行;SHEIN 通过数据指导"设计—界面—用户触达"各个阶段,使得页面跳出率达到 39%,爆款率 50%,滞销率 10%。

SHEIN 通过对服装数据的爬取获得时尚元素。设计上,在 FB、Google 等平台获得时尚元素,指导设计及选品;运营上,从 FB、Google 等平台获取当前的时尚元素并抓取、运用,支持各区域本土化运营;品类上,以裙装作为突破,同一版型上用不同的印花来实现款式数量的提升。具体而言,主要表现在以下三大方面:①利用大数据跟踪流行趋势,为设计师做好设计辅助系统;②利用自建网站的用户点击/下单等数据为支撑,批量测试,快速找出爆品;③海量的用户浏览、点击、下单数据将被转换为供应链管理系统的数据,并自动指导订单的生成和调整,供应链工厂接单,从而实现从前端向后端的实时串联。

资料来源:紫鸟.跨境电商 Shein 的数字化是如何打败 ZARA 的人力计算? https://www.bilibili.com/read/cv16340771;开源证券.敏捷供应链与数字化运营下的 SHEIN 模式解析,http://www.capwhale.com/newsfile/details/20210727/6f7cfd44f1504dbdb8af2409cc1d88e4.shtml.

(2)组织结构的扁平化、平台化与网络化

传统企业的组织结构一般是科层制组织,呈现金字塔式结构。虽然科层制组织具有分工明确、权职清晰、制度理性等特点,在工业经济时代发挥了积极作用,但随着全球化和数字化的发展,企业经营环境发生了巨大变化,组织如何融入全球商业生态、快速响应市场需要的变化、适应数字化对组织变革的要求是企业必须解决的问题。因此,为了应对这些变化,企业应创新性地打造数字化组织。具体来看,数字化转型战略下组织变革有扁平化、平台化、网络化/生态化等几个方面趋势。在进行数字化转型战略规划时,企业应该按照这个方向,设计与公司总体战略、商业模式和数字化转型阶段相匹配的组织体系。

扁平化:传统的科层组织使公司总部与终端用户之间相距甚远,越来越难以适应数字时代的快速响应需要，严重削弱了企业竞争力。在数字技术的支持下，扁平化的组织结构能够以用户为中心，基于小型团队的分散化决策以及更广泛的连接与集合，消除冗余层级，减少对数据、信息传递的阻碍，加快资源的交互与整合，成为企业数字化转型的必然选择。在扁平化的组织结构下，小型团队将致力于持续强化在用户价值创造方面的能力，企业更关注于价值整合、价值供给以及改善用户体验，通过平台化管理为小型团队与用户的沟通以及小型团队之间的交流、合作提供所需的各类支持。[①]

平台化：在多元化、多样化、个性化时代，对市场的快速响应、大规模个性化定制与服务已经成为企业的主流经营方式，是否能有效连接和服务多个或巨类业务是衡量企业经营能力和评估核心能力的关键。为了应对挑战，越来越多的企业组织结构向平台化发展。企业组织平台化除了增强市场响应能力外，还能发挥平台的协同效应和规模效应。特别是对于多元化企业，在数字化转型过程中应考虑平台模式或平台效应的运用，规划更有效率的组织结构。企业组织的平台化体现在组织结构优化的不同需求上，如按照平台功能可以分为经营平台、赋能平台、信息平台等。当前，数字化领先企业采用中台组织构架，即建立了以产品与服务为中心的平台化组织，包括围绕产品需求设立的敏捷前台、服务于产品的数据与业务中台、支持企业所有业务的后台。

专栏 10-4：数据中台

在企业飞速的发展过程中，数据使用面临着如下挑战：一是各部门低水平重复开发数据集，浪费大量的存储和计算资源；二是数据资源缺乏沉淀机制，导致计算能力的提升和进化非常低效；三是数据割据，算法分离，带来混乱和质量的不确定性；四是业务变更时，数据及数据产品反应不及时；五是组织架构制约了数据的共建和共享，缺乏标准及激励机制。无独有偶，数据治理问题在各地的政府机构内部也在重复发生。数字化转型缺乏顶层设计的情况下之下，数字化步伐根据职能部门各自发展，数据体系也是基于业务单元垂直积累，从而形成了烟囱式体系。垂直式数据的缺点是数据分散、非标准，难以共用关联成为合力，大数据价值优势被削弱；此外，烟囱式数据体系还会造成混乱的数据调用和拷贝，以及系统功能建设和维护带来的重复投资，不仅造成人力、财力、资源的浪费，更重要的是时间的浪费以及数据质量的参差不齐。

因此，为了促进企业内部对于数据挖掘、更新、使用的效率，在企业中出现了"中台"的概念，数据中台集成了数据生命周期各个阶段的数据（产生、存储、增强、使用、传输、共用共创、更新、销毁等），服务的对象可以是 IT 研发者、数据科学专家、产品经理、分析师、决策管理者等。使用者根据需要而快速编排、组合数据，以较小的成本投入来实现想要的结果。互联网大数据时代的中台特点是：一方面具备海量多源异构数据的整合能力；另一方面促进创新且变化多端的业务前端服务能力。数据"中台"之所以成为实现攻坚大数据能力的重要途径，首先是因为数据中台确实解决了职能部门"各自为政"的问题，

---

① 戚聿东，肖旭.数字经济时代的企业管理变革[J].管理世界,2020(6):135-152.

其次则更有利于推动轻盈的前台业务创新，同时能把应用中的数据回流，形成更丰富的中台资源。

资料来源：车品觉.建设数据中台，赋能创新改革.新经济导刊，2018(10)：22-24.

网络化/生态化：企业如何通过加强与经济系统中的其他主体之间的协同，追求企业价值最大化，也是数字化转型过程中的组织规划重点目标之一。在数字化商业生态中，企业网络化行为的本质是在互联互通的世界里探索自己的多维发展空间，找到合适的生态位置，并构建高效的运行协同网络，创造用户价值和实现企业自身价值。生态化的基础是网络化，与传统产业链条的线性关系相比，数字时代的企业组织以非线性的网络方式存在，其运营以"节点"为单位，具有去中心化、去中介化等特点。在组织规划时，企业应研究网络化成长的规律，使企业的网络化组织更好地整合外部资源，优化内外资源配置，提升价值创造效率，获取生态竞争优势。本书第 8 章已经论述了企业生态战略，在数字化转型过程中，企业要按照经营生态化和业务数字化的发展要求，设计和实施组织体系的变革。

10.4.2 研发系统数字化规划

研发创新是企业生存和发展的本源，也是形成持续竞争优势的关键。数字技术的快速发展与迭代为研发系统数字化转型提供了基础条件。研发系统的数字化，就是利用数字技术，促进研发技术升级和流程优化，实现研发过程的周期缩短、成本节约和质量提升。目前，越来越多的企业在研发创新过程中拥抱数字技术和数字工具，不断提高研发效率和响应速度，向研发系统数字化迈进。

企业在制订研发系统数字化规划时，需要重点关注两大方面的创新，分别为数字化研发技术和工具的创新应用、网络化研发组织和平台的构建。

一方面，企业借助数字化研发技术和工具，如数字建模、辅助设计系统、虚拟现实、数字孪生等新技术、新工具，改变传统研发的底层逻辑、优化研发流程、提高研发效率。在传统的研发模式中，企业的研发过程往往是封闭的，研发周期长、投入高、风险大，且研发产出少、成功率低。而在研发系统数字化的企业中，由于数字技术的特性增强了技术、资源、流程的直接连接，使得研发创新的各个环节更加可控、更加透明。例如，在汽车行业，根据科尔尼咨询公司的统计，利用三维数模技术可以实现整车研发的全过程可控制、可追溯、可复现；采用数字研发可以将研发周期从 36 个月降低至 18 个月甚至更短，开发后期的设计修改减少 50%，原型车制造和试验成本减少 50%，投资收益提高 50%，极大地帮助企业节约研发成本，提高研发效率。[①]

---

① 2022 年中国车企数字化转型趋势系列研究之研发数字化篇[EB/OL]. (2022-03-16)[2022-06-15]. https://www.thepaper.cn/newsDetail_forward_17141978.

专栏 10-5：部分研发数字化方法与工具

虚拟现实（VR）：以虚拟的方式在现实中获得最优模型，打破物理空间和时间的限制，可减少一次性开发成本，缩短项目周期。

云上数据反哺：利用后端数据分析反哺研发是大数据造就的核心价值。

辅助设计仿真：通过 CAD 软件（常见的有 CATIA、PROE、UG 等）的 3D 数模，利用 3D 公差设计软件，实现 3D 公差仿真，实现虚拟装配和虚拟制造，在设计阶段能够发现大规模制造的尺寸装配问题，预测制造良率，降低生产不良损失。

电子设计自动化（EDA）：EDA 工具软件大致可分为芯片设计辅助软件、可编程芯片辅助设计软件、系统设计辅助软件等三类，常见的有 Protel、Altium Designer、Matlab 等。这些工具都有较强的功能，一般可用于进行电路设计与仿真，PCB 自动布局布线，可输出多种网表文件与第三方软件接口。

产品生命周期管理（PLM）：PLM 是一种应用于产品研发领域具有协作关系的企业之间的，支持产品全生命周期的信息的创建、管理、分发和应用的一系列应用解决方案，它能够集成与产品相关的人力资源、流程、应用系统和信息。主要包含三部分，即 CAX 软件（产品创新的工具类软件）、cPDM 软件（产品创新的管理类软件，包括 PDM 和在网上共享产品模型信息的协同软件等）和相关的咨询服务。

数据可视化工具：将定量数据转换为图形的艺术，例如图表、图形、表格或信息图表，为接收者提供全面而易于理解的信息展示。常见的软件有 Tableau、InFogram、Visme、Sovit2D，等等。

另一方面，要规划网络化的研发组织。在企业研发创新资源和能力有限的情况下，布局基于数字技术的网络化研发组织更为重要，网络化的研发组织可以最大限度地获取人才、技术、资金等外部创新资源，甚至可以链接全球化创新网络，在全球范围内布局研发创新活动。同时，网络化研发组织有助于实现多主体开放式研发。在数字化研发战略下，企业的研发过程很少由单一企业独立实现，企业应根据技术发展趋势和用户个性化需求，通过研发组织网络化体系不断整合内外资源、连接多个主体共同参与研发活动，以增强企业的创新能力，提升研发绩效。

■■■■ 案例

海尔 HOPE 平台

HOPE 成立于 2009 年 10 月，最初是海尔成立的开放式创新团队，经过多年的发展，目前已经成为海尔旗下独立的开放式创新服务平台。依托"人单合一"的管理模式及"世界就是我的研发部"的开放创新理念，海尔在 2009 年搭建了海尔开放创新平台（HOPE 平台，Haier open partnership ecosystem），HOPE 平台经过多年的发展，目前已经成为海尔旗下独立的开放式创新服务平台。HOPE 平台是一个创新者聚集的生态社区，一个庞大的资源网络，也是一个支持产品创新的一站式服务平台。

HOPE 跟踪、分析和研究与产业发展密切相关的超前 3～5 年的技术，同时推进这些技术的产业化转化。HOPE 把技术、知识、创意的供方和需方聚集到一起,提供交互的场景和工具,促成创新产品的诞生。自成立以来,HOPE 平台支持海尔各个产品研发团队和超前研发团队创造了众多的颠覆性产品,如 MSA 控氧保鲜冰箱、净水洗洗衣机、水洗空调、天樽空调、NOCO 传奇热水器、防干烧燃气灶等,受到消费者的喜爱,在市场上迅速成为明星畅销产品。

截至 2020 年底,HOPE 服务的行业包括家电、能源、健康、日化、汽车、烟草、材料、智慧家居、生活家电等二十多个大的领域。目前,HOPE 平台上聚集着高校、科研机构、大公司、创业公司等群体,覆盖了 100 多个核心技术领域,社群专家超过 12 万人,全球可触达资源超过 100 万个。

经过多年的探索,HOPE 平台打造了相对成熟并具有中国特色的开放式创新模式,并沉淀了核心的方法论,在需求定义、资源评估、用户需求洞察等创新服务的关键节点取得了突破,解决了创新成果转化的瓶颈问题。

资料来源:关于 Hope,http://hope.haier.com/.

10.4.3　生产系统数字化规划

生产系统是复杂的个性化系统,不同行业的生产过程都不尽相同。从制造的组织方式维度看,根据产品制造工艺过程特点可以分为离散制造和连续制造等,例如汽车行业的离散制造与化工行业的连续制造在生产流程、生产设备等各方面有很大的差别。因此,生产环节的数字化转型方案更显个性化的特点。当然,各生产系统的基本要素还是有许多共性的地方,这里讨论的是一般性生产系统的数字化转型规划的重点内容。

生产系统数字化规划涉及的内容比较广泛,包括供应商管理与采购过程、生产过程控制、生产物流与库存、设备管理、质量管理、服务化延伸、绿色制造等各个方面。生产系统数字化转型是以实现智能制造为主攻方向,从传统的信息化、自动化向网络化、数字化发展,最终实现智能化。

参考浙江省经济和信息化厅《浙江省关于加快未来工厂建设引领智能制造创新发展的行动方案(2023—2025 年)》(征求意见稿),其中提出了生产系统数字化转型的重点方向和应用场景,可以作为生产系统数字化转型规划的主要内容和目标任务。

(1)智能化生产

围绕计划调度、生产作业、仓储配送、质量管控和设备运维等生产制造过程的自感知、自优化、自决策和自执行的目标,实现生产设备、生产线、车间及工厂的智能化、柔性化和敏捷化生产。

(2)绿色化制造

围绕用地集约化、原料无害化、生产洁净化、废弃资源化和能源低碳化等目标,采用绿色循环原材料、使用清洁能源、优化生产方式,实现产品设计、制造、包装、运输、使用、维修到回收及再制造的整个生命周期,资源利用率提高、碳排放降低和生态环境负面影响减少,达成可持续协调优化的绿色制造。

(3)精益化管理

围绕集成优化、运营管理和安全管理,通过系统集成优化,实现数据驱动的精益运营管理和安全管理,以精益制造和精准运营为目标,以风险防控和智能决策为导向,实现管理的精益化。

（4）智慧供应链

围绕供应链建设、供应链管理、供应链风险评估和厂外物流运输，以及供应链上下游企业合作过程中的数据、流程、评估等技术及管理要求，实现产品生命周期管理（PLM）、供应链管理（SCM）和客户关系管理（CRM）等系统集成应用，确保供应链横向集成和高效协同，实现智慧化、柔性化的供应链管理模式。

（5）个性化定制

围绕产品设计、计划排产、柔性制造、物流配送和售后服务等环节，采用模块化设计、模块化生产和个性化组合，通过需求信息和定制服务平台，实现用户个性化需求与批量生产能力有机结合的规模化定制。

（6）网络化协同

依托工业互联网平台，开放产品研发、制造和物流配送等能力资源，提供研发设计、优化控制、设备管理和质量监控等业务资源，实现企业内部、企业间的设计以及供应链、生产、设备和服务等在线协同、动态优化及资源的高效利用。

（7）服务化延伸

基于数据集成共享和数据资产化运营，提供产品生命周期（远程运维）、检验检测认证、承包集成等增值、跨界和全场景的延伸服务，推进制造与服务集成，构建"生产服务＋商业模式＋金融服务"跨界融合的数字化生态。

10.4.4 营销系统数字化规划

中国数字经济发展得益于电子商务的推动，当年，淘宝、天猫、京东等网络营销平台的出现，改变了企业的营销方式和顾客的消费习惯，颠覆了传统销售模式。经过多年的发展，营销领域的数字化程度不断提高，企业在进行营销系统数字化规划时要充分把握全社会营销数字化水平和发展趋势，并结合自身产品市场的特点和数字化成熟度目标做好规划。

企业营销系统职能包括了市场与产品研究、客户体验与关系管理、营销渠道与销售管理等方面。数字化转型是全流程和全维度的，除了建立企业整体数字化营销平台外，数字化还渗透在各项营销活动中。下面介绍企业营销系统几个重点领域的数字化规划。同时，企业在规划过程中应注重营销手段、方法和工具的创新。

（1）数字营销平台规划

企业应规划和建设线上线下相结合的全球数字化营销平台，其整合了自建营销平台和国内外第三平台。作为数字化时代企业营销活动的主要载体，数字化营销平台不仅连接着全球市场与用户，还连接着制造、供应商和服务商，使营销信息在此平台上畅通无阻，为市场研究、营销决策、精准营销、用户体验、销售与服务等活动提供支撑。

■■■ 案例

医药数字化营销解决方案——SaaS 平台

制药企业营销数字化转型的核心目的是提高销售效能。传统营销方式受限于地域问题，效果不可控，费用过高。产业互联网下的数字化营销能够打破时间和地域的限制、强化市场营销效果,满足药企对于营销的两方面需求:一是对目标用户的高效触达和有效反馈;二是政策合规,营销过程能够做到透明化和可追溯。

因此,药企进行数字化营销的方式主要包括 SaaS 云服务、医生平台和零售终端(包括线下药房和医药电商)三个方面,将线下流程线上化,通过线上化系统的搭建,实现 SaaS 平台的接入。一方面,医生倾向于在线发表文章、查阅资料、在线专业交流、在线问诊等,从而不断提升自己在研产学方面的能力和渠道,衍生出大规模的数据。另一方面,对于终端市场可以进行实时掌控,把控资源投入产出,借助数字化工具进行精准预测、精准营销以及战略调整。最终目的是合规控制,在发现问题前先预警问题。

资料来源:2021,医药数字化将往何方?——CIAPH-2021 中国医药健康行业数字化调研报告(下),http://www.ileader.com.cn/html/2021/1/26/72066.htm.

（2）市场与产品研究数字化

市场营销活动的第一步是要了解消费者、了解公司产品的用户。如何运用数字技术和数字思维进行市场和产品研究,也是企业全面数字化转型过程中要考虑的重要问题。这方面涉及内容较多,本书以"数字赋能用户画像分析""消费者旅程分析"为例,介绍数字化转型赋能市场研究。

数字赋能用户画像分析是指基于大量的用户相关数据,利用数字技术进行统计分析和数学建模,进而抽象出现有商业价值用户的属性标签,实现用户群体的细分,最终帮助企业更好地理解、洞察用户。一方面对现有客户贴上精准的标签,根据标签设计符合核心用户群体需求的产品、为产品决策提供支持,另一方面也可以帮助企业获取相似用户(具有相同或类似标签的客户)进行精准产品推荐。

消费者旅程(consumer journey)是指从消费者接触信息开始,到达成购买的全过程,包含知晓、搜索、查询、比较、购买五个阶段。消费者旅程分析使企业可以在关键的环节和节点有效地部署相关服务,精确绘制消费者旅程曲线,提高成交率,甚至将消费者转变为终生顾客,提高品牌的知名度以及生存能力。[①]

（3）营销管理数字化

在数字技术赋能下,电子商务平台和新媒体快速演进,市场营销的新模式、新渠道不断涌现,正在冲击和颠覆传统的营销模式。企业必须把握这个趋势,积极推动营销体系的全方位数字化转型,全面规划这一变革。关于营销管理数字化转型也涉及很多内容,具体范围可以参考本章的企业数字化成熟度指标体系,本部分以一家服装企业的营销数字化实践来举例说明。

■■■ 案例

数字化营销时代海澜之家的"新三板斧"

随着服饰、时尚、数字技术的边界逐渐模糊,传统服装行业跨入数字经济的步伐越发大胆。从海澜之家集团 2021 年财报上看,线上业务保持快速增长,展现了其数字渠道销售的强劲动力,主营业务收入达 27.26 亿元,同比增长 32.98%。

① 苏钟海.数字赋能:数字时代的企业创新逻辑[M].杭州:浙江大学出版社,2022:118-124.

"新圈层"——私域流量成为零售新阵地

在后流量时代,"粗放式广告投入"不再是企业增长的灵丹妙药,用户精细化运营才能"劳有所得"。私域流量——"品牌自主经营阵地"的运营和维护,成为企业最需要具备的核心能力之一。私域流量的核心是"以人为本",重视客户关系管理,在"有人"的基础上最大化实现"用户触达"。这就意味着企业需要打通线上线下全链路累积的数据资产,用数据驱动运营,在用户洞察的基础上精耕细作,创造一个更加友好、品牌与用户相互信任的生态环境。海澜之家从2020年开始,推动线下门店CRM系统建立,截至目前,线下门店会员总数超过2300万人,总体会员超过6000万人。海澜之家有着清晰的会员培养思路:注重线下门店的贴心服务,线上商城的便利购物,以门店引流为基础,帮助品牌不断完成"拉新蓄水";全域场景化营销实现公域流量和私域流量的联通转化;"微信公众号+小程序+视频号直播"的成熟模式刺激私域流量的活跃和不断复购;最终拉通"潜在用户—新用户—老客—忠诚用户"的培养链路。疫情防控期间,海澜之家限时开启"线上奥莱活动",再一次印证了这套成熟的用户培养链路的成功。活动开始仅2分钟即完成销售破亿元;春秋两季奥莱活动最终斩获销售近5亿元。

"云上见"——数字化"新直播"销售新赛道

根据艾媒咨询(iMedia Research)数据显示,2021年,中国在线直播用户规模达到6.35亿人,2022年可达6.60亿人。"直播"无疑是被疫情"带火"的企业增长全新赛道,也将成为传统企业数字化转型的另一个锚点。风口之下盲目奔跑的企业直播,如何平稳地度过"阵痛期",促进"业绩销售",而不止于"流量热度",成为每一个企业都在思考的问题。

海澜之家从2016年布局直播经济,打造品牌自播声量。财报数据显示,海澜之家各电商平台粉丝数超4000万人,主营业务线上收入占比从2020年的11.75%提升至2021年的14.2%,尽量降低了新冠疫情对线下门店的影响。依托于海量数据库和强大的数据分析能力,海澜之家对直播全过程进行精细化管理,打造差异性直播服务体系:前端通过线下门店的私域流量以及线上平台的公域流量联合引流,中端完成技术支持及直播互动,后端快速准确地进行数据反馈和内容沉淀,优化直播渠道和产品品类,形成了一套低成本、易操作、见效快的直播运营矩阵,不仅为企业赢得了私域流量沉淀、销售线索转化,也帮助其实现了C端运营的降本增效。

"有底气"——代言人/IP营销的数据化思维

除了数字经济催生的"私域流量池"和"企业直播"之外,传统的品牌营销手段也因为数字化新浪潮迎来了"春天"。"海量数据+精准分析"组成的"最强大脑",让企业整合媒介资源,将强有力的品牌理念最大规模地触达消费者成为可能。代言人营销的效果已经不再是简单追求"流量收割",而是需要搭建品牌与大众的情感桥梁——诠释品牌态度,增强国民共情,占领大众心智,实现品牌赋能。海澜之家连续七年实现男装市场占有率第一,是不折不扣的国民品牌。从签约"国民偶像"周杰伦开始,海澜之家就找准了国民品牌、民族服饰、国货之光这条路。

品牌、产品、运营一盘棋,如果说代言人是品牌的形象,那么不间断的IP开发和包装就是激活群体的记忆。海澜之家产品研发数据管理平台拥有庞大、真实的顾客画像、顾客评价,持续为产品研发、市场销售部门提供数据报告和分析,精准引爆消费者的"情绪高位"。2021年,海澜之家巧妙地抓住了国民情绪与时代脉搏,先是出现在了央视春晚这桌"年夜饭"上,之后又与中国航天精神共情共振,创造中国航天·太空创想联名系列,让中国人拥有了穿上自己国家航天联名服饰的骄傲和自豪。

资料来源:海澜之家数字化营销时代的"新三板斧",https://m.gmw.cn/baijia/2022-04/30/35703300.html.

10.4.5　职能管理数字化转型规划

(1)财务管理数字化

财务管理是企业管理的关键环节,可以说,财务管理是对企业成长的管理。传统财务管理重点关注企业的损益情况,并未重视数字经济时代下商业模式创新、生态化经营和智能化发展等的需要。因此,财务管理领域的数字化需要创新思维、运用数字化手段和改变工作方式,更好地协同企业整体的数字化转型。企业财务数字化转型如图10-6所示。

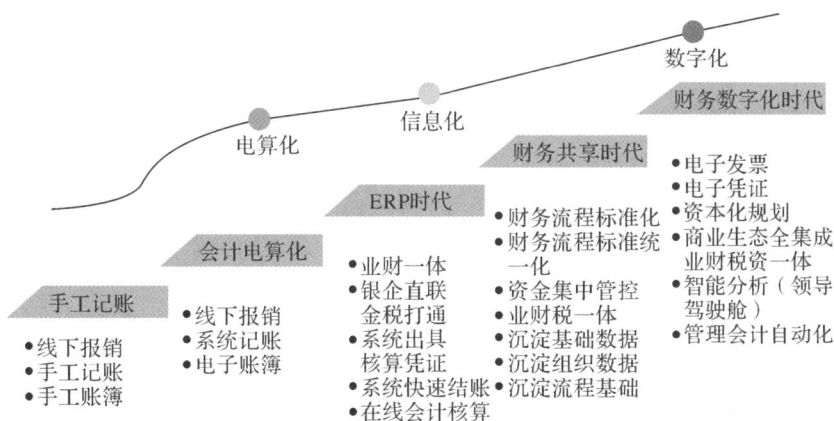

图10-6　企业财务数字化转型

企业财务管理数字化转型的实践及落地实施,需要从以下四个维度转型升级,促进企业财务管理在数字化时代能发挥更大的价值。[①]

维度一:技术赋能维度。

财务管理模式也随着技术的变革而呈现出更加灵动、互联、协同、共享的数字化时代特征。随着人工智能引领的智能化技术的密集突破,财务工作将更加自动化和智能化,现有的财务管理运作模式将会遇到极大的挑战。科技发展日新月异,将传统模式下财务人员的精力从大量的低价值、高重复性的会计核算业务中解放出来,转向更具时效性、准确性、灵动性的智能财务中去。

借助于新的技术手段,通过机器学习、大数据建模等技术手段和方法,可以进行智能分析和预测,进而使得财务管理模式能有机会为企业发展创造更多价值。新技术和新模式可以从核算工具、核算目标、核算对象、分析方法和结果呈现全方位赋能企业财务管理,例如可以通过打造智能的财务管理流程,提高效率、降低成本、控制风险。

---

① 陈春花、徐少春、朱丽,等.数字化加速度:工作方式、人力资源、财务的管理创新[M].北京:机械工业出版社,2021:125-136.

专栏 10-6：财务流程自动化机器人（RPA）

　　RPA（robotic process automation）是一种处理重复性工作、模拟手工操作的程序。RPA 适用于以下方面：简单重复操作，如系统数据的录入、核对等；量大易错业务，如每日大量的交易核对，大量费用单据的审核；7×24 小时工作模式，弥补人工操作容忍度低、峰值处理能力差的缺点。

　　RPA 技术的这些优势，能将人们从重复烦琐的工作中解放出来，提高工作效率，因此，RPA 技术在财务领域得到了很多深度应用的案例，如 2017 年德勤推出了"小勤人"机器人；又如在发票管理中，财务人员只需要将发票放入扫描仪进行扫描，配合 OCR 技术和 Insight Tax Cloud 发票查验云助手，不到一分钟的时间，就可以成功查验一张发票并在 Excel 表中登记结果。

　　资料来源：泽众云测试. RPA 自动化流程财务机器人，https://blog.csdn.net/spasvo_dr/article/details/122982917.

　　维度二：顾客价值驱动维度。

　　数字化时代顾客价值驱动需要通过价值活动来完成，基于数据深层次挖掘顾客高效价值创造和传递。工业时代将企业放在中心，考虑如何战胜竞争对手，而今天的商业活动需要将顾客放在中心，寻求与顾客共生的广阔空间。所以，顾客价值驱动需要涵盖在新的财务管理模式中。

　　维度三：财务人员角色维度。

　　从手工记账到会计电算化，从算盘到计算机，每一次变革都让财务人员的工作发生了质的飞跃。如今，数字化时代日新月异的技术创新使财务人员的工作重点发生了转移，财务共享和财务数字化不断被提上日程，财务人员的角色也产生了质的转变。[①]

　　维度四：企业协同维度。

　　实现财务数字化转型，需要实现财务与数据共生，与数据共生，可信与开放协同是关键。建立和完善财务中心，可以提高数据的标准化。财务中心在提供标准化、可复用数据服务方面能够发挥积极的作用，确保数据资源集约共享与规模效应顺利达成。后台财务逐步朝着聚焦大数据、算法、模型方向发展，同时将相应的应用场景进行有机融合，为决策系统提供重大的支撑作用，以有效支持组织经营决策。从竞争逻辑转向共生逻辑，从分工到协同，从协同到共生，致力于消除复杂性和提升系统整体效率，让财务人员和组织外、组织内的人和应用都成为伙伴。

　　（2）人力资源管理数字化

　　人力资源是企业的第一资源，人力资源管理涉及招聘、用人、薪酬、考核、职业发展、人事数据等职能，以数据为基础来重构人力资源管理的业务流程和应用场景，用数字化提升人力资源管理的质量、效率以及难题破解，这是企业人力资源管理数字化转型要解决的问题。

　　搭建数字人力资源管理平台是数字化转型的重要内容。一般情况下，可以通过自身

---

　　① 贾菁. 财务数字化转型，从看见到洞见［EB/OL］.（2019-10-10）［2022-06-27］. http://www.360doc.com/content/19/1010/23/31667578_866030976.shtml.

规划的企业数字化平台与人力资源专业化服务软件相结合,实现人力资源管理的数字化升级。

此外,可视化场景建设也非常重要,其能实时了解企业内部人力资源管理活动的动态,及时发现潜在的风险,并对未来一段时间的员工业绩和表现做出精准预测。企业要根据自身组织特性、业务流程特性,围绕业务场景和目标任务,应用数字化工具和手段对人力资源管理的运行状态进行实时跟踪、过程管控和动态优化,并以此作为数据化的核心驱动来对人力资源数据进行全面分析。例如,利用模型数据从招聘候选人面试、录用、转正、培训、考核再到晋升的全过程,为每个岗位、每位员工形成数字画像,为各类数字化应用场景输出决策依据,从而实现人员的科学管理和精确管理以服务经营活动的开展。[①]

■■■ **案例**

玛氏的人力资源数字化

玛氏公司成立于1911年,是一家拥有百余年历史的全球知名食品制造与分销领导者,足迹遍布全球80多个国家与地区。玛氏中国旗下有玛氏箭牌、玛氏宠物护理(分设宠物营养业务与皇家宠物食品业务)、玛氏食品三大事业部。

玛氏中国HR为中国、澳大利亚、新西兰三个区域提供日常人力资源一站式服务,推出了各种内部的人力资源数字化项目,包括:入职自动化、AI面试、聊天机器人、电子合同、BI报表、RPA等。

我们重点关注玛氏AI面试在校招中的应用。在每年火热的校招时节,各大公司的HR也进入了一年中最忙碌的时期。但在玛氏,HR部门通过AI面试迎来了另一番风景。

• 与以往人工沟通和电话面试不同的是,通过玛氏在线网申及笔试的同学,目前需要自主去预约玛氏AI面试。到了约定时间后,玛氏的AI机器人就会给同学们拨出面试电话,在电话中考察同学们的求职意愿、综合能力、英语口语等方面的内容。

• 所有的面试录音,都会再由玛氏的真人HR招聘团队去集中逐条收听和打分。

候选人对这种AI面试的接纳度很高。暑期的实习生项目,玛氏就对上千名学生启用了AI面试。83%的同学表示这种方式能发挥出正常水平,超过50%的学生对自己的表现十分满意。这种AI面试模式不仅提高了HR校招的效率,节省了大量人力成本,同时非常契合现代年轻人对于面试快捷高效,反馈及时,公平公正的需求。

资料来源:君和方略.传统行业HR的数字化实践,https://zhuanlan.zhihu.com/p/504601647.

10.5　数字化转型战略的实施

与数字化转型战略规划设计同样重要的是转型战略的具体实施。只有把数字化转型战略实施执行到位,才能取得成效。在战略实施过程中,要围绕数字化转型战略的愿景与目

---

① 王涛.人力资源管理数字化转型:要素、模式与路径[J].中国劳动,2021(6):35-47.

标,明确驱动和影响数字化转型的各种主要因素,把握企业数字化转型的路径,强化数字技术赋能企业转型与创新,并建立起企业数字化转型的保障体系。

10.5.1 建立推进数字化转型的组织

对于数字化转型起步阶段的企业来说,为了推动数字化转型的有效实施,必须建立相应的组织和配置专业的人员。

前文已经提到过,数字化转型战略是公司层战略的组成部分,在企业中属于"一把手工程",公司的董事长或总经理是第一责任人。公司层面的战略领导者要充分理解和掌握企业数字化转型的本质、内涵和方法,亲自参与企业数字化转型战略的制定,并积极推动数字化转型战略的实施。但在当前的企业实践中,不少传统企业还是沿用了过去企业信息化的做法,把数字化转型的相关工作交给了企业信息主管,企业主要负责人没有直接参与和推动,导致数字化转型难以为继。为了避免这种情况的发生,企业在准备实施数字化转型时,要建立以公司董事长或总经理为负责人的数字化转型推进领导机构。这个机构可以是委员会的形式或者是特设部门,其主要职能是:制定企业数字化转型战略、调配数字化转型必需的资源、强化企业转型意识和创新文化、推进和督促企业数字化转型落地、自上而下提高所有员工尤其是基层员工的数字化参与度、健全数字化转型的激励机制、推动企业数字化人才的培养等。

企业数字化转型也逐步与企业常设组织机构融入。当企业数字化转型基本取得成功后,企业的整体组织体系已经成了数字化组织,各个部门也成为数字化职能部门,此时数字化转型推进了机构自然融合并退出历史舞台。

10.5.2 培养数字化领导力和员工数字化素养

在数字化转型战略实施过程中,战略领导者和企业管理者应当具备数字化思维与领导力。

数字化领导力在企业数字化转型过程中起到了关键作用,直接决定了数字化转型的成败。具备数字化领导力的管理者能够积极开放地拥抱数字化环境中的变化,深刻洞见数字技术对企业的价值;在转型过程中能够制定合适的转型战略,把握正确的转型节奏,坚持长期的战略承诺和投入,如注重数字化人才培养、建立专门的数字化转型团队等。数字化转型是企业自上而下的深层次变革,不是一时之需而是长久之计,因此需要管理者的全力支持和推动,以保障数字化转型战略从顶层设计落实到涉及业务的有效行动,加快企业数字化转型。[①]

企业数字化转型需要企业全体员工共同参与。因此,除本书前面提到的培养战略领导者数字化素养外,还需要培养员工的数字化素养,企业可以通过创新文化引导、加强专业培训、组织参观学习、建立考评机制等多种形式和途径来提高员工的数字化素养,同时把培养员工数字化素养与业务能力提升结合起来,使数字化转型能真正落地。

---

① 姚小涛,亓晖,刘琳琳,等.企业数字化转型:再认识与再出发[J].西安交通大学学报(社会科学版),2022(3):1-9.

■■■ 案例

丰田公司的数字化人才培养

丰田公司培养数字化人才队伍,结合市场环境、运营特征与人才实际状况,聚焦数字化转型方向和目标,构建精益数字化人才培养价值流,以培育出熟悉互联网业务的高素质数字化人才,助推企业数字化转型。

1. 构建数字化人才培养基地。丰田公司建立数字化人才培养基地用以选拔符合企业数字理念和价值观的人才,并将其聚集在同一地点进行系统全面的培养,利用规模效益优化资源配置,可缩短员工培训周期,整体提高团队胜任程度。丰田公司在数字化人才培养过程中,注重组织全新数字文化理念输入,逐步培养员工对数字化转型的认同感。

2. 制定数字化人才吸引机制。丰田公司在人才招聘时,将战略分析与人才盘点相结合。借助人才盘点,丰田公司对人才现状进行摸底,从而判断公司的人才储备是否足够推进数字化转型。基于人才现状和人才数字化能力水平,丰田制订发现、追踪高潜质人才的计划,确保雇用人数、职位需求与工作能力相匹配。

3. 制定数字化人才发展机制。丰田公司基于人才选拔的结果以及"数字化人才能力模型",通过联培共创等途径,对关键人才进行分析,设计数字化人才培养方法、制订人才发展规划,推动数字化人才的持续培养与发展,解决员工学习状态不连续、自律性缺失、难以持续系统性获取知识等问题。其主要培训方式是课堂培训与在职培训相结合,主要培训内容是业务知识与 IT 技术深度融合。除了积极引进外部专家和技术,丰田公司也注重栽培内部员工,通过提供系统性的技能学习为企业储备大量内部职能专家。

4. 制定数字化人才考评与激励机制。丰田公司人力系统模型一直处于动态循环中,采用"计划—执行—检查—处理"(PDCA)的程序对其产品和流程进行持续改进。同时,丰田公司也制订数字化人才考评计划和考评标准,并将数字化能力和解决问题的能力作为主要参考标准,结合传统的考评方式对人才进行评估,决定数字化人才的晋升和调整策略,激励其进行不断的探索与创新。具体是通过一套完善的绩效评估体系或考评机制,针对不同层级的考评对象设计数字化人才能力评估标准,根据接受的培训和成绩,实施改善项目;根据数字化知识的掌握和指导等能力来对有胜任能力的数字化人才进行认证,并将所认证的数字化能力作为人才晋升和薪酬福利的参考标准,激励员工积极参与数字化活动、提升数字化能力。

资料来源:杨娜,杨孝鲜,叶斌,等.基于丰田人才精益模式的能源互联网企业员工数字化能力培养路径分析.经济研究导刊,2021(22):135-138.

10.5.3 优化数字化转型的基础设施

企业数字基础设施作为数字化发展的底座,在赋能企业数字化转型过程中发挥着基础性的支撑作用。只有加强基础设施建设,完善软硬件设施条件,才能顺利助力企业数字化转型。

完善和优化数字基础设施,主要涉及大数据、云资源、基础工具软件、网络与信息安全、数字化标准体系等软硬件设施投入和建设,以此提高数据信息的感知、采集、甄别、传输和应用能力，打造数字"高速公路"等基础设施。以制造企业为例，智能制造是企业数字化转型的主攻方向，其基础是工业互联网和信息物理系统（cyber-physical systems，CPS）。在数字化商业生态环境下，有了这些基础，才能推动企业数字化成熟度向高级别发展。

专栏 10-7：工业互联网

工业互联网的概念由通用电气提出，随后美国五家行业龙头企业联手组建了工业互联网联盟（IIC），将这一概念大力推广开来。除了通用电气这样的制造业巨头，加入该联盟的还有 IBM、思科、英特尔和 AT & T 等 IT 企业。

首先我们要了解工业互联网的官方定义。工业互联网是链接工业全系统、全产业链、全价值链，支撑工业智能化发展的关键基础设施，是新一代信息技术与制造业深度融合所形成的新兴业态和应用模式，是互联网从消费领域向生产领域、从虚拟经济向实体经济拓展的核心载体。

工业互联网带来的不仅仅是产品质量和生产效率的提升、成本的降低，它还将大量的工业技术原理、行业知识、基础工艺、模型工具规则化、软件化、模块化，并封装为可重复使用的微服务组件。第三方应用开发者可以面向特定工业场景开发不同的工业 App，进而构建基于工业互联网平台的产业生态。制造业事关国家产业安全，目前，全球工业互联网络发展处于起步阶段，统一的工业云互联网平台尚未形成。

资料来源：工业互联网是什么？https://baijiahao.baidu.com/s? id＝1590886219403232931&wfr＝spider&for＝pc）。

10.5.4 构建合理的数字化转型的合作机制

企业数字化转型是一项系统工程，需要方方面面的资源和能力。不少企业在数字化转型初期，由于企业数字化能力和人才不足，需要借助外部力量，引进相关的数字技术、人才以及数字化建设经验，此时建立合理的数字化转型合作机制就显得非常重要。如建立产学研合作平台，整合专业公司、高校、科研机构等在数字化转型顶层设计、软件、智能设备、人才、资金和新一代信息技术等方面的创新资源，形成数字化转型协同生态，助力数字化创新，推动企业数字化转型。

在这一合作过程中，不少企业会选择外包模式。第三方服务公司丰富的行业经验可以帮助信息化基础薄弱、数字化转型经验缺乏的企业找到合适的数字化工具和转型方案，降低前期试错成本和失败风险，加快数字化转型进程。但是，外包模式通常是由外部数字化团队与企业内的某个职能部门如公司 IT 部门对接，开展的活动往往是聚焦于合同边界范围内的局部工作，这种外包方式可能出现缺乏系统性导致数字化转型总体战略难以全面落实、战略领导者没有直接参与导致推进乏力及各系统模块间协同变得困难、没有形成创新文化和机制从而使员工对数字技术的应用和组织变革产生抵触情绪等问题。

国外专家在研究 50 家企业数字化转型案例后的结果表明，由几乎没有数字化转型经验的内部人士担任负责人的项目的成功率约为 80％。[1] 因此,企业需要掌握数字化转型的自主权,内部人主导和把控数字化转型是更优的选择。在数字化转型过程中,企业战略领导者应把握企业自身的需求,亲自负责顶层设计推动其落地,并聘请外部专家加入执行团队帮助企业更好地开展数字化转型。同时,注重对内部人才的培养,建立起有利于推进数字化转型的企业文化和合作机制。只有通过以上措施,才能保证企业数字化转型获得成功。

◆ 【本章复习题】

1. 如何理解数字化与数字化转型?

2. 企业数字化转型的本质与特征是什么?

3. 什么是企业数字化成熟度模型? 其作用是什么?

4. 企业在设计数字化转型战略目标时要考虑哪几个方面?

5. 企业数字化转型战略的主要内容是什么?

6. 结合实际,谈谈企业应如何推进数字化转型战略的落地?

---

[1]　Furr N,Gaarlandt J,Shipilov A. Don't put a digital expert in charge of your digital transformation [EB/OL]. (2019-8-5)[2021-10-15]. https://hbr. org/2019/08/dont-put-a-digital-expert-in-charge-of-your-digital-transformation.

参考文献

[1] Afuah A. How much do your co-opetitors' capabilities matter in the face of technological change？［J］. Strategic Management Journal,2000,21(3):387-404.

[2] Amit R,Han X. Value creation through novel resource configurations in a digitally enabled world［J］. Strategic Entrepreneurship Journal,2017,11(3):228-242.

[3] Barney J B. Firm resources and sustained competitive advantage［J］. Journal of Management, 1991,17:99-120.

[4] Barney J B,Hesterly W S. Strategic Management and Competitive Advantage:Concepts and Cases (5th edition)［M］. Harlow:Pearson,2015.

[5] Barton D L. Wellsprings of Knowledge:Building and Sustaining the Sources of Innovation ［M］. MA:Harvard Business School,1995.

[6] Coyne K P,Hall S J D,Clifford P G. Is your core competence a mirage？［J］. The McKinsey Quarterly,1997 (1):40-51.

[7] Donnar R,Jakee K. Australian beer wars and pub demand:How vertical restraints improved the drinking experience［J］. Applied Economics,2004,36(14):1613-1622.

[8] Eden C,Ackermann F. Competences, distinctive competences, and core competences ［M］//A Focussed Issue on Identifying, Building, and Linking Competences. Leeds, UK:Emerald Group Publishing Limited,2010.

[9] Gawer A,Cusumano M A. Industry platforms and ecosystem innovation［J］. Journal of Product Innovation Management,2014,31(3):417-433.

[10] Hinings B,Gegenhuber T,Greenwood R. Digital innovation and transformation:An institutional perspective［J］. Information and Organization,2018,28(1):52-61.

[11] Horn J T,Lovallo D P,Viguerie S P. Beating the odds in market entry［J］. The McKinsey Quarterly,2005(4):34-45.

[12] Hubbard G,Rice I,Beamish P. Strategic Management:Thinking,Analysis,Action ［M］. Harlow:Pearson,2008.

[13] Iansiti M,Levien R. Creating value in your business ecosystem［J］. Harvard Business Review,2004(3):68-78.

[14] Ireland R D,Hirc M A. Mission statements:Importance,challenge and recommendations for development［J］. Business Horizons,1992(35):34-42.

[15] Kapoor R,Furr N R. Complementarities and competition:Unpacking the drivers of entrants' technology choices in the solar photovoltaic industry［J］. Strategic Management Journal,2015,36(3):416-436.

[16] Khalifa S A. Customer value:A review of recent literature and an integrative configuration

[J]. Management Decision,2004,42(5):645-666.

[17] Khedmati M,et al. Business strategy and the cost of equity capital:An evaluation of pure versus hybrid business strategies[J]. Journal of Management Accounting Research, 2019,31(2):111-141.

[18] Kilduff M, Brass D J. Organizational social network research:Core ideas and key debates[J]. Academy of Management Annals,2010(4):317-354.

[19] Kogut B, Zander U. Knowledge of the firm,combinative capabilities,and the replication of technology[J]. Organization Science,1992,3(3):383-397.

[20] Kogut B, Zander U. Knowledge of the firm and the evolutionary theory of the multinational corporation[J]. Journal of International Business Studies,2003,34(6):516-529.

[21] Lei D, Hitt M A, Bettis R. Dynamic core competences through meta-learning and strategic context[J]. Journal of Management,1996,22(4):549-569.

[22] Manyika J,Mendonca L,Remes J,et al. How to compete and grow:A sector guide to policy[C]. San Francisco:McKinsey Global Institute,2010.

[23] Mintzberg H. The design school:Reconsidering the basic premises of strategic management [J]. Strategic Management Journal,1990,11:171-195.

[24] Moore J F. Predators and prey:A new ecology of competition[J]. Harvard Business Review,1993,71(3):75-83.

[25] Morakanyane R,Grace A A, O'Reilly P. Conceptualizing digital transformation in business organizations:A systematic review of literature[C]. International Conference on Digital Enterprise Technology,2017:427-444.

[26] Nonaka I. The Knowledge-creating company[J]. Harvard Business Review,1991,69 (6),96-104.

[27] Nonaka I. A dynamic theory of organizational knowledge creation[J]. Organization Science,1994(5):14-37.

[28] Nonaka I,Toyama R,Nagata A. A firm as a knowledge-creating entity:A new perspective on the theory of the firm[J]. Industrial and Corporate Change,2000,9(1):1-20.

[29] Orton J D,Weick K E. Loosely coupled systems:A reconceptualization[J]. Academy of Management Review,1990,15(2):203-223.

[30] Pfeffer J,Salancik G R. The External Control of Organization:A Resource Dependence Perspective[M]. New York:Harper and Row,1978.

[31] Porter M E. How competitive forces shape strategy[J]. Harvard Business Review, 1979,57(2):137-145.

[32] Porter M E. The five competitive forces that shape strategy[J]. Harvard Business Review,2008,86(1):25-40.

[33] Prahalad C K,Hamel G. The core competence of the corporation[J]. Harvard Business Review,1990,68(3):79-91.

[34] Prahalad C K. Managing discontinuities:The emerging challenges[J]. Research Technology Management,1998,41(3):14-22.

[35] Rietveld J, Schilling M A. Platform competition: A systematic and interdisciplinary review of the literature[J]. Journal of Management, 2020, 47(6): 1528-1563.

[36] Spender J C, Grant R M. Knowledge and the firm: Overview[J]. Strategic Management Journal, 1996, 17(S2): 5-9.

[37] Teece D J, Pisano G, Shuen A. Dynamic capabilities and strategic management[J]. Strategic Management Journal, 1997, 18(7): 509-533.

[38] Teece D J. Explicating dynamic capabilities: The nature and microfoundations of (sustainable) enterprise performance[J]. Strategic Management Journal, 2010, 28(13): 1319-1350.

[39] Teece D J. The foundations of enterprise performance: Dynamic and ordinary capabilities in an (economic) theory of firms[J]. Academy of Management Perspectives, 2014, 24(4): 328-352.

[40] Thornhill S, White R E. Strategic purity: A multi-industry evaluation of pure vs. hybrid business strategies[J]. Strategic Management Journal, 2007, 28(5): 553-561.

[41] Yeow A, Soh C, Hansen R. Aligning with new digital strategy: A dynamic capabilities approach[J]. The Journal of Strategic Information Systems, 2018, 27(1): 43-58.

[42] 宝贡敏. 战略管理：新视野、新思维、新进展[M]. 北京：中国经济出版社, 2013.

[43] 波特. 竞争战略[M]. 陈丽芳, 译. 北京：中信出版社, 2014.

[44] 陈春花, 徐少春, 朱丽, 等. 数字化加速度：工作方式、人力资源、财务的管理创新[M]. 北京：机械工业出版社, 2021.

[45] 陈国权, 王婧懿, 林燕玲. 组织数字化转型的过程模型及企业案例研究[J]. 管理评论, 2021(11): 28-42.

[46] 陈劲, 焦豪. 战略管理：打造组织动态能力[M]. 北京：北京大学出版社, 2021.

[47] 陈小梅, 吴小节, 汪秀琼, 等. 中国企业逆向跨国并购整合过程的质性元分析研究[J]. 管理世界, 2021(11): 159-183, 11-15.

[48] 陈雪频. 一本书读懂数字化转型[M]. 北京：机械工业出版社, 2021.

[49] 戴维, 戴维. 战略管理：概念部分：第 15 版[M]. 李晓阳, 译. 北京：清华大学出版社, 2017.

[50] 董洁林, 陈娟. 无缝开放式创新：基于小米案例探讨互联网生态中的产品创新模式[J]. 科研管理, 2014(12): 76-84.

[51] 冯邦彦. 承先启后：利丰冯氏迈向 110 周年——一个跨国商贸企业的创新与超越[M]. 北京：中国人民大学出版社, 2016.

[52] 冯军政. 环境动荡性、动态能力对企业不连续创新的影响作用研究[D]. 杭州：浙江大学, 2012.

[53] 关权. 当前世界经济格局演变新动向及中国应对[J]. 国家治理, 2022(5): 38-42.

[54] 郭海, 郭安琪, 韩佳平. 组态视角下数字创业企业的产品多元化驱动因素研究[J]. 研究与发展管理, 2022(3): 1-12.

[55] 侯宏, 石涌江. 生态型企业的非线性成长之道[J]. 清华管理评论, 2017(12): 33-38.

[56] 侯宏. 未来已来：产业空间下的生态竞争与演化[J]. 清华管理评论, 2021(Z1): 83-92.

[57] 胡利, 皮尔西, 尼库洛, 等. 营销战略与竞争定位：第 6 版[M]. 楼尊, 译. 北京：中国人民大学出版社, 2019.

[58] 黄江圳,谭力文.从能力到动态能力:企业战略观的转变[J].经济管理,2002(22):13-17.

[59] 加迪什,吉尔伯特.掘金利润池[J].哈佛商业评论,2003(1):68-76.

[60] 科利斯,蒙哥马利.公司战略:企业的资源与范围[M].大连:东北财经大学出版社,2000.

[61] 蓝海林,等.企业战略管理[M].2版.北京:中国人民大学出版社,2018.

[62] 李超平,徐世勇.管理与组织研究常用的60个理论[M].北京:北京大学出版社,2019.

[63] 李鸿磊.商业模式设计:一个模块化组合视角[J].经济管理,2019(12):158-176.

[64] 李铭俊.企业全球化是必选项,中国企业将面临哪些挑战[J].企业观察家,2021(12):110-111.

[65] 李燕萍,苗力.企业数字领导力的结构维度及其影响——基于中国情境的扎根理论研究[J].武汉大学学报(哲学社会科学版),2020(6):126-137.

[66] 林泉,邓朝晖,朱彩荣.国有与民营企业使命陈述的对比研究[J].管理世界,2010(9):116-122.

[67] 卢宝周,尹振涛,张妍.传统企业数字化转型过程与机制探索性研究[J].科研管理,2022(4):83-93.

[68] 鲁梅尔特.好战略,坏战略[M].蒋宗强,译.北京:中信出版社,2012.

[69] 罗作汉,唐英瑜.新创企业的商业模式创新研究综述与展望——一个整合性分析框架[J].科技管理研究,2019(2):209-216.

[70] 玛格丽塔.竞争战略论:一本书读懂迈克尔·波特[M].蒋宗强,译.北京:中信出版社,2012.

[71] 马浩.战略管理:商业模式创新[M].北京:北京大学出版社,2015.

[72] 迈尔斯.管理与组织研究必读的40个理论[M].徐世勇,李超平,等译.北京:北京大学出版社,2017.

[73] 明茨伯格,阿尔斯特兰德,兰佩尔.战略历程:穿越战略管理旷野的指南:第2版[M].魏江,译.北京:机械工业出版社,2012.

[74] 蒙哥马利.重新定义战略[M].蒋宗强,王利平,译.北京:中信出版社,2016.

[75] 诺思.制度、制度变迁与经济绩效[M].杭行,译.上海:格致出版社,2014.

[76] 帕克,埃尔斯泰恩,保罗.平台革命:改变世界的商业模式[M].邱达利,志鹏,译.北京:机械工业出版社,2018.

[77] 彭罗斯.企业成长理论[M].赵晓,译.上海:上海人民出版社,2007.

[78] 戚聿东,肖旭.数字经济时代的企业管理变革[J].管理世界,2020(6):135-152.

[79] 钱雨,孙新波.数字商业模式设计:企业数字化转型与商业模式创新案例研究[J].管理评论,2021(11):67-83.

[80] 三谷宏治.经营战略全史[M].徐航,译.南京:江苏凤凰文艺出版社,2016.

[81] 苏钟海.数字赋能:数字时代的企业创新逻辑[M].杭州:浙江大学出版社,2022.

[82] 汤普森,彼得拉夫,甘布尔,等.战略管理:概念与案例:第19版[M].蓝海林,黄嫚丽,李卫宁,等译.北京:机械工业出版社,2016.

[83] 田志龙,蒋倩.中国500强企业的愿景:内涵、有效性与影响因素[J].管理世界,2009(7):103-114,187-188.

[84] 屠伟军.数字化转型背景下财务管理工作的改进分析[J].当代会计,2021(24):58-60.

[85] 王核成,王思惟,刘人怀.企业数字化成熟度模型研究[J].管理评论,2021(12):152-162.

[86] 王核成.动态环境下的企业竞争力研究——基于动态能力观的竞争力及其演化研究[M].北京:科学出版社,2010.

[87] 王涛.人力资源管理数字化转型:要素、模式与路径[J].中国劳动,2021(6):35-47.

[88] 魏江,邬爱其,彭雪蓉.中国战略管理研究:情境问题与理论前沿[J].管理世界,2014(12):167-171.

[89] 魏江,邬爱其,等.战略管理[M].2版.北京:机械工业出版社,2021.

[90] 魏江,杨洋,邬爱其,等.数字战略[M].杭州:浙江大学出版社,2022.

[91] 希尔,琼斯.战略管理:中国版第七版[M].周长辉,孙思,译.北京:中国市场出版社,2007.

[92] 希特,爱尔兰,霍斯基森.战略管理:概念与案例:第12版[M].刘刚,梁晗,耿天成,等译.北京:中国人民大学出版社,2017.

[93] 希特,爱尔兰,霍斯基森.战略管理:竞争与全球化(概念):第12版[M].焦豪,等译.北京:机械工业出版社,2018.

[94] 谢达,梁荟敏,王实.数字化转型下智慧共享财务管理体系建设[J].会计之友,2022(1):145-152.

[95] 谢卫红,林培望,李忠顺,等.数字化创新:内涵特征、价值创造与展望[J].外国经济与管理,2020(9):19-31.

[96] 邢以群.管理学[M].5版.杭州:浙江大学出版社,2019.

[97] 徐二明.企业战略管理[M].北京:中国经济出版社,1998.

[98] 徐飞,黄丹.企业战略管理[M].2版.北京:北京大学出版社,2014.

[99] 徐鹏杰.互联网时代下企业竞争范式的转变:从竞争优势到生态优势——以韩都衣舍为例[J].中国人力资源开发,2017(5):104-109.

[100] 徐翔,厉克奥博,田晓轩.数据生产要素研究进展[J].经济学动态,2021(4):142-158.

[101] 许晖,刘田田,张超敏."以少博多":资源约束情境下CMNEs如何实现朴素式创新——双案例对比研究[J].研究与发展管理,2020(3):136-151.

[102] 杨锡怀,王江.企业战略管理——理论与案例[M].3版.北京:高等教育出版社,2010.

[103] 姚小涛,亓晖,刘琳琳,等.企业数字化转型:再认识与再出发[J].西安交通大学学报(社会科学版),2022(3):1-9.

[104] 应瑛,张晓杭,孔小磊,等.制度视角下的制造企业数字化转型过程:一个纵向案例研究[J].研究与发展管理,2022(1):8-20,106.

[105] 于晓宇,王洋凯,李雅洁.VUCA时代下的企业生态战略[J].清华管理评论,2018(12):68-74.

[106] 约翰逊,斯科尔斯.战略管理(双语教学版)[M].陈敏,王军,等译.北京:人民邮电出版社,2004.

[107] 张枢盛,陈劲,杨佳琪.基于模块化与价值网络的颠覆性创新跃迁路径——吉利汽车案例研究[J].科技进步与对策,2021(4):1-10.

[108] 朱秀梅,林晓玥,王天东.企业数字化转型战略与能力对产品服务系统的影响研究[J].外国经济与管理,2022(4):137-152.